(Conserver la Couverture)

ŒUVRES COMPLÈTES DE J. MICHELET

LÉGENDES

DÉMOCRATIQUES

DU NORD

LA SORCIÈRE

ÉDITION DÉFINITIVE, REVUE ET CORRIGÉE

PARIS
ERNEST FLAMMARION, ÉDITEUR
26, RUE RACINE, PRÈS L'ODÉON

Tous droits réservés.

LÉGENDES

DÉMOCRATIQUES

DU NORD

—

LA SORCIÈRE

IMPRIMERIE E. FLAMMARION, 26, RUE RACINE, PARIS.

ŒUVRES COMPLÈTES DE J. MICHELET

LÉGENDES

DÉMOCRATIQUES

DU NORD

LA SORCIÈRE

ÉDITION DÉFINITIVE, REVUE ET CORRIGÉE

PARIS
ERNEST FLAMMARION, ÉDITEUR
26, RUE RACINE, PRÈS L'ODÉON

Tous droits réservés

LÉGENDES

DÉMOCRATIQUES

DU NORD

POLOGNE ET RUSSIE

KOSCIUSZKO

I

A LA POLOGNE

La France offre à la Pologne, en gage d'une amitié plus forte que le destin, le portrait religieusement fidèle d'un homme cher à toutes deux, d'un des hommes les meilleurs qui aient honoré la nature humaine.

D'autres furent aussi vaillants, d'autres plus grands peut-être ou plus exempts de faiblesses. Kosciuszko fut, entre tous, *éminemment bon*.

C'est le dernier des chevaliers, — c'est le premier des citoyens (dans l'Orient de l'Europe). Le drapeau si haut porté de l'ancienne chevalerie polonaise, sa générosité sans bornes ni mesure, et par delà la raison; un cœur net comme l'acier, et avec cela une âme tendre, trop tendre parfois et crédule; une douceur, une facilité d'enfant, — voilà tout Kosciuszko. — Un héros, un saint, un simple.

Plusieurs, et des Polonais même, dans leur austérité républicaine, d'un point de vue tout romain, ont jugé sévèrement ce héros du cœur et de la nature. Ils n'ont pas trouvé en lui le grand homme et le politique que demandait la situation terrible où la destinée le plaça. Appelé à la défense d'une cause désespérée, à la lutte la plus inégale, il accepta, crut au miracle, et, comme un chevalier, un saint, embrassa magnanimement les deux chances, victoire ou martyre. Mais, quant aux moyens violents qui pouvaient donner la victoire, il ne fallait pas lui demander d'y avoir recours. Il ne prit pas l'âme de bronze qu'exigeait un tel péril. Il ne se souvint pas, disent-ils, qu'il était dictateur de Pologne, qu'il devait forcer la Pologne à se sauver elle-même, terrifier la trahison, l'égoïsme, l'aristocratie. Il se donna, ce fut tout, demanda trop peu aux autres, se contentant de mourir, les laissant à leurs remords et s'enveloppant de sa sainteté.

Noble tort d'un cœur trop humain!... Ah! nous aurions plus d'un reproche à faire à Kosciuszko, pour la douceur et la tendresse. Il était confiant, crédule, se laissait prendre aisément aux paroles des femmes et des rois. Un peu chimérique, peut-être d'une âme poétique et romanesque, amoureux toute sa vie (mais de la même personne), il suffisait d'un enfant pour le conduire, et lui-même il mourut enfant.

Ces défauts sont-ils ceux d'un homme ou ceux de la nation? Nous les retrouvons bien des fois dans les héros de son histoire. Il ne faut pas trop s'étonner si le grand citoyen moderne n'en est pas moins de leur famille; s'il eût été autre, il n'eût pas représenté d'une manière si complète toute l'âme de son noble pays. Je ne sais si ce sont des taches, mais il fallait qu'elles fussent en ce caractère. Nous l'aimons, même à cause d'elles, y reconnaissant l'antique Pologne... Et nous t'embrassons d'autant plus, pauvre vieux drapeau!

Est-il sûr que Kosciuszko aurait sauvé la Pologne avec plus de rigueur civique? J'en doute; mais ce dont je suis sûr, c'est que la bonté extraordinaire, si grande, qui fut en lui, a eu des effets immenses, infiniment favorables à l'avenir de sa patrie. D'une part, elle lui a gagné le cœur de toutes les nations; beaucoup sont restées convaincues que l'absolue bonté humaine s'est trouvée dans un Polonais. — D'autre part, en cette haute excellence morale, les classes diverses de la Pologne, si malheureusement séparées, ont trouvé un idéal commun et leur nouveau point d'union. Les nobles ont salué en lui le chevalier de la croisade, et les paysans, y trouvant le bon cœur et le bon sens, le dévouement du pauvre peuple, ont ressenti qu'il était leur, qu'il fut la Pologne elle-même.

Le jour où cet homme de foi, menant ses bandes novices contre l'armée russe, aguerrie, victorieuse, laissa là toutes les routines et l'orgueil antique, laissa la noble cavalerie, mit pied à terre et prit rang parmi les faucheurs polonais, ce jour-là une grande chose fut faite pour la Pologne et pour le monde. La Pologne n'était jusque-là qu'une noblesse héroïque; dès lors ce fut une nation, une grande nation, et indestructible. L'impérissable étincelle de la vitalité nationale, enfouie si longtemps, éclata; elle rentra au cœur du peuple, et elle y reste avec le souvenir de Kosciuszko, dévoué, résigné et simple. Il ne sut, dit-on, que mourir, mais en cela même encore il fit une grande chose : il éveilla un sentiment inconnu au cœur des Russes. Barbares pour la Pologne même, ils commencèrent à se troubler quand ils la virent blessée, taillée en pièces sur le champ de bataille, dans la personne de Kosciuszko. L'être défiant entre tous, le paysan russe et le soldat russe, qu'on écrase, mais qu'on n'émeut pas, fut sans défense contre l'impression morale de cette grande victime; il se sentit injuste... On vit de vrais miracles : les pierres pleurèrent, et les glaces du pôle, les Cosaques, pleurèrent, se souvenant trop tard, hélas! de leur origine polonaise. Leur chef Platow, arrivé en 1815 à Fontainebleau, vit le pauvre exilé, l'ombre infortunée de la Pologne qui se traînait encore, et versa des larmes amères; le vieux pillard, l'homme du meurtre, se retrouva homme. Jusqu'à sa mort, il suffisait qu'il entendît le nom fatal, pour que les larmes, malgré lui, lui remplissent les yeux.

Ah! il y a un Dieu au monde, la justice n'est pas un vain mot... C'est par ce jour et par cet homme que le remords du fratricide commença pour la Russie... Pleurez, Russes; pleurez, Cosaques; mais surtout pleurez sur vous-mêmes, malheureux instruments d'un crime si fatal aux deux pays!

Jeunes Slaves du Danube, que je vois avec bonheur monter au rang des nations, enfants héroïques qui jadis avez abrité le monde contre les Barbares, c'est à vous aussi que je donne ce portrait du meilleur des Slaves, du bon, du grand, de l'infortuné Kosciuszko.

La générosité, la douceur magnanime des véritables Slaves, ces dons du ciel qu'on trouve en leurs tribus primitives, elles ont éclaté avec un charme attendrissant dans cet homme. En lui, nous honorons le génie de cette grande race; nous saluons son apparition d'un salut fraternel.

Jeunes Slaves, que vous souhaiterai-je? que demandera à Dieu pour vous la vieille France qui vous regarde et vous voit grandir avec joie? — La vaillance? Non, la vôtre est connue par toute la terre. Vous souhaiterai-je la muse et les chants? Les vôtres sont célèbres chez nous. Souvent, dans mes sécheresses, je me suis moi-même abreuvé aux sources de la Servie.

Je vous souhaite, amis, davantage. Aux glorieux commencements de votre fortune nouvelle, j'ajoute un vœu, un don, une bénédiction. Je vous doue au berceau, autant qu'il est en moi, y mettant une chose sainte qui sortit du cœur de Dieu même :

L'héroïque bonté de la Pologne antique.

II

ON NE TUE PAS UNE NATION

Nous l'avons dit ailleurs. L'Europe n'est point un assemblage fortuit, une simple juxtaposition de peuples, c'est un grand instrument harmonique, une lyre, dont chaque nationalité est une corde et représente un ton. Il n'y a rien là d'arbitraire; chacune est nécessaire en elle-même, nécessaire par rapport aux autres. En ôter une seule, c'est altérer tout l'ensemble, rendre impossible, dissonante ou muette, cette gamme des nations.

Il n'y a que des fous furieux, des enfants destructeurs, qui puissent oser mettre la main sur l'instrument sacré, œuvre du temps, de Dieu, de la nécessité des choses, attenter à ces cordes vives, concevoir la pensée impie d'en détruire une, de briser à jamais la sublime harmonie calculée par la Providence.

Ces tentatives abominables furent toujours impuissantes. Les nations dont on croyait supprimer l'existance, ont refleuri, toujours vivantes, indestructibles.

Un despote a pu dire, dans un accès de colère puérile : « Je supprime la Suisse. » M. Pitt a dit de la France : « Elle sera un blanc sur la carte. » L'Europe entière, les rois avec les papes, profitant du mortel sommeil où semblait plongée l'Italie, ont cru la demembrer, la couper en morceaux ; chacun mordit sa part ; ils dirent : « Elle a péri. » Non, barbares, elle ressuscite ; elle sort vivante, entière, de vos morsures. Elle sort rajeunie du chaudron de Médée ; elle n'y a laissé que sa vieillesse : la voici jeune, forte, armée, héroïque et terrible. La reconnaissez-vous ?

Savez-vous bien, meurtriers imbéciles, pourquoi nulle de ces grandes nations ne peut périr, pourquoi elles sont indestructibles, sinon invulnérables ?

Ce n'est pas seulement parce que chacune d'elles, dans son glorieux passé, dans les services immenses rendus au genre humain, a sa raison morale d'exister, sa légitimité et son droit devant Dieu ; mais c'est aussi, c'est surtout parce que *l'Europe entière n'étant qu'une personne, chacune de ces nations est une faculté*, une puissance, une activité de cette personne ; en sorte que, s'il était possible de supposer un moment qu'on tue une nation, il arriverait à l'Europe, comme à l'être vivant dont on détruit un poumon, dont on retranche un côté du cerveau : il vit encore cet être, mais d'une manière souffrante et tout étrange qui accuse sa mutilation. Il ne respire qu'à peine, devient paralytique ou fou ; ou bien encore, ce qu'on peut observer, son équilibre étant rompu, il agit comme un automate, non comme une personne ; toute son action se fait d'un seul côté, aveugle, ridicule et bizarre.

Supposez un moment que nous apprenions ici un matin que *notre éternelle ennemie*, l'Angleterre, a passé sous les flots, ou bien encore que la Baltique ayant changé de lit, il n'y a plus d'Allemagne... Quels seraient? grand Dieu! les résultats de ces terribles événements! On ne peut même l'imaginer. L'économie humaine en serait bouleversée, le monde irait comme ivre; toute la grande machine, brisée et détraquée, n'aurait que de faux mouvements.

Supposez encore un moment que les vœux impies de nos traîtres (des écrivains cosaques) ont été exaucés, que l'armée du tzar est ici, que la liberté a été tuée, que la France a fini dans le sang... Horreur! la mère des nations, celle qui les allaita du lait de la liberté, de la Révolution, celle qui vivifiait le monde de sa lumière, de sa vitalité... La France éteinte : hypothèse effroyable!.. La vie, la chaleur baisse à l'instant par tout le globe; tout pâlit, tout se refroidit; la planète entre dans la voie des astres finis qui errent encore au ciel, solitaires, inutiles, promenant mélancoliquement un reste d'existence, une vie morte, pour ainsi parler, qui seulement dit qu'ils ont vécu.

L'ignorance, la préoccupation excessive de ce qui est près de nous, la profonde attention qu'on donne à des objets minimes, en négligeant toute grande chose, ont seules empêché, jusqu'ici, d'observer les conséquences effroyables qu'a eues le meurtre de la Pologne, la suppression de la France du Nord.

On en a caché une partie à force de mensonges.

C'est un fait prodigieux, et pour humilier à jamais l'esprit humain que le monde des lumières et de la civilisation ait pu, depuis un demi-siècle, se laisser tromper là-dessus.

Exemple mémorable de ce que peuvent les arts de la pensée, la littérature et la presse, habilement séduites et corrompues, pour éteindre la lumière même, enténébrer le jour, si bien que le monde aveugle en vienne à ne plus voir le soleil à midi.

En ces profondes ténèbres qu'ils avaient faites, les meurtriers sont venus et ils ont bravement juré sur le corps de la victime : « Il n'y pas eu de Pologne : elle n'existait pas... Nous n'avons tué que le néant. »

Puis, voyant la stupéfaction de l'Europe, son silence, et que plusieurs semblaient les croire, ils ont ajouté froidement : Du reste, existât-elle, elle a mérité de périr... S'il y a eu une Pologne, c'était une puissance du Moyen-âge, un état rétrograde, voué (c'est là ce qui nous blesse) aux institutions aristocratiques.

« Moi, dit la Prusse, je suis la civilisation.

— Et moi, dit la Russie (ou du moins ses amis le disent pour elle), moi, je suis une puissance amie du progrès, sous forme absolutiste, une puissance révolutionnaire. »

Il n'est pas de mensonges hardis par lesquels les amis des Russes n'aient insulté, depuis vingt ans surtout, au bon sens de l'Europe.

On ne peut plus parler de l'histoire ni de la politique du Nord, sans replacer préalablement la lumière dans ces questions. Nous n'aurions pu conter la vie de Kosciuszko, sans expliquer avant tout la position et la vie réelle de la Pologne et de la Russie.

Un mot donc, un seul mot aux menteurs patentés, aux calomniateurs gagés, qui ont perverti le sens du public et créé ces ténèbres, mot simple, mot vengeur, qui sera clair, du moins... S'ils ont éteint le jour, qu'ils soient éclairés de la foudre.

La foudre, c'est la vérité.

Et la vérité est ceci... Nous nous fions à Dieu et au bon sens, et nous ne doutons pas que tout cœur droit, à la fin de ces pages, ne dise : « C'est la vérité ! »

Nous l'avons cherchée avidement, longuement, laborieusement, avec une ferveur véritablement religieuse. Nulle lecture, nulle étude ne nous a coûté pour l'atteindre. Les résultats de nos patientes enquêtes ont répondu à ceux que donnaient la logique et la méditation. Et maintenant, affermi par ce consciencieux travail, nous levons la main et nous jurons ceci :

« La Pologne que vous voyez en lambeaux et sanglante, muette, sans pouls ni souffle, *elle vit...* *Et elle vit de plus en plus* ; toute sa vie, retirée de ses membres, portée à la tête et au cœur, n'en est que plus puissante.

« Ce n'est pas tout. *Elle vit seule dans le Nord*, et nulle autre. La Russie ne *vit pas.* »

Nous n'avons pas à voir si quelques hommes de talent, s'exerçant dans la langue russe, comme dans une langue savante, ont amusé l'Europe de la pâle représentation d'une prétendue littérature russe... Toute cette littérature, sauf quelques rares efforts généreux, bientôt étouffés, est une œuvre, d'imitation.

L'affreuse mécanique de la bureaucratie soi-disant russe, qui est toute allemande, l'institution, militaire, non moins artificielle, de ce gouvernement, tout cela ne m'impose point.

Je dis, j'affirme, je jure et je prouverai *que la Russie n'est pas.*

Monstrueux crime du gouvernement russe ! vaste crime, meurtre immense de cinquante millions d'hommes ! Il n'a fait que diviser la Pologne en lui donnant une vie plus forte, mais, en réalité, *il a supprimé la Russie.*

Sous lui, par lui, elle a descendu la pente d'un effroyable néant moral, elle a marché tout au rebours du monde, reculé dans la barbarie.

Elle subit dans ce moment une opération atroce, que nul martyre de peuple ne présente dans l'histoire : nous l'expliquerons tout à l'heure. *Du servage*, elle retourne *à l'esclavage* antique.

L'esprit russe, faussé par la torture d'une inquisition vile et basse (qui n'a pas, comme celle d'Espagne, l'excuse au moins d'un dogme), l'esprit russe descend dans la dégradation, dans l'asphyxie morale. Il était doux, croyant, docile. Il croit de moins en moins ; sa loi était dans l'idée de famille, dans la paternité. Cette idée lui échappe.

Phénomène terrible pour le monde, mais surtout pour la Russie elle-même. L'idée russe a faibli en elle, et elle n'a pas pris l'idée de l'Europe ; elle a perdu son rêve, qui était une *autorité paternelle*, et elle ignore la *loi*, cette mère des nations.

Que serait-ce si elle n'avait encore, pour la tirer de ce néant où elle descend, une sœur qui comprend les deux autorités (la paternité et la loi) : cette sœur, l'aîné des Slaves, dans laquelle est leur vie la plus intense ; cette sœur dont le génie a grandi, s'est approfondi sous la verge de la Providence et dans l'épreuve du destin?

Sans elle, sans cette infortunée Pologne qu'on croit morte, la Russie n'aurait aucune chance de résurrection.

Elle pourrait troubler l'Europe, l'ensanglanter encore, mais cela ne l'empêcherait pas de s'enfoncer elle-même dans le néant et dans le rien, dans les profondeurs des boues d'une dissolution définitive.

Au reste, la Russie le sent. Malgré son atroce gouvernement, malgré le maître fou[1] qui l'enfonce aux abîmes, elle sent bien que tout son espoir est dans cette pauvre Pologne. Elle le sent ; elle se souvient de la fraternité. Ce souvenir et ce sentiment sont à elle, Russie, sa légitimité, et c'est pourquoi Dieu la sauvera.

Vivez Pologne, vivez! Le monde vous en prie,

---

1. Lorsque ces pages furent écrites, et tout ce volume, la Russie était gouvernée par Nicolas Ier. Nicolas qui continuait d'écraser la Pologne, qui étouffait le mouvement hongrois (1849) et peuplait la Sibérie de tous ceux qui aspiraient à la liberté.

Aujourd'hui, Alexandre II lui a succédé. Sous son règne, la Russie est entrée dans la voie des réformes ; elle a vu s'accomplir, par la volonté impériale, l'affranchissement des serfs, pas gigantesque dont les conséquences transformeront fatalement, à une heure donnée, l'empire des tzars.

toutes les nations; nul n'en n'a plus besoin que l'infortuné peuple russe. Le salut de ce peuple et sa rénovation sont pour vous une glorieuse raison d'être. Plus il descend, ce peuple, plus votre droit de vivre augmente, plus vous devenez sacrée, nécessaire et fatale.

III

CAUSES RÉELLES DE LA RUINE DE LA POLOGNE

Jamais, depuis Œdipe, depuis l'atroce énigme du Sphynx, jamais la destinée n'a jeté aux nations un plus cruel problème, ni plus mystérieux que la ruine de la Pologne.

Contraste étrange ! c'est justement la nation *humaine* entre toutes qui a été mise hors l'humanité.

La nation généreuse, hospitalière, la nation *donnante*, si je puis dire, celle pour qui la liberté sans bornes fut un besoin du cœur, c'est celle-là qui a été livrée en proie et dépouillée... Elle mendie son pain par toute la terre.

Le peuple chevalier qui, au prix de son sang, si souvent contre les Tartares et si souvent contre les Turcs, nous a tous défendus... c'est celui dont personne n'a pris la défense à son dernier jour !

Le dix-huitième siècle, qui a vu sa ruine, avait été pour la Pologne une époque de singulière douceur dans les mœurs. Les étrangers qui la visitaient alors nous disent qu'en ce pays, où il n'y avait ni police ni gendarmes, on pouvait parcourir les immenses forêts en toute sécurité, les mains pleines d'or. Presque aucun procès criminel. Les rôles de plusieurs tribunaux établissent que, durant trente années, on n'eut à y juger que des bohémiens ou des juifs, aucun Polonais; pas un noble, pas un paysan accusé de meurtre ou de vol.

« Les Polonais avaient des serfs », dit-on. Et les Russes n'en avaient pas, sans doute? et les Allemands n'en avaient pas? Le servage allemand était très dur, même en notre siècle. Un de mes amis a vu encore dans un État allemand une fille serve dans une loge à chien, avec une chaîne de fer. Nous-mêmes, Français, qui parlons tant, avec toutes nos belles lois, nous n'en avons pas moins des nègres, sans parler des nègres blancs de l'esclavage indus-dustriel, qui souvent vaut bien le servage.

Le serf, sous la république de Pologne, payait dix fois moins qu'aujourd'hui. Ajoutez qu'il était exempt du plus terrible impôt qu'exige la Russie. La noblesse portait seule les armes. On ne voyait pas ces longues files de jeunes paysans polonais, la chaîne au cou, qui marchent, piqués par le Cosaque, pour servir l'ennemi de la Pologne, dans le Caucase, en Sibérie, jusqu'aux frontières de Chine. Il en meurt la moitié en route; on en prend d'autres, toujours d'autres, qui ne reviennent jamais. La Pologne n'enfante que pour saouler le Minotaure.

Quel a été, en réalité, le péché de la Pologne? cet esprit romanesque, cet esprit de grandeur (fausse ou vraie) qui a fait des héros, mais qui convenait moins aux citoyens d'une république. Chaque homme était un roi et tenait cour, les portes ouvertes à tous, les tables toujours mises ; on priait l'étranger d'entrer, on le comblait de dons. Et ce n'était pas seulement orgueil et faste, c'était aussi une aimable facilité de cœur, une bonté naturelle qui les jetait dans cet excès de libéralité. Tout objet que vous regardiez, que vous paraissiez trouver agréable dans la maison de votre hôte, on vous disait : « Il est à vous. »

Et il aurait paru bas, ignoble, anti-polonais, qu'il en fût autrement : cela était tellement établi dans les mœurs, qu'on disait aux enfants, lorsqu'on les menait en visite : « Prends bien garde de ne pas nommer, de ne louer aucun objet que tu verras. Ce serait indiscret, le maître le donnerait à l'instant. »

Cette libéralité prodigue et la fausse grandeur, la fastueuse vie du chevalier qui vit de gloire et jette l'or, elles eurent un double effet, et très fatal. D'abord, ils regardèrent au-dessous d'eux de s'occuper de leurs affaires, les laissèrent à des intendants qui pressuraient les serfs. Les plus généreux des hommes, les plus humains, les moins avides, se trouvèrent, par ces funestes intermédiaires, être, à leur insu, des maîtres très durs.

Cet éloignement des affaires fut cause aussi qu'ils laissèrent prendre un grand ascendant aux prêtres romains, aux jésuites. — La Pologne, au seizième siècle, était le pays le plus tolérant de la terre, l'asile de la liberté religieuse ; tous les libres penseurs venaient s'y réfugier. Les jésuites arrivent ;

le clergé polonais suit leur impulsion, devient persécuteur. Il entreprend la tâche insensée de convertir les populations du rit grec, les belliqueux Cosaques. Ceux-ci, Polonais d'origine, sauvages, indépendants, comme le fier coursier de l'Ukraine, tournent bride, s'en vont du côté russe. La république de Pologne donna ce jour-là à son ennemi l'épée qui devait lui percer le cœur.

IV

SUBLIME GÉNÉROSITÉ DE LA POLOGNE

L'Europe oublieuse, distraite, semble ne plus savoir le suprême danger qu'elle courut aux derniers temps du Moyen-âge et qui l'en préserva.

L'invasion des Turcs, bien autrement sérieuse que celle des Tartares en Europe, n'était point un déluge d'un jour, qui inonde, ravage et s'écoule. Ces barbares, nullement barbares à la guerre, se présentaient en masses fortes, solides ; parmi des nuées de cavalerie s'avançaient leurs redoutables janissaires, la première infanterie du monde. Leur victoire était très probable : victoire hideuse, qui n'eût été nullement celle du mahométisme. Ce monstre d'empire turc, création tout artificielle, très peu mahométane, ne venait point à nous comme une religion, ou comme une race. C'était, on le sait, de vastes razzias d'enfants de toute race qui recrutaient l'armée, le peuple appelé turc, empire immonde, effroyable Sodome, sanguinaire Antéchrist. L'Europe frissonnaît aux récits des tortures que les vaincus avaient à attendre, empalés ou sciés en deux.

La Pologne se mit devant l'Europe avec la Hongrie et les Slaves, les Roumains du Danube; elle sauva l'humanité.

Pendant que l'Europe oisive jasait, disputait sur la Grâce, se perdait en subtilités, ces gardiens héroïques la couvraient de leurs lances. Pour que les femmes de France et d'Allemagne filassent tranquillement leur quenouille et les hommes leur théologie, il fallait que le Polonais, le Hongrois, toute leur vie en sentinelle, à deux pas des Barbares, veillassent, le sabre en main. Malheur s'ils s'endormaient! leur corps restait au poste, leur tête s'en allait au camp turc.

Tout homme qui naissait alors en ces pays savait parfaitement qu'il ne mourrait pas dans son lit; qu'il devait sa vie au martyre. Grande situation! de se savoir toujours si près d'arriver devant Dieu! Cela tenait les cœurs très hauts, très libres aussi. — Quoi de plus libre que la mort? Vivants, ils lui appartenaient et ne relevaient que d'elle. On ne gouvernait de tels hommes que par leur propre volonté.

Rien de plus grand que cette république de Pologne. La volonté y faisait tout. C'était comme l'empire des esprits. Ni le roi ni les juges n'ayant de force suffisante pour assurer l'exécution des jugements, il fallait que le condamné se livrât de lui-même, qu'il apportât sa tête.

L'idéal polonais, placé si haut, imposait à la République d'immenses difficultés; la loi y exigeait des citoyens un effort continuel; pour état naturel, ordinaire, elle exigeait d'eux le sublime. Elle les les supposait toujours généreux, du moins voulant l'être. Dans le progrès de son histoire, la Pologne semblait marcher vers un gouvernement qui ne s'est pas vu encore en ce monde, un gouvernement de *spontanéité*, de *bonne volonté*.

Quel qu'ait été plus tard l'affaissement national, l'orgueil de la noblesse et son esprit d'exclusion, de caste, qui fut un démenti à la générosité antique, il est resté de cet état sublime des premiers temps une tendance chevaleresque, une étonnante disposition au sacrifice, dont nulle nation peut-être n'a donné les mêmes exemples.

Quoi qu'il en coûte à un Français de l'avouer, nous devons dire, pour être juste, que les gouvernements de la France ont tous usé et abusé de l'amitié de la Pologne, de l'héroïque fidélité des Polonais. Ils l'ont mise aux plus rudes épreuves sans en trouver jamais le fond.

Il est indigne que, dans tant de traités, et sous la République même, à Bâle, à Campo-Formio, à Lunéville, la Pologne ne soit pas même mentionnée. Elle versait alors son sang pour nous, à flots; elle créait, sous Dombrowski, ces vaillantes légions polonaises qui partout nous ont secondés, égalant, dépassant parfois les plus vaillants des nôtres.

Le cœur saigne à dire la terrible dépense que Napoléon fit du sang des Polonais. Leur docilité, leur dévouement, leur enthousiasme obstiné pour celui en qui ils voyaient le drapeau de la France, saisissent d'étonnement, arrachent les larmes. Dans les plus plus tristes entreprises, les plus étrangères à leur cause, il les prodigue sans scrupule ; il les embarque pour Saint-Domingue, jette ces hommes du Nord aux climats de feu, emploie au rétablissement de l'esclavage ces soldats de la liberté. Dans la plus injuste des guerres, celle d'Espagne, encore les Polonais. Les Français s'y rebutent, se lassent : les Polonais ne sont pas las encore.

Quelle récompense ? La voici : trois fois de suite, en 1807, en 1809, en 1812, Napoléon a empêché la restauration de leur nationalité, qui se faisait d'elle-même.

Vous supposez sans doute que les Polonais, si maltraités, lui ont gardé rancune, qu'ils ont un souvenir amer d'une adoration si mal reconnue, qu'ils en veulent à ce dieu ingrat ?... C'est précisément le contraire. Tout au rebours des autres hommes, leur attachement a augmenté par les mauvais traitements. La chute de Napoléon (qui détacha de lui tant d'hommes) lui rallia encore le cœur des Polonais. Sainte-Hélène porta leur fanatisme au comble. La mort, enfin, le mit sur un autel. Vainqueur, c'était pour eux un grand homme ; vaincu et captif, un héros ; mort, ils en ont fait un messie.

Magnanimes instincts de générosité et de grandeur, héroïques élans du cœur pour aimer qui nous fit souffrir !

Nous avons eu sous les yeux un miracle en ce genre, un fait inouï, prodigieux... et la sueur me vient d'y penser... Le Collège de France a été témoin de cette chose ; sa chaire en reste sainte.

Je parle du jour où nous vîmes, où nous entendîmes

le grand poète de la Pologne, son illustre représentant par le génie et le cœur, consommer, par-devant la France, l'immolation des plus justes haines, et prononcer sur la Russie des paroles fraternelles.

Les Russes qui étaient là furent foudroyés. Ils attachaient les yeux à la terre.

Pour nous autres Français, ébranlés jusqu'au fond de l'âme, à peine osions-nous regarder l'infortuné auditoire polonais, assis près de nous sur ces bancs. Quelle douleur, quelle misère manquait dans cette foule ? Ah ! pas une. Le mal du monde était là au complet. Exilés, proscrits, condamnés, vieillards brisés par l'âge, ruines vivantes des vieux temps, des batailles ; pauvres femmes âgées sous les habits du peuple, princesses hier, ouvrières aujourd'hui ; tout perdu, rang, fortune, le sang, la vie ; leurs maris, leurs enfants, enterrés aux champs de bataille, aux mines de Sibérie ! Leur vue perçait le cœur !.. Quelle force fallait-il, quel sacrifice énorme et quel déchirement pour leur parler ainsi, arracher d'eux l'oubli et la clémence, leur ôter ce qui leur restait, et leur dernier trésor, la haine... Ah ! pour risquer ainsi de les blesser encore, une seule chose pouvait enhardir : être de tous le plus blessé.

Cela était écrit et devait arriver. Il n'y a pas à discuter, ni rien à dire ou pour ou contre. Il était écrit et voulu que la Pologne, s'arrachant la Pologne du cœur, perdant la terre de vue, repoussant l'infini des douleurs, des haines et des souvenirs, emporterait, dans son vol au ciel, jusqu'à la Russie elle-même.

C'est le mystère de l'aigle blanc qui laisse pleuvoir son sang, et sauve l'aigle noir.

V

GÉNIE PROPHÉTIQUE ET POÉTIQUE DE LA POLOGNE
SA LÉGENDE RÉCENTE

Il y a peu d'années, plusieurs villages de Lithuanie ont témoigné authentiquement et, par-devant les magistrats,. affirmé par serment, qu'ils avaient vu distinctement au ciel une grande armée qui partait de l'Ouest et qui allait au Nord.

C'est le privilège des grandes douleurs, le don que le ciel fait à ceux qui souffrent trop dans le présent, d'anticiper ainsi le temps.

Cette grandeur de cœur, cette magnanimité dont nous parlions, cette douceur pour ses ennemis, méritent bien aussi que, de ces hauts sommets de la nature morale, le regard porte au loin et qu'on voie d'avance les réparations de l'avenir.

Ah! dons du ciel, jamais vous ne fûtes plus nécessaires! jamais vous ne vîntes consoler de plus grandes douleurs!... Faites-leur voir déjà le monde juste et bon que nous aurons un jour.

Cette puissance, plusieurs l'assurent, est dans un

homme. Je le crois sans peine, et dans mille! N'y eut-il pas, dans les captivités des Juifs, dans nos Cévennes et ailleurs, des peuples *voyants?*

Belle justice de Dieu ! Ce peuple martelé, scié, en deux, comme fut Isaïe, a pris dans son supplice des ailes prophétiques. Il ne marche plus, mais il vole. Les seuls poèmes sublimes qui aient apparu aux derniers temps sont ces deux cris de la Pologne, la *Comédie infernale* et la *Vision de la nuit de Noël :* voix profonde d'un homme qui gémissait sur le vieux monde, et qui, à son insu, tout à coup s'est trouvé prophète.

Ceux qui ont vu encore la funèbre gravure qui représentait Napoléon dans son linceul, couronné de lauriers, mais ayant sous les yeux la carte où la Pologne manque, et s'excusant à Dieu; ceux-là, dis-je, savent à quelle hauteur d'intuition est l'âme polonaise et combien confidente des jugements de l'éternité.

Nul doute que, dans les profondeurs de ce peuple infortuné qui ne peut même gémir, il y ait bien d'autres intuitions sublimes de prophétie et de poésie. Ils les tiennent muettes, en eux, pour leur consolation, *pour le remède de l'âme.*

La révélation la plus forte de la Pologne en ces derniers temps, sa poésie vivante, son poème humain fut l'homme étrange qui seul, de nos jours, en pleine lumière, hier même, en 1849, est devenu une légende.

Nous l'avons connu ici, cet homme terrible, cet homme-fée qui sans arme chassait des escadrons, les blessait du regard, celui sur qui mollissaient les balles, celui devant qui reculaient les boulets effrayés ; nous l'avons connu, — le général Bem.

Ici, il nous parut un homme doux et bon, rien de plus. Il s'occupait infatigablement de méthodes qu'il devait un jour appliquer à l'enseignement des pauvres paysans polonais. La guerre lui était naturelle ; il l'avait dans le sang, et il n'en donnait aucun signe. Sa figure, très peu militaire, était triste. Pour être gai, il lui fallait la guerre, des combats, et terribles.

Là, au milieu des balles, il devenait aimable, d'une bonhomie joviale. La pluie de fer, de feu, était son élément ; alors il avait l'air de nager dans les roses. Avec cela, humain et doux. Le péril n'éveillait en lui ni haine ni colère ; tout au contraire, une gaieté charmante. Personne n'a moins haï ceux qu'il tuait. Aussi est-il resté cher à tous, aux Slaves comme aux Hongrois, comme aux Polonais. Ils le chantent avec les leurs, et se vantent de ce que, lui aussi, il fut Slave ; ils montrent avec orgueil les coups dont il les honora.

Cette légende est fondée au cœur des peuples, elle va florissant chaque jour, s'enrichissant de branches nouvelles et de jeunes fleurs. Naguère encore, quand les volontaires de Silésie, que leur cœur poussait au Midi, s'en allaient malgré eux au Nord sous le bâton des Prussiens : « Vous avez beau faire, disaient-ils, Bem aura raison de vous tous. Il vit et il vivra. Les cloches depuis mille ans ne font que l'annoncer. Écoutez-les ; n'entendez-vous pas qu'elles disent : *Bem ! Bem ! Bem !...* Elles sonnent, et sonneront son nom éternellement. »

VI

LA RUSSIE ÉTAIT INCONNUE JUSQU'EN 1847
ELLE EST ENTIÈREMENT COMMUNISTE

Une chose peut sembler étrange à dire, c'est que, jusqu'en 1847, la Russie, la vraie Russie, la Russie populaire, n'était guère plus connue que l'Amérique avant Christophe Colomb.

J'avais lu tout ce qu'on a publié d'important en Europe sur la Russie. Je n'en étais pas plus instruit. Je sentais bien confusément que, dans cette foule d'ouvrages généralement légers sous forme sérieuse, on avait donné l'extérieur, le costume et non l'homme.

Un observateur pénétrant, délicat, doué d'un tact de femme, M. de Custine, avait peint la haute société russe, et parfois même avec bonheur saisi au passage le profil du peuple.

Mickiewicz avait posé de haut les traits généraux de la vie slave, et, descendant dans le détail, jeté de profondes, d'admirables lueurs sur le vrai caractère du gouvernement russe. Il eût été plus loin; on ne le permit pas. On fit briser sa chaire.

Du reste, la tendance de Mickiewicz, dans son sublime effort pour amnistier la Russie, pour réconcilier les frères ennemis, Russes et Polonais, dans l'idée de l'origine commune, ne lui permettait guère d'insister sur ce qui est spécial aux Russes, sur ce qui les différencie des autres Slaves et les met au-dessous, sur la misérable décadence et l'avilissement où l'esprit slave est tombé dans ce grand empire.

En 1843, un savant agronome, M. Haxthaüsen, visite la Russie pour étudier les procédés de l'agriculture. Il ne cherchait que la terre et les choses de la terre, et il a trouvé l'homme.

Il a découvert la Russie. Sa patiente enquête nous a plus éclairés que tous les livres antérieurs mis ensemble.

Le témoignage de l'excellent observateur est d'autant moins suspect, qu'il peut être considéré comme celui même de la Russie, une déposition qu'elle fait sur elle-même. Recommandé par l'empereur, il a été conduit par les autorités, par les grands propriétaires, qui n'auraient pas manqué de lui cacher la vérité, s'il eût voulu connaître le gouvernement russe, mais qui se faisaient un plaisir de lui faire connaître en détail toute la vie inférieure de la Russie, le serf et le village, la condition de la culture et du cultivateur.

L'Allemand, ainsi mené, va lentement de commune en commune, regarde, observe, interroge, autant qu'il peut; et, quel que soit son respect un peu servile pour le gouvernement, sa déférence respectueuse pour les grands personnages qui le conduisent sur leurs terres, il n'en conserve pas moins une remarquable liberté de jugement.

Quelle conclusion supposez-vous à cette enquête ainsi conduite par les intéressés? la plus inattendue; et elle fait beaucoup d'honneur à M. Haxthaüsen.

Il ne la résume pas sous forme générale, mais il constate à chaque instant *que la culture et le cultivateur sont misérables, qu'ils produisent très peu, que l'homme imprévoyant et sans vue d'avenir est peu capable d'amélioration.*

La population augmente, dit-on, rapidement. La production n'augmente pas; l'activité est nulle. Contraste étrange : la vie se multiplie, et elle semble frappée de langueur et de mort.

Un mot explique tout, et ce mot contient la Russie.

La vie russe, c'est le communisme.

Forme unique, exclusive de cette société, à peu près sans exception. Sous l'autorité du seigneur, la commune distribue la terre, la partage à ses membres, ici tous les dix ans, là la sixième année, la quatrième ou la troisième, même en certains lieux tous les ans.

Au temps ordinaire du partage, la famille qui se trouve réduite par la mort reçoit moins de terre, la famille augmentée en reçoit davantage. Elle est tellement intéressée à ne pas diminuer de nombre que, si un vieillard meurt, le vieux père, par exemple, la famille adopte un vieillard, se fait un père pour remplacer le mort.

La force de la Russie (analogue sous quelques rapports à celle des États-Unis d'Amérique), c'est qu'elle a dans son sein une sorte de loi agraire, je veux dire une distribution perpétuelle de terre à tous les survenants. On ne trouve pas beaucoup d'étrangers qui veuillent en profiter, au risque de devenir serfs. Mais les enfants viennent à l'aveugle en foule, en nombre énorme. Tout enfant qui ouvre les yeux a sa part toute prête, qu'il recevra de la commune; c'est comme une prime pour naître, l'encouragement le plus efficace à la génération.

Monstrueuse force de vie, de multiplication ! épouvantable pour le monde, si cette force n'était balancée ! Mais l'action de la mort n'est pas moins monstrueuse ; elle a ses deux ministres, tous deux expéditifs : un atroce climat, un gouvernement plus atroce.

Ajoutez que dans ce communisme même qui encourage tellement à naître et à vivre, il y a, en récompense, une force de mort, d'improductivité, d'oisiveté, de stérilité. L'homme, non responsable, se reposant sur la commune, reste comme endormi dans l'imprévoyance enfantine; d'une charrue légère, il écorche légèrement un sol ingrat; il chante, insouciant, son chant doux, monotone ; la terre produira peu; qu'importe? il se fera assigner un lot de terre de plus, sa femme est là : il aura un enfant.

De là un résultat très imprévu : le communisme ici fortifie la famille. La femme est fort aimée; elle a la vie très douce. Elle est en réalité la source de l'aisance ; son sein fécond est pour l'homme une source de biens. L'enfant est bienvenu. On chante à sa naissance ; il apporte la prospérité. Il meurt bientôt, c'est vrai le plus souvent ; mais sa féconde mère ne perd pas un moment pour le remplacer vite, et maintenir son lot dans la famille.

Vie *toute naturelle*, dans le sens inférieur, profondément matérielle, qui attache singulièrement l'homme en le tenant très bas. — Peu de travail, nulle prévoyance, nul souci d'avenir. — La femme et la commune, voilà ce qui protège l'homme. Plus la femme est féconde, plus la commune donne. L'amour physique et l'eau-de-vie, la génération incessante d'enfants qui meurent et qu'on refait sans cesse, voilà la vie du serf.

Ils ont horreur de la propriété. Ceux qu'on a faits propriétaires retournent vite au communisme. Ils craignent les mauvaises chances, le travail, la responsabilité. Propriétaire, on se ruine ; communiste, on ne peut se ruiner, n'ayant rien, à vrai dire. L'un d'eux, à qui on voulait donner une terre en propriété, disait : « Mais si je bois ma terre? »

Il y a, en vérité, quelque chose d'étrange à confondre, sous ce même mot de communisme, des choses si différentes, à rapprocher ce communisme d'indolence et de somnolence des communautés héroïques qui ont été pour l'Europe la défense contre les barbares, l'avant-garde de la liberté. — Les Serbes, les Monténégrins, ces populations voisines des Turcs, dans leur lutte inégale contre ce grand empire, menacés à toute heure d'être enlevés captifs, traînés à la queue des chevaux, ont cherché, au milieu de ces extrêmes périls, l'unité et la force dans une sorte de communisme. Moissons communes, tables souvent communes, l'unité fraternelle dans la vie, dans la mort : une telle communauté, on l'a bien vu par leurs combats et par leurs chants, n'a nullement énervé leurs bras ni leur esprit.

Il y a loin de là au communisme instinctif, naturel, paresseux, qui est l'état invariable de tant de tribus animales, avant que la vie individuelle et l'organisme propre se soient vigoureusement déclarés. Tels les mollusques au fond des mers ; tels, nombre de sauvages des îles du Sud ; tel, dans un degré supérieur, l'insouciant paysan russe. Il dort sur la commune comme l'enfant au sein de la mère. Il y trouve un adoucissement au servage, triste adoucissement, qui, favorisant l'indolence, le confirme et le perpétue.

Dans la profonde misère du serf russe et son impuissance d'amélioration, un seul côté adoucit le tableau, y semble mettre un rayon de bonheur : c'est l'excellence de la famille, c'est la femme et l'enfant. Mais là même se retrouvent une misère plus grande et le fond de l'abjection. L'enfant nait, est aimé, mais on le soigne peu. Il meurt pour faire place à un autre qu'on aime également, qu'on regrette aussi peu. C'est l'eau de la rivière. La femme est une source d'où s'écoulent des générations, pour se perdre au fond de la terre. L'homme n'y prend pas garde. La femme, l'enfant, sont-ils à lui ? La vie hideuse du servage implique un triste communisme que nous avons laissé dans l'ombre. Celui qui n'a pas même son corps, n'a ni sa femme, ni sa fille. Toute génération est pour lui incertaine. Dans la réalité, la famille n'est pas.

VII

TOUT, DANS LA RUSSIE, EST ILLUSION ET MENSONGE

Le communisme russe n'est nullement une institution, c'est une condition naturelle qui tient à la race, au climat, à l'homme, à la nature.

L'homme, en Russie, n'est point l'homme du Nord. Il n'en a ni l'énergie farouche, ni la gravité forte. Les Russes sont des Méridionaux; on le voit au premier coup d'œil, à leur allure leste et légère, à leur mobilité. La pression violente des invasions tartares les a rejetés du Midi dans ce marais immense qu'on appelle la Russie septentrionale. Cette affreuse Russie est très peuplée. Celle du Midi, riche et féconde, reste une prairie solitaire.

Huit mois par an de boue profonde, et toute communication impossible; le reste du temps, des glaces, et les voyages pénibles et dangereux, si ce n'est par traîneaux. La désolante uniformité d'un tel climat, la solitude que crée l'absence de communications, tout donne à l'homme un besoin extraordinaire de mouvement. Sans la main de fer qui les tient attachés au sol, tous, nobles et serfs, les Russes fuiraient ; ils iraient, viendraient, voyageraient. Ils n'ont rien autre chose en tête. Laboureurs malgré eux, et non moins ennemis de la vie militaire, ils sont nés voyageurs, colporteurs, brocanteurs, charpentiers, nomades aussi ; cochers surtout, c'est là qu'ils brillent.

Ne pouvant suivre cet instinct de mouvement, l'agriculteur au moins trouve plaisir à changer et s'agiter sur place. La distribution continuelle des terres, leur passage d'une main à l'autre, font une sorte de voyage intérieur pour toute la commune. La terre ennuyeuse, immobile, est comme mobilisée, diversifiée par ce fréquent échange.

On a dit, en parlant des Slaves en général, ce qui, tout au moins, est vrai des Russes : « Nul passé, nul avenir ; le présent seul est tout. »

Mobiles habitants de l'océan des boues du Nord, où la nature incessamment compose et décompose, résout, dissout, ils semblent tenir de l'eau. « Faux comme l'eau », a dit Shakespeare. — Leurs yeux longs, mais très peu ouverts, ne rappellent pas bien ceux de l'homme. Les Grecs appelaient les Russes : *Yeux de lézards*, et Mickiewicz a dit, mieux encore, que les vrais Russes avaient des *yeux d'insectes*, brillants, mais sans regard humain.

On devine, à les voir, la sensible lacune qui se trouve en cette race. Ce ne sont pas des hommes encore.

Nous voulons dire qu'il leur manque l'attribut essentiel de l'homme : la faculté morale, le sens du bien et du mal. Ce sens et cette idée, c'est la base du monde. Un homme qui ne l'a pas flotte encore au hasard, comme un chaos moral qui attend la création.

Nous ne nions pas que les Russes n'aient pas beaucoup de qualités aimables. Ils sont doux et faciles, bons compagnons, tendres parents, humains et charitables. Seulement, la sincérité, la moralité, leur manquent entièrement.

Ils mentent innocemment, volent innocemment, mentent, volent toujours.

Chose étrange! la faculté admirative, très développée chez eux, leur permet de sentir le poétique, le grand, le sublime peut-être. Mais le vrai et le juste n'ont aucun sens pour eux. Parlez-en, ils restent muets, ils sourient, ils ne savent ce que vous voulez dire.

La justice n'est pas seulement la garantie de toute société, elle en fait la réalité, le fonds et la substance. Une société où elle est ignorée est une société apparente, sans réalité, fausse et vide.

Du plus haut au plus bas, La Russie trompe et ment : c'est une fantasmagorie, un mirage, c'est l'empire de l'illusion.

Partons du bas, de l'élément qui semble encore le plus solide, du trait original et populaire de la Russie.

La famille n'est pas la famille. La femme est-elle à l'homme? Non, au maître d'abord. De qui est l'enfant? Qui le sait?

La commune n'est pas la commune. Petite république patriarcale, au premier coup d'œil, qui donne l'idée de liberté. Regardez mieux, ce sont de misérables serfs qui seulement répartissent entre eux le fardeau du servage. Par simple vente et par achat, on la brise à volonté, cette république. Nulle garantie pour la commune, pas plus que pour l'individu.

Montons plus haut, jusqu'au seigneur. Là, le contraste de l'idéal et du réel devient plus dur encore, et le mensonge est plus frappant. Ce seigneur est un père, dans l'idée primitive ; il rend paternellement la justice, assisté du starost, ou ancien du village. Ce père, dans la réalité, est un maître terrible, plus tzar dans son village que l'empereur dans Pétersbourg. Il bat à volonté ; à volonté, il prend votre fille ou vous-même, vous fait soldat, vous fait mineur de Sibérie, vous jette, pour mourir loin des vôtres, aux nouvelles fabriques, vrais bagnes qui sans cesse achètent des serfs et les dévorent.

L'état des libres est pire, et personne n'a intérêt d'être libre. Un Russe de mes amis a fait de vains efforts pour y amener ses serfs. Ils aiment mieux le hasard du servage : c'est comme une loterie ; parfois on tombe à un bon maître. Mais les soi-disant libres sous l'administration n'ont point de ces hasards. Elle est le pire des maîtres.

Cette administration, dans l'empire du mensonge, est tout ce qu'il y a de plus mensonger. Elle se prétend russe et elle est allemande; les cinq sixièmes des employés sont des Allemands de Courlande et de Livonie : race insolente et pédantesque, dans un parfait contraste avec le Russe, ne connaissant en rien sa vie, ses mœurs, ni son génie, le menant tout à contre-sens, brutalisant, faussant les côtés aimables, originaux, de cette population douce et légère.

Dans ce peuple de fonctionnaires, on ne peut sans dégoût envisager ce qui s'appelle Église, et qui n'est qu'une partie de l'administration. Nulle instruction spirituelle, nulle consolation donnée au peuple. L'enseignement religieux expressément défendu. Les premiers qui prêchèrent furent envoyés en Sibérie. Le prêtre est un commis, rien de plus ; et, comme le commis, il a les grades militaires. L'archevêque de Moscou a le titre de général en chef, celui de Kasan, de lieutenant général. Église toute matérielle et l'antipode de l'esprit.

Le pape de la Russie est le collège ecclésiastique, lequel juge les causes spirituelles ; mais lui-même il fait ce serment : « *Le tzar est notre juge.* » De sorte qu'en réalité le vrai pape est le tzar.

Un auteur important en cette matière, Tolstoï, le dit expressément : « L'empereur est le chef né de la religion. »

Dans le tsar est le faux du faux, le mensonge suprême qui couronne tous les mensonges.

Providence visible, père des pères, protecteur des serfs !... Nous expliquerons ailleurs, dans son développement diabolique, cette effroyable paternité.

Qu'il nous suffise ici de montrer ce qu'elle a de faux, dans son attribut le moins faux, le moins contestable, la force et la puissance : d'expliquer que cette puissance elle-même, si roide, si dure, et qui paraît si forte, est très faible en réalité.

Deux choses naturelles ont amené cette chose dénaturée, ce monstre de gouvernement. L'instabilité désolante que les invasions éternelles des cavaliers tartares mettaient dans l'existence des Russes, leur a fait désirer la stabilité, le repos sous un maître. Mais, d'autre part, la mobilité intrinsèque de la race russe, sa fluidité excessive, rendaient ce repos difficile. Incertaine comme l'eau, elle ne put être retenue que par le procédé dont use la nature pour fixer l'eau, par la constriction, le resserrement dur, brusque, violent, qui, aux premières nuits d'hiver, met l'eau en glace, le fluide en cristal aussi dur que le fer.

Telle est l'image de la violente opération qui créa l'État russe. Tel est son idéal, tel devrait être ce gouvernement, un dur repos, une fixité forte, achetée aux dépens des meilleures manifestations de la vie.

Il n'est point tel. Pour continuer la comparaison, il est de ces glaces mal prises, qui contiennent au dedans des vides, des flaques d'eau, restées mobiles, qui trompent à tout moment. Sa fixité est très peu fixe, sa solidité incertaine.

L'âme russe, nous l'avons dit, n'a rien de ce qui, même dans l'esclavage, est nécessaire à la stabilité. C'est un élément plus qu'une humanité. Serrez, c'est presque en vain ; elle coule, elle échappe. Avec quoi serrez-vous ? avec une administration, sans doute ; mais cette administration n'est pas plus morale que ceux qu'elle prétend régler. Le fonctionnaire n'a pas plus que le sujet la suite, le sérieux, la sûreté de caractère, les sentiments d'honneur, qui peuvent seuls rendre efficace l'action d'un gouvernement. Il est, comme tout autre, léger, fripon, avide. Si tous les sujets sont voleurs, les juges sont à vendre. Si le noble et le serf sont corrompus, l'employé l'est au moins autant. L'empereur sait parfaitement qu'on le vend, qu'on le vole, que le plus sûr de ses fonctionnaires ne tiendrait pas contre une centaine de roubles.

Ce pouvoir immense, terrible, qu'il transmet aux agents de ses volontés, que devient-il en route ? A chaque degré, il y a corruption, vénalité, et, par suite, incertitude absolue dans les résultats.

Si l'empereur était toujours trompé, si sa volonté restait toujours impuissante, il prendrait ses mesures et s'arrangerait là-dessus. Il n'en est pas ainsi. Le grand défaut de la machine, c'est qu'elle est incertaine, capricieuse dans son action. Parfois les volontés les plus absolues de l'autocrate n'aboutissent à rien. Parfois un mot qui lui échappe par hasard a des effets immenses, et les plus désastreux.

Un exemple : Catherine, envoyant en Sibérie plusieurs Français pris en Pologne, avait très fortement recommandé (pour ménager l'opinion) qu'ils fussent bien traités. Elle le dit et le répéta, ordonna, menaça. Jamais elle ne fut obéie.

Autre exemple contraire : Nicolas dit un jour à des paysans du Volga qu'il serait charmé que dans l'avenir tout paysan pût être libre. Ce mot tombe comme une étincelle ; une révolte immense et le massacre des maîtres en résultent ; il y faut une armée et des torrents de sang.

Voilà comme tout flotte. L'empereur est parfois infiniment trop obéi, contre sa volonté ; parfois il ne l'est pas du tout. Souvent il est trompé, volé, avec une audace incroyable. Par exemple, à sa barbe, à ses yeux, on vole, on vend en détail un vaisseau de ligne, et jusqu'à des canons de bronze. Il le voit, il le sait, il menace, il frappe parfois. Et les choses n'en vont pas moins leur train. Chaque jour lui montre durement, et comme avec dérision, que cette autorité énorme est illusoire, cette puissance impuissante. Chaque jour, plus indigné, il se débat, s'agite, fait quelque essai nouveau et encore impuissant... Contraste humiliant! Un Dieu sur terre, trompé, volé, moqué si outrágeusement! Rien de plus propre à rendre fou!

Résumons. Le Russe est mensonge. Il l'est dans la commune, fausse commune. Il l'est dans le seigneur, dans le prêtre et le tzar. *Crescendo* de mensonges, de faux semblants, d'illusions!

Qu'est-ce donc que ce peuple? Humanité? Nature, élément qui commence et non organisé? Est-ce du sable et de la poussière, comme celle qui, trois mois durant, volatilise et soulève à la fois tout le sol russe? Est-ce de l'eau, comme celle qui, le reste du temps, eau, glace ou boue, fait un vaste marécage de la triste contrée?

Non. Le sable, en comparaison, est solide, et l'eau n'est pas trompeuse.

VIII

POLITIQUE MENSONGÈRE DE LA RUSSIE. — COMMENT ELLE A DISSOUS LA POLOGNE

La Russie, en sa nature, en sa vie propre, étant le mensonge même, sa politique extérieure et son arme contre l'Europe sont nécessairement le mensonge.

Seulement, il y a ici une remarquable différence : autant la Russie, comme race, est mobile, fluide, incertaine, autant, comme politique et diplomatie, elle est fixe, persévérante. Ce gouvernement, étranger en grande partie, souvent tout allemand, ou suivant la tradition du machiavélisme allemand, avec un mélange de ruse grecque et byzantine, varie peu, se recrute d'un personnel à peu près identique. Ministres, diplomates, observateurs, espions de divers rangs et des deux sexes, le tout forme un même corps, une sorte de jésuitisme politique.

Deux puissances ont seules connu la mécanique du mensonge, et l'ont pratiquée en grand : les Jésuites proprement dits, et ce jésuitisme russe.

Le temps moderne, supérieur en toute chose, armé d'une foule de moyens et d'arts nouveaux inconnus à l'Antiquité, offre ici deux œuvres incomparables de mensonges systématiques, deux iliades de fraudes, telles qu'aucun âge antérieur n'eût pu même les concevoir. — La première, accomplie par les Jésuites vers le temps d'Henri IV, fut leur patient travail d'éducation pour refaire un monde de fanatisme et de meurtre, et recommencer en grand la Saint-Barthélemy sous le nom de Guerre de Trente-Ans. L'autre travail, plus moderne, qui dure depuis bien près d'un siècle, c'est la persévérante intrigue par laquelle le jésuitisme russe (j'appelle ainsi cette ténébreuse diplomatie) parvint à dissoudre au dedans la Pologne, à l'envelopper au dehors comme d'un réseau de ténèbres, travaillant toute l'Europe contre elle, acquérant par flatterie ou par argent les organes dominants de l'opinion, créant une opinion factice, une opinion apparente qui rendait les choses secrètes, enfin, peu à peu enhardie, mêlant aux moyens de ruse une fascination de terreur.

Ce travail a été très long, et il faut beaucoup de temps pour l'étudier. Mais, vraiment, il en vaut la peine. Ceux qui auront la patience de le suivre dans Rulhières, Oginski, Chodsko, Lelewel et autres écrivains, assisteront à une cruelle, mais très curieuse expérience politique et physiologique, celle de voir comment l'animal à sang froid, fixant incessamment de son terne regard l'animal à sang chaud, comme un affreux boa sur un noble cheval, l'attacha, le lia de sa fascination, jusqu'à ce qu'il pût le sucer, affaibli, abattu.

Cela commence doucement. C'est un regard d'intérêt d'abord, une attention de bon voisinage, l'inquiétude fraternelle que donnent à la Russie les dissensions de la Pologne.

Et elle aime tant cette Pologne, qu'elle ne peut souffrir qu'aucun Polonais soit opprimé par les autres Philosophe, enthousiaste de la tolérance, elle s'intéresse particulièrement aux dissidents; elle vient au secours de la liberté religieuse (qui n'est pas opprimée).

C'est le premier moyen de dissolution, la première opération de la Russie sur la Pologne.

Catherine, à ce moment même, venait de prendre les biens des monastères russes. Elle n'était pas sans inquiétude. Elle imagina de lancer la Russie dans une guerre religieuse, de faire croire aux paysans qu'il s'agissait de défendre leurs frères du rit grec persécutés en Pologne par les hommes du rit latin. La guerre prit un caractère de barbarie effroyable. Sous l'impulsion de cette femme athée, qui prêchait la croisade, on vit des populations, des villages entiers torturés, brûlés vifs, au nom de la tolérance.

Tout cela uniquement par amitié pour la Pologne, pour la protection des Polonais dissidents. Ce n'est pas tout, l'impératrice ne protège pas moins les Polonais fidèles à leurs anciennes lois barbares, à leur vieille anarchie.

C'est le second moyen de dissolution.

Admiratrice de l'antique constitution de la Pologne, elle ne souffrira pas que le pays se transforme ni que le gouvernement y prenne aucune force.

Dans ce second travail, la Russie s'attache surtout

à créer une Pologne contre la Pologne, comme un médecin perfide qui, se chargeant de guérir un malade malgré lui, saurait habilement, dans ce corps vivant, susciter d'autres corps vivants, y faire naître des vers...

Il y eut là des scènes d'un comique exécrable. Ces Polonais, amis des Russes, donnèrent les plus étranges scènes de patriotisme. On en vit un à genoux dans la diète, au milieu de la salle, tenant près de lui son fils de six ans, et, le poignard à la main, criant qu'il allait le tuer si l'on changeait les vieilles lois, qu'il voulait rester libre ou tuer son enfant.

Voilà la seconde opération de la Russie. La troisième, plus hardie, n'est plus seulement politique, mais sociale. Dès 1794, au temps de Kosciuszko, la Russie n'entre en Pologne *que pour assurer le bien-être des innocents habitants des campagnes*. Elle pousse le cri de Spartacus, l'appel aux guerres serviles; c'est le premier essai du système appliqué par l'Autriche en 1846, dans les massacres de Galicie.

Troisième moyen de dissolution.

Ce n'est pas l'épée des Russes qui a vaincu la Pologne; c'est leur langue qui a opéré la dissolution. Ils ont vaincu par trois mensonges.

Que serait-ce si nous pouvions montrer ici tous les arts par lesquels la Russie, en même temps, travaillait le monde contre la Pologne, profitant spécialement de la grande passion du dix-huitième siècle pour la liberté religieuse, mettant ainsi le doute dans la pensée européenne, jetant dans l'Occident un premier germe de dissolution !

Une définition profonde, admirable, a été donnée

de la Russie, de cette force dissolvante, de ce froid poison qu'elle fait circuler peu à peu, qui détend le nerf de la vie, démoralise ses futures victimes, les livre sans défense :

« La Russie, c'est le choléra. »

IX

ENFANCE ET JEUNESSE DE KOSCIUSZKO (1746-1776)

Le héros de la Pologne n'est pas proprement Polonais; il appartient à cette mystérieuse Lithuanie qui, dans le labyrinthe immense de ses bois et de ses marais, semble une première défense de l'Europe opposée à la Russie. Plusieurs des dons brillants de la Pologne manquent à la Lithuanie; elle en a d'autres plus graves. Les Polonais, relativement, semblent les fils du soleil; les Lithuaniens, ceux de l'ombre. Chez eux commence le grand Nord et les forêts sans limites. Leurs chants très doux ont toute la mélancolie de ce climat. L'âme lithuanienne est rêveuse, mystique, pleine du sentiment de l'infini et du monde à venir.

Le père de Kosciuszko était un musicien passionné, infatigable; il donnait à la musique tout le temps dont il pouvait disposer. C'était un de ces petits gentilshommes, innombrables en ce pays, qui n'ont rien que leur épée, et vivent dans la domesticité des grands, ou de l'exploitation rurale de quelque noble domaine.

Client des princes Czartorysky, il avait servi dans un régiment d'artillerie pendant trente années de paix. Retiré, il cultivait un domaine du comte Flemming, beau-père d'un Czartorysky.

Cette famille, qui avait entrepris la tâche difficile de réformer la nation en présence de l'ennemi, et pour ainsi dire sous la main des Russes, cherchait de tous côtés des hommes. Elle n'avait jamais perdu de vue les Kosciuszko ; c'est elle qui fit placer le jeune Thadée Kosciuszko, né en 1746, à l'école des cadets, que le roi Stanislas-Auguste venait de fonder à Varsovie.

Kosciuszko y arrivait déjà préparé. Enfant, il était plein d'ardeur, avide d'apprendre, d'agir ; il semblait que l'action, toujours ajournée pour le père dans la longue période oisive où s'était écoulée sa vie, s'était comme accumulée, et qu'elle éclatait dans son fils. Affamé d'études dans son désert, il profita des leçons d'un vieil oncle qui avait beaucoup voyagé et qui venait quelques mois par an à la ferme de son père. Il apprit de lui un peu de dessin, de mathématiques, de langue française. En même temps, il lisait tout seul les *Hommes illustres* de Plutarque, il en faisait des extraits, il s'assimilait le génie héroïque de l'Antiquité.

L'enfant sauvage et studieux, dans sa solitude, avait quelque chose de violent, de fougueux, d'indompté. Ce qui le ramenait à la douceur, lui mettait le mors et la bride, si l'on peut ainsi parler, c'était son amour de la famille, spécialement les égards et la protection chevaleresque qu'il sentait devoir à ses sœurs, deux petites filles très jeunes. De là peut-être la noble et pure tendresse qu'il eut généralement pour la femme, et la prédilection singulière pour les enfants qu'il montra toute sa vie.

Il arriva aux écoles dans un moment triste et dramatique, au moment où la Pologne accepta un roi de la main des Russes. Le vrai roi fut dès lors l'ambassadeur de Russie, le féroce Repnin. On vit celui-ci, sans honte ni pudeur, sans pitié d'un peuple si fier, enlever du milieu de la diète les membres opposants et les envoyer en Russie (1767). Nul doute que ces spectacles n'aient puissamment remué le cœur du jeune Kosciuszko, doublé ses efforts; il avait hâte de servir sa patrie humiliée. Il prolongeait ses études bien avant dans la nuit, se plongeait les pieds dans l'eau froide pour combattre le sommeil. Dure épreuve dans un tel climat. Chaque soir, il avertissait le veilleur qui, toute la nuit, entretenait les feux et chauffait les bâtiments de l'école. Un cordon lié à son bras et circulant dans les corridors le tirait du lit à trois heures.

Chaque année on désignait, sur un examen, quatre élèves voyageurs qui devaient se perfectionner dans les principaux instituts militaires de l'Europe. Kosciuszko fut de ce nombre. Il fut envoyé à l'académie militaire de Versailles, puis à Brest, pour étudier la fortification et la tactique navales. Enfin il passa quelque temps à Paris.

C'était vers 1770, ou à peu près. Jamais, pour les lettres et les arts, la France ne fut plus brillante. La grande période philosophique, ouverte par l'*Esprit des lois*, continuée par l'*Émile*, se fermait glorieusement avec la défense de Sirven et de Calas. Par Voltaire et

Rousseau, la France avait en quelque sorte le pontificat de l'humanité. Un doux esprit de bienveillance, de philantropie et de liberté semblait d'ici se répandre en Europe.

L'âme du jeune Polonais s'abreuva profondément à cette coupe, et se pénétra de l'amour des hommes. Il resta le fils de ce temps, le fils de la France d'alors. Les temps terribles qui suivirent, les plus extrêmes nécessités, ses périls, ceux de la patrie, ne purent le faire dévier de la ligne tracée par la philosophie française : humanité et tolérance. Il y resta fidèle aux dépens de la victoire et de la vie.

Il était à Paris au moment du premier partage, quand la Pologne, qui essayait de se réformer elle-même et de prendre une vie meilleure, en fut punie par ses voisins et disséquée vivante. Kosciuszko revint, âgé de vingt-six ans, et reçut en arrivant une inutile épée de capitaine d'artillerie, et des canons pour n'en rien faire. Il n'y avait pas, cependant, à chercher bien loin l'ennemi ; il était au cœur de la Pologne. Notre jeune officier se consumait dans ce déplorable repos, voyait très peu le monde. Un jour (en 1776), tout le corps des officiers est invité à un grand bal pour la fête du roi. Kosciuszko s'y rend par devoir. Son cœur y est saisi ; une jeune fille s'en empare. Elle l'a gardé jusqu'à la mort.

Sosnowska, c'était son nom, était malheureusement placée, par la naissance et par la fortune, très loin de Kosciuszko. C'était la fille de l'hetman de Lithuanie, Joseph Sosnowski, orgueilleux et puissant seigneur, un de ces vieux Polonais rois sur leurs terres, implacables pour quiconque aurait osé lever les yeux sur leur auguste famille, tels que le vieux palatin qui lia Mazeppa sur un cheval indompté.

Ce fut justement cet orgueil qui ouvrit la porte à Kosciuszko. Envoyé avec le corps où il servait, il habita avec son colonel le château du maréchal. Celui-ci n'imagina pas qu'un jeune homme tellement inférieur se méconnût au point d'aimer sa fille. On le laissa la voir sans cesse, lui parler, lui donner des leçons; il enseigna le français, puis l'amour. Les femmes polonaises, dans un pays si agité, mêlées au mouvement de bonne heure, et du moins entendant toujours parler des grandes affaires du pays, ont un tact remarquable pour apprécier les hommes. Elles les jugent parce qu'elles les font, usant glorieusement de leur empire pour exiger des choses héroïques.

Jamais amour ne fut moins aveugle ni mieux mérité. Ce n'était point un mérite possible, futur, qu'elle aimait; c'était déjà un homme accompli. A trente ans, il était dans la plénitude de ses dons et de ses vertus. Il apparut à Sosnowska ce qu'il était en effet, un héros.

Il n'avait pu rien faire encore, et l'apparence physique n'était point en sa faveur. A en juger par les portraits, il avait le menton saillant, ainsi que les pommettes des joues. Le nez, fortement retroussé, donnait à sa figure quelque chose, non de vulgaire, comme il arrive, mais d'étrange plutôt, de bizarre et de romanesque, d'audacieux, d'aventureux. Nez, menton, bouche, sourcils, tout semblait pointer en avant, comme l'élan du cavalier qui charge; mais en même temps les plans très fermes, très arrêtés, très fins, rappelaient la précision de l'artilleur qui ne charge point au hasard, mais qui vise et atteint le but.

Ses yeux étaient très vifs, hardis et doux : là surtout, on entrevoyait l'excellence du cœur de ce grand homme de guerre. Les anciens héros de la Pologne étaient des saints. Les Turcs, qui ont éprouvé tant de fois l'esprit guerrier de cette race, n'en avaient pas moins remarqué son extrême douceur, sa tendance à tous les amours. Ils appelaient les Slaves les *colombes*. Cette disposition à aimer éclatait dans toute la personne de Kosciuszko. Nul homme n'a tant aimé la femme, et de la plus pure tendresse. Il aimait singulièrement les enfants, qui tous venaient à lui. Surtout il aimait les pauvres. Il lui était impossible d'en voir sans leur donner; il leur parlait avec égard, avec les plus délicats ménagements de l'égalité.

Dès son enfance, il avait montré ces dispositions charitables. Le douloureux spectacle de l'infortuné paysan de Pologne, deux fois ruiné, et par son maître, et par les logements militaires, les passages continuels de soldats étrangers qui le mangent et le battent, avait blessé profondément son cœur. La pitié, une pitié douloureuse pour les maux de l'humanité, semblait avoir brisé en lui quelques nerfs du cœur, et produit peut-être les seuls défauts qu'on ait pu saisir dans une nature si parfaite.

Ces qualités, ces défauts même faisaient un ensemble adorable, auquel peu de cœurs auraient résisté. Sosnowska en fut si touchée, que, ne doutant pas qu'on ne vît son amant comme elle le voyait, l'égal des rois, elle dit tout à sa mère. Kosciuszko, de son côté, alla se jeter aux pieds du père et les inonda de larmes. Cette confiance réussit mal. Le père la reçut avec tant de mépris, qu'il ne daigna pas même éloigner Kosciuszko : il lui défendit de parler à sa fille, de la regarder.

Celle-ci, exaltée dans sa passion, absolue et audacieuse comme une Polonaise, déclara à Kosciuszko qu'elle voulait être enlevée. Résolution violente ! Ce n'était pas seulement quitter sa famille, c'était abandonner une grande fortune, une vie quasi royale, pour suivre un officier obscur, qui même perdrait son grade et probablement sa patrie, poursuivi qu'il allait être par la haine acharnée d'une si grande famille. C'était suivre la misère, l'exil.

Le père sut tout. Mais, par une singularité étrange, qui montre que la vengeance lui était plus chère encore que l'honneur de sa famille, il laissa sortir les amants. Ce ne fut qu'à quelque distance du château qu'une bande d'hommes armés les entoura. Kosciuszko devait périr; il fit face à toute la troupe, l'étonna de son audace, et en fut quitte pour une grave blessure.

Évanoui plusieurs heures, il s'éveille... Elle a disparu ; il ne reste rien d'elle, qu'un mouchoir qu'elle a laissé. Il le serre, le met dans son sein; il l'a porté toujours, dans toutes ses batailles, et jusqu'à la fin de sa vie.

X

KOSCIUSZKO EN AMÉRIQUE. — DICTATEUR EN POLOGNE
(1777-1794)

Kosciuszko, à trente ans, se trouvait avoir tout perdu, sa maîtresse et sa patrie; la première, mariée, malgré elle, à un homme qu'elle n'aimait pas; la seconde, humiliée, violée chaque jour au caprice des agents russes. Spectacle ignoble. Les vrais Polonais ne le pouvaient supporter. L'illustre Pulawski, le chef des dernières résistances, alla se faire tuer en Amérique. Kosciuszko partit, et bien d'autres moins connus.

Voilà le commencement des glorieuses émigrations polonaises. La Providence, dès lors, sembla vouloir chaque jour déraciner la Pologne, et la tirer d'elle-même pour la grandir et la glorifier. Elle l'enleva à ses querelles, intérieures à l'étroite atmosphère où elle étouffait, la répandit dans l'univers. Partout où il y eut de la guerre et de la gloire, partout où la liberté livra ses combats, il y eut du sang polonais. On le retrouve, ce sang, comme un ferment d'héroïsme, dans les fondements vénérés des républiques des deux mondes.

Un Polonais a dit là-dessus une chose ingénieuse et sublime : « Le peuple de Copernik, le peuple qui dans l'astronomie eut l'intrépidité scientifique de lancer pour la première fois la terre dans l'espace, devait mobiliser la patrie, la lancer par toute la terre. »

C'était une belle occasion pour un Polonais que cette guerre d'Amérique. Un grand souffle de jeunesse, un poétique élan de révolution, animaient ces volontaires de toute nation, qui étaient accourus là. Tous étaient très purs encore, beaux de désintéressement et d'innocence. Les La Fayette, les Lameth, les Miranda, les Barras, étaient bien loin de deviner le rôle qu'ils joueraient un jour. Libres encore d'ambition, ils ne voulaient rien pour eux-mêmes, tout pour la liberté du monde !

Kosciuszko fut accueilli par les Français comme un compatriote et un camarade d'école. La Fayette, admirateur de son bouillant courage, ne perdit pas une occasion pour le faire remarquer de Washington. Ingénieur, colonel, enfin général de brigade, Kosciusko montra, avec l'intrépidité polonaise, une fermeté plus nécessaire encore pour retenir et diriger les milices américaines. Ces soldats agriculteurs voulaient retourner à leurs champs ; Kosciuszko dit seulement : « Partez si vous voulez ; je reste. » Pas un d'eux n'osa partir.

Il eut plus d'une belle aventure : des blessures d'abord ; puis le bonheur de sauver des prisonniers que les Américains voulaient massacrer. Il se constitua aussi le patron et le protecteur d'un orphelin de neuf ans dont le père, brave soldat, venait de périr, et il parvint à faire adopter l'enfant par la République elle-même.

L'Amérique était fondée. La Pologne périssait. Au retour de Kosciuszko, elle touchait à sa crise suprême. Elle faisait un dernier effort pour se transformer sous les yeux, sous la pression terrible des tyrans qui voulaient sa mort. Dans une opération si difficile, qui aurait demandé une complète unité d'action, elle n'agissait pas avec des forces entières ; liée par ses ennemis, elle l'était par elle-même, par le préjugé national, favorable aux anciennes institutions sous lesquelles la Pologne a acquis jadis tant de gloire. Les philosophes eux-mêmes (Rousseau, par exemple, dont ils demandèrent les conseils) leur disaient de peu changer.

Cette prudence excessive était l'imprudence même. Dans les temps tellement changés, il fallait un changement d'institutions profond, radical. Par des réformes de détail, extérieures, superficielles, on avertissait l'ennemi, on amenait, on provoquait l'orage, et l'on ne créait aucune force qui pût résister. Une insurrection de la Pologne devant et malgré la Russie, une émancipation du nain sous le pied du géant prêt à l'écraser, c'étaient des choses impossibles, si l'on n'évoquait en cette Pologne une puissance toute nouvelle, la nation elle-même.

Un million de nobles gouvernaient quinze à dix-sept millions de serfs. La bourgeoisie, peu nombreuse, était renfermée dans les villes, lesquelles comptaient pour très peu dans ce grand pays agricole.

Les Polonais, naturellement généreux, et la plupart imbus des idées de la philosophie du siècle, auraient voulu changer cet état de choses. La difficulté de l'affranchissement était celle-ci : c'est que, dans un pays sans industrie on ne pouvait se contenter de dire au serf : « Tu es libre ! » on ne pouvait l'émanciper sans lui créer des moyens de vivre. En lui donnant la liberté, il fallait lui donner la terre.

Plusieurs disciples de Rousseau, grands seigneurs, riches abbés, avaient fait dans leurs domaines de vastes essais d'affranchissement. Non contents de libérer le paysan, ils lui distribuaient de la terre lui bâtissaient même des habitations. Ces exemples auraient pu être imités aisément par les grands propriétaires, mais plus difficilement par la grande masse des nobles, qui, ayant peu de paysans, peu de terre, auraient fait un tel sacrifice, non pas sur leur superflu, mais sur ce qu'ils appelaient leur nécessaire, sur ce qui constituait la vie même du noble ; ils n'auraient affranchi le paysan qu'en se rapprochant eux-mêmes de la condition du paysan.

Donc la réforme sociale impliquait dans la nation une réforme morale plus difficile encore, le sacrifice non du luxe seulement, mais de certaines habitudes d'élégance chevaleresque qui, dans les idées du pays, étaient la noblesse même.

Là était la difficulté. Et c'est pour cela que, au moment où la Pologne ne pouvait être sauvée que par une révolution sociale, elle se contenta d'une réforme politique.

Il faut avouer aussi que le souverain qui se constituait alors le protecteur de la Pologne, le roi de Prusse, n'aurait pas permis une réforme plus radicale. Il autorisait la révolution, à condition qu'elle serait nulle et impuissante.

La nouvelle constitution (3 mai 91) abolissait l'ancien droit anarchique où la résistance d'un seul homme arrêtait une assemblée. Elle admettait les bourgeois aux droits politiques. Elle mettait les paysans sous la protection de la loi. Elle rendait la royauté héréditaire.

Cette faute en entraîna d'autres. On donna l'armée au neveu du roi, un jeune homme sans expérience, et on lui subordonna Kosciuszko. Celui-ci, avec quatre mille hommes, vainquit vingt mille Russes. Mais la perfidie de l'Autriche, qui recueillit les Russes battus; la perfidie de la Prusse, qui abandonna la Pologne, encouragée et compromise par elle, portèrent le coup mortel à ce malheureux pays. Le roi se déshonora, pour éviter le partage, en accédant à la ligue formée, sous l'influence russe, *pour les anciennes libertés*. Et alors l'ambassadeur russe, terrifiant l'Assemblée, enlevant ses membres les plus courageux pour la Sibérie, enfermant et affamant pendant trois jours le roi et la diète, prit la main du roi demi-mort et lui fit signer le second partage (1793).

Dans l'acte qui le déclara, on annonçait que, en mémoire de cette belle victoire des anciennes lois de la Pologne, on leur érigerait un temple bâti de roc, sous l'égide de la sage Catherine, un temple à la liberté!

Tout l'hiver, les Russes mangeaient la Pologne.

Les logements militaires écrasaient le paysan. Ce n'était partout que pillage, pauvres gens battus, des larmes et des cris. L'ambassadeur russe Igelstrom, en quartier à Varsovie, apprenait aux Polonais ce qu'avaient été les Huns du temps d'Attila. Il faisait piller les uns, arrêter les autres, se moquait de tous. Les ambassadeurs russes qui se succédaient en Pologne avaient, la plupart, une chose intolérable : ils étaient facétieux. Celui qui enleva quatre membres de la diète trouva plaisant d'ajouter : qu'il n'entendait point gêner la liberté des opinions.

Les Russes sentaient bien d'instinct qu'une insurrection couvait. Ils ne pouvaient rien saisir, accusaient au hasard, criaient au jacobinisme. Ils supposaient une influence active de la France, et ils se trompaient. Quelques jacobins vinrent à Varsovie, mais n'eurent que peu d'action. Un Français apporta tout imprimé un pamphlet vif et hardi : *Nil desperandum* (rien à désespérer encore). Plus tard, la révolution ayant éclaté, on envoya en Turquie et aussi en France. Mais la France elle-même était au bord de l'abîme. Le comité de salut public ne promit rien et dit seulement qu'il ferait ce qu'il pourrait.

La révolution polonaise de 1794 fut tout originale. Elle eut deux éléments populaires : les ouvriers de Varsovie, soulevés, guidés au combat par le cordonnier Kilinski, et les paysans appelés sur les champs de bataille par Kosciusko.

Nous ne pouvons refuser un mot à cet ouvrier héroïque, qui fut, en réalité, le chef de la vaillante bourgeoisie de Varsovie. Il exerçait dans la ville une influence extraordinaire. Il avait coutume de dire : « J'ai six mille cordonniers à moi, six mille tailleurs et autant de selliers. » Un des ambassadeurs russes, le violent prince Repnin, devant qui tout tremblait de terreur, fait venir un jour Kilinski, et s'indigne de voir un homme calme, qui a l'air de ne rien craindre. « Mais, bourgeois, tu ne sais donc pas devant qui tu parles ? » Alors, ouvrant son manteau et montrant ses décorations, ses cordons et ses crachats : « Regarde, malheureux, et tremble ! — Des étoiles ? dit le cordonnier ; j'en vois bien d'autres au ciel, monseigneur, et ne tremble pas. »

C'était un homme simple et pieux autant qu'intrépide. On ne pouvait lui reprocher qu'une chose : marié et père de famille, il gardait un cœur trop facile ; ses mœurs n'étaient pas exemplaires. En récompense, le fond de son caractère était d'une extrême bonté. Dans les *Mémoires* qu'il a écrits, il ne blâme, n'accuse personne ; c'est le seul auteur polonais qui ait cette modération. Il semble qu'il ait regret au sang qu'il lui faut répandre. Il évite le mot *tuer*. Il dira, par exemple, qu'il lui a fallu *apaiser* un officier russe ; puis *tranquilliser* un Cosaque, et mettre un autre *en repos*.

Kilinski et les autres patriotes de Varsovie étaient dans la plus vive impatience d'éclater. Un événement précipita la crise. On licenciait l'armée. Le 12 mars, un vieil officier, brave et respectable, Madalinski, déclara qu'il n'obéirait point. Il n'avait que sept cents cavaliers ; avec ce petit corps, il traversa hardiment toute la Pologne, culbuta les Prussiens qui s'opposaient à son passage, se jeta dans Cracovie.

L'heure était sonnée. Kosciuszko, alors sorti de Pologne, revient à l'instant ; il parvint à Cracovie dans la nuit du 24 mars 1794. Toute la ville était levée, toute la population l'attendait avec des torches, et le conduisit en triomphe. Fête sublime d'enthousiasme, et toutefois d'un effet lugubre ! Les vives lumières, fortement contrastées par les ombres, semblaient dire l'éclatante gloire de cette révolution si courte, si tôt replongée dans la nuit... Le peuple pleurait d'enthousiasme, de tendresse pour cet homme, entre tous, héroïque et bon. On criait : « Vive le sauveur ! » Ce cri revenait troublé par les profonds échos des vieilles églises où sont enterrés les rois de Pologne ; les Sobieski et les Jagellons répondaient de leurs tombeaux.

Kosciuszko fut nommé dictateur. Ses premiers actes furent simples et grands. 1° La levée générale de toute la jeunesse polonaise, sans distinction de classe, de dix-huit à vingt-sept ans. 2° Une proclamation touchante, qui devait aller au fond des cœurs, même des plus égoïstes.

Dix jours s'écoulent à peine. Les Russes viennent livrer bataille aux Polonais (4 avril 1794). Ils avaient six mille hommes, Kosciuszko trois mille et douze cents chevaux. Sur ce petit nombre il n'y avait guère de soldats proprement dits. Les cavaliers étaient les nobles du voisinage. Les fantassins (sauf quelques troupes régulières) étaient de simples paysans armés de leurs faux ; la plupart n'avaient jamais entendu des armes à feu. Ces pauvres gens furent bien surpris de voir le dictateur de la Pologne prendre sa place au milieu d'eux, et non dans la cavalerie. Il avait leur costume même, une redingote de toile grise qui ne se distinguait que par quelques brandebourgs noirs.

Ces paysans, mêlés avec quelques troupes réglées, formaient la colonne du centre, conduite par Kosciuszko. Étonnés du bruit d'abord, ils ne le suivirent pas moins, et, d'un irrésistible élan, sans savoir ce qu'ils faisaient, dans leur ignorance héroïque, renversèrent les Russes. La bataille fut gagnée, si bien qu'il leur resta dans les mains douze pièces de canon. L'affaire fut décidée si vite, qu'ils n'eurent pas le temps de perdre du monde ; ils n'eurent que cent trente morts et deux cents blessés.

Les vainqueurs, si peu habitués à vaincre, surent à peine qu'ils avaient vaincu. Nombre de brillants cavaliers coururent bride abattue jusqu'à Cracovie, annonçant la perte de la bataille et la mort de Kosciuszko.

Dès le soir de la bataille, et pendant toute la guerre, Kosciuszko mangea au milieu des paysans, et, comme eux, avec une frugalité extraordinaire, se refusant toute chose que la foule n'aurait pu avoir. C'était pour les grands seigneurs, dans ce pays d'aristocratie, un étonnement continuel de voir en Kosciuszko l'humble et respectable image du véritable chef du peuple, s'assimilant à ce peuple, le plus infortuné du monde, et le représentant dans la pauvreté. Oginski, l'auteur des *Mémoires*, mangeant un jour près de lui, lui voyait boire un petit vin à vil prix, et lui conseillait l'excellent bourgogne qu'Oginski buvait lui-même : « Je n'ai pas le moyen de boire du vin à ce prix », répondit le dictateur.

Cette simplicité de vie était une chose tellement nouvelle et inouïe, qu'elle semblait généralement plus bizarre que touchante. Plusieurs la trouvaient ridicule. Beaucoup ne voulaient y voir qu'une comédie politique, une manière de flatter le peuple ; mais le peuple, les paysans même, ne sentaient pas tout d'abord ce qu'il y avait en cela de véritable grandeur.

Kosciuszko, étranger à toute adresse politique, n'avait suivi en ceci que le mouvement de sa grande âme : il lui semblait odieux, au milieu d'une foule si pauvre, de se présenter en roi de théâtre, de faire de pompeux banquets quand ils avaient à peine du pain. Tout son cœur était dans le peuple ; comment sa vie eût-elle été étrangère à la sienne ? Plus la crise approchait et le jour de mourir ensemble, plus il semblait naturel de vivre ensemble aussi du même pain, à la même table ; chaque repas était comme une communion entre le chef et le peuple, une préparation à bien mourir.

XI

RÉSISTANCE HÉROIQUE DE KOSCIUSZKO. — IL SUCCOMBE (1794)

Les villes, Varsovie, Wilna, s'affranchissaient par des combats héroïques; mais les villes comptent pour peu en Pologne. Le sort de la révolution tenait à la part qu'y prendraient les propriétaires nobles établis dans les campagnes.

Ils semblaient comme enchaînés par une double terreur.

D'une part, l'armée russe entrait, armée barbare qui venait de faire la guerre de Turquie, et d'y mériter une réputation exécrable par le massacre immense d'Ismaïlow, la plus grande destruction d'hommes qui eût été faite depuis des siècles dans une ville prise d'assaut. Les Russes, très nombreux, tenaient la campagne, brûlaient les villages, pillaient et ravageaient tout.

L'autre terreur qui semblait paralyser la Pologne lui venait de la France même, des récits épouvantables, horriblement exagérés, que les émigrés faisaient partout de notre révolution. La noblesse polonaise, effrayée par ces récits, ne savait ce qu'elle devait craindre le plus de ses paysans ou des Russes. Elle eut le tort grave de méconnaître l'extrême douceur qui distinguait, entre toutes les populations, le paysan de Pologne. Elle n'eut pas foi au peuple. C'est pourquoi elle a péri.

Il faut dire qu'autour des nobles il y avait tout un monde de gens intéressés à entraver la révolution, un monde d'économes, d'intendants, de gens d'affaires, qui sentaient bien qu'elle entraînait l'émancipation de la classe agricole, et changeait de fond en comble l'ordre de choses qui favorisait leurs rapines. Sous le prétexte des travaux agricoles, ils déclarèrent que la levée en masse était impossible, et retinrent les paysans. Kosciuszko, s'étant borné à demander seulement un homme sur cinq familles, n'en fut pas mieux obéi. On persécuta les familles des paysans qui partaient. Plusieurs, craignant également la révolution et les Russes, avaient pris ce moyen terme de présenter leurs paysans à la revue du matin, mais de les faire sauver le soir.

Dans sa déclaration du 7 mai 1794, Kosciuszko se jette dans les bras du peuple. Dans cet acte remarquable, *le paysan est déclaré libre de quitter la terre* qu'il cultive pour aller où bon lui semble, et *le propriétaire non libre de lui ôter cette terre*, s'il remplit les conditions fixées par la loi. Aux termes de ces conditions nouvelles, le travail dû par le paysan au propriétaire est diminué d'un tiers, et, en certains cas, de moitié. Les propriétaires qui demanderaient davantage sont menacés des tribunaux.

Cet acte, qui défend au propriétaire d'ôter au paysan la terre qu'il cultive, paraissait sanctionner, par l'autorité de la loi, l'opinion qu'ont généralement les serfs slaves (Polonais et Russes), qui se regardent comme les antiques et légitimes propriétaires du sol. Les serfs russes disent souvent : « Nos corps sont aux maîtres, mais la terre est à nous. »

L'acte de Kosciuszko était en cela bien plus populaire que la loi française ne l'a été plus tard dans le grand-duché de Varsovie. Elle n'a eu aucun égard pour ce lien antique entre le paysan et la terre. Elle lui permet d'aller où il veut, mais en abandonnant le sol où depuis des siècles il a mis sa sueur et trouvé sa vie : cette loi d'émancipation n'est, dans la réalité, qu'une autorisation d'errer, de mendier, de mourir de faim.

A cette noble et humaine propagande de Kosciuszko, les Russes opposèrent un machiavélisme diabolique. Ils firent écrire par l'indigne roi de Pologne un manifeste aux seigneurs, où il les effrayait des conséquences de cette révolution *jacobine*. Et, en même temps, les Russes, employant un moyen plus que terroriste, couraient la campagne en criant aux paysans polonais : « Pillez avec nous. »

Les ravages dépassaient tout ce qu'on peut imaginer. Les armées russes, suivies d'un nombre immense de chariots, enlevaient tout, à la lettre, les objets même sans valeur et les plus insignifiants. Un prisonnier polonais vit avec étonnement qu'un général russe, qui avait amené avec lui sa famille dans cette guerre à coup sûr, emportait, avec des magasins énormes de dépouilles de toute sorte, jusqu'à des fourgons remplis de jouets d'enfants, dont on amusait son fils.

Il ne faut pas oublier que cette invasion de la Pologne était, pour les courtisans des trois cours co-partageantes, ce qu'on appelle *une affaire*, comme le fut, pour les courtisans de Louis XIV, la Révocation de l'Édit de Nantes.

Les favoris de Catherine, de l'empereur et du roi de Prusse demandaient d'avance telles terres polonaises, et se les faisaient assigner. Ce dernier prince, qui eut la plus petite part au partage, donna à ses courtisans pour quatre-vingts millions de biens dans le duché de Posen. Qu'on juge du brocantage qui se fit à Saint-Pétersbourg, entre les amants de Catherine et ceux qui, par eux sous leur nom, *faisaient des affaires*. Le palais, l'alcôve, le lit de la vieille, étaient un marché, une bourse.

Les Russes ne se présentèrent jamais devant l'armée polonaise sans être au moins quatre contre un ; ajoutez que c'étaient des soldats formés, aguerris, contre de simples paysans. Jamais Kosciuszko, dans toutes ses divisions, n'eut, au total, plus de trente-trois mille hommes. Eût-il vaincu les Russes avec ce faible nombre, la Prusse et l'Autriche étaient là derrière pour les soutenir et les relever.

En 92, l'Autriche avait arrêté la victoire de Kosciusko ; en 94, ce fut la Prusse qui vint la lui arracher. Le 6 juin, Kosciuszko, poursuivant les Russes, les atteint sur les confins du palatinat de Cracovie ; il rompt leur cavalerie, il entame leur infanterie, il prend plusieurs de leurs canons... Au milieu de la victoire, on aperçoit à l'horizon une armée de vingt-quatre mille Prussiens, conduits par le roi en personne. On ordonne la retraite, qui allait être une déroute, si Kosciuszko ne l'eût couverte par plusieurs charges vigoureuses qui arrêtèrent l'ennemi ; il eut deux chevaux tués sous lui, et faillit dix fois périr.

Ce revers était dû à la trahison des éclaireurs de Kosciusko, qui lui laissèrent ignorer l'approche des Prussiens. La trahison livra aux Russes la ville de Cracovie. Le dictateur de Pologne, dans un tel péril, avait certainement droit d'organiser une justice rapide et sévère qui fît trembler sous le glaive les amis de l'ennemi.

Le temps lui manqua, la fermeté peut-être. Le peuple fit, dans sa fureur, ce que l'autorité n'avait pas fait dans sa justice. Le 9 mai, ceux de Varsovie dressèrent trois potences et pendirent trois traîtres, entre autres le principal agent de Catherine, le tyran de la Pologne, l'évêque Kossasowski.

Le 25 juin, à la nouvelle de la prise de Cracovie, un millier d'hommes environ se portent de nouveau aux prisons ; on en tire sept prisonniers, dont plusieurs, malheureusement, moins coupables de trahison que de faiblesse, étaient loin de mériter la mort. L'aveugle fureur du peuple les confondit, et ils périrent tous.

Le coup fut terrible pour Kosciuszko. « J'aimerais mieux, disait-il, avoir perdu deux batailles. » Cette révolution jusque-là si pure, elle était souillée ! Ce drapeau, près de périr, il allait tomber dans le sang !..

L'effet politique d'un tel acte était d'ailleurs déplorable. C'était le moment où l'on accusait Kosciuszko, Kollontay et Potocki de vouloir organiser un grand massacre de nobles. Pouvait-on espérer que ceux-ci, ainsi alarmés, enverraient leurs paysans ?

Kosciuszko, pour périr, voulut périr juste. Son pouvoir de dictateur, que, du reste, il laissait trop aisément contester, il le fit valoir ici. Il ordonna de punir les meurtriers, et fut obéi. Le peuple de Varsovie eut hâte de se laver lui-même ; mais, comme dans une situation malheureuse tout devient malheur, cette punition eut l'effet d'enhardir les amis de l'étranger.

Poussé par les forces énormes des Russes et des Prussiens, très peu secouru des siens, il reculait sur Varsovie. Ses ennemis ont avoué l'admirable génie militaire qu'il montra dans cette retraite, spécialement son habileté à couvrir la capitale. Le roi de Prusse la menaçait, et devait donner l'assaut le 1er septembre, lorsqu'une nouvelle vint rassurer Varsovie. D'une part, la Pologne prussienne s'était soulevée ; d'autre part, la Lithuanie armait contre les Russes. Russes et Prussiens s'éloignèrent.

Court répit, fatal. Varsovie était réservée à tomber sous un ennemi plus barbare que l'Allemand. La fanatique armée de Souwarow arrivait avec des ordres de mort. Souwarow a toujours déclaré que c'était sur l'ordre exprès de sa gracieuse souveraine qu'il avait exécuté le massacre de Varsovie, comme auparavant celui d'Ismaïlow.

Cette armée marchait en deux divisions : celle de Fersen, celle de Souwarow. Kosciuszko, affaibli par des détachements qu'on l'avait forcé de faire, n'avait en tout que sept mille hommes. Il fit observer Souwarow avec deux mille hommes, et lui-même, avec quatre mille, essaya de battre Fersen.

Tout le monde voyait très bien qu'il s'agissait de périr, d'honorer le dernier jour par un glorieux coup d'épée. Kosciuszko fit une revue, et dit : « Parte qui voudra ! » Il n'y eut pas un homme qui voulût l'abandonner.

Instruit dans la nuit du 4 au 5 octobre que le général russe Fersen avait passé la Vistule à la faveur d'un grand brouillard, et n'était plus qu'à vingt lieues, il résolut de l'atteindre avant sa jonction avec Souwarow. Il ne communiqua le secret de son départ qu'au grand chancelier Kollontay et au jeune Niemcewicz, qui devait l'accompagner. Niemcewicz savait si bien qu'il allait à la mort, qu'il ôta de son doigt sa bague et la remit à Potocki : « Gardez-la-moi jusqu'au retour », lui dit-il en souriant.

Dans ses intéressants *Mémoires*, il fait une triste peinture du pays qu'il traversa dans cette course pour joindre l'ennemi. Les haltes étaient dans des palais où toutes choses, papiers, tableaux, meubles, jonchaient le sol, hachés par le sabre des Cosaques. Quelques vieux portraits d'ancêtres pendaient aux murailles, mais découpés, mutilés, comme la Pologne elle-même ; les pillards s'étaient amusés à crever les yeux de ces vénérables palatins. Le hasard voulut que le premier de ces palais dévastés où s'arrêta Kosciuszko fût précisément celui de la princesse L... C'était maintenant le nom de celle qu'il avait tant aimée !

Il avait quatre mille hommes, Fersen quatorze mille ; mais la supériorité de celui-ci était bien plus grande, encore, comme artillerie. Les Polonais, qui n'avaient que vingt petites pièces, ne pouvaient pas faire grand'chose contre soixante canons russes du plus fort calibre. Fersen, à vrai dire, eût pu se dispenser de combattre. De la plaine où il avait établi ses batteries, il rasait tout à son aise la position de Kosciuszko. Ajoutez que les Polonais, ayant peu de munitions, ne purent même continuer le feu. La disproportion des moyens de toute sorte était telle entre les deux armées, que Fersen ne daigna même pas monter à cheval; il resta sans épée, dans son habit de peluche rouge, l'habit le plus bourgeois du monde.

La plus grande difficulté pour les Russes, ce fut d'avancer et faire avancer le canon dans les terrains marécageux où il enfonçait. Mais enfin leur cercle immense resserra, enveloppa de trois côtés la petite armée. L'infanterie polonaise, jeune milice, levée d'hier, eut là une fin sublime. Éclaircie par les boulets, emportée par la mitraille, ce qui en restait soutint, immobile, l'attaque de l'arme blanche, le choc et l'affreuse approche des quatorze mille baïonnettes. Un témoin oculaire qui, le lendemain, les vit, déjà dépouillés, couvrir de leurs grands corps blancs la place où ils combattirent, le sol de leur pauvre patrie si bravement défendue par eux, en eut le cœur déchiré, et garda la plus poignante, la plus ineffaçable impression de douleur.

Kosciuszko, essayant de sauver au moins la cavalerie, avait eu plusieurs chevaux tués sous lui; il finit par monter un mauvais cheval, qui glissa et le fit tomber au bord d'un marais. Il se relevait quand une nuée de Cosaques s'abattit sur lui. Ils n'eurent garde de reconnaître le dictateur de Pologne dans cet homme mal vêtu. Ils lui portaient des coups de lance, en lui criant : « Rendez-vous! » Mais il ne répondait pas. L'un d'eux alors, approchant et le prenant par derrière, lui déchargea un furieux coup de sabre, qui lui fendit la tête et le cou jusqu'aux épaules. Sous cette épouvantable blessure, il tomba, et ils le crurent mort.

XII

CAPTIVITÉ, EXIL, VIEILLESSE ET MORT DE KOSCIUSZKO
(1794-1817)

La Russie de ce temps-là, comme celle d'aujourd'hui, avait une fabrique d'histoires et de nouvelles fausses, de faits controuvés. Nos émigrés, qui affluaient alors chez elle, aidaient à l'œuvre de mensonge et mentaient avec esprit. On répandit dans les gazettes, bien plus, on mit en chansons, en complaintes, une fiction que la crédulité publique adopta docilement. Elle fut d'autant mieux reçue qu'elle était pathétique, touchante; elle arrachait les larmes.

On supposa que l'infortuné Kosciuszko, se sentant blessé à mort, n'essayant plus de résister et laissant tomber son arme inutile, aurait désespéré de tout, et laissé échapper ce mot : *Finis Poloniæ*.

C'était parole de mourant, parole vraie, disait-on, de ces mots qui s'arrachent quand l'homme, dégagé de tout, n'écoute plus que la vérité. Le héros de la Pologne, celui dont le cœur fut la Pologne elle-même avouait qu'elle était finie, l'abandonnait au destin, la léguait à son vainqueur.

Kosciuszko resta deux ans aux prisons des Russes, puis longtemps en Amérique, et ignora tout. La tradition mensongère eut le temps de se répandre et de s'affermir. En 1803, elle fut reproduite encore dans une histoire par M. de Ségur, l'ancien courtisan de Catherine, l'aimable poète qui fit l'épitaphe de son chien. Alors seulement Kosciuszko réclama avec force, avec indignation, contre ce mensonge.

Comment, en effet, supposer que ce grand homme, qui était la modestie même, aurait dit cette parole orgueilleuse que, « lui mort, tout était mort, et la Pologne finie ! »

Un tel mot, indigne dans la bouche de tout Polonais, eût été, dans celle de l'homme à qui la Pologne avait remis ses destinées, un crime, une trahison.

Cette réclamation, si juste, passa presque inaperçue ou fut étouffée. Toute la littérature (qui n'est que copie, routine et redites) répète encore invariablement le mot d'invention russe : *Finis Poloniæ*.

Voici en réalité comment les choses se passèrent. Kosciuszko avait reçu plus de coups qu'il n'en faut pour tuer un homme ; le dernier l'assomma, il ne souffla mot. Il resta vingt-quatre heures sans connaissance, sans pouls et sans parole. Les Cosaques l'environnaient et se désespéraient de l'avoir tué. Ils savaient parfaitement des paysans polonais que c'était le père du peuple. On ne parlait que de sa simplicité héroïque et de son amour des pauvres. Tous les Russes commençaient à le regarder comme un saint.

Catherine, humaine ou inhumaine, au gré de sa

politique, ordonna deux choses : à Souwarow de donner aux Polonais une leçon sanglante, et il en résulta le massacre de Varsovie, où dix mille hommes, femmes et enfants furent égorgés pêle-mêle ; mais en même temps elle ordonna à Fersen d'avoir les plus grands égards pour Kosciuszko. La sensible Catherine, le fit venir tout près d'elle, pour le mieux soigner ; on ne tarissait pas en éloges de son humanité ; on appelait Kosciuszko le favori de l'impératrice. Tout le monde y était trompé, au point que certains Polonais s'adressèrent à Kosciuszko pour qu'il obtînt. leur liberté !...

Quoi qu'il en fût de cette bienveillance apparente ou réelle, il ne se rétablissait point. Le sang qu'il perdait toujours le tenait dans une extrême faiblesse ; une de ses jambes avait perdu le mouvement, et ses facultés intellectuelles étaient comme paralysées. Il a dit jusqu'à la mort qu'il regrettait d'avoir été si mal soigné des chirurgiens russes. Faut-il croire qu'il n'y eût aucun homme habile dans ce grand empire ? ou bien que les gens habiles, ne sachant trop la pensée réelle de leur maîtresse, n'osèrent guérir Kosciuszko ?

Au bout de plus de deux ans de captivité, Kosciuszko, toujours saignant, la tête entourée de bandages, voit entrer tout à coup une espèce de Tartare, petit, fort laid et sans nez.

C'était le nouvel empereur, Paul Ier. Sa mère, l'auguste Catherine, avait rendu son âme au diable. « Vous êtes libre, lui dit Paul ; si vous ne l'êtes dès longtemps, c'est que je ne l'étais pas moi-même. » Kosciuszko ne disait rien ; il restait muet de saisissement; il semblait rêver et cherchait à ramener péniblement ses idées. Enfin, revenant à lui-même : « Et mes amis seront-ils libres ? » demanda-t-il à l'empereur.

Celui-ci n'était guère moins saisi à regarder Kosciuszko. Pauvre paralytique, malade, et singulièrement affaibli d'esprit, très nerveux, facile aux larmes, plein de défiance, de croyances enfantines, se croyant entouré d'espions, il aurait brisé les cœurs les plus durs. En l'examinant attentivement, on voyait qu'il était blessé, mais plus que le corps, au plus profond de son être moral.

En voyant ce triste débris, le tzar lui-même et son fils Alexandre sentaient venir les larmes. Alexandre pleurait sans parler.

Ce pauvre Tartare, Paul, qu'ils ont étranglé comme son père, était un peu fou, comme lui; mais il avait le cœur honnête. Il avait été fort contraire au partage de la Pologne. « Maintenant, comment la rendre, disait-il, cette Pologne ? La Prusse et l'Autriche voudront-elles aussi rendre leur part ?... Là est la difficulté ! »

Ces bonnes dispositions de Paul furent singulièrement atténuées dès le lendemain par les traîtres polonais qui, ayant livré leur pays aux Russes, étaient indignés de voir Paul honorer Kosciuszko. On ne lui rendit la liberté qu'à condition de recevoir de l'empereur un don considérable de terres. A ce prix, il lui fut permis de passer en Amérique. L'impératrice, femme de Paul, belle et politique personne, fut très caressante pour lui au départ; elle voulut lui dire adieu; on amena le paralytique à travers les appartements, dans la même chaise roulante qui avait servi à Catherine; la jeune impératrice le pria de lui envoyer des graines de l'Amérique, et lui donna une superbe machine à tourner : c'était le seul amusement de Kosciusko dans son immobilité.

Son premier soin, en mettant le pied sur le sol américain, fut de remercier l'empereur et de lui rendre les terres qu'il tenait de lui. Les États-Unis, reconnaissants pour leur ancien défenseur, lui payèrent pour solde et indemnité de ses services une somme de cent cinquante mille francs. Il en consacra la moitié à affranchir les paysans des corvées dans une petite terre de Pologne qu'avait sa famille, l'autre à une fondation pour le rachat des nègres et l'éducation des jeunes filles de couleur.

Rien ne prouve mieux l'originalité réelle du caractère de Kosciuszko que la vive impression qu'il faisait sur le peuple, les simples, les barbares, tandis que les beaux esprits, les littérateurs de métier, ne pouvaient rien trouver en lui. Nodier, qui le vit à Paris, le trouva ennuyeux; il l'appelle « un Tartare maussade ». Au contraire, en Amérique, les sauvages l'avaient accueilli avec la plus vive admiration; ces races si malheureuses, mais véritablement héroïques, ne se trompent point sur les héros. Le chef des Creecks s'était voué à lui, à la vie et à la mort; au seul nom de Catherine, au récit de ses machinations, il brandissait sa hache dans la plus terrible fureur. Il s'écriait : « Elle ne sait pas, cette femme, ce que mon ami peut encore faire! »

Kosciuszko, si bien traité en Amérique, était trop loin de la Pologne. Il vint s'établir en France, à

Fontainebleau, dans une solitude profonde, chez un Suisse, son intime ami. Il y reçut les plus grandes consolations qu'il pût avoir en ce monde ; de là il suivit des yeux un merveilleux phénomène, la renaissance militaire de la Pologne, le sublime démenti que nos légions polonaises donnèrent au mensonge des Russes : *Finis Poloniæ*. Ces légions, mêlées aux nôtres, firent retentir toute l'Europe de leur chant national : « La Pologne n'est pas morte ; en nous, elle vit encore. »

La jeune république de Rome, qui devait en grande partie sa délivrance aux légions polonaises, leur offrit en reconnaissance le sabre de Sobieski, qu'elle gardait dans ses sanctuaires ; le général des légions, l'illustre Dombrowski, l'offrit en leur nom à Kosciuszko.

Cette arme, appendue aux murs de l'humble maison du grand homme, devait y rester inactive. Kosciuszko ne voulait servir ni Alexandre ni Napoléon. Il savait trop que les deux maîtres du monde ne feraient rien pour la Pologne.

Kosciuszko, dans sa simplicité apparente, jugeait parfaitement Napoléon. Il disait aux officiers polonais qui venaient le visiter qu'ils devaient espérer *dans la France, mais non dans l'Empereur*. Quel pouvait être, en effet, le libérateur de la Pologne dans sa situation terrible ? un puissant émancipateur, un hardi révolutionnaire. L'indépendance nationale n'y sera fondée jamais que sur une révolution radicale et profonde. L'attendre de celui qui venait de détruire la révolution française, c'eût été chose insensée.

Lorsque Napoléon, vainqueur de la Prusse, se

trouva devant la Pologne, aux portes de cet immense et redoutable monde du Nord, il lui aurait été utile de tirer Kosciuszko de sa retraite. En réalité, il ne savait pas bien lui-même ce qu'il voulait. Kosciuszko était le drapeau national de la Pologne; on ne pouvait les séparer, car c'était la même chose. Napoléon voulait montrer ce drapeau, mais nullement garantir cette nationalité.

Déjà il avait eu l'idée singulière de mettre Kosciuszko dans cette collection de fossiles qu'on appelait le sénat. A quoi le héros indigné répondit assez brusquement : « Au sénat ? Et qu'y ferai-je ? »

En 1806, nouvelle tentative. Il lui envoie, qui ? Fouché. Le choix seul d'un tel agent était une chose indigne. Envoyer cet homme de police, de trahison et de sang dans cette pure et sainte maison !... Eh ! comment laver la place où il aurait mis les pieds ?

Ceux qui ont souvenir de la violente et terrible police de Bonaparte, savent l'impression sinistre que l'entrée de cette police jetait dans une maison. C'est sur cela apparemment que l'on comptait. On croyait terrifier, non Kosciuszko, mais la famille Zeltner, au sein de laquelle il vivait, famille étrangère et d'autant plus exposée aux vexations. On comptait sur l'ascendant que cette famille effrayée aurait sur son hôte. Il n'en fut pas moins ferme.

« Je ne me mêlerai pas de vos entreprises sur la Pologne, dit-il, si vous ne lui assurez un gouvernement national, une constitution libérale et ses anciennes limites. — Et si l'on vous y conduit de force ? dit brutalement l'homme de police. — Alors je déclarerai que je ne suis pas libre. — Nous nous passerons bien de vous. »

On sut en effet s'en passer. Dans une proclamation menteuse du 3 novembre 1806, l'Empereur faisait dire aux Polonais : « Bientôt Kosciuszko, appelé par « Napoléon-le-Grand, vous parlera par ses ordres. » Entouré par la police des Fouché et des Savary, Kosciuszko, dans l'isolement où on le tenait, ignora longtemps l'abus que l'on faisait de son nom. L'eût-il su, par quel journal, par quelle voie de publicité aurait-il pu faire connaître son démenti dans cette Europe muette ?

Napoléon, on le sait, ne fit rien pour la Pologne, rien pour ses libertés intérieures ni extérieures. La loi française, prenant le paysan polonais pour un fermier, le déclarait libre, c'est-à-dire libre de partir en quittant la terre qui le faisait vivre. Elle ne comprit pas le lien antique qui constitue au paysan une sorte de co-possession. S'il est attaché à la terre, la terre aussi lui est attachée. Cette loi fut, par ignorance, très partiale pour le noble, lui reconnaissant des droits sans devoirs, le considérant comme propriétaire sans conditions.

Enfin tombe Napoléon, et la France est punie des fautes de l'Empereur. L'invasion barbare inonde nos campagnes. Les Cosaques se répandent partout. Les voilà à Fontainebleau. On montre encore dans la forêt la caverne où se réfugiaient les femmes tremblantes. — Ces désastres brisaient le cœur de Kosciuszko, il ne put les supporter. Il va sans armes au-devant des pillards, ils les trouve qui s'amusaient à brûler les malheureuses chaumières d'un village inoffensif. Il fond sur eux hardiment, et, saisissant sur plusieurs l'uniforme polonais : « Malheureux ! quand je commandais de vrais Polonais, pas un ne pensait au pillage !... — Et qui donc es-tu, toi qui parles ? disaient-ils, le sabre levé. — Le général Kosciuszko. » — Voilà des hommes terrassés... Ils se mettent à éteindre l'incendie qu'ils ont allumé. Les Russes viennent de toutes parts en pèlerinage à la maison de Kosciuszko, en tête l'hetman des Cosaques, le vieux Platow, qui ne se rappela jamais cette entrevue sans que ses yeux fussent humectés de larmes.

On sait l'état tout mystique où se trouvait l'empereur Alexandre après sa miraculeuse délivrance de Moscou et son improbable victoire sur celui qui avait apparu ici-bas comme la victoire elle-même. Il croyait devoir tout à Dieu. La première idée de la Sainte-Alliance fut véritablement sincère. Mais cette alliance ne pouvait être vraiment *sainte*, à moins d'expier, de rendre le bien mal acquis. Là était la difficulté. Quelle serait l'année *normale* à laquelle on reviendrait? Si c'était 89, on retrouvait là, il est vrai, la vieille monarchie française, mais aussi on retrouvait, on devait recomposer la république de Pologne. Si c'était 94, il n'y avait point de Pologne ; mais alors il fallait refaire une grande France républicaine, qui embrassait les Pays-Bas, la Hollande, la Savoie et Gênes. On finit par y renoncer. On fit une Sainte-Alliance sans aucune base morale. L'Europe légitime et monarchique se constitua en plein vol, chacun gardant ce qu'il avait pris et sa mauvaise conscience.

Alexandre conservait encore une vélléité d'être juste. Quand il vit Kosciuszko : « Que voulez-vous ? » lui dit-il. — Kosciuszko, sans parler, trouvant une carte sur la table, mit le doigt sur le Dnieper, l'ancienne frontière de Pologne. — « Eh bien ! il en sera ainsi. »

On a douté de cette réponse ; mais Kosciuszko lui-même, dans une lettre au prince Adam Czartorysky (13 juin 1815), affirme qu'Alexandre lui fit, à lui et aux autres Polonais, la promesse d'étendre la Pologne jusqu'au Dnieper et à la Dwina.

L'exaltation religieuse d'Alexandre, à cette époque, rend la chose tout à fait croyable. Il voulait restituer. Un jour, dans une réunion nombreuse de dames russes, il saisit un crucifix qui pendait à la muraille, et jura que de la Pologne il ne garderait pas seulement l'espace qu'il indiquait : c'était le creux de sa main. Les dames, dans leur étrange patriotisme, se mirent à pleurer.

Elles ne savaient pas que c'est justement la Pologne possédée injustement qui empêche et empêchera toute amélioration en Russie.

Kosciuszko demandait que les paysans fussent graduellement affranchis dans l'espace de dix ans, et qu'on leur garantît leurs terres. Alexandre fermait l'oreille. Un tel changement en Pologne eût entraîné en Russie une immense révolution.

Kosciuszko ne tarda pas à voir que l'Empereur ne ferait rien de ce qu'il avait promis. L'aspect des troupes *alliées* qui mangeaient la France lui était intolérable. Il passa en Suisse. C'est de là qu'il écrit (dans sa lettre à Czartorysky) ces nobles et tristes paroles : « L'Empereur a ressuscité le nom de Pologne ; mais le nom n'est pas assez... Je me suis offert en sacrifice pour ma patrie, mais non pour la voir restreinte à ce petit territoire qu'on décore avec emphase du nom de Pologne. »

Ses derniers jours se passèrent dans une grande mélancolie. Il ne pouvait, il ne voulait point revoir sa patrie telle qu'on l'avait faite. Non marié, sans famille que celle de son hôte, il arrivait au terme de l'âge, et se voyait bientôt mourir sur la terre étrangère. Quelqu'un lui ayant dit un jour les vers français si connus :

> De ta tige détachée,
> Pauvre feuille desséchée,
> Où vas-tu ? — Je n'en sais rien...

il fut atteint profondément, et s'empressa de les écrire. Il y retrouvait son image, à lui, pauvre vieux exilé, l'image aussi de sa patrie, ballottée aux vents du Nord parmi tant d'événements...

Il ne voyait plus guère que deux sortes de personnes, les pauvres et les enfants. Ceux-ci avaient sur lui une influence singulière, une petite fille surtout, celle de son hôte Zeltner, dont il faisait l'éducation.

Sa charité était infatigable. Presque tous les jours, il partait à cheval pour porter des secours aux pauvres, du vin aux malades. Il causait volontiers avec eux de leurs affaires, y prenait intérêt, et leur montrait des égards dont ils étaient encore plus reconnaissants que de ses secours. Il ne parlait jamais au plus pauvre mendiant sans l'obliger d'abord de remettre son chapeau.

Son hôte, lui ayant un jour emprunté le petit cheval noir qu'il montait ordinairement, fut tout surpris de voir que ce compagnon des courses solitaires de Koszciusko s'arrêtait de lui-même toutes les fois qu'il voyait un homme pauvrement vêtu, trahissant ainsi le bon cœur, la charité de son maître.

Un but ordinaire de ses promenades était l'ermitage de Saint-Véréna, peu éloigné de Soleure. Il s'asseyait là, au pied d'un bloc de granit entouré d'arbres, qu'on y a mis en l'honneur d'un bon Suisse des temps passés, qui, pour arrêter une guerre fratricide entre les Suisses, se jeta devant un canon. Kosciuszko aimait à reposer à l'ombre de ce monument de l'humanité. Il y restait parfois un demi-jour tout entier, jusqu'au coucher du soleil, absorbé dans la contemplation de cette vue immense qui embrasse le Jura et les Alpes, et pouvant à peine s'arracher à sa rêverie religieuse.

Il était bien près de sa fin, lorsqu'il lui vint un doux message. Il était resté toute sa vie en correspondance avec celle qui eut son premier amour, et qui était devenue la femme d'un prince polonais. Le mari respectait ce saint et pur attachement. Il mourut, et sa veuve écrivit en Suisse à Kosciuszko, alors âgé de soixante et onze ans, qu'elle lui appartenait, elle et sa fortune, qu'elle était libre enfin, et venait le rejoindre. Elle le retrouva, mais mort. Il n'eut pas la consolation de voir dans son dernier jour cette femme aimée si constamment.

Il mourut, en 1817, dans les bras de la famille

Zeltner, emportant les regrets attendris de toutes les nations. Toutes pleurèrent cette personne innocente et sainte, autant qu'héroïque.

Ses cendres furent réclamées par la Pologne, conduites en grande pompe à la cathédrale de Cracovie, enterrées près de celles de Sobieski. Mais ce monument n'était pas assez populaire. On travailla trois années pour lui en élever un plus digne de lui : monument gigantesque, grand comme l'amour du peuple, vraie montagne bâtie de sa main, et du plus pur des matériaux : — de marbre? non, ni de granit; mais de la terre de la patrie, de la terre qu'il avait aimée.

XIII

CE QU'EST DEVENUE LA POLOGNE APRÈS KOSCIUSZKO
ON N'A PU DÉTRUIRE LA POLOGNE

Un voyageur fatigué demande l'hospitalité. « Quel est votre pays ? » dit-on. Il répond : « Je suis Polonais. » Au dernier siècle, il aurait dit ou tâché de faire entendre qu'il était *noble* polonais. Cela est inutile aujourd'hui ; tous les Polonais sont nobles, dans la pensée de l'Europe.

Telle a été la gloire de l'émigration polonaise, de ses *légions*, de ses héros, de ses martyrs, que la Pologne entière en est restée noble. La Russie a, sans le savoir, conféré à toute la nation l'ordre de chevalerie.

Trouvez-moi, si vous pouvez, un homme de Lithuanie, un homme de Galicie, qui s'aviserait de dire : « Je suis Russe ou Autrichien », quand il peut dire : « Je suis du pays de Bem et de Dembinski ! »

Et cette conviction de supériorité n'est pas seulement dans l'âme des classes élevées. Elle passe tous les jours dans celle des paysans. Le dernier des Polonais, enchaîné, traîné pour devenir soldat de la Russie, éreinté de coups, épuisé de faim, lorsqu'il tombe sur la route et se relève piqué par la lance du Cosaque, sent qu'il est martyr de la cause polonaise : il s'honore, se juge l'égal de tous ceux qui souffrent pour elle. A l'armée, s'il y arrive, il se trouve côte à côte des plus grands et des plus nobles de son pays, qu'on fait servir comme soldats et qu'on met au premier rang, au feu des tireurs du Caucase. Ainsi se forme entre Polonais, par le bienfait de la Russie, un lien très fort que peut-être ils n'auraient jamais eu sans elle, et qu'on pourrait appeler la fraternité de la douleur et l'égalité du martyre.

La nationalité polonaise, languissante à d'autres époques, est devenue, grâce à Dieu, prodigieusement forte et vivace. On a pu le voir récemment dans le duché de Posen. En Galicie même, le paysan qui, corrompu par l'Allemand, a tué son maître polonais, ne veut nullement être Allemand, et se fâcherait si on lui en donnait le nom.

Si la Russie eût eu l'intention de raviver et fortifier la nationalité polonaise, elle aurait fait précisément ce qu'elle a fait pour la détruire. Avec de bons traitements, les provinces lithuaniennes, plus anciennement réunies, se seraient peut-être, à la longue, ralliées à leurs nouveaux maîtres. Mais la Russie semble avoir pris soin de leur enfoncer au cœur, pour n'en être arrachés jamais, le sentiment et le regret de la Pologne. Par l'énormité de l'impôt, par les logements de soldats, par l'atrocité du recrutement et du service militaire, elle a si bien fait qu'on n'y parle jamais du bon temps de la République que les larmes aux yeux. Tout village, chaque année, en deuil et dans le désespoir, voit enlever ses enfants qui disparaissent à jamais. Le vice-roi lui-même, Paskevitch, en faisant partir le contingent annuel qu'il doit pour une de ses terres, disait : « Vous voyez bien ces cent hommes qu'on va mener à l'armée ; tous périront dans le Caucase ; ce sera beaucoup s'il en revient un. »

L'unité de la Pologne s'est fortifiée de deux manières. Identique de situation, de douleurs et de regrets, les deux moitiés du royaume (Pologne et Lithuanie) le sont encore par ce fonds commun de traditions militaires, de nobles et glorieux souvenirs, de fraternité héroïque, que leur a donnée l'histoire des derniers temps. Le nœud s'est resserré entre elles, et elles vivent d'un même cœur.

La Pologne, au reste, fut toujours, quoi qu'on ait dit, un État homogène, naturel, très légitimement construit, à peu près comme la France. En l'une comme en l'autre (comme en tout corps bien organisé), la dualité harmonique est un moyen d'unité. Entre ces deux moitiés (Pologne et Lithuanie), il y a moins de différence qu'entre la France du midi et la France du Nord ; on n'y voit pas la dissemblance extrême qui sépare le Provençal du Flamand.

Les États qui l'ont partagée sont, au contraire, hétérogènes et tout artificiels ; la Prusse est une mosaïque, l'Autriche une caricature, la Russie est un monstre.

Construite sur le patron d'une épouvantable araignée, elle est monstrueuse en ceci, surtout, que les pattes ne tiennent en rien au corps. Sans la compression énorme qui retient le tout ensemble, elle s'en irait de tous côtés. Le corps, ce sont les trente millions de vrais Moscovites; les pattes (Sibérie, Lithuanie, Finlande, etc.) ont horreur du corps, et voudraient se détacher. Les Cosaques n'y tiennent qu'à cause des avantages matériels qu'ils trouvent dans cet immense empire, dont ils sont une sorte de factotum militaire; du reste, ils méprisent les Russes. Les seuls qui tiennent fortement à la Russie dans ces dépendances excentriques, ce sont les Allemands de Livonie et de Courlande, qui ont dans l'empire les cinq sixièmes des emplois, qui en réalité gouvernent, qui sont toute la bureaucratie, et peu à peu la noblesse; ils la recrutent en nombre énorme, les commis devenant nobles après quelque temps de service.

La Russie ne compte pour rien en Russie. Il n'y a pas de nation, il y a un bureau et un fouet; le bureau, c'est l'Allemand; le fouet, c'est le Cosaque.

C'est ce qui rendit le partage si facile: la Russie était un gouvernement, avec ou sans nation, et la Pologne une nation sans gouvernement.

Celle-ci était restée à peu près au point des États du seizième siècle, avant la centralisation. Elle avait beaucoup de vie, mais dispersée sur son territoire. Cette vie n'étant pas centralisée, en tuant ce qu'elle avait de central, on n'a rien tué du tout.

Les puissances le savent bien. Leur œuvre leur semble à elles-mêmes si artificielle, si peu solide, que, pour en prévenir la ruine, dans laquelle elles périraient, elles se sont ménagé un remède épouvantable : elles ont dans chaque partie soigneusement cultivé un germe de guerre sociale ; de sorte que le jour où la Pologne essayerait de tirer l'épée, on puisse à vingt endroits lui enfoncer le poignard.

Il est curieux d'observer les moyens qu'a employés le machiavélisme des trois puissances, leurs arts divers et spéciaux pour fomenter la haine ; mécanique ingénieuse, telle qu'aucun autre spectacle ne dut jamais plus réjouir l'enfer. Mais non, l'enfer est ici-bas.

Ici, on força le seigneur de rester seigneur malgré lui. Là, on le fit fonctionnaire, lui imposant des fonctions détestées du peuple.

La Prusse a graduellement émancipé le paysan, elle l'a fait participer à la propriété, mais en obligeant le seigneur de garder la plus dangereuse, la plus odieuse de ses prérogatives féodales, la *justice patrimoniale*, l'hérédité de la justice, le rivant sur ce siège de juge dont il eût voulu descendre.

L'Autriche, en Galicie, a diminué les corvées, mais en forçant les nobles d'exercer pour elle la tyrannie autrichienne, d'être ses *percepteurs* et ses *recruteurs*, de lever les impôts, de choisir les hommes pour le service militaire... Vives réclamations des nobles : on n'y fait nulle attention.

De 1843 à 1846, ils prient et supplient l'Autriche de leur permettre de changer la condition du paysan, d'abolir toute corvée, de faire part au cultivateur, en sorte qu'il ait sa terre à lui. Le gouvernement leur fait les réponses les plus gracieuses ; il ajourne, gagne du temps, et sous main, organise contre eux le massacre de 1846. Au lieu d'avantages possibles et lointains, il donne de l'argent comptant, tant pour chaque tête de noble. Ceux qui ont cru voir dans cette Saint-Barthélemy un mouvement populaire se détromperont en apprenant qu'on n'a égorgé de nobles que les patriotes, pas un aristocrate.

Le jeu de la Russie ne pouvait être le même. Ayant tellement à craindre chez elle les révoltes de serfs, elle s'est bornée jusqu'ici à deux choses : d'une part, elle a empêché toute amélioration proposée par les propriétaires polonais ; de l'autre, elle a saisi toute occasion de faire croire au paysan qu'elle voudrait l'émanciper, le protéger, le faire propriétaire.

En cela, comme en tout, il n'y a jamais eu un homme plus variable, plus faux que l'empereur Alexandre. Quand Napoléon l'effrayait et qu'il jugeait à propos de flatter la Pologne, il avait demandé à quelques philanthropes polonais des projets de constitution : « Surtout, leur disait-il, adoucissons le sort du pauvre paysan. » Ces plans donnés, il les jetait au feu. — Plus fort, en 1818, il fit voir le vrai Russe. La noblesse de Lithuanie, réunie à Wilna, ayant formulé le vœu d'émanciper les paysans, Alexandre, par un ukase, défendit « de songer à cet affranchissement ». Ceux qui avaient parlé en ce sens furent persécutés. Peu après un nouvel ukase défendit la création des écoles mutuelles que les propriétaires fondaient pour les paysans, et ferma même les écoles supérieures aux jeunes gens qui ne pouvaient faire preuve de noblesse.

Le premier acte des libérateurs de la Pologne, en 1831 (spécialement dans la Podolie), avant de prendre les armes, fut de les sanctifier par la déclaration que les paysans étaient leurs égaux et leurs frères. Rien n'était plus aisé que de les faire propriétaires, dans un pays qui n'est nullement serré comme l'Angleterre ou la France, qui a une infinité de terres vagues, un pays où le domaine de la couronne fait, dans certains palatinats, la moitié de la terre. C'était le plan du ministre des finances, l'illustre Biernatski. Les propriétaires délaissés d'une partie des cultivateurs à qui l'ont eût donné des terres du domaine, auraient retenu les autres à tout prix, en leur faisant les plus avantageuses conditions. On sait avec quelle rapidité marchèrent les événements, et comment ces nobles projets furent étouffés dans le sang avec la Pologne elle-même.

Toute amélioration a été repoussée par ces gouvernements. On l'a vu pour l'Autriche. En 1844, les représentants de Posen voulaient fonder une caisse d'amortissement pour le rachat des corvées de leurs paysans. La Prusse s'y opposa.

Il n'est pas jusqu'aux sociétés de tempérance, instituées pour relever les paysans de leur dégradation morale, qui n'aient été entravées de mille manières par l'Autriche et la Russie. Un ukase russe a interdit de prêcher contre l'ivrognerie.

C'est dans les cabarets des juifs que l'Autriche a brassé la contre-insurrection où les paysans ivres ont égorgé les libérateurs du pays, qui, à ce moment même, proclamaient l'émancipation des serfs et leur donnaient des terres.

En face de cette propagande hideuse que font l'Autriche et la Russie au sein de la Pologne, et qui, grâce à Dieu, n'a réussi que sur un point, par des circonstances tout exceptionnelles, il faudrait en montrer une autre.

Je parle de l'action étrange, mystérieuse, que la Pologne, sans le savoir ni le vouloir, par le fait seul de ses souffrances et de son héroïsme, exerce sur la Russie. La vengeance qu'elle tire de son ennemie, c'est de la démoraliser, d'y développer une force inouïe de dissolution. Sans parler, sans agir, il semble qu'elle ait troublé son cœur, dévoyé son esprit, l'ait affaibli et égaré. La facilité étonnante avec laquelle la Pologne a magnétisé la Russie tient à un bien triste mystère qu'il nous faut expliquer, au vide immense que la Russie avait en elle, à la destruction intérieure qu'elle a subie, surtout depuis un siècle. La douleur polonaise, traversant l'âme russe, n'y a rencontré que néant.

XIV

COMMENT ON DÉTRUIT LA RUSSIE

L'historien de la Russie, Karamzine, s'arrête à l'entrée du siècle de Pierre-le-Grand, au seuil de la période brillante et funeste où la Russie va grandir comme empire, baisser comme race et nation, achetant l'éclat extérieur par la perte de sa vitalité native.

On sait que ce vrai Russe, dans les mémoires confidentiels qu'il adressait à l'empereur Alexandre pour combattre ses velléités libérales, ses pensées d'émancipation, ne niait pas que la Russie n'eût pu, à d'autres époques, être amenée à la liberté. Mais, disait-il, l'immense extension qu'a prise parmi les Russes l'usage des spiritueux, le succès effrayant qu'a eu partout dans l'empire l'établissement de la ferme impériale des eaux-de-vie, sont loin de le préparer à l'émancipation.

L'observation de Karamzine est juste. Seulement il s'arrête à un signe extérieur; il fallait entrer plus avant, chercher ce que veut dire ce signe. Si le Russe se plonge, se perd dans l'eau-de-vie, s'il achète un moment d'oubli au prix d'une dégradation durable et d'un abaissement progressif de la race elle-même, c'est qu'il a achevé de perdre ce qui, jadis, eût soutenu son âme.

Les Russes distingués que je connais, généreux, spirituels, sont tellement cultivés, ils ont tant vécu de la vie et des livres de l'Occident, qu'ils paraissent avoir très peu le sentiment de leur peuple. Ce sont des Français, et brillants, mais nullement des Russes. Je ne vois pas en eux la profondeur naïve qu'il faudrait posséder pour suivre et bien comprendre la décadence et la mort morale de cette population infortunée.

En trois siècles, les plus brillants du monde, où l'invention a tout au moins doublé le patrimoine scientifique du genre humain, seule, la Russie n'a rien donné. Elle est restée muette dans ce grand concert des nations.

Triste signe, quoi qu'on dise. On cite les Romains, « qui ne savaient que combattre et gouverner ». On se trompe. Les Romains ont couvert le monde de monuments utiles; ils l'ont doté de ce vaste système de lois que nous suivons encore. Ils vivent par leurs œuvres. Mais que la Russie disparaisse, quel monument restera d'elle? C'est une tente dressée aujourd'hui au milieu du désert, qui peut se replier demain.

Est-ce la faute du peuple russe, s'il est resté stérile? Non, sans doute. Et quel autre aurait été fécond en souffrant ce qu'il a souffert?

Nulle part il n'y a plus d'esprit que dans la haute société russe. Le peuple, c'est bien plus, il a une variété de facultés, une souplesse d'action, un esprit de ressources, un génie multiforme, qui étonne et charme parfois. Comment a-t-il gardé encore ces dons heureux, à travers les épouvantables épreuves qu'il a subies ? C'est ce qu'on ne peut s'expliquer.

C'était, nous l'avons dit, un peuple tout méridional de race et de génie, aimable plus que fort, peu moral, médiocrement solide, mais doux, docile, aimant facilement.

La réputation très peu méritée de force et de résistance qu'il a dans l'opinion européenne tient de ce qu'on juge le Russe uniquement par le soldat russe, oubliant que la Russie a toujours opposé de vieux soldats à nos jeunes troupes, et qu'on met vingt années à former ces soldats. On ne leur donne cette fixité automatique qu'en les tenant toute la vie sous le drapeau, disons mieux, sous le bâton. Voilà comme on fixe le Russe ; on fait le soldat, on tue l'homme. Par cette affreuse discipline, on a une machine, plus d'âme ; le Russe a disparu.

Ce peuple, en deux cents ans, a subi trois opérations atroces dont la moindre pourrait amener l'extermination du génie d'un peuple.

Vers 1600, à l'époque où le servage disparaît dans l'Europe, il commence en Russie. Ce peuple, le plus mobile de tous, est incorporé à la terre, enraciné à la glèbe. Et le siècle n'est pas écoulé, qu'à cette fixité du serf agricole s'ajoutent toutes les misères et les abjections du servage.

Vers 1700, au moment où les nationalités modernes se distinguent et se déterminent avec tant d'originalité et de vigueur, Pierre-le-Grand (ou Pierre le copiste?) déclare la guerre à la nationalité de sa patrie; il défend aux Russes d'être Russes, les tond, en fait des Allemands. Une effroyable invasion d'intrigants étrangers s'empare de la Russie. Ils n'en sont pas sortis : ils règnent. Ils ont remplacé la noblesse. Hommes de cour et favoris, bureaucrates et seigneurs, d'une double tyrannie impériale et seigneuriale, ils ont écrasé, aplati l'âme russe. Ils n'ont pu la germaniser ; ils l'ont anéantie.

Voilà la seconde opération. La troisième, que j'expliquerai tout à l'heure, la plus cruelle des trois peut-être, est celle qui s'accomplit en ce moment dans la propriété et dans les conditions du servage. Ici encore et plus que jamais, on verra la Russie marcher, pour la troisième fois, au rebours de l'Europe. Sous son immobilité apparente, elle va à reculons dans la barbarie, affreux progrès contre nature ; le servage n'est plus assez barbare, elle retourne à l'esclavage antique[1].

---

1. On affirme hardiment que, dans ce terrible accroissement de misère, la population augmente rapidement. Mais qui peut dire avec certitude ce qui en est? Qui connaît la Russie? — M. de Falloux a dit à la tribune, avec une remarquable intrépidité d'ignorance: *La Russie, en 1789, avait trente-trois millions d'âmes* (qu'en sait-il?), *et aujourd'hui elle en a soixante-dix millions!* (Qu'en sait-il?) — En réalité, que veulent les Russes et les amis des Russes en lançant au hasard ces chiffres romanesques? terroriser l'Europe. — Nul doute que le communisme russe, par son imprévoyance, ne soit propre à augmenter la population ; mais cette même imprévoyance, meurtrière sous un tel climat, la décime cruellement, surtout pour les premières années; l'immense majorité des enfants ne naissent que pour mourir. — Comment la

Le plus étrange dans ces tristes nouveautés si contraires à l'esprit européen, c'est que la Russie se figure imiter l'Europe. Et d'abord l'Allemagne. Le profond génie allemand dans ses trois idéalités, philosophie, musique, poésie, est justement ce qu'on copie le moins. L'Allemand, non idéaliste, est une triste nature d'homme. C'est celui-là que la Russie adopte. Le commis et le caporal, l'écritoire et le bâton, voilà ce qu'elle a pris de l'Allemagne.

Le servage s'est cruellement appesanti, devenant pédantesque et systématique comme l'intendant allemand qui maintenant régit les terres. Le maître

---

Russie aurait-elle une vraie statistique? Toute statistique est née d'hier. La France, le seul État qui pourrait en avoir une, étant le mieux centralisé, n'a pu, même en 1826, faire un dénombrement sérieux. (Voir là-dessus le très judicieux M. Villermé.)

Le dernier observateur et le plus sérieux qui ait visité la Russie, M. Haxthaüsen, malgré tout son respect pour le gouvernement russe, avoue qu'il n'y a aucun fonds à faire sur les documents statistiques qu'il publie. Il établit, par plusieurs bonnes raisons, qu'on ne peut connaître la population des villes, qui est très mobile. Pour la Russie des campagnes, elle est si peu connue encore, qu'il y a dans les forêts des villages dont la police ne sait pas même les noms : ce sont surtout les dissidents qui fuient les persécutions religieuses.

La population flottante est immense; beaucoup changent de pays pour changer de condition. Ceux qui reçoivent sur leurs terres des serfs fugitifs, et les acquièrent ainsi, ont soin, pour les cacher, de les mettre sous le nom de quelque serf mort. De là ces prodigieuses longévités qu'on ne voit qu'en Russie. Tel y vit deux ou trois vies d'homme, cent cinquante ans et plus.

La population augmente-t-elle? Lentement, si l'on juge de l'empire par certains gouvernements mieux connus, par exemple celui de Charkow, qui avait, en 1780, 800,000 âmes, et, en 1838, 1,150,000 âmes. (Voir l'ouvrage spécial et estimé de Passek, sur le gouvernement de Charkow.)

Au reste, que la population augmente plus ou moins rapidement, c'est un fait secondaire, en comparaison d'un autre *très certain*, c'est que la race baisse, comme énergie, force et vitalité. Voyez dans les revues, et les plus belles, celles de la garde russe, ces pauvres visages pâles, ces yeux éteints, sans vie. La race change notablement depuis trente années, et par le progrès de la misère et par l'abus des spiritueux.

russe, léger, variable et fantasque lui-même, passait aux serfs plus d'une fantaisie. L'Allemand ne passe rien. Sous sa discipline ennuyeuse est mort d'abattement le pauvre génie slave, avec sa mobilité indépendante, ses douces mélodies, sa légère existence, libre comme l'oiseau des bois.

Ce chant mélancolique d'un homme qui paraît vif et gai, c'était l'âme même du Slave. Lui fini, tout finit. Sombre empire du silence, à peine y entend-on, aux profondes forêts, quelques notes anciennes qu'on dit à demi voix. La langue sèche, la parole tarit dans cet empire. Voyez la nation des Cosaques, nation poète jadis, elle est devenue muette du jour où elle tomba aux mains glacées de la Russie.

On put croire deux fois que ce peuple, réveillé, raffermi, prendrait l'essor, rentrerait dans la vie, se classerait parmi les nations. Souwarow, un vrai Russe, un fou rusé, bouffon, dévot, suscita l'âme russe lui donna un moment d'élan. Napoléon et 1812, le danger de la sainte Moscou, le tzar appelant *ses enfants*, tirant les reliques du sanctuaire et les faisant porter devant l'armée, ce fut un puissant ébranlement populaire. L'impression fut forte aussi d'aller en France, de voir Paris, le Moscou de l'Ouest, d'apprendre que la Russie n'est pas toute la terre. Un rêve en est resté et une transmission de récits. Rien n'indique pourtant qu'il en soit sorti des légendes. L'âme russe est trop malade et souffre trop pour se jouer ainsi aux fleurs de poésie. Elle est plutôt tournée à la négation.

Une chose grave, qui les a frappés, c'est d'apprendre à la longue que leur tzar a brûlé Moscou. Longtemps, dans leur respect, dans leur sentiment filial, ils ont nié absolument que *leur père* eût fait une telle chose. — Ce sont les Français, — disaient-ils. La lumière s'est faite, à la fin, malgré toutes les dénégations. Non seulement le dernier empereur a brûlé la ville sainte, mais celui-ci la démolit, et sans nécessité, en pleine paix. Il défait, refait le Kremlin, avec une barbare indifférence pour les vieilles religions du peuple russe. Il a vendu, en pleine place, à l'encan, les meubles vénérables des anciens tzars (pour les refaire à neuf), le siège des Iwans, de Dimitri Donski.

Ces tzars de race allemande révèlent à chaque instant leur profonde ignorance du peuple qu'ils gouvernent et de ce qu'il a de meilleur.

Exemples :

Nicolas ignorait quelle force le serment a chez le Russe, et qu'ayant une fois fait le serment il se sent fortement lié, et ne peut s'en croire libre qu'autant qu'on l'en délie régulièrement, légitimement. Il exigea à son avènement, sans délai ni explication, l'obéissance immédiate des troupes qui venaient de faire serment à Constantin. De là cette terrible et si légitime révolte, dont les conjurés profitèrent.

Alexandre ignorait le fonds de la vie russe, la famille. Autrement ce prince, nullement cruel, n'eût pas fait la tentative barbare de ses colonies militaires. Il lui parut tout naturel d'introduire un hôte inconnu, un soldat, dans la chaumière étroite du paysan, de faire coucher un soldat entre sa femme et sa fille. Pour marier les soldats répartis dans la commune, on n'était pas embarrassé. Toutes les filles du village d'un côté, de l'autre les soldats, tiraient des numéros ensemble. Le numéro 1 des soldats épousait le numéro 1 des filles. C'était tout l'arrangement. Il y eut des révoltes effroyables. Les Cosaques montrèrent une indomptable opposition à ces brutalités. Le bâton, le knout, n'y firent rien. Ils se laissaient mettre en morceaux, mais n'obéissaient pas.

Ce qui n'est pas moins remarquable et fait un honneur infini au cœur des Russes, c'est l'impression qu'ils ont reçue des infortunes de la Pologne. Nous l'avons vu déjà au moment où Kosciuszko fut relevé du champ de bataille. Mais c'est surtout dans les *Mémoires* de son compagnon Niemcewicz qu'il faut lire les commencements de cette réaction morale. Les soldats russes qui le gardaient n'avaient de confident que leur prisonnier polonais. La nuit, non sans péril, ils venaient près de lui, soupirer et gémir, lui dire leurs vœux, lui demander si l'on n'abrégerait jamais le service militaire, et s'ils reverraient leurs pauvres maisons.

Voilà comment la Pologne pénètre, envahit l'âme russe. Un seul Polonais prisonnier dans une citadelle, un seul incorporé dans un régiment, ébranle et trouble tout. Il n'a pourtant rien dit, cet homme. Qu'a-t-il fait? Rien. Il a gémi la nuit. Et dès lors l'ébranlement moral a commencé, il va, il gagne. L'on songe, l'on raisonne. — C'est un homme pourtant, ce prisonnier, il souffre, il n'a pas l'air coupable. — Du jour où le soldat s'est dit cela et mis à réfléchir, dès ce jour, je le dis, son cœur est en révolte.

Sur quoi fut bâti cet empire ? Sur la foi, sur une foi brutale, barbare, aveugle, sans pitié, même pour soi, qui entraînait l'anéantissement de l'esprit et de la personne. Quand ce boyard empalé par Iwan criait pendant deux jours de son effroyable agonie : « Mon Dieu, sauvez le tzar ! » alors, sans doute, l'empire russe était ferme.

Par quoi chancelle-t-il ? Je le dis, par le doute. Il est entré en lui. Et ce qui honore la nature humaine, c'est que la pitié y a fait autant que le reste.

Tout le monde connaît, au moins par les gravures, le sanctuaire de la Russie, le Kremlin, ces massives et bizarres constructions, ces palais monstres, où respire le génie mongol, et qu'on serait tenté d'appeler une pétrification de la Terreur. Ces monstres du monde des fées vivaient, ce semble, et sont devenus pierres en voyant Iwan-le-Terrible. En vain Napoléon y a porté la main, en vain l'effroyable incendie enveloppa le Kremlin de ses flammes. Il était resté ferme.... De nos jours, il faiblit, sa base de granit chancelle, et par moments la sublime flèche paraît ivre, elle branle... Pourquoi ? ah ! pour bien peu de chose. Un souffle dans ses fondations, une plainte aux caveaux de ses églises, un sourd gémissement aux tombes impériales... Tout le monde l'a entendu, hors un seul... Cette chose faible et forte qui fait trembler les tours, qu'est-ce donc ?... Un soupir.

Soupir sacré de la nature contre un monde dénaturé,

gémissement mêlé des douleurs de deux nations!...
Il ne s'est pas enfermé là; il a monté, grossi comme une trombe... Il ne s'est pas perdu aux forêts, aux marais; il s'en est emparé, et les forêts se sont mises à gémir, les eaux à sangloter, les sapins à pleurer !

Prenez garde, cet homme insouciant, léger et mélancolique à la fois, qui chantait au travail sa chanson monotone, il a assez chanté, il songe, et il est entré en pensée. Il pensera désormais et toujours.

Et toute sa pensée, je vais vous la dire d'un seul mot, qui la résume toute, et le grand changement qui se fait depuis trente années dans sa condition : *Né serf, il meurt esclave.*

Serf, il avait pied et racine en la terre; il était arbre, résigné comme l'arbre; il végétait misérable et paisible. L'imprudente tyrannie de ses maîtres l'a déraciné.

Les seigneurs, détachant des parties de leurs biens pour vente ou pour partage, ont cru ne couper que la terre, et ils ont coupé l'homme. Il vivait moins en lui qu'en la commune; ils ont brisé cet ensemble vivant où s'harmonisait, dans un communisme immémorial, toute la vie du paysan russe. La terre passant de main en main dans le cercle de la commune, comme la coupe circule au banquet, c'était le fonds moral du Slave.

Ce n'est pas tout. La commune brisée et la terre divisée, ils lui ont raccourci sa part de cette terre. « Si ta famille est trop nombreuse, va, va chercher ton pain, charpentier, jardinier, batelier du Volga; va, et rapporte-nous l'argent. »

Cela est dur, injuste. S'il était serf, c'était serf de la terre, non serf mobile, mais serf dans la famille, dans la commune, entouré des consolations, des adoucissements du travail commun; n'importe, il se résigne, il va. — Il revient fidèle, il rapporte... Mais alors, ce n'est pas assez; ils ont bâti d'immenses maisons, l'horreur des Russes, d'affreux bagnes, qu'ils appellent des fabriques, des manufactures, où les hommes vendus viennent travailler et mourir sous le fouet. Vendus? non, je me trompe, l'empereur philanthrope a défendu qu'on vende; on loue un homme pour quatre-vingt-dix ans!

Pauvre race, douce, faible, toute dominée par les sentiments naturels, qui avait vu l'État dans la famille, et dans le maître un père!... C'était un spectacle risible et touchant, quand un nouveau seigneur arrivait au village; ils pleuraient tous de joie : « Petit père ! » criaient-ils, ils se jetaient à genoux, lui racontaient leurs maux, toutes les affaires de leurs familles ; plusieurs à haute voix se confessaient à lui.

Le père des pères, le tzar! qu'était-ce donc, grand Dieu? ils confondaient dans leurs prières le *tzar du monde et le tzar du ciel.*

Ce sentiment filial, si fort dans l'âme russe, à quelles terribles épreuves n'a-t-il pas été mis? Est-il père, ce seigneur avide qui vend ses hommes? Est-il père, ce tsar qui protège si peu, qu'on aime mieux être serf que libre?

Ce monde qui perd peu à peu son idée, sa base antique, *la paternité*, ne s'asseoit pas encore sur la base nouvelle, *la loi*, le gouvernement de l'homme par lui-même.

O désert, ô vide, ô néant! Plus de père. Pas encore la loi.

Moins désolés, ces grands plateaux tartares où la terre nue, salée, stérile, n'a rien de la nature que l'aigre sifflement du vent de Sibérie.

Le gouvernement russe produit en ce moment une chose terrible. En maintenant une séparation absolue et comme un cordon sanitaire entre les populations russes et le reste du monde, il n'empêche nullement ces populations de perdre leur ancienne idée morale, et il les empêche de recevoir l'idée occidentale, qui les replacerait sur une base nouvelle. Il les tient vides et nulles moralement, sans défense contre les suggestions du mauvais esprit et la tentation du désert.

Quand on dit qu'un de nous, Occidentaux, est douteur, sceptique, cela n'est jamais vrai absolument. Tel peut être douteur en histoire, qui est ferme croyant en chimie, en physique. Tout homme ici a foi en quelque chose; l'âme n'est jamais vide. Mais là, dans ce monde tout ignorant, barbare, qu'on maintient vide d'esprit, et qui le devient de tradition, si cet état durait, si l'homme descendait la pente du doute, rien ne l'y arrêterait, rien n'y ferait contre-poids ou balance; nous aurions l'effroyable spectacle d'une démagogie sans idée, sans principe ni sentiment; un peuple qui marcherait vers l'Occident, d'un mouvement aveugle, ayant perdu son âme, sa volonté, et frappant au hasard, automate terrible; comme un corps mort galvanisé, qui frappe et peut tuer encore.

Qui sauvera la Russie de cette infernale perdition,

et l'Europe de la nécessité d'exterminer ce géant ivre et fou ?

C'est surtout la pauvre Pologne.

Ce que la Russie a de meilleur en ce moment, ce qui la rattache à l'humanité et à Dieu, c'est le mouvement de cœur que la Pologne a suscité en elle.

XV

CE QUE LA POLOGNE PEUT FAIRE AVANT LA RÉVOLUTION

Tout ce que nous avons dit sur le néant moral où arrive la Russie est faible en comparaison de ce que les Russes en ont dit eux-mêmes. Cet état est si douloureux, que, bâillonnés, muselés, du fond de leur *in-pace*, ces pauvres muets n'en ont pas moins éclaté. Plusieurs, comme l'illustre amiral Tchitchacoff, ont hautement désespéré, quitté la patrie. D'autres, en restant, ont acheté de la vie le bonheur d'être libres une heure, en criant : « La Russie est morte ! »

On pouvait deviner ce triste mystère dans les poésies désolées de leurs derniers poètes, pleines de deuil, d'ironie sceptique. Mais ces avis indirects ne satisfaisaient pas l'âme russe; elle était trop oppressée.

Un matin, dans une revue généralement discrète et pâle, le *Télescope* de Moscou, un article, échappé par la distraction de la censure, fait trembler toute la Russie. Cet article, signé Tschadaef, était l'épitaphe de l'empire, celle de l'auteur aussi : il savait qu'écrire ces choses, c'était accepter la mort, plus que la mort, des tortures et des prisons inconnues. Du moins, il soulagea son cœur. Avec une éloquence funèbre, un calme accablant, il fit sur son pays comme un testament de mort. Il lui demande compte de toutes les amertumes qu'on inflige à qui veut penser, il analyse avec une profondeur désespérante, inexorable, le supplice de l'âme russe ; puis, se détournant avec horreur, il maudit la Russie. Il lui dit *qu'elle n'a jamais existé* humainement, qu'elle ne représente *qu'une lacune de l'intelligence humaine*, déclare que son passé a été inutile, son présent superflu, et qu'elle n'a aucun avenir.

L'empereur a fait enfermer cet homme dans une maison de fous. Mais la Russie, le cœur percé, a cru qu'il avait raison. Elle s'est tue. Depuis 1842, pas une production russe, ni bonne, ni mauvaise. Le terrible article, en réalité, a clos et scellé le tombeau.

Sous la tombe est une étincelle[1]. Nous ne souscrivons nullement aux anathèmes de Tschadaef.

En bas, nous voyons un peuple faible, mais d'autant plus élastique, qui peut encore se relever. Et

---

1. L'étincelle! ne serait-elle pas dans une brochure admirable qui paraît à l'instant (1851)? L'auteur, né Russe, mais doté d'autre part du plus généreux sang du Rhin, écrit dans notre langue avec une vigueur héroïque, qui brise l'anonyme et révèle partout le grand patriote. J'ai lu et relu dix fois avec stupeur. J'y croyais voir les vieux héros du Nord tracer d'un fer impitoyable la sentence de ce misérable monde... Hélas! ce n'est pas seulement la condamnation de la Russie, c'est celle de la France et de l'Europe. — « Nous fuyons la Russie, dit-il; mais tout est Russie; l'Europe est un cachot. » — Tant que l'Europe a de tels hommes, pourtant, rien n'est désespéré encore. (***Du Développement des idées révolutionnaires en Russie***, par Iscander,

il se relèvera un jour par la fraternité de la Pologne.

En haut, nous voyons des hommes peu nombreux, mais admirables, des héros!... Comment appeler autrement les hommes du 14 décembre, eux qui, seuls, dans la gueule même du dragon, ont tenté ce coup hardi?... Comment donner un autre nom au glorieux martyr Bakounine, aujourd'hui enseveli, les fers aux pieds, dans un cachot de Russie?... Ah! grand cœur, noble nature, frère aimé de la Pologne et de la France, excusez-moi d'avoir dit ces choses sévères sur le pays que vous aimez. Dieu m'est témoin que, si parfois la main m'a tremblé en écrivant ces lignes sur la Russie, c'est à vous que je pensais (vous que je ne connais pas), c'est vous uniquement que je craignais de blesser... S'il arrivait que mon livre perçât les murs où vous êtes enfermé, qu'il vous dise que nos cœurs sont tout pleins de vous, et nos yeux de larmes en pensant à vous, et que le monde sent le poids de vos fers...

Pourquoi, malgré nos vives, nos ardentes sympathies pour les grands patriotes russes, avons-nous cru devoir exposer notre opinion si librement sur la Russie? C'est que, hélas! il nous est impossible jusqu'ici de distinguer le peuple russe du gouvernement qui l'écrase. Nous les voyons seuls encore, ces illustres citoyens. Ils sont les citoyens du monde, bien plus que de la Russie. Les révoltes sont fréquentes en ce pays; mais une révolution, quel jour arrivera-t-elle? Il y faut une communauté d'idées que rien ne nous indique encore.

Donc, nous devons envisager la Russie en masse, provisoirement, et simplement comme une force, —

force barbare, monde sans loi, *monde ennemi de la Loi*, qui ne fait aucun progrès en ce sens, au contraire, qui marche à rebours et retourne aux barbaries antiques, qui n'admet la civilisation moderne que pour dissoudre le monde occidental et tuer la loi elle-même.

Le monde de la Loi a sa frontière où elle fut au Moyen-âge, sur la Vistule et le Danube.

La Russie n'admet rien de nous, que le mal. Elle absorbe, attire à elle tout le poison de l'Europe. Elle le rend augmenté et plus dangereux.

Quand nous admettons la Russie, nous admettons le choléra, la dissolution, la mort. « Quoi ! philosophes ! nous dit de sa plus douce voix la jeune école russe qui fleurit dans nos revues [1], vous vous éloignez de vos frères !... Où est la philosophie ? »

Telle est la propagande russe, infiniment variée, selon les peuples et les pays. Hier elle nous disait : « Je suis le christianisme. » Demain elle nous dira : « Je suis le socialisme. »

---

1. On sait combien la Russie est hermétiquement fermée aux journaux et aux revues de l'Europe. Une des nôtres est exceptée, par la protection spéciale de l'empereur. On a soin qu'elle arrive jusqu'en Sibérie. Pourquoi tant de faveur? On peut le deviner. Une revue française, toute pleine des éloges de la Russie, est justement ce qui peut le mieux tromper ses infortunés lecteurs sur la pensée de la France, leur faire croire que le monde est décidément converti au mal, finir pour eux tout espoir ici-bas. Représentez-vous, dans cet extrême Nord, dans les nuits éternelles, l'infortuné Polonais qui s'efforce, à la lueur des aurores boréales, de lire ces pages écrites dans la langue chérie, la langue de la France, qui cherche avidement quelques bonnes nouvelles, et qui voit que la France est morte... Quel accroissement de supplice! C'est ainsi que la Russie, cette savante maîtresse en douleurs, a trouvé un moyen de rebriser les cœurs déjà brisés, de doubler les ténèbres du pôle, d'ajouter un degré de glace au froid qui rompt l'acier... Qu'ainsi le désespoir vienne de l'espoir, je veux dire de la France! ah! c'est un coup de maître: il faut rendre les armes; tous les bourreaux sont dépassés!

Elle emploie les journalistes, des gens du monde, des femmes spirituelles et charmantes... Comment refuser la coupe des belles mains de Médée ?

Ici ce sont des articles [1], des gravures même habilement exposées sur nos promenades. Au Danube, ce sont des chansons russes qu'on fait circuler, chansons faites par les poètes officiels de l'empereur, pour amener les Serbes, les Bulgares, etc., à se remettre aux mains protectrices de la Russie.

Cette propagande, en Pologne, a un caractère sinistre qui rappelle les menées de l'Autriche avant le massacre de la Galicie.

La Russie a employé un moyen terrible de se populariser auprès du paysan : sa cruelle persécution des Juifs, continuée plus cruellement par l'enlèvement annuel de leurs enfants. — Effroyable flatteur du peuple, qui, sans lui faire aucun bien, le séduit par le mal des autres ! Une enquête, il est vrai, a été ordonnée aussi pour améliorer le sort des cultivateurs. Non suivie et sans résultat, elle n'en fait pas moins croire aux paysans que le tzar s'intéresse à eux.

Que fera maintenant le propriétaire polonais ? Il est entre deux abîmes.

La Russie irrite le paysan contre lui, lui dit : « Il ne fait rien pour vous. »

---

1. Même des livres, et de forme grave. M. Alexis de Saint-Priest, fils d'une princesse russe et d'une famille comblée par la Russie a reconnu magnifiquement les bienfaits de cette patrie adoptive. Il a écrit, dans la *Revue des Deux Mondes*, une *Histoire du démembrement de la Pologne*, qui met le tort du côté des victimes. La France lui a ouvert ses mystérieux trésors diplomatiques. Il a pu, à son aise, y choisir tout ce qui pouvait colorer l'invasion russe ; il a fait un livre spirituel, mais qui le serait davantage s'il était moins hardiment partial.

Maintenant qu'il essaye de faire quelque chose, c'est un homme désigné, suspect. Un matin, sous un prétexte, enlevé, jeté dans un coffre, cahoté à mort pendant quinze cents lieues, il s'en ira habiter pour toujours le pays dont on ne revient pas.

Je le sais trop, Polonais, sous ce gouvernement terrible, il vous est difficile de changer le sort du peuple.

La plupart des réformes sont ajournées forcément aux jours de liberté.

Moralement, vous pouvez beaucoup. Si la loi est impuissante, si l'action est interdite, rien ne peut enchaîner le cœur.

Oserai-je former un vœu, souhaiter une chose pratique qu'on ne peut guère empêcher? Supprimez, autant qu'il se peut, les intermédiaires qui vous séparent du cultivateur ; renvoyez l'intendant, l'agent, l'économe. Occupez-vous vous-mêmes de votre terre et de ceux qui la cultivent. Vivez parmi eux, avec eux, aimez-les, tout est gagné.

« Il faut aimer pour être aimé », disait le général Hoche.

Ce peuple vous demande plus que la liberté, plus que la propriété, qu'il a méritée si bien, plus que l'égalité sociale, — il demande surtout l'amitié.

Nous connaissons votre grandeur de cœur. Ceux qui ont aimé jusqu'à leurs bourreaux pourraient-ils ne pas aimer leurs pauvres compatriotes ?

Le paysan a sujet d'aimer votre vieille République de Pologne, qui lui demanda un tribut si faible, si léger, en comparaison d'aujourd'hui ; qui l'abrita des barbares derrière ce peuple chevalier d'un million de lances, dont pas un homme, durant des siècles, n'est mort qu'au champ de bataille.

Et vous, fils de ces chevaliers, aimez, admirez ce peuple, qui, dans vos terribles luttes, tellement inégales, contre la Russie, vous donna ces vaillants faucheurs, la terreur des Cosaques, qui se battit sans s'informer si la liberté reconquise le serait pour lui, qui, dans les légions polonaises, anobli, chevalier lui-même, sous le drapeau de la France, marcha du même pas près de vous, et, par des exploits incroyables, s'est placé avec vous dans l'égalité de la gloire.

La nationalité polonaise si cruellement attaquée, mutilée dans son territoire, brisée dans l'existence de ses hommes les plus dignes, poursuivie avec fureur par l'arbitraire et par la loi, il dépend toujours de vous de la raffermir et de la refaire plus solide qu'elle ne fut. Cette fois, qu'elle se révèle hors des lois, ailleurs qu'en l'État, qui est toujours vulnérable. Fondez-la dans l'âme humaine, au sanctuaire de toute vie ; enfoncez-en la racine en ce qui n'est point attaquable ni accessible aux tyrans, dans l'amour mutuel de l'homme et dans la fraternité.

Si les actes vous sont interdits, les sentiments ne le sont pas. Veuillez, aimez ; personne n'en méconnaîtra les signes. La fraternité de cœur, l'égalité volontaire, se manifestent aisément.

Si vous ne pouvez encore changer l'état social des habitants des campagnes, vous pouvez changer leur esprit. L'on vous a empêchés de leur fonder des écoles ; mais chacun de vous est une école. Ne vous enfermez point dans vos maisons solitaires, pour languir, attendre, mourir, pour tourner, retourner en vous le fer aigu de la douleur. — Sortez, venez dans le peuple, partagez les travaux des hommes : descendez sur le sillon, suivez la charrue ; dites-leur tant de choses qu'ils ignorent, hélas! et qui sont le cœur du cœur, le plus profond de leur être. Ce peuple, tel a été le terrible effet des longues misères, ne se connaît plus lui-même. S'il se souvenait! Combien il en serait relevé! Quel chaud et puissant cordial lui rentrerait dans la poitrine!... La culture qu'il lui faudrait, ce n'est pas, comme on le croit, d'apprendre un moment à lire (pour l'oublier le lendemain, n'ayant ni livres, ni loisir). Ce qu'il lui faut, et ce qu'il recevrait avidement, ce sont ses propres souvenirs, rafraîchis et réveillés ; ce sont ses glorieuses antiquités, c'est la Pologne elle-même. — Dites-lui vos grandes guerres des Turcs, et l'Europe défendue par vous ; dites-lui Jean Sobieski, la délivrance de Vienne, le salut de l'Allemagne ; dites-lui le vieux chant slave, qui lui fut un jour redit par un pape. — Des envoyés de Pologne, se trouvant à Rome, demandaient des reliques au pape pour en faire don à leurs églises. Ils en eurent cette réponse : « Pauvres gens, que venez-vous demander ici des reliques ?... Avez-vous donc oublié la vieille chanson de votre pays : *O Polonais! Polonais! ouvrez partout où vous voudrez la terre de Pologne, prenez-en, tout ce que vous prendrez, c'est toujours cendre de martyrs.* »

Bel aveu, noble réponse, qui fait honneur à l'Italien. La Pologne a sa sainteté en elle-même, non dans la Rome des papes. La ville des catacombes ne lui renverra pas la vie, non plus que le don des miracles. La Rome qui ressuscite sous nos yeux, c'est la Rome ennemie des papes, la vraie Rome de l'Antiquité.

Dans un sublime chant polonais (*Vision de la nuit de Noël*), on voit le dôme de Saint-Pierre, fendu, qui s'affaisse... Et les derniers des Polonais, par un dévouement suprême à ce qu'ils ont adoré, le soutiennent encore, ce dôme, sur la pointe de leurs lances.

Rome ne soutient pas la Pologne[1]. La Pologne soutient Rome encore, — Rome amie de la Russie, Rome qui reçut ce Phalaris ivre et rouge de sang chrétien.

Prenez-y garde, Polonais, depuis qu'il a prié dessous, il tombe, il s'écroule, ce dôme, rien n'en arrêtera la chute ; il descend dans la boue sanglante... Votre fidélité obstinée n'empêchera rien.

Voyez ce que le catholicisme a fait de l'Irlande ; effroyable destinée ! La population subsiste nombreuse, et la race a disparu, a perdu sa vitalité, s'est neutralisée, évanouie. Voyez la stérilité de l'Espagne depuis Philippe II. Voyez que de siècles la foi des esclaves, la foi des morts, a retenu l'Italie comme enfermée dans un tombeau. La France enfin, ah ! quelle blessure vient de lui porter le catholicisme ! elle en saignera à jamais... maudite de l'Italie !

De grâce, ne perdez pas de vue la première origine de vos malheurs. Vous étiez au seizième

---

1. Ceci répond à l'erreur grave qu'on trouve dans une brochure, du reste excellente, pleine de choses ingénieuses et profondes : *La Russie considérée au point de vue européen*, 1831.

siècle le plus tolérant, le plus doux des peuples, ainsi que le plus guerrier. L'invasion des jésuites en Pologne, leurs persécutions, ont séparé de vous, livré à vos ennemis, vos frères du rite grec, les Cosaques. Cette lance acérée qui depuis entra au cœur de la Pologne, qui l'a donnée à la Russie, sinon le catholicisme?

C'est le catholicisme encore qui, au milieu du dernier siècle, excluant les dissidents de l'élection royale, donna prétexte à la Russie et la popularisa en Europe comme défenseur de la liberté religieuse contre le clergé polonais.

Ceux qui voudraient aujourd'hui asseoir votre nationalité sur ce qui vous a perdus, sont vos plus cruels ennemis. Qu'ils le sachent ou non, ils vous perdent. En donnant le catholicisme comme caractère essentiel de la nationalité polonaise, ils éloignent à jamais de vous vos jeunes frères du Danube, les Slaves, fils de l'Église grecque, qui, si la Pologne se proclame étrangère à eux par l'opposition de sa foi, écouteront la Russie.

Malheureux prêtres, n'est-ce pas assez d'avoir, il y a deux cents ans, découvert le flanc de la Pologne, de l'avoir désarmée de sa vaillante barrière, la nation des Cosaques? Aujourd'hui, vous lui ôtez ces frères, ces alliés nouveaux, que venait de lui susciter la bonté de la Providence. Ces Slaves, nés d'hier comme peuple, ils regardent de tous côtés, ils se cherchent des parents, ils ont besoin d'aimer une grande nation; ils vont se cherchant des frères. La Pologne leur dira-t-elle : « Je ne suis pas votre sœur... J'ai mon Dieu; cherchez vos Dieux? »

Je ne vous propose pas de renier vos croyances, Polonais, je le sais, vous êtes fidèles ; vous ne sûtes jamais déserter. Cette foi, je ne vous demande pas de l'abjurer, mais de la comprendre, de l'étendre et de l'agrandir. Vous avez longtemps, comme tous les enfants, répété des mots ; hommes par l'âge et la douleur, il est temps d'aller à l'idée. Le Dieu qu'on vous mit sur l'autel dans telle image de pierre, sentez-le donc maintenant dans le genre humain, dans son image de chair. La religion du monde n'est plus la foi égoïste qui fait son salut à part et va solitaire au ciel. C'est le salut de tous par tous, la fraternelle adoption de l'humanité par l'humanité. Plus d'incarnation individuelle : Dieu dans tous, et tous Messies !

Qui, de nos jours, ne sent Dieu tressaillir en lui ? qui, dans les heures de souffrances, par le cœur, ne sent l'avenir ?

Mais il ne faut pas seulement le voir et le sentir, il faut le vouloir, et par un immense élargissement du cœur, accepter d'avance tous les sacrifices que nous imposera demain le monde nouveau.

Qui n'aura à sacrifier ? De quelque côté que je regarde les nations qui vont être les acteurs du nouveau drame, je vois qu'avant toute action Dieu va leur demander à chacune de lui donner ce à quoi elles tiennent le plus ; généralement le vieux vice, le vice chéri, cultivé au fond de l'âme. A l'Italie, il dira : « Donne-moi tes vieilles discordes, ton esprit d'isolement et d'orgueil local ; j'en veux faire un sacrifice... Tu ne seras libre que dans l'unité. » A l'Allemagne, il dira : « Donne-moi tes deux vices d'esprit opposés, et que tu trouves moyen d'unir à la fois : scolastique et rêverie. Donne-moi la somnolence de tes bourgeois *philistins*. Donne-moi ta foi aux livres, à tous les mensonges écrits. » — A la Hongrie, il dira : Vaillant peuple, donne ton orgueil ; donne ta vieille royauté... Sois frère au milieu de tes frères... la royauté vaut-elle la fraternité ?...

L'ennemi est peu de chose au grand combat qui se prépare. L'ennemi redoutable est en nous, en nous le mal qu'il faut craindre ! Et la France ! je n'ose penser à tout ce que Dieu doit réclamer d'elle, pour qu'elle soit digne d'agir ! Ah ! peuple que l'Angleterre même a nommé *le soldat de Dieu*, songe à quelle purification ce titre t'oblige ! La chevalerie, souviens-t'en, n'avait droit de prendre l'épée qu'après la purification de l'âme et du corps, le bain qui ôte les souillures...

Qui précédera tout le monde au sacrifice préalable, la veille de la bataille au soir ? La Pologne, comme toujours.

Elle n'a pas attendu. Les premiers, tels de ses enfants ont mis sur l'autel une offrande inouïe, immense... la haine de la Russie !

Ce qui reste est plus facile. Il y faut bien moins d'efforts. C'est que, des grands aux petits, des petits aux grands, la Pologne, en son intérieur, s'adopte, s'aime elle-même.

Je me fie ici, pour cette révolution nouvelle du cœur de peuple, non aux Polonais seulement, mais à vous surtout, Polonaises !... Les femmes de cette nation eurent toujours l'initiative. Aux plus extrêmes périls, aux plus héroïques efforts, elles n'ont pas quitté leurs époux. L'amour n'est pas un vain mot en Pologne. Elles les suivaient dans les batailles, elles les suivent au martyre. La sinistre route qui, par deux mille lieues de sapins, mène aux glaces de la Sibérie, s'est vue couvertes de longues files de femmes polonaises, suivant, les enfants dans les bras, les pieds tout sanglants, leurs époux enchaînés, sous la lance des Cosaques. Embrassant ce long supplice en le bénissant de leur sainteté, elles ont vaincu par l'amour toutes les fureurs des tyrans, emparadisé la Sibérie, et fait de l'enfer un ciel...

Anges, déployez vos ailes dans un nouvel héroïsme. Précédez-nous ici encore dans cette route difficile de la pauvreté volontaire, de la simplicité de vie que ce temps va nous demander. Douce est la fraternité, mais sa voie est âpre. Plus d'un la trouve trop dure. Plus d'un allègue la famille. Ils seraient simples pour eux-mêmes, disent-ils; s'ils ont du luxe, s'ils ne peuvent se faire pauvres, fraterniser avec les pauvres, la femme les en empêche; ils sont fastueux pour l'objet aimé. La femme seule peut les affranchir.

Pour ces derniers sacrifices, pour cette grande ouverture de cœur que la situation commande, il ne faut pas moins, Polonais, que cette vaillance native qui vous fit toujours aller en avant. Dans cette route nouvelle aussi, vous serez encore l'avant-garde; vous passerez les premiers la voie étroite et le Pont-Aigu que tant d'autres hésitent à passer.

Ai-je besoin de vous rappeler un de vos plus beaux souvenirs, cet âpre défilé d'Espagne qui par vous est immortel. » Trois fois, dit le guerrier-poète qui a chanté cet exploit, trois fois les escadrons français, comme un jet puissant des fontaines, jaillirent jusqu'au sommet du mont. Autant de fois, de cascades en cascades, ils déroulèrent dans l'abîme... Les Français, riches de gloire, trouvaient la montagne inaccessible, comme le ciel l'est aux possesseurs de trésors. Silencieux, impatients, attendaient les lanciers de Pologne... « A vous, dit leur commandant, « voyageurs expérimentés, qui franchîtes les glaces « des Alpes, les sables de Syrie, à vous d'ouvrir « ce chemin... » La trompette sonne, les lances plongent au travers de la mitraille... Tout à coup un grand silence. Toute la batterie s'est tue... L'aigle blanc s'est reposé au faîte de Somo-Sierra. »

A vous cette fois encore. Que la France ait la Pologne avec elle dans cette route nouvelle, plus âpre que Somo-Sierra. Qu'elle l'ait pour compagne et pour sœur. Et, dût-elle en être devancée d'un pas, elle n'en serait pas jalouse. Elle lui dit : « Ta gloire est ma gloire... Allons ensemble au sacrifice, et nous entraînerons le monde. Qu'il suive en nous l'avant-garde de la Fraternité humaine ! »

Qu'il soit bien entendu que les éloges donnés à M. Haxthaüsen s'appliquent à l'Haxthaüsen de 1846, nullement à celui de 1856, au premier volume de son livre, et non au troisième. Rien de plus curieux à observer que la *russification* de ce pauvre homme, le progrès de la fascination ou de la terreur qu'on exerce sur lui. Il faut aussi tenir compte de l'effet de la Révolution de 1848, qui a jeté tant d'autres Allemands dans un complet idiotisme. — Peu importe. Le premier volume, dans ses nombreuses contradictions avec ceux qui suivent, n'en est pas moins un monument très précieux.

LES
MARTYRS DE LA RUSSIE

I

AUX OFFICIERS RUSSES

Messieurs,

Encore un sacrifice humain. Hier même (le 20 juillet), Varsovie saisie d'horreur a vu, sans cause ni prétexte, quatre prisonniers tout à coup tirés des cachots, jugés et condamnés par vos tribunaux militaires, écrasés sous le bâton.

Nul complot récent qui explique cet événement atroce. C'étaient d'anciens prisonniers politiques. Leurs familles croyaient que l'arrivée de l'empereur, la célébration prochaine du vingt-cinquième anniversaire de son avènement, pourraient leur valoir leur grâce. C'est la grâce qu'ils ont eue.

Est-ce bien vous, Messieurs, vous pleins de l'esprit de la France, nourris d'elle et de sa pensée, vous,

Français bien plus que Russes, qui pouvez ordonner ces barbares, ces ignobles supplices?

Nous n'ignorons pas l'épouvantable terreur qui pèse sur vous. Une main de fer vous rive à ces affreux jugements et vous fait signer ces arrêts. Plus d'un briserait son épée, s'il ne risquait que de mourir.

Nous vous connaissons, nous savons que, quand vous êtes loin des regards, vous hasardez d'être humains. Je pourrais dire où et comment, mais je ne vous dénoncerai pas. Il est à croire qu'au 20 juillet vous avez réduit le nombre de victimes qu'on vous demandait. De trente-quatre qu'on vous fit juger, trente vivront : ils vont en Sibérie.

Quel était le crime de ces Polonais ? Celui de penser exactement comme vous.

Qui plus que vous déteste, exècre le gouvernement barbare de ces Allemands bâtards qui écrasent la Russie ? La plupart d'entre vous, messieurs, si on leur ouvrait le cœur, qu'y trouverait-on, sinon la révolution, la foi du 14 décembre, l'impérissable étincelle de Pestel et de Ryleïeff ? Désolante fatalité, d'aller à travers l'Europe combattant ou condamnant les complices de vos pensées, les martyrs de votre foi, ceux dont vous enviez la mort !

Vous admiriez ces Hongrois que brisa en 1849 l'intervention russe. Les supplices qui suivirent, les outrages exécrables qu'ont subis des femmes héroïques vous les ressentez comme nous.

Vous admiriez ces héros de la Révolution polonaise qui, en 1837, du fond de la Sibérie, par un coup d'incroyable audace, entreprirent d'armer le désert ; vous étiez plus morts qu'eux le jour où ils tombèrent sous le bâton, sous les coups de vos soldats en larmes et désespérés.

Quel poignard dut percer vos cœurs lorsqu'en 1847, du gibet, Wisniowski cria cette grande parole : « Aimez-vous et pardonnez. »

Ceux d'entre vous qui servaient en 1831 ont, auront toujours aux yeux et au cœur une désolante image, de quoi gémir à jamais et se réveiller dans leurs nuits. Ils se souviennent de Kronstadt, du solennel martyre de l'armée polonaise, dans ce port si fréquenté, sous les yeux indignés de tous les marins du monde. Plusieurs centaines de braves prisonniers de guerre, et par capitulation, refusèrent d'abjurer la patrie et de se faire Russes. Battus, guéris, rebattus quand leurs blessures se fermaient, ils persévérèrent, invincibles, jusqu'à ce que les charrettes les emportassent en lambeaux, chairs informes, hideuses, où rien ne rappelait plus l'homme.

Quels sont vos sentiments secrets dans ces terribles épreuves ? Nous ne les ignorons pas. — Qu'il me soit permis de dire un fait :

Dans une guerre très récente, un de vos jeunes officiers, arrivant dans une ville du pays envahi, se trouva logé chez une grande dame qui, pleine de ressentiment contre les Russes et la Russie, le fit recevoir par ses gens et refusa de le voir. A grand'peine il réussit à pénétrer jusqu'à elle, et d'abord parla très haut. Elle, immuable, héroïque, répondit comme eût répondu la Patrie même à l'ennemi... Le cœur du jeune homme n'y tint pas, et, saisi d'admiration : « Madame, dit-il en se jetant à ses pieds et versant des larmes, nous sommes plus malheureux que vous ;...

et moi-même, que vous voyez, j'ai tous les miens en Sibérie. »

Ainsi donc, vous avancez, muets, pâles, l'arme au bras, pour exécuter malgré vous l'arrêt d'une fatalité ennemie. Vous avancez, tête basse, sans regarder derrière vous ni devant vous. Derrière est la Sibérie, peuplée de noblesse russe, le Caucase ou l'abattoir où l'on vous fait massacrer. Et vous n'en allez pas moins.
— Derrière est la révolution, à laquelle vous sympathisez, la France et les idées françaises qui sont votre substance même. Et vous n'en allez pas moins.

Ayez pitié de vous-mêmes... Et que risquez-vous enfin, sinon de mourir ?

Mais ne mourez-vous pas déjà ? Cette vie, n'est-ce pas une mort ?

Plusieurs, dans cette situation désolante, essayent de se tromper eux-mêmes. Ils s'efforcent d'être ambitieux pour la grandeur de la Russie.

Distinguons, messieurs, distinguons. Ce mot a deux sens bien divers, l'empire et la nation. Or, l'empire n'a pas fait un pas, je me charge de le prouver, qui n'ait été un pas aussi dans l'anéantissement de votre génie national, l'effacement de l'esprit slave qui était en vous. La seule bonne définition du terrible gouvernement que vous subissez, c'est : *la mort de la Russie.*

D'autres, sans chercher à se tromper, ferment les yeux, se livrent à la fatalité ; ils s'asseoient en plein scepticisme, se posent sur l'abîme même : « Qui sait où est la raison ? disent-ils. Nous sommes corrompus, c'est vrai. L'Occident ne l'est pas moins... Jouissons, et puis mourons. »

Oui, l'Occident est corrompu, mais dans les couches supérieures, les seules que vous connaissez, bien plus que dans celles d'en bas. La France a de plus cela, que, plus ou moins corrompue, elle garde toujours une puissante virtualité de régénération morale par la force des idées. La France vit de l'esprit, et elle y trouve d'inépuisables ravivements, des retours et des renaissances. Ses abattements sont grands. Le monde crie alors : « Elle est morte. » On le criait à Rosbach. Et c'est justement de là, qu'éveillée d'une faible étincelle, elle reprit force et chaleur, ranima ceux qui la croyaient éteinte, et, transfigurée par l'esprit, devint le soleil du monde,

Cette force de régénération, elle est dans l'idée, qui se renouvelle. Que serait-ce si un peuple qui perdrait son idée antique était sevré de toute autre, isolé, tenu hors des communications vitales, si l'on empêchait l'air d'arriver jusqu'à lui ?

C'est le cas du peuple russe.

Sa vie était dans la commune, petite association patriarcale qui divise la terre à ses membres, et leur en répartit la culture alternative. Puissant lien entre les hommes. Maintenant l'homme est déraciné de la terre et de la commune. Possesseur jadis de cette terre, serf, depuis deux siècles attaché à elle, il se consolait en la croyant attachée à lui. — Voilà qu'il n'en est plus qu'une dépendance mobile, un meuble qu'on vend aux mines, aux fabriques.

Chose touchante, et qui arrache les larmes ! Cette population vouée au servage avait fait un effort de cœur pour l'assimiler aux sentiments de la nature ; le serf appelait le maître son *père*. Il était l'enfant du seigneur, et le seigneur fils du tzar. Tout ce monde était suspendu à l'idée de *paternité*. Là fut la foi russe et tout le cœur russe... Et vous l'avez brisé, ce cœur !

Livrant le serf à vos agents, qui le réduisent au désespoir, il vous a fallu appeler au secours contre ses révoltes la police impériale, solliciter son extension dans tout l'empire, faire venir dans chaque village l'homme pâle et malveillant qui menace le paysan et qui dénonce le maître. Jadis, très dépendants sans doute dans vos rapports avec le tzar, vous aviez du moins ce bonheur que ces rapports étaient rares ; maîtres chez vous, dès que l'hiver rompait les communications, la tyrannie cessait pour vous. Huit mois par an, vous étiez rois. A l'automne, vous fermiez la porte, et nul ne venait vous troubler. Maintenant, partout sur vos terres, vous rencontrez l'homme sinistre, l'œil trouble et louche, par où le tzar vous voit de Saint-Pétersbourg.

Un de mes amis, se trouvant dans un palais russe, au centre de la Russie, loin des routes, assistait à un grand dîner que la dame de la maison donnait à la nombreuse noblesse du voisinage. La salle du banquet avait vue sur un grand parc, dont la principale allée aboutissait en face de la croisée du milieu et de la place que la dame occupait à table. Tout à coup elle se tait, devient immobile, ses yeux se fixent... puis voilà qu'elle pâlit ; elle est livide, tremblante... Ses dents claquent... Elle est près de s'évanouir. Un personnage militaire entre dans la salle ; c'était le général de la gendarmerie impériale qu'elle avait vu dans l'allée. Elle se croyait perdue. Il la rassure heureusement. Un accident survenu dans ses équipages l'avait arrêté, et il s'était détourné pour lui faire une visite.

Voilà comme vous vivez. Serrés entre deux terreurs, craignant d'en bas les révoltés, d'en haut l'écrasante idole qui chaque jour pèse davantage, vous vous réfugiez sous elle. Vous fuyez, où ? malheureux ! A l'autel sanglant de Moloch.

Ce qu'il dévore, ce dieu terrible, ce ne sont pas seulement des individus ; ce sont les facultés, les puissances, les vitalités de la Russie.

De 1812 à 1825, vous essayâtes l'activité publique. La doucereuse paternité d'Alexandre se fit la confidente de votre philanthropie. Le coup du 14 décembre effraya, serra les cœurs, les refoula dans l'égoïsme. L'activité littéraire continua encore, au défaut de l'activité publique ; même dans cette sphère innocente, l'âme russe fut poursuivie, la poésie tuée avec les poètes... Lermontoff ? tué. Griboïédoff ? tué. Pouchkine ? tué. Et de quelle tragique mort[1] !

Peu après 1840, finit votre littérature. Grand silence. Vous ne parlez plus. Croyez-vous qu'on vous tienne quittes ? Non, une carrière nouvelle de persécutions s'est ouverte, plus profonde, plus terrible. Ce despotisme, jusqu'ici extérieur, matériel, il veut pénétrer les âmes, et s'inquiète de la foi.

« Vous obéissez, c'est bien. Comme Pologne et comme Russie, vous êtes brisée, c'est bien... Il manque pourtant quelque chose, sans quoi je ne veux pas du reste ; c'est que vous me reconnaissiez comme règle de la raison, comme arbitre de la foi;

---

1. Voy. *Des Idées révolutionnaires en Russie,* par Iscander, 1851. — J'ai déjà signalé à l'attention ce livre héroïque d'un grand patriote russe.

que vous honoriez en moi l'union des deux puissances hors desquelles il n'y a rien. Si toutes deux sont en moi, je suis complet, je suis Dieu. »

Ainsi dit Nabuchodonosor, il l'a fait proclamer par un de ses serfs (janvier 1850); il a déclaré que Rome était finie, l'Église latine réunie à l'Église grecque, seule catholique, universelle, que le tzar était le seul pontife du monde.

Le grand-duc Michel l'avait dit, il y a vingt ans, en visitant Saint-Pierre de Rome, au moment où le pape officiait : « Cela est beau, cela est grand ; mais combien cela sera plus beau quand nous officierons ici ! »

L'empereur a fait plus que de dire. Dès 1833, il a agi comme pape, par la persécution atroce des Uniates (des Grecs réunis aux Latins). La Pologne, écrasée politiquement, a fourni encore les victimes à cette terrible exécution religieuse.

Que reste-t-il au nouveau Dieu, sinon de sévir contre la Russie, contre les sectaires innombrables qui s'y cachent jusqu'ici sous la protection des seigneurs? Ces infortunés déjà fournissent, année moyenne, cinq cents condamnés à la Sibérie.

Ainsi va cette puissance de mort, brisant, dévorant. Si elle n'avait rien à mettre dans ses mâchoires meurtrières, elle se mangerait elle-même. — Vie politique? dévorée. Vie littéraire? dévorée. Elle en veut maintenant à la vie religieuse, en Russie et en Europe. Elle avance, gueule béante. Pourquoi la révolution lui est-elle intolérable? L'organe du tzar l'a dit avec beaucoup de franchise : *parce que la révolution française est une religion.*

La France ni la révolution ne sont point inquiètes et ne craignent rien. — Qui doit craindre ? — Vous surtout, messieurs. La machine par laquelle cette puissance agit sur le monde, elle prend son point d'appui en vous, elle pèse sur vous et vous écrase. Elle ne fait rien au dehors, sans qu'elle ne le fasse au dedans.

Ce n'est pas un homme seulement, notez-le, c'est une machine. La mort d'un individu (quoique sa violence personnelle ajoute à la pression), sa mort, dis-je, ne suffira pas à relâcher la mécanique si prodigieusement tendue.

Qui peut la desserrer, messieurs? Vous, plus que personne. Le tzar même ne peut rien sans vous.

S'il a tendu la machine par la violence naturelle au pouvoir suprême, par l'emploi des étrangers, ignorants de l'esprit russe, — vous aussi vous l'avez tendue en aggravant le sort du serf, en rendant partout nécessaire, pour contenir les révoltés, l'intervention de la puissance impériale. Vous avez donné au trône du tzar ce poids nouveau, effroyable, sous lequel craque la Russie.

Votre situation est forte encore, votre puissance énorme pour le bien et pour le mal. Ce peuple, entre le tzar et vous, vous préférerait. Affranchi, il est livré à une pire servitude, celle des bureaucrates vendus, sans cœur ni honneur. Ce qu'il demande, c'est que, vous associant au véritable élément russe, la commune, vous la protégiez et contre le gouvernement et contre vos agents mêmes. La commune, sous votre abri, s'essayera à la liberté. Écoutez les anciens, les vieillards, respectez les coutumes; faites taire votre intendant devant le starost et les patriarches du lieu. Écartez les gens d'affaires. Rendez les redevances modérées, raisonnables ; que l'*obrok* (redevance fixe), malheureusement moins répandu de nos jours dans la Grande-Russie, devienne universel, remplace les corvées variables, et soit librement consenti.

Le gouvernement local étant ainsi desserré, le gouvernement central sera pour vous un protecteur moins nécessaire. Il vous sentira fort de l'amour des vôtres, et il vous ménagera. Tout ira s'adoucissant par un mouvement gradué, comme sont ceux de la nature.

La Russie, pour sa grandeur, n'a pas besoin de rester un monde dénaturé.

« *Revenez à la nature.* »

Quand une fois on en sort, une énormité rend nécessaire, indispensable, telle autre, non moins monstrueuse.

— Pour ne donner qu'un exemple, votre cancer, la Pologne, demande le Caucase pour écoulement. Et le cancer du Caucase demande sans cesse le sang russe, le sang polonais.

« *Revenez à la nature.* »

Détendez la rigueur atroce de votre police en la rendant inutile. Elle le sera si le serf vous bénit.

Détendez la rigueur barbare de votre institution militaire. La forme y a détruit le fonds. Elle n'en serait que plus guerrière, si elle n'était tombée sous la pédantesque brutalité de la discipline allemande.

La Russie est conquérante, elle doit l'être, selon la nature, et sa conquête est au Midi.

Consultez le moindre Russe; il n'y en a pas un qui se soucie de l'Ouest. Ce qu'il rêve, c'est le soleil. C'est un peuple méridional de race et d'esprit, qui se trouve malheureusement exilé au Nord. Laissez-le, ce peuple grelottant, venir se chauffer au Midi, descendre aux féconds steppes qui, bien cultivés un jour, vaudront mieux que la Pologne et seront une Italie. La vraie pente de la Russie est vers la mer Noire. Les hommes, comme les fleuves, y descendent d'eux-mêmes; et toutes les fois qu'ils se rapprochent de ce paradis de Crimée, ils croient retrouver la patrie.

Revenant à votre mission légitime et naturelle, la conquête du désert méridional, vous terminerez sans regret une lutte dénaturée. Vous ferez réparation à votre sœur, la Pologne. Vous l'aiderez à se dégager de l'Allemagne, et la referez de vos mains. Elle vous réconciliera avec Dieu et avec l'Europe, et vous rentrerez bénis dans la fraternité humaine.

II

Un libre penseur de la Frise, officier sorti de la garde russe, qui nous a donné un livre piquant sur la tyrannie militaire qu'il avait vue et subie, M. Harro-Harring, a pris cette épigraphe : *Aussi* (je l'ai osé), 1832.

Peu d'années auparavant, un Allemand, le lieutenant Mœrtens, sorti aussi du service russe, auteur d'un petit volume sur les affaires étrangères de la Russie, s'était retiré à Dresde. Qui ne l'eût cru en sûreté au milieu de cette capitale, sous les yeux de l'Allemagne ? Il a disparu, cependant, sans laisser trace, et personne n'a pu dire ce qu'il était devenu (1829).

On accuse le gouvernement russe, et il n'en est pas fâché : il spécule sur la terreur.

Au moment où l'on apprit la révolution de Juillet, deux ingénieurs français, très connus, très distingués, MM. L... et Cl..., étaient dans un salon de

Moscou. Le premier se tut ; le second parla, loua la révolution. Arrêté le même soir, il partait pour la Sibérie, si notre ambassadeur n'eût été averti à temps et ne l'eût vivement réclamé.

Nul passeport ne doit rassurer l'étranger. Kotzebue avait un passeport prussien fort en règle lorsqu'il fut enlevé à Saint-Pétersbourg et mené d'une traite tout droit à Tobolsk. On avait voulu lui faire peur, et l'événement prouva qu'on avait parfaitement réussi. Il se convertit sans réserve, devint sincèrement bon Russe ; si bien que l'empereur, charmé de lui au retour, le fit directeur des théâtres de la capitale. On sait que depuis cette époque sa plume, vendue à la Russie, trahit, calomnia l'Allemagne.

Notre ami, M. Pernet, directeur de la *Revue indépendante*, avait aussi un passeport lorsqu'il fut traîtreusement arrêté. On le laissa librement voyager jusqu'à Moscou. Là, loin des yeux de l'Europe, loin de l'ambassade française, on le saisit sans prétexte. Aucun des Russes qu'il connaît n'ose réclamer pour lui. On le jette dans un bas cachot, au niveau du fond des fossés, de sorte qu'à travers ses grilles il eût toute la journée la vue et le bruit désolant des barbares exécutions que l'on y faisait. On lui amenait là, sous les yeux, des serfs, que l'obligeante police impériale se charge de bâtonner pour leurs maîtres. Ces cris, ces plaintes douloureuses, ces coups de bâton sonnant sur les os, les furieuses clameurs des bourreaux enragés à leur office, tout cela lui composait un spectacle d'enfer qui lui brisait le cœur, absorbait horriblement ses yeux, ses oreilles, et peu à peu son cerveau. Attaché à cette grille sans pouvoir s'en séparer, en deux jours il se sentait déjà devenir comme hébété ; sa pensée lui échappait... Mais que fut-ce donc encore quand on amena, demi-nues, deux jeunes filles de vingt ans, que leur maîtresse, une mégère, faisait cruellement flageller ? C'étaient deux pauvres ouvrières en modes qui, ne se croyant pas serves, avaient reçu leurs amants en l'absence de la maîtresse. Elle les fit déchirer de verges. Elles criaient grâce et se tordaient... A voir ces corps de femmes en sang et les nerfs à nu, notre compatriote était près de défaillir. Enfin, on ne s'arrêta que quand une des jeunes filles tomba et qu'on vit qu'elle allait mourir... Pernet se mourait lui-même.

Tout ceci, était-ce un hasard ? Il faut ne pas connaître la Russie pour le croire. On voulait briser le Français, lui donner une forte et durable impression de terreur. L'étranger, en effet, a sujet de réfléchir quand il voit que du libre au serf la distance est si petite, que le moindre homme de police arrête le libre et le fait battre. Ces modistes n'étaient point serves ; elles étaient probablement Françaises ; les modistes le sont toutes.

Deux Allemands, sortant de Russie et mettant le pied sur un bâtiment anglais, se jettent dans les bras l'un de l'autre : « Ah ! mon ami ! s'écrie l'un d'eux, nous pouvons donc respirer ! »

Je ne sais si tous ceux qui partent de Russie peuvent ainsi se féliciter. La plupart y laissent une partie considérable d'eux-mêmes. Ceux qui y ont vécu quelque temps n'en parlent guère qu'avec beaucoup de prudence, soit qu'ils gardent un reste de terreur qui ne les quitte jamais, soit qu'ils se soient assimilés à cet étrange pays, *russifiés* pour ainsi dire. Ils ne nient point ce qu'il y a en Russie d'odieux ou de dénaturé : ils l'avouent, mais sans le blâmer. Ainsi, leur sens moral, affaibli et énervé, n'est plus celui des autres hommes. Ils sont devenus incapables d'un jugement ferme et sérieux.

La Russie, outre ses terreurs, a une puissance d'énervation considérable. Cette vie d'étuves et de bains chauds, ces maisons chauffées nuit et jour, les molles habitudes des pays d'esclaves, tout relâche la fibre morale. Le cœur, blessé d'abord des côtés barbares de l'esclavage, apprend à se taire ; les côtés sensuels prévalent. Tel qui fut révolté d'abord excuse ensuite, et finit en lui-même par trouver cela très doux.

Un écrivain qui a passé vingt ans en Russie décrit le saisissement qu'il eut au premier jour où il entendit battre des femmes. Leurs voix navrantes et déchirantes arrivaient à son oreille avec toute espèce de plaintes enfantines, d'une naïveté douloureuse, tous les mots caressants par lesquels la victime espère adoucir le bourreau. La fille : « Grâce ! pitié ! pas aujourd'hui ! je suis malade ! épargnez-moi ! » — La femme : « Grâce ! je suis enceinte !... Ah ! mon ami ! doucement !... Vous allez tuer deux personnes ! » Enfin, tout ce que la douleur et la peur peuvent inspirer de touchant. Il fondit en larmes. La princesse, maîtresse de la maison, qui le surprit dans cet état et qui ne pouvait le comprendre, lui dit : « Ce qui vous trouble tant, c'est vous qui en êtes la cause. Vous avez dit aimer les fraises ; j'ai envoyé ces filles au bois, et elles se sont oubliées à danser dans le village. » C'était par bonté, par suite d'une attention pour l'étranger, qu'elle faisait fustiger ses quatre-vingts domestiques.

Les femmes sont, en Russie, beaucoup plus nombreuses que les hommes ; l'armée fait une horrible consommation de ceux-ci. Elles travaillent peu aux champs, peu à la maison. Une domesticité oisive, avilie, est le lot d'une infinité de femmes. Une dame russe me disait : « Sur une petite terre de cent cinquante paysans, que je ne visite jamais, j'ai *quarante femmes de chambre* qui ne font exactement rien. » Elles sont comptées pour si peu, que les banques n'avancent d'argent que pour des serfs mâles ; les femelles sont par-dessus le marché.

L'avilissement des femmes, toujours à discrétion, est une des choses qui mettent très bas la Russie. La famille russe est moins garantie que celle du nègre. Du maître aux serves, la couleur est la même, et les mélanges se font sans qu'une nuance accusatrice révèle la vraie paternité. De là, des effets hideux qu'on voit beaucoup moins dans nos colonies. Le maître fait servir ses frères, abuse de ses sœurs, souvent de ses filles. Et quand nous disons le maître, il faut entendre par là moins le seigneur que le vrai maître, l'intendant, l'agent brutal qui, dans une terre éloignée, sans contrôle ni surveillance, sans respect humain, violente à son plaisir cette population infortunée.

Quoi qu'on se plaise à dire sur l'insensibilité des serfs, nous n'en croyons pas moins que cette profanation continuelle de la famille est l'un des martyres de l'âme russe. Nul homme n'est si dégradé qu'il ne souffre de doute amer, ne sachant pas si les enfants qu'il embrasse sont à lui. Il n'y a nulle race, nul pays, d'ailleurs, où la paternité soit plus tendre. Sous l'outrage ils baissent la tête. Mais comment s'en étonner? les révoltes sont isolées, sans espoir d'affranchissement; ils n'en viennent là qu'en acceptant la certitude de mourir sous le bâton. L'homme naît prisonnier en Russie, captif par la nature même avant de l'être par l'homme. Les villages, à grandes distances, communiquent peu, séparés par les forêts, les marais, et la plus grande partie de l'année, par d'infranchissables fondrières. Là ils sont nés, là ils meurent sous la main de fer du destin. Mais ils n'en ont pas moins un cœur, et ce cœur est d'autant plus attendri pour la famille, que tout le reste est si dur! et le pouvoir, et le ciel.

On frémit de songer avec quelle facilité barbare on brise ces chers liens. Ce qui nous semble révolter le plus la nature, les enlèvements d'enfants, sont ordinaires en Russie. Personne ne s'en étonne. L'empereur en donne l'exemple. Il a pratiqué et pratique d'épouvantables razzias d'enfants. Après la révolution, c'étaient des enfants polonais qu'on enlevait sous prétexte de les élever dans le rite grec. Les mères poursuivaient les voitures et se faisaient écraser aux pieds des chevaux. Plus tard, et aujourd'hui encore, il enlève les enfants des juifs à six ans, pour les préparer dit-on, à la vie militaire. Les pauvres petits durement menés, qui, pour bonnes et nourrices, n'ont que les Cosaques, meurent tout le long du chemin. N'importe, les conducteurs n'en amènent pas moins le nombre indiqué; ils suppléent les morts en volant les enfants des paysans russes.

Les seigneurs prennent les enfants, non seulement pour le plaisir, mais parfois par spéculation. Citons celui qui, dans ses terres, formait des petits danseurs qu'il exposait aux théâtres de Moscou et qu'il vendait à grand prix aux seigneurs qui font jouer l'opéra dans leurs châteaux.

Ces enfants, transportés ainsi dans un autre monde, recevant une éducation distinguée, meilleure parfois que celle de leur maître, sont les plus malheureux de tous. Ils restent serfs ; un caprice brutal peut à chaque instant les faire retomber dans la plus dure abjection du servage. Un jeune serf que son maître avait envoyé en Italie et qui était devenu un excellent violon, souffrit tant à son retour, que, de désespoir, il maudit son art et se coupa un doigt pour se rendre incapable de tenir son instrument. Une scène encore plus tragique fut donnée par la barbarie de la maîtresse du cruel Arascheïeff, le favori d'Alexandre. Cette femme, non moins barbare, avait élevé, comme demoiselle de compagnie, une fille distinguée et charmante. Un jour, dans je ne sais quel accès de fureur, elle la fait saisir et fouetter. La sœur de la victime (qu'on dise encore que les serfs sont insensibles) poignarda la grande dame. Toute la maison passa par des tortures effroyables et fut envoyée en Sibérie.

Un petit nombre de faits tragiques éclatent ainsi et saisissent l'attention. La plupart sont étouffés. Il est impossible de savoir tout ce que cette sombre Russie, ce vaste empire du silence, contient de douleur. Nous savons quelques catastrophes. Nous ignorons ce qui serait plus important, plus instructif, la série des souffrances par lesquelles passe le serf, l'ensemble d'une destinée.

J'ai eu le rare avantage de connaître la vie complète d'une serve très intéressante et très vertueuse, qui, enlevée cruellement à sa famille, par le caprice d'une grande dame, puis abandonnée par elle, a été ici domestique de dames respectables qui m'honorent de leur amitié. Cette pure et sainte personne ne lit guère, je crois ; si pourtant le hasard voulait que ces lignes tombassent sous ses yeux, qu'elle m'excuse de révéler, avec la barbarie de son pays, le mystère de son âme infiniment douce, sans fiel ni souvenir du mal, tendre et respectueuse pour ceux qui l'on fait souffrir.

III

HISTOIRE DE CATYA, SERVE RUSSE

Je n'ai pas besoin de dire que, dans cette histoire, très simple en elle-même, j'ai soigneusement évité le moindre ornement d'imagination. Il n'est aucune circonstance que je n'aie connue par moi-même, ou par des personnes très sûres ; leur nom seul, que je donnerai, sera pour le public la meilleure des garanties.

Tout le monde a vu Catya, sans la connaître, dans les tableaux où elle a servi de modèle. M. Paulin Guérin a placé sa belle tête dans plusieurs tableaux d'histoire. Le charmant peintre de femmes, M. Belloc, l'a peinte en sainte Cécile pour un curé de Paris, et a saisi parfaitement la douceur de son regard.

Sa précoce beauté la perdit. Elle était dans sa famille, au fond de la Russie, fort au delà de Moscou. C'était une famille serve, mais de gens aisés : son grand-père, qui l'aimait infiniment, faisait le commerce de fourrures. L'enfant, âgée de quatre ans, jouait sur le bord du lac, tout près de la route, lorsque des voitures passèrent, les voitures d'une grande dame, la femme du gouverneur de..., qui voyageait avec ses enfants et toute sa maison. Elle remarqua la gentillesse de Catya, et comme ses enfants étaient à peu près du même âge, elle eut la fantaisie de l'avoir et de la leur donner pour jouet. Sans autre cérémonie, sans consulter la famille, ni le maître à qui elle appartenait, elle la prit comme un chat qu'on trouverait sur la route; elle la mit dans sa voiture et poursuivit son chemin.

La famille, fort inquiète, apprit enfin l'événement. La dame s'était arrêtée dans une ville voisine. Le pauvre grand-père en larmes y court, offre une rançon, sa fortune entière, si l'on veut, pour qu'on lui rende son enfant. Il fut rudement repoussé, et battu peut-être. La dame lui rit au nez et partit, emmenant sa proie.

On sait quel est le sort des enfants des classes inférieures qu'on élève avec ceux des grands. Ceux-ci, gâtés et flattés dans leurs caprices égoïstes, font, de ces jouets vivants, de pauvres souffre-douleurs. Si les parents, d'autre part, ont quelque exemple à faire, une leçon sévère à donner, ils la donnent de préférence sur le dos du petit étranger. On sait l'histoire du jeune prince auquel on avait donné un page pour camarade; il était de règle que, si le prince manquait, le page serait fouetté.

A mesure qu'elle grandit, sa maîtresse l'employa à son service personnel comme une petite femme de chambre. Son sort semblait devoir s'améliorer. Ce fut le contraire. Ces dames, maîtresses d'esclaves, sont elles-mêmes de grands enfants, aussi fantasques que les petits, plus violents et plus tyranniques. Catya, déjà grandelette, jolie fille d'environ dix ans, commençait à être remarquée des hommes, qui ne manquaient pas sans doute d'en faire compliment à sa maîtresse. Celle-ci l'aimait d'autant moins. Elle ne perdait pas une occasion de la traiter durement. Si, par exemple, elle était un peu longue à chausser madame, celle-ci, d'un coup de pied, la jetait face contre terre.

Elle couchait, comme un chien, sur une natte à la porte. Malheur à elle quand, la nuit, on l'y entendait pleurer. Quoique enlevée de si bonne heure, elle avait emporté une trop vive image de la maison paternelle, du village, des forêts, du lac, de ses petits camarades, de ce bon temps de douceur et de liberté, des caresses du pauvre grand-père, dans les bras duquel elle s'était si souvent endormie! Ce souvenir l'a suivie toujours, aussi présent que jamais au bout de quarante années. Passé lointain et obscur, mais si doux! il a été pour elle toute la réalité de ce monde, et le reste de la vie un songe qu'elle a tristement traversé.

Elle avait à peu près douze ans lorsque sa maîtresse vint en France et l'y amena, en 1815. La dame, venue avec son mari, le laissa retourner avec l'armée russe et resta ici. Retenue par quelque caprice de passion ou de religion, dominée peut-être par quelque convertisseur (comme plus d'une dame russe au temps d'Alexandre), elle s'obstina de rester à Paris et ne voulut plus entendre parler de la Russie. Son mari, las d'écrire en vain, de prier et d'ordonner, cessa de lui rien envoyer, imaginant sans doute la ramener par la famine. Mais elle persévéra, s'établit dans un couvent de Paris pour une pension minime, renvoya tous ses domestiques. La petite Catya ne fut point exceptée. Sa maîtresse la chassa durement et brusquement, tout comme elle l'avait prise. Elle l'envoya perdre, à la lettre. Des environs du Panthéon, où la maîtresse demeurait, elle fut conduite au Marais, rue du Chaume, à la nuit tombante, et laissée sous une porte.

Il faisait déjà obscur, il pleuvait. Une dame qui passe entend pleurer un enfant, approche. Grande est sa surprise de voir cette fille, déjà grande et belle comme un ange, qui ne sait que pleurer et ne parle pas. A peine savait-elle deux mots de français. Dieu avait eu pitié d'elle. La dame était Mme Leroy, sœur de M. Belloc. La voilà, fort attendrie, qui prend Catya avec elle, s'indigne de la dureté, de la barbare indélicatesse qui peut abandonner aux hasards de la nuit d'une grande ville, une infortunée de cet âge, qu'expose encore plus sa beauté. Elle la prend chez elle, en a soin, l'élève, lui apprend notre langue, la gouverne avec une douceur qu'elle n'avait jamais rencontrée depuis la maison paternelle.

Mme Leroy, quittant Paris plus tard, la remit aux mains les plus chères, à celles de deux dames entre toutes aimées, honorées, vénérées. Pourquoi ne les nommerais-je pas et ne rappellerais-je pas ici un de mes meilleurs souvenirs, celui d'une si aimable et sainte maison? Ces dames étaient l'énergique, la spirituelle Mme de Montgolfier, alors octogénaire, femme de l'inventeur des ballons, et sa très digne fille, grand écrivain, qui n'a écrit que pour le bien, non pour le bruit, et n'a signé presque jamais. Qu'on pense si celle-ci, d'un cœur si chaleureux, si tendre, fut bonne pour Catya. La jeune fille avait grand besoin de ménagement, et aurait eu besoin d'être servie elle-même. Elle avait beaucoup grandi et était très faible. Le moindre poids à soulever, un escalier à monter la mettait hors d'haleine. On supposait qu'elle pouvait avoir un anévrisme au cœur.

Tombée en si bonnes mains, et comme l'enfant de ces dames, leur bijou, il n'était pourtant pas difficile de voir que ses souvenirs de famille la suivaient toujours, que rien ne les lui ôterait, qu'elle était toujours en Russie, toujours au bord du lac natal où on l'avait enlevée. A peine, en réalité, était-elle sortie de sa patrie. Son esprit s'était médiocrement étendu (quoiqu'elle parlât le français avec une remarquable élégance); son cœur s'était développé, et trop sans doute, mais uniquement au profit des souvenirs d'enfance. Ils ne lui revenaient point qu'elle ne se mît à pleurer.

Ces dames, la bonté même, de concert avec leur amie, Mme Belloc, résolurent de faire toutes les démarches pour lui faire retrouver sa famille. Elles trouvèrent de l'obligeance dans l'ambassade russe, mais on ne put rien découvrir. Les indications que Catya pouvait donner étaient vagues et confuses.

C'était vers 1823. Je la vis alors une fois chez ces dames. C'est la seule fois que je l'ai vue. Je me rappelle très bien l'impression qu'éprouvèrent les étrangers qui étaient au salon quand elle y entra.

Il y eut d'abord un mouvement d'admiration, bientôt contenu, puis une sorte d'attendrissement. Elle était fort grande, visiblement faible ; de ses jeunes bras, élégants, mais un peu grêles pour une fille de vingt ans, elle portait, un peu penchée en avant, un plateau chargé de tasses de thé. Elle semblait plier sous ce léger poids, comme un peuplier au souffle du vent. Elle souriait de sa faiblesse et semblait s'en excuser.

On était tenté de s'excuser d'être servi par elle. Son élégance, son langage, sa beauté, plus remarquable par les lignes que par la fraîcheur, donnait justement l'idée d'une princesse russe qui se serait déguisée. Mais la pureté de ses yeux, avec leur caractère de bonté et de tendresse, était d'un charme tout autre et qu'on ne rencontre guère dans les classes aristocratiques.

Cette expression de bonté, de douceur, de docilité, n'encourageait que trop les hardiesses impertinentes, et c'était pour la pauvre fille un embarras continuel. Les hommes jeunes et légers, les heureux du monde, contristaient de leurs poursuites indiscrètes ce cœur si brisé. Elle était tendre, mais d'âme pure (sans en avoir le mérite), froide comme les glaces du pôle. Sous ce rapport, il semblait qu'elle fût restée à l'âge où on l'avait élevée.

Elle aimait à être seule. D'elle-même, et sans influence ecclésiastique, elle allait beaucoup à l'église. Elle serait devenue très mystique si elle eût eu un peu plus de culture. Ce fut très probablement pour avoir plus de solitude, de libre rêverie, et la prière à ses heures, qu'elle quitta le service, voulut avoir sa chambre et se mit à coudre. Situation difficile à Paris, où les femmes gagnent si peu. De temps à autre, manquant d'ouvrage, elle rentrait en service. Mais, dès qu'elle le pouvait, elle retournait à son désert, qui, sur les toits de Paris, lui permettait de rêver toujours au désert natal et à sa famille.

Ses protectrices, qui ne l'ont jamais perdue de vue, lui ont conseillé souvent de se marier. Les prétendants ne manquaient pas. Elle a ajourné toujours, soit que, comme les cœurs mélancoliques, elle craigne de se consoler, soit que les hommes honnêtes et bons, mais un peu rudes peut-être, qui auraient recherché sa main, aient effarouché sa délicatesse et peu répondu à ses vagues instincts de poésie. Bien ou mal mise, elle a toujours l'air d'une dame et d'une grande dame, pleine de noblesse et de douceur. Rien de fier, rien de servile. Une seule chose rappelle son passé, c'est qu'en visitant ces dames, qu'elle aime beaucoup, elle leur baise humblement les mains à l'orientale.

L'âge vient. La belle Catya doit avoir environ quarante-sept ans. Elle s'est mise en dernier lieu dans la société d'une vénérable personne qui, à quatre-vingts ans, vit encore de son travail. Mme Paul, pauvre ouvrière, qui de plus a le malheur d'être contrefaite et naine, partage son logement avec elle. Je ne sais comment elles font, mais, dans leur grande pauvreté, elles trouvent encore moyen de faire du bien à leurs pauvres voisines.

Le cœur de Catya fut mis, il y a peu d'années, à une remarquable épreuve. Elle rencontra dans la rue une dame âgée qu'elle crut reconnaître, mais mal mise, traînant un vieux châle, un vieux chapeau. Étrange renversement des choses! c'était son ancienne maîtresse, devenue plus pauvre qu'elle. Catya approche, la salue, lui baise la main ; l'autre, étonnée et confuse, laisse échapper d'une âme trop pleine quelques mots de son malheur, de son extrême misère. « Ah! madame, s'écria-t-elle, se refaisant serve par l'excès de son bon cœur, vous êtes toujours ma maîtresse, et ce que j'ai est à vous. » Ce jour même, elle sortait de service et se trouvait en argent. Elle courut à son grenier, qui était tout proche, et, revenant vite, remit ses épargnes entre les mains de la dame, qui ne sut que fondre en larmes.

Nos lecteurs s'étonneront que, dans un ouvrage si court, où nous n'énumérons les souffrances de la Russie que pour arriver aux martyres qui en sont le couronnement, nous nous soyons arrêté si longtemps sur la vie de cette fille.

Nous répondons que la connaissance complète d'une seule destinée nous a plus initié au mystère, de l'âme russe qu'aucun récit, aucun livre, aucune communication.

La Russie est un supplice, cela n'est que trop visible. Maintenant, jusqu'où l'âme russe en est-elle atteinte? c'est là une vraie question. Ces infortunés opposent aux coups, aux outrages, une apparente insensibilité. On sait très rarement leur langue. Et, la sût-on, dans leur défiance si légitime pour les classes qui les tyrannisent, ils se garderaient bien de livrer leur cœur. Leur existence est si incertaine, leurs plus chers liens si peu garantis, qu'ils craignent horriblement de déplaire, et quiconque les visite leur trouve le sourire sur les lèvres. Ils ont peur de paraître malheureux, et demandent presque pardon du mal qu'on leur fait. Comment saisirai-je le vrai sens, l'idée secrète d'un monde sans voix ? A peine en devinerai-je quelque chose, dans les mélodies profondément tristes que cet homme, qui semblait gai, fait entendre quand il est seul, quand il laboure, quand, le matin, il s'enfonce aux grandes forêts.

Catya fut pour moi l'intuition d'un monde. Sa simple vue et son histoire m'expliquèrent mille choses que j'avais lues sans les comprendre.

En l'apercevant une fois, et cette fois fut la seule, un seul mot m'échappa : *Cœur brisé.*

C'est le vrai nom de l'âme russe.

Nous ne généralisons pas ici à la légère. Nous avons bien des fois étudié la question.

Il n'est guère d'années où nous n'y ayons donné une attention nouvelle. Et depuis plus de vingt-cinq ans qu'elle nous apparut ainsi, cette solution, qui a subi en nous bien des épreuves variées, elle nous apparaît la même.

Nous sentîmes, ce jour, la Russie, le vrai fonds moral de ce peuple, un tel *brisement du cœur* que nul ne peut s'y comparer.

L'âme polonaise est malheureuse, et elle n'est pas brisée ; au contraire, elle est ravivée du sentiment de son martyre.

Les servitudes orientales ne donnent non plus

aucune idée de ce brisement. Rien de plus absurde que de rapprocher, comme on fait, la Russie de l'Orient. Les pays d'Asie, même les plus tyranniquement gouvernés, y participent bien plus des libertés de la nature.

L'Asie est généralement détendue et vague, même en ce qu'elle a de barbare ; la Russie, tendue jusqu'à rompre, est savamment, cruellement organisée pour la douleur.

Ce qu'elle a d'atroce est ceci que, la seule chose à quoi tienne le Russe, l'unique idée qu'il ait en tête, l'unique amour qu'il ait au cœur, — tout semble combiné pour le briser à chaque instant.

Chose unique, nous le répétons, hors laquelle l'âme russe est un vide, un blanc absolu où les meilleurs yeux ne sauraient rien lire.

Quelle chose ? est-ce l'idée politique, l'État ? Nullement.

L'*État* n'est pas pour le Russe ; il ne connaît que la commune, ou, s'il entrevoit l'État, c'est comme un rêve lointain, poétique.

La *religion* est tout extérieure pour lui ; il est dévot à telle image, en y rattachant peu d'idées, nul dogme précis. Rien de plus bizarre que les sens divers qu'il donne au christianisme ; il l'ignore parfaitement.

La *propriété*, cette idée si chère aux Occidentaux et qui les occupe tant, est nulle dans l'idée du Russe. Faites-le propriétaire, il retourne immédiatement à son communisme.

L'idée russe, la seule idée russe est le seul sentiment russe, *c'est la famille*, rien de plus.

Tout le reste, la commune même, vaut pour lui, comme famille, ce que la cruelle politique a surajouté à sa primitive existence. Le *maître* et le maître des maîtres, il ne les a compris qu'au point de vue de la famille, traduisant ces mots par d'autres si doux, le *petit père*, le père des pères, etc.

Le paradis de l'âme russe, c'est cette étuve, où, huit mois durant, tissant un habit grossier, s'amusant à charpenter pour le besoin de la famille, il vit sous son énorme poêle, pendant que l'aigre vent du nord, soufflant d'Archangel, passe sur la petite maison, sans trouver le moindre jour entre les arbres serrés, étoupés de mousse, qui ferme si bien le nid.

Et l'enfer de l'âme russe, c'est le brisement de la famille. Le seigneur peut le faire d'un mot. Voilà pourquoi le pauvre homme a l'âme basse devant lui. Il appartient *jusqu'aux entrailles*. Qu'on lui prenne sa femme ou sa fille, rien à dire; qu'on enlève son petit enfant, il faut qu'il le trouve bon.

Enfin qu'on l'enlève lui-même ; qu'un matin, saisi, tondu et mis à la chaîne, on le fasse marcher aux mines, aux fabriques, à l'armée, rien à dire encore. Sa femme éplorée est obligée d'entrer au lit d'un autre homme. Elle aussi, elle est une propriété, et il ne faut pas que cette propriété chôme ; il faut que, comme la terre, elle produise chaque année, qu'elle donne de nouveaux serfs et conçoive dans le désespoir.

IV

LE MINOTAURE. — DE L'ARMÉE COMME SUPPLICE

Une chose en dit sur l'armée russe plus que toutes les paroles. C'est la rareté des hommes en Russie. Les femmes sont visiblement plus nombreuses, et, ce qui le constate mieux, ce sont les unions disproportionnées qu'on leur impose : on fait souvent épouser un enfant de douze ans à une femme de vingt-cinq ans ou trente ans plutôt que de la laisser veuve.

Ce petit nombre de mâles n'est point le fait de la nature, mais celui du gouvernement ; il résulte de la dépense d'hommes excessive qu'on fait pour l'armée. Il n'y pas en Russie cette foule de métiers fatigants ou malsains, qui, chez nous, emportent tant de travailleurs. Le serf russe fatigue peu ; il travaille légèrement, lentement, jamais avec l'ardeur dévorante de nos hommes d'Occident.

Quelle armée est-ce donc, celle qui peut, en temps de paix (le Caucase est chose secondaire), éclaircir d'une manière si visible une population de soixante millions d'hommes ? A quelque chiffre monstrueux qu'on veuille porter cette armée, on ne pourrait le comprendre si l'on ne savait de quelle manière inhumaine elle est recrutée, dressée et nourrie. Elle doit tirer du peuple trois fois plus d'hommes qu'elle ne compte de soldats. Que devient le reste ? Peu, très peu, rentrent au foyer, *pas un homme sur une centaine;* c'est le mot de Paskevitch lui-même, que j'ai déjà cité. On ne voit nulle part en Russie ces vieux soldats amputés, si nombreux en d'autres pays. Tous guérissent; ils ont le médecin qui guérit toujours : la Mort.

Quand le duc de Raguse, dans son livre plus que russe, suppute, pour nous effrayer, que le soldat russe coûte à l'empereur deux ou trois fois moins que les nôtres, il oublie dans ce calcul que pour obtenir un soldat russe formé et durable, il a fallu préalablement qu'il en mourût deux ou trois. Il néglige, comme chose minime, au-dessous de lui sans doute, de tenir compte d'une si épouvantable consommation de chair humaine [1].

Cette mortalité atroce a trois causes principales :

1° Le Russe, physiquement (de race, de vie, d'éducation), est le moins préparé des hommes au service

---

[1]. Le duc de Raguse n'a pas vu cela. Et il a vu une infinité de choses incroyables : par exemple, qu'une famille de colons, nouvellement établie en Russie, en deux générations, *a centuplé sa fortune* ! Oh ! le bon pays !

Tout est sur ce ton. Ce que les Russes n'ont pas osé dire eux-mêmes, ils l'ont dit par leur flatteur gagé. La seule chose où la vérité n'a pas pu être tuée tout à fait, c'est la comparaison instructive des colonies russes avec celles du Danube. Dans celles-ci, l'ingénieux créateur (le prince Eugène, au dix-septième siècle) a trouvé sur la frontière turque la famille armée et la bande militaire ; 2° il sert malgré lui ; il se meurt d'ennui, de nostalgie ; jamais il ne se console de son pays, de sa famille ; 3° on n'emploie nul ménagement pour l'habituer et lui faire accepter son sort ; il est brusquement transporté d'une vie à une autre toute contraire.

Une observation mérite peut-être l'attention des physiologistes, c'est que cette race semble, en comparaison des autres de l'Europe, peu formée, peu mûre, enfantine. Les têtes sont souvent jolies, jamais fortes ; point de cerveaux capables et profonds. Vous rencontrez en grand nombre de jolis vieillards, à joues rosées, qui semblent jeunes sous leur barbe blanche, et point du tout vénérables.

Chez les Russes, comme chez les enfants, la vie moins organisée, faiblement centralisée, produit sans cesse des vies excentriques, je veux dire des insectes : la vermine les dévore.

Il semble qu'ils aient le sang froid ou qu'ils aient de l'eau dans le sang. Ils boivent impunément des quantités d'eau-de-vie qui brûleraient des hommes d'un tempérament plus ardent, d'un sang plus riche et généreux.

Il y a, dans nos races occidentales, qui ont traversé tant de choses, un caractère de solidité

---

armée ; il a respecté la famille et constitué la bande en régiment. Il a aidé la famille et ne lui a rien ôté ; ce ménagement va à ce point, que le colon-soldat est toujours, comme autrefois, habillé par la famille, et l'État paye l'habillement. En Russie, au contraire, les colonies militaires, vastes établissements de cavalerie, n'ont été créées, comme tout ce qui s'y fait, qu'au prix des plus terribles violences. La famille a été pliée, brisée, barbarement violée ; l'habitant immolé au soldat comme le soldat au cheval. Les hommes ont été sacrifiés aux choses avec le plus terrible mépris de la personnalité humaine.

vigoureuse inconnue à la Russie. Le Russe est à nous ce qu'est à l'orme, au chêne formé par les siècles, le svelte peuplier, grande herbe poussée sur-le-champ, rapide et molle improvisation de la nature. Dans tel homme d'Angleterre, de race rouge et nourrie de viande, de parents qui toujours ont battu le fer, et qui, de forgerons, ont monté à la mécanique, il y a, dans cet homme seul, la substance de cinquante Russes. Le sobre paysan français, plein de vigueur et de sens, qui passe les hivers en plein champ, pendant que le Russe s'énerve dans son étuve de huit mois, supporterait bien mieux que lui les bivouacs du Caucase. Ce paysan est, en sept ans (1851), un soldat aussi formé que le Russe en vingt, et il a de plus un coup d'œil, une vive et forte manière de voir et d'agir, de se décider, que le Russe n'a jamais. Celui-ci, même devenu brave, a très peu d'initiative.

Observez, au même jour, deux villages, en France, en Russie, au jour du départ. Le conscrit français attache des rubans à son chapeau, et quoique souvent il pleurerait volontiers de quitter sa famille, il boit et tâche d'être gai. Le Russe se roule par terre et arrache sa barbe. Désigné par le seigneur, le plus souvent par punition, il eût pu être envoyé colon en Sibérie; il est plus malheureux encore, on le fait soldat. Chose terrible pour un homme souvent marié, père de famille, qui a trente ans ou davantage. Car jusqu'à quarante ans le paysan peut être pris, et reste dans la plus triste anxiété sur son sort.

L'enlèvement annuel des soldats par tout l'empire a tout le caractère d'une battue générale de pauvres animaux sauvages, poussés sur un point par les chiens. Autour de la chaîne qui les tient ensemble, rasés et tondus, caracole le Cosaque, véritable chien de garde de cet infortuné troupeau. Celui-ci, le seul dans l'empire dont les libertés soient quelque peu respectées, naît soldat, et, loin de payer tribut, reçoit l'argent de l'empereur. Mangeur de chair, actif et âpre, il regarde en pitié ces paysans russes faiblement nourris. Son petit cheval, laid, mal bâti, mais rapide, infatigable, appartient au cavalier. Le Cosaque, vrai factotum de la Russie, l'exploite à merveille. Pêcheur, chasseur, marchand, brocanteur et douanier, il fait la guerre à la contrebande, mais par jalousie de métier et pour pouvoir faire seul la fraude.

Qui peut dire l'épouvantable quantité de coups de bâton qui sont jugés nécessaires pour faire un bon soldat russe? Ceux qui ont vu au bain des Russes de tout état, mais principalement les soldats, les vieux grenadiers de la garde, étaient stupéfaits de leur voir le dos couturé, cruellement historié de cicatrices. Ces braves gens, qui n'avaient de blessures que par devant, portaient derrière les stigmates affreux de la discipline, et vieux soldats, vénérables après cent batailles, pour la moindre bagatelle étaient flagellés.

Non, barbares, ce n'est point là une éducation militaire. La discipline russe, comme l'ont dit souvent vos propres officiers, est un affreux monachisme des casernes, une dure règle de cloître, où les fautes les plus légères, et qui ne sont pas des fautes, sont punies si cruellement, qu'on ne trouve plus de châtiment pour les fautes réelles.

Le sublime dans ce genre, pour le baroque et l'atroce, fut le tzarewich Constantin. Pour un gant qui n'était pas d'une blancheur absolue, il faisait donner cinq cents coups de bâton. Les soldats, terrifiés, économisaient sous main pour acheter des gants eux-mêmes ; ceux qu'on fournissait, dès le second blanchissage, les auraient fait bâtonner. Je n'aime pas la guerre, disait Constantin, elle gâte le soldat et elle salit les habits. » Et quelqu'un disant, pour excuser près de lui un officier : « C'est du moins un homme qui a beaucoup de courage. — Du courage ? Que m'importe ? Je n'aime pas le courage. »

Il révélait là, dans sa brutalité naïve, la vraie pensée de l'autorité. Elle ne se soucie nullement du courage ni de l'énergie. L'héroïsme, même à son profit, lui serait suspect. Ce serait mal faire sa cour que d'être un héros. Il faut être un bon sujet, médiocre et humble, aller derrière, attendre l'ordre.

Si ce gouvernement si dur était du moins en proportion régulier et ferme, le mal serait bien moins grand. Pour le malheur du soldat, il y a, dans l'administration, infiniment de hasard, d'irrégularité, d'abus ; tout cela connu du pouvoir, qui n'y met aucun remède. Comment ce pouvoir, très fort, ferme-t-il les yeux sur les profits monstrueux qu'on fait sur les vivres, sur la vie même des hommes ? Comment n'a-t-il pas osé faire encore cette réforme simple, élémentaire, admise depuis longtemps partout, de séparer l'administration du commandement, d'ôter aux colonels la distribution lucrative des subsistances ? Quelle serait l'indignation de nos officiers si on leur imposait des fonctions qui risqueraient de les enrichir !

Voilà donc ce pauvre soldat, battu, mal nourri, mal vêtu, qu'on amène à l'entrée des gorges du Caucase.

Ses habitudes de jeunesse, qui furent de s'enfermer l'hiver (pendant un hiver si long), contrastent cruellement avec ces bivouacs de montagnes, ces violentes alternatives de chaud et de froid, de brûlant soleil, d'ouragans de grêle. Les logements, mal établis, souvent même n'existent pas ; ils sont en projet sur la carte où l'empereur suit les opérations. Il ordonne, il y a vingt-cinq ans, de construire un fort, donne l'argent tous les ans, fait pousser ardemment l'ouvrage. Le général Woronzoff, qui croyait, comme l'empereur, que le fort existait, y envoie un bataillon ; on cherche longtemps : point de fort. A la longue, on trouve pourtant un poteau qui désignait son futur emplacement. Le bataillon coucha dans les neiges de la montagne.

Je ne dirai rien du Caucase, ni de cette race guerrière supérieure non seulement aux Russes, mais à toutes les races du monde. Les Tcherkesses ont, comme on sait, fourni à l'Égypte ses mamelucks qui la gouvernèrent, et des chefs à bien d'autres pays de l'Orient. Regardez les fort bonnes gravures qu'on en voit ici. Ce sont visiblement des rois. Par leurs armes toutes royales, leurs lames héréditaires, leurs fusils de platine qui ne manquent jamais leur coup, leurs merveilleux chevaux qu'on mène à la voix, sans brides ni mors, ils sont aux Russes ce qu'est l'aigle au mouton. Souvent ils ne daignent pas tuer l'homme, ils l'emportent au galop de leur cheval, que rien ne saurait atteindre.

Le Cosaque lui-même, très guerrier, mais baroquement monté, et faisant des *affaires*, est un être ridicule devant ces rois de la montagne.

Il ne faut pas s'étonner de l'ennui et du dégoût que donne aux officiers russes une guerre où l'on reçoit toujours des coups sans en rendre. Ils ne sont guère moins malheureux que leurs infortunés soldats. Nobles et riches, habitués dès l'enfance aux jouissances, ils ont été de bonne heure enfermés dans une école militaire où l'on n'apprend rien. Rien de plus triste, de plus lugubre à lire dans le livre d'un officier, que le vide désolant, la désespérante inactivité où l'on tenait sous Constantin (les choses ont-elles changé ?) les élèves de l'école militaire de Varsovie. Nulle instruction, nul livre, nul amusement permis, sauf les filles, tant qu'ils voulaient : méthode excellente pour énerver les corps, abaisser les âmes, faire de bons serviteurs et de *bons sujets*. On les trouvait exemplaires ; déjà on se félicitait de les voir devenus dociles. Ces jeunes gens, qu'on croyait démoralisés, un matin, au nombre de deux cents, par une audace incroyable, marchent contre une armée russe qui croyait garder Varsovie, rallient le peuple et s'en emparent.

Quel est l'état moral du militaire en Russie ? Comment se déciderait-il dans un grand conflit avec l'Europe ? On ne peut nullement le prévoir ; quels que soient les sentiments des officiers ou des soldats, ils portent un joug de terreur difficile à secouer.

Cette race, entre toutes celles du monde, est la plus facile à *terroriser*.

Entendons-nous bien sur ce mot, sur le phénomène de la *terreur*. Il ne s'agit point de la peur, et je ne dis point que les Russes soient lâches. La terreur est un phénomène d'imagination tout à part. C'est l'état d'un individu fasciné par une force qu'il juge irrésistible, comme celles de la nature. Tel est brave contre les hommes, qui ne l'est plus contre ces puissances mystérieuses. Eh bien, au Russe le plus brave, l'autorité apparaît comme une irrésistible fatalité naturelle. Faible individu, il se courbe sous l'idée confuse qu'il a de ce monstrueux empire ; il le porte, il en sent le poids dans le commandement de ses moindres chefs. Et ce n'est pas une obéissance extérieure : il mêle à son fatalisme un sentiment religieux, il obéit dévotement.

Une remarque a été faite par un excellent juge, qui, froidement, en amateur, observait les choses. Le Russe et le Français, également braves au péril, offrent cette différence : le Russe enfonce son shako jusqu'aux yeux et avance sans regarder ; le Français avance et regarde.

Les Russes ne mettent en ligne que de vieux soldats. On peut croire que ceux qui survivent, qui vieillissent dans une discipline si dure, sont des hommes d'une résistance peu commune, des soldats très fermes. On ne doit pas leur en opposer d'autres. En face d'un tel ennemi, toute armée européenne doit se fortifier toujours par les réengagements.

L'armée russe, jadis fanatique, l'est-elle aujourd'hui ? Nullement. Est-elle au moins enthousiaste ? Et de qui le serait-elle ? Tenue trente années l'arme au bras, en présence de l'Europe, excédée, refroidie de cette parade éternelle, elle croit moins à ce Dieu de la guerre qui a toujours préféré les moyens de la diplomatie.

Rien n'a plus énervé cette armée que l'esprit d'excessive défiance que la police inquiète y a introduit. Tous épient et observent tout. Chaque officier craint d'être dénoncé par son voisin, et trop souvent le devance. Le soldat voit parfaitement ce triste état moral des chefs; il garde le respect, non l'estime. L'obéissance intérieure en est ébranlée.

Personne ne connaît bien le soldat russe. Sous cette tenue d'automate, sous ce visage de bois, il conserve un jugement parfois très critique. Il est infiniment rare qu'il le laisse pénétrer. Citons une précieuse révélation en ce genre. Notez qu'il s'agit de l'époque fanatique des soldats de Souwarow. Dans le récit qu'on va lire, très naturel, évidemment exact et véridique, on ne voit rien de cela, mais une ironie légère, une tendance fort touchante à la compassion, le vague espoir de sortir enfin du service, et ce qui ne quitte jamais le Russe, l'amour du pays, de la famille.

C'était à la mort de Catherine. Voici l'entretien des soldats que Niemcewicz entendit de sa prison : « Enfin nous aurons un tzar! » disait l'un. A quoi l'autre répondait : « Il y a longtemps que cela n'est arrivé. Notre vieille *matuszka* (petite maman) s'est, je crois, suffisamment divertie. » — « Plus que suffisamment, dit l'autre, chacun son tour. J'espère que maintenant nos pauvres prisonniers sortiront. » — « Il y aura de grands changements, disait un troisième. On dit que tous ceux qui ont servi trente ans auront la liberté de retourner chez eux. » — « Dieu le veuille ! » dirent-ils tous avec un profond soupir.

V

SIBÉRIE

On a parlé souvent des martyrs de Sibérie. Mais pourquoi les isoler ? La ligne de séparation serait toute fictive. Sauf une aggravation de froid, la Sibérie est partout en Russie, elle commence à la Vistule.

On parle de condamnés. Mais tout Russe est un condamné.

Dans un pays où la loi, n'étant qu'une dérision, ne peut juger sérieusement, tous sont condamnés, nul ne l'est. Il n'y a point à distinguer entre souffrance et supplice.

Le supplice général n'est point tel mal matériel, c'est le brisement du cœur, c'est l'anxiété morale d'une âme brisée d'avance par l'éventualité d'un infini de malheurs. Dans ce monde si dur, où tout semble avoir la fixe rigidité des glaces, rien n'est fixe ; en réalité tout est plein de chance et de doute.

Tous sont condamnés, disons-nous. Le serf l'est moins encore pour son servage et sa misère, que parce qu'il n'est pas sûr de sa misère même. Demain tout peut changer pour lui ; il peut être enlevé pour l'armée ou les fabriques, sa femme donnée à un autre, sa famille dispersée.

Le soldat est un condamné, non seulement parce qu'un matin, enlevé à sa maison, il a été livré à la bastonnade perpétuelle qu'on nomme service militaire, mais encore parce qu'il ignore le temps de sa libération. Trente ans jadis, aujourd'hui vingt : voilà la loi. Mais qu'est-ce que la loi en Russie ?

L'officier est un condamné. Malgré lui il est entré dans une école militaire. Malgré lui il suit la voie rude et monotone d'une éternité d'exercices, de parades, de mutations d'une garnison à l'autre. Triste moine de la guerre, tandis que sa fortune l'appelait aux jouissances du monde! Mais, s'il ne sert, qu'adviendra-t-il ? sa famille, dès lors, est suspecte, elle peut être ruinée, dégradée, et lui-même *il est perdu.*

Perdu ? Que signifie ce mot *Tué ?* Mais c'est apparemment quelque chose de plus que tué, puisque l'officier fait la guerre, se fait tuer s'il le faut ; *autrement*, dit-il, *il serait perdu.*

Le serf qu'on saisit pour l'armée, dit : « Je suis perdu ! » Il est au fond du malheur, et ne peut guère descendre. L'officier peut descendre encore. Il a quelque chose à craindre, et qu'il craint plus que la mort, c'est la Sibérie.

On n'a pris que le corps du serf en le faisant soldat ; on se soucie peu de son cœur. Mais, pour l'officier, c'est l'âme qu'on veut ; le problème du gouvernement russe, c'était de savoir comment il se saisirait de l'âme d'un homme qu'une vie insupportable rend indifférent à la mort.

Cette âme, on l'a de bonne heure amortie dans les écoles qui n'enseignent que le vide, peu, très peu de matériel, et rien de moral ; de sorte que l'ennui profond la jettent aux plaisirs énervants qui l'amortissent encore. Mais cette double opération ne réussit pas toujours à éteindre une âme forte. Ce qu'elle pourrait garder de l'homme, il faut le contenir, le dompter par une terreur morale. Quelle? Celle d'un supplice inconnu.

L'inquisition catholique, outre les cachots, les tortures, avait, pour continuer le supplice matériel, un supplice moral, l'enfer éternel, l'infini du temps. La Russie a son enfer, l'infini du lieu, l'horreur du désert, du vide.

Un infini de distance. Tel qui fait le voyage à pied, sous ses lourdes chaînes, part jeune et arrive vieux. Un homme de vingt-cinq ans, plein de vie, de sève, est parti de la Pologne. Une ombre, trois ans après, vient tomber au Kamschatka.

Un infini de souffrances résulte du climat même, impitoyable climat; quelques degrés de plus du côté de la mer de glace suffisent pour y donner la mort.

Si le Russe, même chez lui, enfermé six mois au pôle, dans une étuve brûlante, trompe à peine la fureur du Nord, qu'est-ce en cette seconde Russie, où le froid brûle, où l'acier rompt comme du verre, où les chiens qui tirent les traîneaux périraient s'ils n'avaient le ventre et les jambes garnies de fourrures.

Arriver là sans ressource, sans abri, ce serait la délivrance ; on mourrait. Il ne faut pas qu'on meure vite. Établi dans un petit fort, au milieu du désert glacé, piochant ou traînant la brouette, nourri de lait aigre, de poisson gâté, deux ans, trois ans, quelquefois plus, vous mourrez lentement sous les coups.

Pour ceux même qui ne sont pas condamnés à ce sort affreux, qui ont une demi-liberté, une vie matérielle presque tolérable, l'effet moral n'est guère moins terrible. Si la Sibérie n'est pour eux un infini de souffrances, c'en est un d'oubli, où ils se sentent disparaître, mourir pour le monde des hommes, pour la famille et l'amitié. Perdre son nom, s'appeler *numéro dix*, *numéro vingt*, et si la famille dure, engendrer des enfants sans nom, une race misérable qui se perpétuera dans le malheur éternel ! barbare image du dogme barbare du péché originel ; l'homme perdu perd ses enfants ; damné, il les damne, et, par un *crescendo* atroce, il se trouve que les enfants d'un homme condamné pour vingt ans aux mines seront mineurs quarante ans, cinquante, jusqu'à la mort, leurs enfants encore après eux et toute leur postérité.

La Sibérie entraîne la dégradation non seulement pour les personnes, mais pour les choses qui y sont déportées. Une cloche y fut déportée pour avoir sonné le tocsin dans une révolte. Des canons y furent déportés et reçurent le knout à Tobolsk. La dégradation est fort sérieuse pour les personnes, dans un pays où elle implique la bastonnade à volonté.

Les déportés n'eussent-ils à craindre que le changement complet de leurs habitudes, le passage d'une molle vie asiatique à une vie de travailleurs, cela suffirait pour que la Sibérie fût l'horreur des Russes. Leur mollesse supporte à peine la vie que les gens aisés mènent dans l'occident de l'Europe. Une dame russe m'avouait ne pouvoir rester ici ; une infinité de douceurs orientales lui manquaient ; les services de nos domestiques lui semblait trop rudes, leurs voix dures et fières ; elle ne supportait pas les froissements naturels d'un monde d'égalité. Il lui fallait les flatteries de ses femmes, leurs complaisances, des faiblesses de nourrice, une vie d'étuves et de bains, la tiède atmosphère de la maison russe. Que serait-elle devenue, cette pauvre femme, si, au lieu du voyage de Paris, qu'elle trouvait si dur, elle eût fait celui de Tobolsk ?

C'est une tradition en Russie que Catherine (ou peut-être une des impératrices qui l'ont précédée), pour briser l'orgueil de certaines grandes dames, leur envoyait parfois l'ordre de se faire flageller elles-mêmes par leurs gens dans leur palais. Le chef de la chancellerie secrète intimait l'ordre avec respect, surveillait l'exécution. La triste opération finie, la patiente se rajustait et remerciait, se tenant heureuse d'en être quitte à ce prix et d'éviter la Sibérie.

Qu'on juge en effet l'horreur d'une pauvre femme craintive qui, tirée de son palais, de son luxe voluptueux, de son été éternel, peut être jetée la nuit, pour rouler quinze cents lieues, dans un coffre doublé de fer!... Ou bien encore, forcée, elle qui n'a jamais marché, de faire à pied, sous le fouet, cet effroyable voyage, mendiante, recevant sur sa route quelque misérable aumône de la charité des serfs!...

De quelque manière qu'elle aille, c'est en vérité, pour une femme, un affreux supplice de s'en aller seule, laissant son mari, ses enfants, tout ce qu'elle aimait, seule dans la nuit, dans le Nord et l'hiver, dans l'horreur de l'inconnu. Passer d'Europe en Sibérie, c'est comme tomber dans le vide. Désert d'hommes et désert d'idées. Vaste néant, sans histoire, sans traditions, sans religion (nulle autre que la sorcellerie). Un vide si complet, si parfait, que les religions même qui y sont entrées, le mahométisme tartare, par exemple, y perdent leurs dogmes, leurs légendes, leur auréole, deviennent pâles, effacées, nulles, comme l'invisible soleil de la Sibérie.

Peu résistent à cette puissance désolante de négation. Perdus dans ce vaste rien, ils se font à son image et deviennent aussi un néant.

Dans un voyage publié en 1850 à Wilna, sous la censure russe, Mlle Ève Felinska décrit l'état déplorable où elle vit, à Tobolsk, un colonel polonais. Impliqué dans l'affaire de 1825, il avait été condamné par le sénat à trois ans d'emprisonnement, seulement pour *non-révélation*. L'empereur ne fit aucune attention à ce jugement; il le fit déporter au nord de la Sibérie, au soixante-treizième degré, d'où, *par grâce*, on le laissa revenir à Tobolsk. Cet infortuné, qui avait été le plus bel homme de l'armée, n'était plus reconnaissable. « Ne pouvant se soutenir, il était assis au fond d'un fauteuil à bras. Ses cheveux (blanchis déjà), rares, mais peignés avec soin, lui tombaient sur les épaules et descendaient jusqu'aux coudes. Son visage était très pâle et bouffi, son regard éteint. L'émotion faisait trembler ses yeux et ses lèvres. On voyait qu'il voulait parler et qu'il ne le pouvait pas. Il nous fit signe de la main de nous rapprocher, afin qu'il pût nous saluer. Son esprit jouissait alors d'un moment de lucidité, mais l'émotion lui rendait difficile de se servir de sa langue, à moitié paralysée. Sachant que nous allions à Berezowa, où il avait habité, il nous engagea à loger chez son hôtesse. Toute cette conversation se faisait avec une grande peine ; il fallait plutôt deviner ce qu'il voulait dire. Mais bientôt on vit qu'il avait épuisé l'usage de ses facultés, car son imagination s'étant reportée sans doute sur les rives du Tage et de la Seine, qu'il avait tant connues, il nous dit que nous trouverions à Berezowa des melons, du raisin et autres fruits méridionaux, Nous abrégeâmes notre visite, le cœur serré, tandis qu'il cherchait à nous retenir du geste, et tâchait de dire : *Encore!!!* »

VI

SIBÉRIE. — LES SUPPLICES

« Ici la nuit est sombre comme l'hiver. Elle est triste, mais grandiose. Quand elle est éclairée de l'aurore boréale, le ciel bleu foncé, presque noir, présente mille étoiles filantes et paraît en feu. Ce feu n'échauffe pas, n'éclaire pas. Ces astres sont mélancoliques ; on les prendrait pour les regards d'esprits condamnés à fixer éternellement cette scène du malheur...

« Des colonnes de feu, des formes bizarres, terribles, majestueuses, se choquent de tous les points du ciel ; vous diriez de la braise ardente, parfois des flots de sang... Est-ce que la nature, comme l'homme, aurait des visions ? Cette nature du Nord, malheureuse, endormie, semble songer des rêves d'exilés. »

C'est un des traits du grand tableau que le bon général Kopec, compagnon de Kosciuszko, nous a tracés de la Sibérie orientale, où il était relégué, à la pointe du Kamschatka. Rien de plus touchant que les mémoires de cet homme simple. Rien de plus différent de ceux de son prédécesseur dans les mêmes contrées, le Polonais Beniowski. Celui-ci, indomptable, remuant, hardi joueur et plus hardi soldat, en un moment s'approprie le désert et devient roi de son exil. Il refait sa fortune, il retrouve une femme, persécute ses persécuteurs, bat ses gardiens, et au lieu de se tenir captif au Kamschatka, il l'emmène, l'embarque avec lui. Kopec s'adresse à Dieu ; il est frappé au cœur, trop blessé pour tenter de telles aventures. Sans études ni instruction, mais élevé par son malheur, il met dans son simple récit la mélancolie tendre et pieuse de l'âme lithuanienne. C'est une révolution morale que signale ce livre. La Pologne est changée, elle a le don des larmes.

« Je me promenais au bord de la mer, et quand le temps était à l'orage, je voyais toutes sortes d'animaux étranges, des baleines, des lions et chiens marins. Parfois il me venait des pierres ; c'étaient des ours qui les lançaient pour me blesser et m'attaquer ensuite. Cette mer est très houleuse en automne ; elle brise si fort que le Kamschatka en tremble jusqu'aux fondements. Les jours sont gris et les nuits noires. Quand la tempête vient, et que l'Océan gronde, les grandes bandes de chiens qui vivent de poissons (ils sont là peut-être vingt mille) hurlent à l'Océan, et d'innombrables ours répondent par des grondements sinistres. Pendant ce temps, les volcans tonnent et vomissent des flammes et des cendres. Ah! quel spectacle d'enfer! et quelle est la situation d'un honnête homme au milieu du conflit de ces méchants éléments! »

Kopec se plaint de la nature, très peu des hommes. Il avait été traité cependant avec une grande barbarie. Blessé, malade, sans égard à ses plaies qui se rouvraient au froid, il avait été traîné jour et nuit dans un coffre doublé de fer en dedans. N'en pouvant plus, il demandait quelque repos à l'officier qui le menait. « J'ai l'ordre d'aller sans m'arrêter, dit-il, j'amènerai au moins votre corps. Vous êtes libre de mourir en route. »

Ce qui était bien triste encore pour lui, c'était de rencontrer d'immenses convois de pauvres Polonais qu'on emmenait en Sibérie, tondus, marqués au front et le nez arraché. Le chemin, en avançant, n'était plus indiqué que par des ossements d'ours, de chevaux ou d'hommes, quelques tombes d'exilés qui étaient morts dans le désert et attendaient leurs successeurs.

A un relais, il vit une femme distinguée qui était servante. « Qui êtes-vous ? dit-il. — Jadis, femme d'un colonel, aujourd'hui d'un forgeron, et elle s'éloigna sans dire qui elle était. »

Kopec était perdu, Sibérien pour toujours, sans un hasard heureux. D'autres généraux, qu'on chercha pour les faire revenir, ne purent jamais se retrouver.

« Un jour, sur les débris d'un vaisseau naufragé, je regardais tristement la mer remplie de monstres. Tout à coup j'aperçois un homme beau, jeune, majestueux et d'un costume étrange ; je fus saisi de cette apparition. « De quelle nation êtes-« vous ? me dit-il. — De la nation malheureuse. « — Ah ! tu es Polonais... Je suis marchand... « je retourne en Russie... Écris aux tiens... Je « sais ce que je risque... N'importe ! va, écris. » Il brava le danger, se chargea de la lettre et la porta fidèlement.

Les mois et les années s'écoulent. Un jour l'hôte de Kopec entre tout pâle dans sa chambre : « On a vu en mer un vaisseau. — Ah ! tant mieux ! « dit le Polonais. — Tant pis, dit l'hôte. Le com-« mandant d'ici va nous accuser de complots, « comme il le fait parfois ; il prendra nos biens « et nos vies. Il sait qu'il faut trois ans pour « qu'une plainte arrive. »

Le vaisseau apportait la grâce de Kopec, sa délivrance. Il n'y voulait pas croire. Quand il eut lu lui-même, il s'évanouit. Pour se remettre, il alla à la mer. « Le temps était à l'orage ; les monstres venaient, par troupes, se rouler vers les côtes. Je croyais reconnaître des hommes, des visages connus, des scènes de notre vie nationale, des processions, des moines qui portaient la croix à ma rencontre. Je m'élançai... Mais on me retint.

« De retour, j'eus peine à rentrer dans ma chambre. Tous venaient me féliciter. Les femmes m'apportaient des présents, des choses bonnes et rares, du rhum, du sucre, des bougies (chose, de toutes, la plus précieuse au pays des nuits éternelles).

« Le curé, bon vieillard de quatre-vingts ans, exilé comme les autres, vint en habits sacerdotaux, avec ses chantres; six enfants des îles voisines qu'il avait formés, et qui chantaient très bien, de la manière la plus touchante. J'allumai à la fois toutes mes bougies. Leurs voix tendres nous allaient au cœur. J'ai toujours eu le don des larmes; mais cette fois j'éclatai en sanglots, ou, pour mieux dire, en cris sauvages.

« Nous nous assîmes ensuite autour de ma table de pierre, et tout le monde continua de pleurer. Je préparai du punch polonais. Chacun pensa à sa patrie, pleura. Nul n'espérait de revenir. »

« Vous, vous êtes heureux, disaient-ils à Kopec. Vous partez dans trois ans. » Le vaisseau, en effet, ne devait repartir qu'après être resté trois ans dans ces parages.

Combien d'histoires touchantes pourrait dire le désert s'il savait raconter! Il est muet, autant que ténébreux. Le ciel, la terre et le pouvoir semblent d'accord pour étouffer, éteindre toutes les voix humaines. Cet océan de plaines glacées est plus discret encore que l'Océan des eaux sur les naufrages qu'il recouvre. A ce vaste sépulcre, la Russie, fatale comme la mort, a confié le soin d'absorber l'héroïsme des trop brillantes nations dont elle était environnée. Ne rendant pas de prisonniers de guerre, les faisant disparaître, elle a épuisé la Suède. Les compagnons de Charles XII, transformés par elle en maçons misérables, dorment au pied des bastions de Tobolsk, péniblement bâtis par eux. La Suède s'est écoulée là. Et la Pologne y vient. La lugubre procession ne s'arrête pas; un peuple entier marche au désert, au tombeau.

Ainsi, pendant que multipliée, impersonnelle, indifférente, multiplie la Grande-Russie serve, féconde comme l'herbe des steppes, et non moins monotone, — la vigoureuse personnalité des peuples héroïques, où tout cœur fut une flamme, disparaît, s'amortit, entre sous la terre. La Sibérie couvre, enfouit son trésor.

Chose touchante! ce qu'on n'a pu cacher, ce qui a éclaté au jour, ce ne sont pas les vaillantes résistances, ce sont les dévouements de la nature, de la famille. Les héros ne sont plus; mais le père, le mari, l'amant reste, et la nature subsiste, les miracles du cœur, les victoires de l'amour sur la férocité humaine.

Tout le monde a lu dans Custine l'histoire attendrissante de la princesse Troubetzkoï, qui a tout quitté pour suivre son époux, un homme infortuné, mais peu intéressant, qui eut le grand malheur de laisser périr ses amis, de s'excuser et de survivre. Prince, était-il aimé? Rien l'indique. Condamné, il le fut. En Russie ils n'avaient pas d'enfants; en Sibérie ils en ont cinq. Cette femme admirable, par son amour inattendu, a donné au proscrit bien plus que la vengeance impériale n'avait pu lui ôter.

Consignons ici une histoire plus admirable et moins connue, très certaine, attestée par une bouche très pure, héroïque, qui ne peut mentir. En 1825, un jeune Russe (appelons-le Iwan) fut envoyé en Sibérie. Il aimait et était aimé. Une Française, jeune institutrice dans sa famille, avait de lui promesse de mariage. La famille qui ne l'ignorait pas, et craignant cette union, avait éloigné la jeune fille. A peine eut-elle appris que son amant perdu, ruiné, misérable, abandonné de tout, s'en allait à la chaîne, elle attesta sa promesse de mariage. Elle alla bravement à Saint-Pétersbourg, droit à l'empereur. Il la crut folle, essaya de la ramener, lui dit de ne pas persister à devenir la femme d'un forçat. Hélas ! il était si facile que ce forçat ne le fût plus... La grâce qu'on lui accorda ne fut autre que de le suivre, de souffrir avec lui, de mourir avec lui... La pauvre Française, en effet, fut victime de son dévouement ; sa faible poitrine ne tint pas contre ce climat terrible ; au bout d'un an elle mourut. Son mari ne survécut pas ; soit misère, soit douleur, il l'accompagna au tombeau.

Ils laissaient un enfant, malheureux orphelin, dégradé, ruiné en naissant. Les biens du père avaient passé à un fils naturel du grand-père. Celui-ci (rien n'est plus honorable pour le caractère russe) refusa de profiter de l'atrocité de la loi et rendit tout à l'orphelin.

Un danger de la Sibérie, et le plus grand, c'est de mourir avant sa mort. La variété infinie des destinées que l'on y trouve, l'arbitraire absolu qui règne là sur tous, rend trop aisé d'éteindre, d'annuler les âmes les plus fortes. La Russie n'a pas besoin de bâtir, comme l'Autriche, de savantes prisons où le condamné est forcé de prendre des métiers serviles, des arts de femme, de futiles occupations qui énervent l'esprit. Elle se fie au climat trop fort pour l'homme, et qui le brise. Elle se fie à la brutalité du caprice militaire, où tout condamné énergique trouve comme une meule qui le broie à chaque heure. Le dur soldat, renouvelé sans cesse, use le condamné dans ce frottement. Celui-ci baisse peu à peu, il s'affaisse, il perd toute faculté de résistance. L'esprit vient au secours et se montre ingénieux pour lui prouver à lui-même qu'il aurait tort de s'obstiner à ce martyre obscur. Il lui justifie ses tyrans, détruit en lui l'idée du bien, du mal, le jette dans la plus grande indifférence, lui pervertit le sens, lui fait croire que le mal est le bien.

Voilà ce que la liberté a toujours craint pour ses enfants, non la mort, une mort noble et sainte. Voilà ce que craignait l'Europe, quand elle a su que les héros de novembre 1831, condamnés à mort, étaient graciés, réservés pour la Sibérie. Nous lisons dans le beau recueil des *Polonais* de 1830 (par M. Straszewicz), à la fin de chaque légende : « Ils vivent, ils sont en Sibérie, voilà tout ce qu'on sait; quel est leur état de cœur ? on l'ignore malheureusement. »

Eh bien ! nous le savons, grâce à Dieu ! Nous sommes rassurés, — leur âme n'est point morte. Ils l'ont gardé entière, et donné leur corps au destin. — Les uns morts, les autres mourants, ils sont tous restés immuables dans la foi et dans l'espérance.

Un exilé venu de Sibérie (M. Piotrowski), nous a instruits de leur martyre.

Pierre Wysocki, le jeune homme héroïque qui frappa le coup de novembre, entraîna l'école militaire à la délivrance de Varsovie, a souffert le premier. Vers 1833, arrivé en Sibérie, il osa entreprendre de revenir à main armée. On voulut le briser : on lui donna quinze cents coups. On n'en peut infliger davantage sans donner la mort. Par un raffinement barbare, on voulut qu'il vécût, qu'il fût appliqué aux plus durs travaux des forçats. Long martyre! Mais une telle âme est forte en la patrie, en Dieu!

En 1837, a péri l'illustre poète Sierocinski avec trois de ses compagnons. En 1831, jugé et condamné, malgré son âge, malgré son caractère (il était prêtre), on l'avait fait soldat. Mis à cheval et la lance à la main, l'infortuné menait la rude vie des Cosaques de la frontière, qui font en Sibérie la chasse aux Tartares, aux contrebandiers. Les autorités de la Sibérie, plus sages que celles de Saint-Pétersbourg pensèrent qu'il serait plus utile comme instituteur dans une école militaire. Là, cet homme faible et délicat, mais d'une âme énergique, conçut le plus hardi projet, celui d'imiter et de surpasser l'audace de Beniowski, de faire en toute la Sibérie ce qu'il fit pour le Kamschatka, de soulever les condamnés et la Sibérie même. Ce pays, gouverné municipalement, eût gagné sans nul doute à s'isoler du grand empire qui ne colonise le Sud qu'en faisant du Nord un désert. Ces vieilles tribus du Nord, jadis heureuses dans leur vie nomade et pastorale, ne pouvant plus promener leurs troupeaux de rennes, ne vivent que de chasse, ou plutôt elles meurent et disparaissent comme les sauvages de l'Amérique.

Une association immense se forma. Le projet était arrêté, si l'on ne pouvait résister, de se faire un passage les armes à la main et d'aller jusqu'en Bucharie, peut-être jusqu'aux Indes. Trois conjurés trahirent. De 1834 l'instruction du procès se fit;

à Saint-Pétersbourg, jusqu'en 1837 ; Sierocinski, immuable, gardait tout le calme de l'âme, et faisait en prison des vers.

Enfin, l'horrible sentence arrive de Saint-Pétersbourg. Plusieurs Polonais et un Russe devaient recevoir sept mille coups! *sans merci, sans grâce d'un seul!* les autres, trois mille, ce qui suffit pour mourir.
— On avait envoyé exprès le général Gatafiejew pour surveiller l'exécution. Sa férocité indigna les Russes. Au point du jour, deux bataillons complets, chacun de mille hommes, pour compter plus aisément les coups, s'alignèrent hors de la ville. Gatafiejew se plaça au centre de l'opération. Les baguettes étaient des bâtons, et les soldats furent rapprochés, pour mieux appuyer les coups.

« Il faisait très froid (mars en Sibérie !). On dépouilla Sierocinski. On l'attacha au canon d'un fusil dont la baïonnette était tournée contre sa poitrine, ce qui est l'usage. Après quoi deux soldats font la conduite entre les rangs au condamné, pour que la marche ne soit ralentie, ni précipitée. Alors le médecin du bataillon s'approcha. du patient pour le ranimer avec des gouttes fortifiantes, car sa faible constitution avait été épuisée par trois ans de prison, et il semblait plutôt une ombre qu'un homme ; mais il avait conservé sa force d'âme et sa volonté.

« Il détourna la tête quand le médecin lui présenta les gouttes, et répondit : « Buvez notre sang et le « mien, je n'ai nul besoin de vos gouttes. » Quand on donna le signal, il dit à haute voix le psaume *Miserere*. Gatafiejew s'écria trois fois avec rage : « Frappez plus fort, plus fort, plus fort. » Les coups étaient si furieux, qu'ayant passé une seule fois dans les rangs, à l'autre bout du bataillon, après mille coups de bâton, il tomba sur la neige inondé de sang et s'évanouit. »

« On voulut le remettre debout, mais il ne pouvait plus se tenir sur ses jambes. Un échafaud monté sur un traîneau était déjà prêt. Sierocinski y fut placé à genoux ; on lui lia les mains derrière le dos et on l'inclina en avant. Dans cette position on l'attacha sur l'échafaud, de manière que tout mouvement fût impossible. Ainsi attaché, on commença à le traîner dans les rangs. Gatafiejew criait toujours : « Plus fort ! plus fort ! plus fort !... » Au commencement Sierocinski poussait encore des gémissements arrachés par la douleur, qui, se ralentissant et s'affaiblissant toujours, cessèrent enfin tout à fait.

« Il respirait encore ayant reçu quatre mille coups ; il expira alors ; on compta les trois mille qui restaient sur son cadavre ou plutôt sur un squelette. Tous les condamnés, lui surtout, furent si accablés de coups, que, selon l'expression des témoins, Polonais et Russes avec qui j'en ai parlé, la chair s'enlevait en parcelles à chaque coup ; on ne voyait plus que des os brisés. Ce carnage inouï jusqu'alors répandit une indignation générale parmi les Polonais et même les Russes.

« Deux des condamnés qui étaient morts sur la place et ceux qui respiraient encore dans d'atroces souffrances furent portés à l'hôpital, et aussitôt après les Polonais et un Russe furent enterrés dans un seul et même tombeau. On permit aux Polonais de placer une croix sur le tombeau de ces martyrs, et jusqu'aujourd'hui (en 1846) cette grande croix de bois noir s'élève dans le steppe, solitaire, étendant ses bras au-dessus de la tombe des victimes en signe de protection, et comme pour implorer la miséricorde de Dieu. »

VII

DU TERRORISME CROISSANT DE LA RUSSIE. — MARTYRE DE PESTEL ET DE RYLEÏEFF

Il y a juste cent ans que la Russie a aboli la peine de mort. Nos philosophes en pleurèrent de joie. Aujourd'hui encore, un écrivain russe, M. de Tolstoï, en triomphe. Heureuse, humaine Russie, qui seule a su respecter sur la terre l'œuvre vivante de Dieu, tandis que la Mort trône encore dans les législations impies du barbare Occident !

On ne tue pas, — on exile. Seulement il peut arriver que l'homme trop délicat, envoyé trop près du pôle, meure de froid et de misère. Que faire à cela ?

On ne tue pas, — on dégrade. Seulement il peut arriver comme à la dégradation récente d'un M. Paulof. Le bourreau, en lui brisant l'épée sur la tête, appuya par mégarde, et lui enfonça le crâne.

On ne tue pas, — on bat de verges. Le knout a été aboli. *N'épargne la verge à ton fils*. Il peut arriver seulement que les verges soient des bâtons.

La sentence des sept mille coups dont nous avons parlé plus haut contenait cette dérision, que, *si les patients survivaient,* ils travailleraient aux mines *jusqu'à la fin de leur vie.* Or on meurt généralement à trois mille ou quatre mille coups.

Cette terrible hypocrisie, qu'on sent partout dans la Russie, n'est pas le fait de l'homme seul. Elle résulte principalement de l'insoluble problème qui est au fond de l'empire russe : *Gouverner par les mêmes lois les nations les plus barbares et les plus civilisées.* Cet empire est constitué par cela seul en affreux Janus, qui grimace la douceur en regardant l'Occident, tandis que vers l'Orient il montre sa face vraie, celle de la barbarie mongole.

Les populations sauvages de la Sibérie ont seules peut-être une intuition vraie de ce gouvernement. Elles ne comprennent pas l'empereur comme un homme, mais comme un monstre à deux têtes, le double griffon, l'aigle-tigre qu'elles voient sur les armes de Russie.

Là est le vrai mystère de la férocité russe. Dans cette dualité inconciliable, elle trouve son impuissance. Elle fait de furieux obstacles pour la vaincre, et tous les obstacles, elle les traite de révolte. Mais c'est elle, dans cet injuste effort, qui est en révolte contre la nature.

Quand cette dualité rencontre un homme violent et sincère, comme Pierre III ou Paul Ier, elle apparaît ce qu'elle est, une fureur, une folie.

Folie, moins de l'individu que de la situation. Pierre-le-Grand, malgré son génie, n'apparaît pas moins comme un fou dans un grand nombre de ses actes.

Russe et barbare de nature, Européen de volonté, c'est contradiction vivante.

Catherine partie du point contraire, une Allemande devenue Russe, esprit très sec, très net, très froid, n'en offre pas moins dans ses actes la contradiction la plus forte. Philosophe, elle défend la tolérance en Pologne, et elle organise contre les Polonais la Saint-Barthélemy de l'Ukraine. Elle fait massacrer les révolutionnaires à Praga, et fait élever son petit-fils par un Suisse révolutionnaire.

Alexandre, élevé ainsi, Allemand par sa mère et doux de nature, est celui de tous dont le peuple russe a le plus souffert. Dans sa sauvage entreprise des colonies militaires, conduite par son barbare favori, Arascheïeff, il atteignit la Russie au cœur, dans la famille, au foyer.

Ainsi, quel que soit le caractère individuel des tzars, ce terrible gouvernement va sévissant davantage, du moins plus profondément. Alexandre, qui n'avait pas la cruelle sécheresse de Catherine, a plus cruellement atteint la Russie. Mais qu'est-ce que tout cela en présence du tzar qui règne aujourd'hui (1851)?

Personne n'a appliqué la mort sur une si grande échelle, non sur des individus, mais sur des peuples entiers. Les chiffres officiels que donnent les Russes eux-mêmes font reculer d'étonnement. D'énormes destructions d'hommes, que l'épée n'aurait jamais faites, ont été opérées avec l'aide de la nature, je veux dire par les transplantations rapides de populations entières sous des climats meurtriers.

Spectacle sauvage, unique, d'une si vaste action de la mort! Triste destinée de ce globe! La mort violente est-elle donc tellement dans les nécessités de la vie! Il y avait peu d'années que la grande destruction des guerres napoléoniennes s'était arrêtée, lorsqu'ont commencé ces migrations meurtrières plus funestes que des batailles, et qui, en pleine paix, ont éteint des générations entières.

L'empereur, dans son enfance, ne donna nul signe particulier de férocité, nul d'excentricité barbare, comme son frère Constantin. Son biographe, Schnitzler, remarque seulement qu'il avait une disposition ironique, et se plaisait à contrefaire les courtisans du palais. Il fut élevé spécialement, sous l'autorité de sa mère, par une vieille femme de cour, la comtesse de Lieven, qui ne dut pas lui montrer les meilleurs côtés de la nature humaine.

Une influence était très forte sur les princesses de la famille impériale, celle d'un savant respectable, profondément Russe, honnête et désintéressé, l'historien Karamzine. Elles lui avaient donné un logement dans les jardins de Tzarsko-Zélo. Ce bon homme, nourri dans l'Antiquité, qui avait vécu de longues années dans la familiarité des anciens tzars, n'aimait rien, n'admirait rien (après les Iwans) que la Terreur et Robespierre. Il avait été à Paris en 93, et il en avait rapporté une grande satisfaction. Quand il apprit le 9 thermidor, il fondit en larmes. Tout son travail, auprès d'Alexandre, de concert avec les princesses, c'était de l'arrêter dans ses velléités libérales.

A cette influence, vint s'en joindre une autre, forte sur la société russe, celle de M. de Maistre. Grâce à ce grand écrivain, la Russie apprit, comme de la bouche de la France, que le despotisme dont elle s'excusait était justement l'idéal des sociétés humaines. Quoique Alexandre eût un moment éloigné M. de Maistre, son influence alla grandissant, et les *Soirées de Saint-Pétersbourg* (1822) la portèrent au comble. Sa thèse paradoxale de l'éloge du bourreau, *de ce miracle vivant* trop méconnu jusque-là, fit une grande impression. Nicolas avait vingt-six ans. Ce livre dut fortifier en lui la tradition de Karamzine.

Contre ces étranges doctrines de l'arbitraire absolu, une force sacrée qui ne meurt jamais, la Loi, la Justice réclamait pourtant. Les essais législatifs de Catherine furent repris par Alexandre. Il chercha dans ses dangers un affermissement dans les lois. Speranski, en 1808, se mit à compiler le droit russe. Mais des hommes, jeunes, énergiques, ne s'en tinrent pas à compiler : ils voulurent que ce droit devînt chose vivante, et qu'il eût une âme. Un jeune homme entrevit l'idée de faire un véritable code russe, dans l'idée de la liberté.

Pestel, c'était son nom, était un homme de génie, pratique, point du tout utopiste. Il ne se faisait pas une Russie imaginaire. Il la prenait comme elle est, communiste, et la laissait telle. Il supposait qu'en fortifiant la commune, en l'affranchissant, en lui faisant appliquer son principe (la terre au travail), on avait l'élément primitif, la molécule originaire de la République ; qu'en montant à l'arrondissement (la commune des communes), à la province, au centre enfin, on pouvait de l'élément russe arriver au gouvernement républicain plus aisément qu'au tsarisme tartare ou à l'impérialisme allemand.

Ce jeune homme, alors officier, et qui mourut colonel, fit la campagne de France, et y montra un sentiment exalté d'humanité et de justice. Arrivant à Bar-sur-Aube, et voyant des Bavarois maltraiter les habitants, il ne s'informa pas si ces Allemands étaient alliés des Russes, il fondit sur eux avec ses soldats.

Alexandre, à cette époque, avait donné au monde le spectacle curieux d'un tzar libéral. Les amis de Pestel y furent pris. Ce fut à Alexandre même qu'ils confièrent peu après leurs plans d'amélioration. Ils arrivaient un peu tard ; Alexandre appartenait à la mystique Mme de Krudener ; ce n'était plus un empereur, c'était un saint. Il avait dépouillé le vieil homme, et, en même temps, tout souvenir des promesses et des espérances qu'il avait données dans le danger. Il les écouta volontiers, s'émut, pleura, et leur dit que, pour ces choses si belles, la société n'était pas mûre.

Voyant qu'il ajournait tout à la céleste Jérusalem, ils parurent dissoudre l'association et la resserrèrent secrètement. Neuf ans durant, ils l'étendirent. Elle était tellement dans l'esprit et les nécessités du temps, qu'elle découvrit trois sociétés semblables qui ne se connaissaient pas. L'une, *les Chevaliers* (redresseurs d'abus), était russe. Une autre (l'*Indépendance*) était polonaise. Une troisième embrassait la Russie, la Pologne, tous les pays slaves, sous le nom de *Slaves-Unis*.

Elles se rapprochèrent, s'entendirent. Deux points seulement divisaient la grande société russe, l'affranchissement de la Pologne et la liberté des serfs. Il est juste de dire que les fondateurs de la société n'hésitaient point là-dessus. Ils avaient supprimé tout châtiment corporel parmi leurs serfs. Ils voulaient affranchir le paysan, et le rendre propriétaire, c'est-à-dire qu'ils risquaient leur vie pour le succès d'une idée qui, réalisée, leur eût tout d'abord coûté leur fortune.

Ces fondateurs, d'immortelle mémoire, furent, pour la branche méridionale de l'association, Pestel, devenu colonel, et les Mouravieff, officiers aussi ; pour le Nord, c'était Ryleïeff, les Bestouchef, le prince Obolenski et quelques autres.

Quelque source que l'on consulte, il reste constant par tous les témoignages que Ryleïeff est un des plus grands caractères que présente l'histoire. Militaire, puis employé à la Compagnie américaine établie à Pétersbourg, il n'avait pas dédaigné d'accepter la place non rétribuée de secrétaire du tribunal criminel ; acte d'excellent citoyen, dans un pays de vénalité, où il était important que cette place ne tombât point dans des mains indignes. Ryleïeff était un poète ; on lit toujours avec larmes son poème prophétique où il se personnifie sous le nom de Mazeppa ; victime liée par le dévouement au coursier fougueux, terrible, d'une révolution barbare qui devait l'emporter aux steppes de l'inconnu, le faire mourir dans le désert.

Le premier, dans ce poème, le premier des Russes, Ryleïeff écrivit ce mot, peu intelligible, à la Russie d'alors, mais grand, saint, pour l'avenir… « Je suis, avant tout, citoyen. »

C'était un homme doux, humain, autant qu'héroïque. Quelque effort que fasse l'enquête pour donner un autre aspect à son caractère, il est constant que, voyant un des conjurés décidé à tuer l'empereur Alexandre, il le pria au moins d'attendre, le conjura à genoux, et, le voyant inébranlable, lui dit : « Je te tuerai plutôt. »

Avec de si dignes chefs, le malheur des conjurés fut de ne pas se serrer davantage autour d'eux, de suivre d'autres influences et de trop étendre l'association.

Les chefs d'une autre société qu'ils avaient admis dans la leur, Michel Orloff et quelques autres, demandèrent, obtinrent qu'au-dessus de Ryleïeff dont la situation était peu élevée, au-dessus de Pestel qu'on jugeait trop fin et ambitieux, on nommât un dictateur. On prit un homme de haut rang, d'une famille qui avait disputé le trône aux Romanoff. C'était un prince Troubetzkoï, doux, faible, incertain, l'homme, en un mot, le plus propre à faire manquer une telle entreprise. Ceux qui le firent nommer ne voulaient, par la révolution, établir qu'une oligarchie de grands seigneurs, et craignaient par-dessus tout un chef énergique.

Nous n'oublierons jamais l'étonnement de l'Europe en 1825, quand on lut dans les journaux que ni Constantin, ni son frère, ne voulaient être empereurs. Ils restaient l'un devant l'autre, en présence de cette sanglante couronne et de ce trône de feu, sans vouloir y toucher du doigt. En ce pays de fratricide, chacun d'eux, prié par l'autre, semblait regarder cette invitation comme un appel à la mort. En réalité, ils étaient sincères. Constantin, roi de Pologne, mari d'une Polonaise, avait dès 1822 cédé aux larmes de sa femme et donné son désistement d'avance. Nicolas, qui ne pouvait pas ignorer cet acte, n'en fait pas moins proclamer son frère, lui fait prêter serment. Puis le nouveau désistement de Constantin arrive, il persiste ; le Sénat proclame Nicolas. Cela à huis clos, à deux heures de nuit. Nulle explication pour le peuple ni pour l'armée. On dispose d'elle comme d'un troupeau ; elle a juré, et l'on va lui faire jurer le contraire.

On est saisi de pitié en voyant l'incertitude, la complète nuit morale où l'âme consciencieuse du soldat russe était laissée par ses chefs. Les uns, partisans de Nicolas, ne daignèrent pas l'instruire du changement de situation. Les autres, les conjurés, ne pouvant lui faire comprendre leurs idées de liberté, lui faisaient croire que Constantin, auquel il venait de prêter serment, était le vrai tzar, qu'il était en marche, et qu'il punirait ceux qui passaient à Nicolas. Pleins de scrupules et de craintes, ces pauvres gens restèrent la plupart inertes, immobiles. Quelques-uns ne furent entraînés que par un mouvement de bon cœur et d'humanité, lorsqu'ils entendirent des décharges et qu'on leur dit qu'on massacrait leurs camarades.

L'empereur avait rempli le palais, la citadelle, de troupes, isolées de toute communication. Pour mieux s'assurer de celles du palais, il leur mit dans les mains son fils, un bel enfant de huit ans. Ils le reçurent avec larmes, et, quoiqu'ils appartinssent aux troupes finlandaises, qui étaient dans l'insurrection, ils devinrent inébranlables dans leur fidélité.

Les conjurés n'entraînèrent que le régiment de Finlande, troupe étrangère à la Russie, et qui la sert malgré elle, le régiment de Moscou, le corps des marins de la garde, et les grenadiers de la garde, ces derniers encore à grand'peine, après un court mais violent combat, où les Bestouchef sabrèrent les officiers de Nicolas et enlevèrent le drapeau.

Ils vinrent le planter sur la place immense, disons mieux, dans la plaine de Saint-Isaac, et prirent poste derrière la statue de Pierre-le-Grand. Il y avait un bon nombre de conjurés non militaires, armés jusqu'aux dents, des curieux plus nombreux et beaucoup de peuple, mais tout cela comme perdu dans cet énorme champ de Mars. Ils cherchèrent les deux colonels, chefs militaires de l'insurrection, Troubetzkoï et Boulatof. Ni l'un ni l'autre ne parurent. Boulatof resta tout le jour dans l'escorte même de l'empereur, près de sa personne, soit qu'il fût indécis encore, soit, comme il s'en est vanté, qu'il fût là pour le tuer, dès qu'il le verrait faiblir. Pour Troubetzkoï, éperdu, il laissa tout, et le commandement de l'insurrection, et le soin de ses papiers qui allaient perdre tant d'hommes ; il se sauva chez une femme, sa belle-mère, puis chez l'ambassadeur d'Autriche, enfin chez l'empereur même, au milieu de son état-major, comme un lièvre effaré qui se cache au milieu des chiens.

Chef civil de l'insurrection, Ryleïeff se montra plus ferme que les deux chefs militaires. Il vint sur la place, les chercha inutilement. Le petit nombre des troupes insurgées donnait peu d'espoir. Quelques-uns lui conseillèrent d'improviser une armée, d'adjoindre à l'insurrection une masse de petit peuple qui se trouvait là. Il suffisait de lui livrer les boutiques d'eau-de-vie. Il les eut à peine forcées, qu'elle eut bientôt procédé au pillage général, au massacre de la police qui le bat horriblement et qu'il hait à la mort. Ce désordre aurait produit une immense diversion, Nicolas étant obligé d'employer une partie de ses troupes à massacrer ces massacreurs. Mais Ryleïeff refusa d'employer ce moyen affreux. Dès lors il était facile de prévoir l'événement. L'insurrection, resserrée contre le palais du Sénat, au bout d'une place immense, devait être infailliblement balayée par la mitraille, sabrée par la cavalerie. Ryleïeff quitta la place; il ne chercha pas d'asile, il retourna à sa maison et y attendit la mort.

L'empereur, pâle et défait, dit un témoin oculaire, ne montra pas moins beaucoup de courage. A la tête des gardes à cheval, il avança dans la plaine, et rencontra des détachements qui rejoignaient les insurgés. « Bonjour, mes enfants ! » dit-il selon l'usage des tzars. « Hourra ! Constantin ! » fut toute leur réponse. On s'accorde à dire qu'il parut très ferme et ne se déconcerta point. Que dit-il ? C'est ce qu'on ne sait pas d'une manière positive. Deux versions sont données; l'une par M. Schnitzler, qui était présent, l'autre par M. de Custine, à qui l'empereur même a conté la chose. La plus vraisemblable des deux, c'est qu'il aurait dit d'une voix retentissante : « Conversion à droite !... Marche ! » Le soldat, automatiquement, aurait obéi.

Le jour, très court en décembre, s'écoula ainsi,

sans que les insurgés vissent venir leurs deux colonels. Leur nombre diminua. Le régiment de Moscou se convertit et les quitta. Ceux qui restaient étaient très fermes. Sans s'inquiéter de l'artillerie qu'on avait amenée à l'empereur, et qui allait les foudroyer, ils repoussèrent toute parole de conciliation, criant : « Vive Constantin ! vive la Constitution ! » Ce dernier mot, loin d'encourager les leurs, comme ils le croyaient, jetait plutôt le soldat dans l'incertitude : « Qu'est-ce que cette *Constitoutzia ?* disait-il. Est-ce la femme de l'empereur ? »

Le gouverneur de Pétersbourg, le brave Miloradovitch, qui avait détaché quelques insurgés avec de belles paroles, pour les enfermer dans la citadelle, osa approcher, comptant sur le vieil attachement des soldats. « Traître, dirent les conjurés, tu n'es pas ici aux coulisses du théâtre. (Il courait fort les actrices.) Qu'as-tu fait de nos camarades ? » Obolenski porta un coup de baïonnette au poitrail de son cheval, et Kakhofski l'abattit d'un coup de pistolet. Ce dernier, fort exalté, et qui s'était fait fort de tuer l'empereur, se croyait très affermi ; mais, ayant encore tiré et tué le colonel Sturler, son cœur réclama. « Encore un sur ma conscience ! » s'écriat-il, et il jeta loin de lui son pistolet.

L'impression des marins fut la même, lorsqu'un des leurs ajustait le grand-duc Michel. Soit respect, soit débonnaireté, ils lui rabattirent le bras, firent manquer le coup.

Cependant, en grande pompe, la croix à la main, s'avançaient les métropolitains de Pétersbourg et de Kiew envoyés par l'empereur. On put voir combien le Russe, avec toute sa dévotion extérieure, est peu impressionné par les objets de son culte dans les grandes circonstances; combien il fait peu de cas de ses prêtres, il est vrai, peu édifiants. Ceux-ci furent reçus des soldats avec des huées, et leur voix fut couverte d'un roulement de tambour.

C'est ce que l'on attendait. Ayant mis Dieu de son côté, l'empereur, retiré au palais, fit commencer le combat. Ses troupes avaient vaincu d'avance. Il leur suffisait de laisser agir l'artillerie. Le grand-duc Michel, craignant que les artilleurs ne se fissent scrupule de tirer sur leurs pauvres compatriotes, commença le feu lui-même et tira le premier coup. Tirée de près, la mitraille fit un affreux abatis de corps, de membres déchirés. On tira environ dix fois, et alors ceux qui restaient se dispersèrent, poursuivis par les cavaliers, dont un détachement vint les couper par derrière. On ne sait ce qui périt; des trous faits dans la glace épaisse dont la Néva est couverte reçurent à l'instant les cadavres.

Les conjurés du Midi n'eurent pas meilleur sort. L'un des Bestouchef et les frères Mouravieff, intrépides et enthousiastes, ne s'étonnèrent pas de l'inertie où restaient la plupart de leurs associés. Ils s'adressèrent aux soldats, leur firent lire dans une église, par le prêtre même, un catéchisme républicain que Bestouchef avait fait de textes tirés de la Bible. On y disait que les hommes sont égaux et que l'esclavage est un crime contre Dieu. Ces maximes agirent peu sur eux; on ne les entraîna que par le nom de Constantin. Les partisans de Nicolas, plus nombreux, ayant de plus l'artillerie impériale, les battirent ; mais leurs vaillants chefs se tuèrent ou se firent tuer : Bestouchef et Mouravieff ne furent pris que blessés grièvement.

Pestel, arrêté à Moscou, ne montra nulle émotion. Averti par un ami, il ne lui avait dit qu'un mot : « Sauvez seulement mon Code russe. » Ce livre, enfoui dans la terre, y fut pris, livré à la commission, qui essaye dans son enquête de le rendre ridicule. On assure pourtant que les auteurs du Code de Nicolas ont été obligés d'adopter plusieurs des vues de Pestel. Ce qui est sûr, c'est que, dans la partie politique, son livre contenait des idées sages et humaines. Un relâchement raisonnable du cercle horrible de fer où étouffe la Russie, un gouvernement naturel et doux, analogue à la confédération américaine ; la réparation de la grande injustice, si fatale à l'empire russe, le rétablissement intégral de la Pologne ; de grandes libertés accordées aux juifs, dont on eût soulagé la Pologne en leur donnant les moyens de faire un État en Orient.

Voilà donc Pestel, Ryleïeff, l'aimable et vaillant Alexandre Bestouchef, ces Mouravieff intrépides, le génie, la vertu, le courage, le vrai cœur de la Russie, dans les cachots de Pétersbourg. Il n'y manquait que Pouchkine, le grand poëte national. Il était un des conjurés. Éloigné de la capitale, il venait combattre, mourir avec eux. Sur la route, il rencontre un lièvre, son cocher arrête ; cette rencontre, pour tout Russe, est un mauvais signe. Pouchkine le fait continuer. Il rencontre une vieille femme; nouvelle halte : le cocher ne voulait plus avancer.

Enfin, rencontrant un prêtre (ce qui est pour eux le plus mauvais signe), le cocher quitte son siège, se jette à genoux, communique à son maître sa terreur superstitieuse. Le poète retourna, fut sauvé, réservé à de plus grands malheurs, à une fin tragique.

Le manifeste menaçant et terrible que l'empereur publia le lendemain avait été écrit, dit-on, par l'homme de la vieille impératrice, l'historien des Iwans, le patriarche de l'école de la Terreur, le vieux Karamzine.

Son élève et continuateur Bloudof fut secrétaire de l'enquête. Elle fut faite par une commission où l'empereur siégea lui-même dans la personne de son *alter ego*, son frère, le grand-duc Michel. Celui-ci, dur et farouche soldat, se peint d'un seul trait ; un des conjurés confessant hardiment sa foi politique : « On devrait, dit le grand-duc, lui fermer la bouche à coups de baïonnette. »

Les résultats obtenus par cette procédure secrète pendant cinq mois d'interrogatoires, où tous les moyens d'intimidation et de corruption furent sans nul doute employés, ont été imprimés par le gouvernement, distribués par toute l'Europe. Il va sans dire que les conjurés sont là tous des lâches et des imbéciles. Le juge accusateur leur prodigue à chaque instant des épithètes outrageantes. Sûr de n'être pas démenti, il attribue à la plupart d'entre eux les plus tristes palinodies. Sans doute plusieurs, surtout des conjurés militaires, Russes de la vieille roche, habitués dès l'enfance à diviniser l'empereur, revinrent sincèrement à ce culte, et virent dans l'événement du 14 décembre le jugement de Dieu ; mais pour le grand nombre des autres, n'a-t-on pas droit de supposer que des juges si partiaux n'ont voulu que les flétrir ? Ce qui le fait croire, c'est que cette enquête si laborieusement travaillée contient des faits avoués faux par tous les partis, de fausses dates par exemple. Elle suppose qu'au principe des associations, en 1817, lorsque Alexandre était tellement aimé encore, consulté des conjurés mêmes, qui lui soumettaient leur plan, ils pensaient à tuer l'empereur et la famille impériale !

Quand on songe que pendant tant d'années, parmi tant de personnes, il n'y eut pas un seul traître, quand on songe à l'intrépidité connue des chefs, à leur mort simple et sublime, comment croire qu'ils aient à plaisir dénoncé, livré leurs amis ?

L'histoire gardera sa page la plus noire pour y écrire le nom des juges qui, non contents d'immoler ces grandes victimes, ont essayé, dans un pamphlet décoré du nom d'enquête, de les déshonorer et d'assassiner leur mémoire ! Que dis-je ? de les atteindre en un point qui touche souvent les grands cœurs plus que la gloire même, en ce qui fut la vie de la vie pour ces hommes héroïques et bons, je veux dire dans l'amitié !

Qu'on lise l'éloge enthousiaste que Ryleïeff, dans son poème, fait de celui qu'il promettait à la patrie comme un héros, de son jeune ami, Alexandre

Bestouchef, on sentira la profondeur de tendresse qui fut dans cette grande âme.

Eh! qu'aurait gagné Ryleïeff à dénoncer ses amis, lui qui, dès le commencement, réclama la mort pour lui seul, déclarant *que le 14 décembre était son œuvre et qu'il en était l'auteur*.

Les sentiments forts et calmes qu'eut Ryleïeff au jugement sont exprimés déjà dans son poème. Par une sorte de seconde vue, le héros avait vu son sort, et d'avance il avait chanté le chant du trépas. « Ce qui parut à nos rêves un décret du ciel n'était pas encore décrété. Patience! Que le colosse accumule encore ses forces, qu'il défaille à vouloir étreindre la moitié de l'univers. Laissons-le, gonflé d'orgueil, parader aux rayons du soleil... Patience! La colère du ciel ne l'en mettra pas moins en poudre... *Dieu, c'est la rémunération elle-même!* Il ne permet pas que le péché, une fois semé, ne produise sa moisson. »

Cependant l'enquête, poursuivie dans les cinq mois, révélait aux yeux effrayés le nombre infini des coupables. L'empereur n'avait pas eu la moindre idée de son danger. Il crut, au 14 décembre, qu'il s'agissait de quelques hommes dévoués à Constantin, et voilà qu'on lui révélait l'immensité d'une mine terrible qui avait pénétré partout sous la terre. Nulle famille importante qui n'eût un de ses membres dans la conspiration. A vrai dire, c'était la Russie elle-même, du moins la Russie pensante, qui abjurait le tzarisme, et voulait se transformer. Ce trône où Nicolas montait, quelle était maintenant sa base? Ne portait-il pas en l'air? Uniquement sur le vague respect des serfs, sur leur espoir de trouver tôt ou tard une protection dans ce dieu inconnu, lointain, qui ne protége jamais. Sous Paul, qui avait pourtant un vif instinct de justice, les serfs qui vinrent se plaindre à lui s'en trouvèrent fort mal ; il trouva la chose si dangereuse, qu'il fit avertir leurs maîtres, et renvoya aux châtiments ces infortunés. Pendant les cinq mois que dura l'enquête, on dit par toute la Russie que l'empereur Nicolas allait prononcer l'émancipation des serfs. Ils le crurent si bien qu'ils ne payaient plus. Raffermi, il rétablit l'ordre ancien et fit payer à main armée.

Que devinrent les régiments qui avaient pris part à l'insurrection ? Leur sort est resté un problème. Tel bataillon fut envoyé au Caucase, tel en Sibérie. Beaucoup croient en Russie que la majeure partie des régiments de Finlande a été enfouie dans les cachots de Kronstadt, humides et sans jour, sous la mer. Ce que doit être une telle habitation, dans l'horreur du climat russe, on doit le comprendre. Ces infortunés, s'il en reste, entendent depuis trente années la Baltique rouler sur leurs têtes, enviant la vague libre et la liberté des naufrages. La pensée, la douleur peut-être, espérons-le, doivent s'éteindre dans une telle situation.

Dans les familles connues, on punit très peu de personnes, cent vingt hommes en tout. On voulut dissimuler l'étendue immense du mal. On trembla que ces bandes innombrables de coupables ne se crussent connues pour telles et ne fussent précipitées dans l'action par le désespoir. L'empereur en fit venir un grand nombre auprès de lui, les écoutant volontiers, voulant les croire innocents, les renvoyant comme tels. Vains efforts, il n'y avait plus de sûreté ni de confiance ! La terreur, lancée du trône, était retournée au trône. Elle y reste, et l'empereur, né sévère, est devenu, sous cette impression de défiance universelle, de plus en plus dur et implacable. L'impossibilité de savoir ses vrais ennemis a aigri, ulcéré, ensauvagé son cœur. La Russie étant sa base, il a dû détourner, autant qu'il le pouvait, des Russes cette fureur de punir qui est devenue sa nature. Tout est coupable : c'est la Pologne, ce sont les juifs, ce sont les Grecs catholiques, c'est la Révolution, l'Europe... Ainsi, du 14 décembre jusqu'à nous, va continuant, toujours plus violent, plus terrible, ce 93 russe, qui dure depuis trente années.

Ce qui lui fit le plus d'impression, ce fut son entrevue avec Nicolas Bestouchef. Nous tirons ce sujet d'un livre très russe, très partial pour l'empereur. Il fut saisi de l'intrépidité de ce conjuré, de sa franchise, de la netteté avec laquelle il exposa tous les abus de l'empire. Il le regarda fixement et lui dit : Si j'étais sûr d'avoir en vous désormais un serviteur fidèle, *je pourrais* vous pardonner. — Eh ! sire, répondit Bestouchef, voilà justement de quoi nous nous plaignons, *que l'empereur puisse tout*. Laissez la justice suivre son cours, et que le sort de vos sujets ne dépende plus que des lois ! »

Cinq des condamnés du 14 décembre furent condamnés à être écartelés : Pestel, Ryleïeff, Mouravieff-Apostol, Michel Bestouchef et Kakhofski.

L'empereur les gracia, en ayant soin, toutefois, que la peine inférieure, substituée à l'écartèlement, fût plus infamante. Ils durent être pendus, supplice inouï en Russie.

Tous les cinq se montrèrent fermes.

Plusieurs ne voulurent point de prêtres, se croyant suffisamment épurés par le martyre qu'ils enduraient pour la patrie.

Pestel déclara que, plus que jamais, il était fixe dans la foi consignée dans son *Droit russe*.

Le 25 juillet 1825, à deux heures du matin, on éleva, sur le rempart de la forteresse, l'instrument du supplice, une haute et large potence, où cinq corps tinssent de front. Sous ce climat, on le sait, il n'y a pas de nuit réelle en juillet ; le crépuscule joint l'aurore. On distinguait tout. Les troupes arrivaient, peu de spectateurs ; on avait laissé ignorer le moment de l'exécution. Toute la Russie dormait pendant qu'on mourait pour elle.

A trois heures on amena les condamnés à qui on laissait la vie ; on les dégrada, on brûla devant eux leur uniforme. En capote de forçats, ils partirent pour la Sibérie.

Enfin parurent les cinq condamnés à mort avec de grands capuchons qui ne laissaient pas voir leurs traits et cachaient leurs yeux.

Quand ils eurent monté les escabeaux et qu'on leur eut passé la corde au cou, la plate-forme où ils étaient s'enfonça sous leurs pieds. Deux furent étranglés. Pour les trois autres, la corde glissant sur les capuchons, les malheureux tombèrent pêle-mêle, avec la trappe et les escabeaux, dans le trou béant sous la potence. Le pendu manqué doit avoir sa grâce, selon mainte loi du Moyen-âge. Mais qui eût osé surseoir à l'exécution? L'empereur, absent de Pétersbourg, était aux jardins de Tzarsko-Zélo. On les releva meurtris, on rétablit le gibet. Ryleïeff, en remontant d'un pas ferme, prononça avec douceur un reproche à la destinée : « Il était dit que rien ne me réussirait, pas même la mort. » Un moment, il n'existait plus.

Ce grand homme avait, dit-on, lui-même souhaité mourir, sentant qu'à sa noble action se mêlait une ombre. Quelle? il l'exprima lui-même : « J'ai agi sans l'aveu du peuple russe. »

Faute du temps, et non de l'homme. Ce peuple, en pleine nuit barbare, pauvre mineur, simple enfant, ne pouvait ni s'expliquer ses propres instincts, ni voir sa pensée, ni la formuler. Nul moyen de le consulter.

Est-ce à dire que cette nuit devait être perpétuelle? qu'on devait éterniser cette incapacité en la respectant? qu'ayant un peuple encore muet, on ne devait rien faire pour lui délier la langue, lui faire dire le premier mot.

Le scrupule de Ryleïeff est naturel, on le sent. Se trouvant seul l'intelligence, la pensée et le cerveau de ce corps énorme de cinquante millions d'hommes qui ne pensaient pas encore, il fut lui-même frappé de sa responsabilité, et demanda un moment à Dieu si véritablement, lui, simple [homme, pauvre individu, il était la pensée du peuple.

Scrupule respectable à jamais, qui ne tombe guère dans la tête des faiseurs de révolutions, et qui doit nous faire honorer la candeur de l'âme russe. Mais, en réalité, c'est trop.

Non, grand homme, n'en doutez pas. Vous avez été, ce jour-là, la conscience de la Russie, sa conscience prophétique. Ce qu'elle pensera, à mesure qu'elle se met à penser, fut dans le génie de Pestel et dans le cœur de Ryleïeff. L'âme de la Russie, non telle qu'elle est dans ce point d'abjection misérable, mais tout entière en tous ses âges, surtout les âges à venir, elle était en vous; vous eûtes droit d'agir et de parler pour elle; pourquoi? Vous étiez elle-même.

Mais quel service votre mort lui a rendu, à cette âme ! Elle était jusque-là flottante en tout un peuple et ne pouvait rien. Arrêtée, concentrée en vous, vous la lui rendez puissante, efficace, sous la seule forme où son enfance lui permette de la saisir, — sous forme d'hommes et de martyrs, — incarnée dans votre vie, glorifiée dans votre mort. En sorte qu'au lieu des ombres douteuses qu'elle eut dans les saints du passé, elle a en vous son saint des saints. Elle n'eût pas compris vos discours, mais elle comprend bien vos reliques. Vous lui avez donné de quoi mettre à jamais sur son autel.

VIII

DE L'EXTERMINATION DE LA POLOGNE

Au moment où l'empereur, remis des impressions du 14 décembre, rattachait les serfs à la glèbe et brisait leurs espérances, ils lui donnèrent une preuve de leur courageux dévouement au bien, confirmant ce que les conjurés lui avaient dit des abus de l'empire, et les révélant, à leur grand péril. Dans une revue que faisait l'empereur, quatre paysans se présentent et demandent à lui parler. On les repousse ; on leur dit d'expliquer ce qu'ils ont à dire ; ils ne veulent parler qu'à lui. Admis, ils se jettent à genoux, et l'un dit : « Père, on te vole... Tu n'as qu'à aller à Kronstadt, tu verras, en plein bazar, qu'on vend dans les boutiques les agrès de tes vaisseaux, les effets de ta marine. » L'empereur envoie trois cents hommes ; on cerne le bazar, on trouve les vols. Une enquête sévère commence. Peu après, chantiers, bazar, tout périt dans un incendie, et l'enquête en même temps.

L'empereur put apprécier les hommes du 14 décembre quand ces naïves voix du peuple appuyaient ainsi leurs révélations. Ils lui avaient rendu un véritable service dans leurs derniers entretiens, celui de lui montrer la Russie comme elle est, comme une grande plaie saignante. Ils lui avaient enseigné, à ce jeune militaire, né dur, ironique, le respect du peuple russe, un peuple où se trouvaient des hommes si fanatiques de loi et de justice, qu'en présence même de la mort ils ne voulaient pas de grâce arbitraire, et disaient : « Laissez faire aux lois. » .

Pestel voulait un dictateur qui réorganisât, épurât l'administration. Et l'idée du peuple russe ne s'éloignait pas de cela. Il désirait un *juste juge*, terrible aux méchants. Et il eût fallu que ce juge se multipliât dans tout l'empire. Ce n'était pas de lois seulement, c'était d'hommes qu'avait besoin la Russie. Il eût fallu, entre le père et les enfants, choisir des juges honnêtes, les rétribuer convenablement, pour qu'ils n'eussent pas à se vendre, faire des exemples sérieux aux premières prévarications, frapper peu, mais frapper fort, rétablir la probité dans les tribunaux et l'administration, élever le niveau moral de la nation, l'aider à se dégager d'une corruption envieillie, la rendre peu à peu digne de s'administrer. Le premier point de cela, c'était qu'il y eût au sommet, non un homme de génie, mais un grand courage, un grand cœur, qui, par son exemple même, relevât le caractère russe, l'affermît, l'initiât au bien, — un héroïque *éducateur de la conscience nationale*.

L'empereur ne fut point cela. Mal entouré et plein de défiances légitimes, il essayait d'abord de tout faire lui-même, et il succombait à la peine. C'était moins des actes que des hommes qu'il eût fallu faire choisir et créer des agents.

Comme la plupart des hommes de cette époque, comme plusieurs des conjurés même, il croyait fortement à l'efficacité des lois. L'un d'eux, M. Tourgueneff, dans son estimable livre, semble croire que la Russie serait sauvée si elle adoptait telle loi anglaise ou française. L'empereur croyait de même que l'ordre serait dans l'empire lorsqu'on aurait compilé le digeste des lois russes. Il confia ce travail immense au légiste Speranski. En cela, il a servi l'érudition plus que la législation. Dans ce chaos infini d'ukases contradictoires, le juge choisit ce qu'il veut, et l'arbitraire est le même.

Une organisation sévère du pouvoir judiciaire devait passer avant tout. Ce que demandait le peuple, c'était partout le *juste juge*. Il fallait lui donner une haute et sévère éducation de justice.

Hélas ! la fatalité, la passion, l'ont poussé, ce peuple, dans la voie contraire, une éducation d'injustice, — lui faisant embrasser contre un peuple frère le plus dépravant des métiers, celui de bourreau.

L'empereur cherchait la voie droite, mais il avait en lui une cause intime de déviation. Il aimait la justice, mais l'aimait d'un cœur cruel ; il l'aimait dans un orgueil personnel, comme chose à lui, comme justice du tzar, non comme justice de Dieu.

Une pierre s'est trouvée sur sa route, — il a déraillé pour toujours. — Où va-t-il ? On ne le sait.

Cette pierre est la Pologne.

Pierre fatale, indestructible, qu'on broie et rebroie en vain. Elle reste toujours la même.

L'enquête du 14 décembre avait dévoilé une chose qui devait étonner, toucher l'empereur, désarmer son cœur à jamais, c'était la magnanimité que les Polonais déployèrent dans leurs rapports secrets avec les conjurés russes. — Ceux-ci se montrèrent Romains, et les Polonais chevaliers. Pestel croyait, comme Brutus, qu'il faut tuer le tyran pour tuer la tyrannie. Les Polonais réclamèrent. Ils se montrèrent plus cléments pour leur ennemi que les Russes pour leur maître. Cet injuste usurpateur, ce souverain parjure, qui se jouait de la constitution qu'il avait donnée lui-même, ils insistèrent pour le sauver. Le bon et généreux colonel Krzyzanowski, cœur honnête, humain et tendre, dit au républicain russe *qu'il n'avait pas ouï dire que jamais les Polonais eussent tué leurs rois*.

C'est ce même colonel que Mme Félinska vit mourant en Sibérie.

Pour apprécier la magnanimité des Polonais, il faut savoir que non seulement leurs lois étaient violées, leurs assemblées illusoires ; qu'on venait de leur ôter la publicité des débats, etc., etc. ; mais que l'empereur les livrait personnellement au caprice, à la férocité de Constantin. Il faut savoir que celui-ci, cruel et malicieux, tigre-singe, mettait son bonheur dans les vexations les plus fantasques et dans les supplices. Chose épouvantable à dire, il avait aux cachots des Carmes, pour jouet, un prisonnier, l'infortuné Lukasinski, sur lequel il épuisa tout ce que l'imagination humaine a conçu jamais de souffrances. La faim, les chaînes, les tortures, l'horrible emploi de la soif pendant des semaines (point d'eau, et des harengs secs pour tout aliment), la bastonnade redonnée chaque fois qu'il était guéri... Et tout cela avec mesure. Constantin craignait surtout qu'il n'échappât par la mort.

L'homme de fer et d'airain qui suffit à tant de supplices était un brave officier de l'ancienne armée. Il avait recueilli les dernières paroles, le souffle de Dombrowski. Ce chef et créateur des fameuses légions polonaises, mourant en 1818, témoigna quelque regret de ce que ses héroïques compagnons avaient donné tant de sang à des causes étrangères, si peu à la Pologne même. De cette grave parole sortit toute une génération nouvelle, un nouveau monde de héros, d'intrépides conspirateurs. Le premier fut Lukasinski.

Le tyran sentait en cet homme quelque chose de terrible, l'âme de la Pologne elle-même ; en lui, il tâchait de saisir cette grande âme invisible de la nation. Ne pouvant vaincre son silence, on voulut du moins le déshonorer ; on supposa qu'il avait dénoncé ses complices. S'il en eût été ainsi, il n'eût pas trouvé une barbarie croissante dans son furieux geôlier. Constantin, en 1830, quand les Polonais eurent la générosité insensée de le laisser échapper, n'emporta nul autre trésor que son prisonnier ; ni or, ni argent, ne valait pour sa férocité autant que son jouet vivant ; lié à l'affût d'un canon qu'on tirait au grand galop, un homme, une ombre, suivait à la course le pauvre Lukasinski...

Retournons à l'affaire de décembre 1825. Les accusés polonais, le bon colonel et autres, devaient être jugés en Pologne par la haute cour ou le sénat.

Ce corps, plein de partisans dévoués à la Russie, semblait devoir condamner à l'aveugle. L'empereur n'en faisait aucun doute. Mais la force de l'opinion était telle en ce moment, qu'elle emporta le sénat. Il déclara les accusés coupables de non-révélation pour le complot russe, mais *innocents pour la Pologne;* il ne les condamna qu'à des peines légères. Le président écrivit hardiment au tzar : « Ils ne se sont associés que pour le maintien de leur nationalité; ils partent du traité de Vienne, qui l'a reconnue. La haute cour n'a rien vu là de criminel ni de punissable. » Acte intrépide ! Qu'on songe que ce n'est pas ici la grande Pologne ancienne de vingt millions d'hommes qui parle; c'est l'imperceptible Pologne telle qu'Alexandre l'a faite, réduite, pour ainsi dire, à la banlieue de Varsovie.

L'ours blanc grinça des dents. — Et quand je dis l'ours, je dis la Russie. Cette absolution indigna, révolta la plupart des Russes. Ils trouvèrent la Pologne ingrate; mieux traitée que la Russie, ayant un semblant de constitution, ne devait-elle pas se tenir heureuse ? Ils lui reprochaient, en l'exagérant, sa prospérité matérielle, fruit naturel de la paix, et qu'ils croyaient l'œuvre du tzar; les embellissements de Varsovie (faits avec l'argent polonais), la création, surtout, de ces banques territoriales, qui donnent aux Polonais une si agréable facilité de se ruiner.

Et quand l'empereur vit cette irritation de la Russie, et qu'il avait son peuple avec lui, sa fureur ne se contint plus. Il ne se souvint plus des lois, ni de son rôle de législateur, de Justinien russe. Il se montra franchement, selon sa nature, un

Tartare. Il ne permit pas même que l'arrêt fût public. Constantin voulait simplement une commission militaire pour fusiller les condamnés. On les enleva en Sibérie, avec un outrageant mépris du tribunal polonais et de la Pologne.

Cependant on commençait à dire à l'empereur que ce petit pays n'avait droit à rien de plus que toute autre province russe. C'était une anomalie qu'il fallait ramener à la règle, faire rentrer dans la centralisation générale de l'empire. Les souverains, admirateurs de Napoléon (surtout de ses fautes), n'estiment rien plus en lui que cet effort de centralisation qui lui fit administrer par les mêmes lois des peuples de dix langues et de mœurs contraires, la préfecture de Hambourg et celle de Rome. L'esprit légiste et bureaucrate qui régnait à Pétersbourg poussait l'empereur à ces deux choses, la centralisation injuste, la codification grossière. Il se jeta dans une œuvre insensée, immense, où il mourra à la peine : l'assimilation complète de la Pologne à la Russie, l'absorption, l'anéantissement de la nationalité polonaise.

Les errements à suivre étaient tout tracés. Catherine, qui était athée, avait pris pour point de départ contre la Pologne la question religieuse. C'est le meilleur moyen d'attaque, la plus forte prise. D'abord, on s'appuie sur la dévotion ignorante et le fanatisme russe ; puis on touche à la Pologne sur un point où elle n'a pas les sympathies de l'Europe. Celle-ci se hâte de croire, en ce cas, qu'il s'agit d'*une affaire de prêtres*, et elle se confirme dans son indifférence et dans son repos.

Ce qui a nui le plus à la Pologne, ce sont ses défenseurs papistes, qui la montraient justement liée à ce qui meurt et doit mourir. L'Italie vaincra et vivra, parce qu'elle a quitté le prêtre, et qu'elle marche avec l'Europe. L'Irlande va s'enfonçant, parce qu'elle reste avec le prêtre, c'est-à-dire hors de l'Europe ; elle a mis sa vie en ce qui est mort. La Pologne n'est pas morte ; vivante, elle dans le sépulcre, et elle n'en sortira pas tant qu'elle ne comprendra pas sa contradiction intérieure, qui neutralise sa force et l'isole du monde vivant. Peuple d'esprit héroïque et d'un libre esprit, elle se croit catholique ; elle l'est, non de nature, mais de volonté, contre la Russie. Le catholicisme est justement la négation de l'individualité héroïque, qui est le fonds des Polonais.

Le pape et *la Quotidienne* leur ont dit plus de dix fois et avec raison : « Si vous êtes catholiques, obéissez, soumettez-vous, portez le joug de la Russie. »

M. de Montalembert, dans sa défense juvénile et chaleureuse de la Pologne (1833), a dit un mot bien étourdi, que l'empereur Nicolas eût payé fort cher. Il rapproche la gloire polonaise de *celle de la Vendée*. Assimilation inexacte autant qu'imprudente. La Vendée, c'est la guerre civile. La Vendée, c'est le Français frappant la France par derrière, pendant que toute l'Europe vient l'attaquer par devant. Rien de semblable dans la lutte légitime, loyale, héroïque, de l'infortunée Pologne contre l'étranger, contre la Russie.

Celle-ci, sous Alexandre, le père de la Sainte-

Alliance, sous l'influence de Mme de Krudener, de M. de Maistre, avait vu dans le haut clergé polonais l'un des meilleurs instruments de l'obscurantisme. Les évêchés furent multipliés bien au delà de ce que comportait une si faible population, et rétribués énormément. Chaque évêque touchait par an soixante mille florins polonais, un cent huit mille, et le primat cent vingt mille. Quant au clergé inférieur, on le flattait en fermant les yeux sur sa prétention de ne point reconnaître les tribunaux ordinaires.

Autant l'esprit d'indépendance politique et de nationalité était réprimé durement, autant on ménageait l'indépendance ecclésiastique. On laissait le clergé régler ses affaires lui-même, de concert avec Rome. Bien plus, on lui avait livré le ministère des cultes et de l'instruction publique, où siégeait l'archevêque primat, avec deux évêques. La maison même de Constantin était un centre de bigotisme. Sa femme était le soutien de la congrégation de l'*Agneau de Dieu*. L'abrutissement de la Pologne semblait l'œuvre commune où s'entendaient parfaitement la tyrannie militaire et l'obscurantisme religieux.

Dans la grande affaire du jugement de la haute cour, la Russie comptait sur la voix des huit évêques qui y siégeaient. Ils auraient pu alléguer leur caractère pour se dispenser de juger. Ils jugèrent, et, suivant le torrent de l'opinion publique, déclarèrent comme les autres juges que les accusés *n'étaient pas coupables en ce qui touchait la Pologne.*

L'empereur prit cette absolution pour un outrage

personnel. Il commença la guerre contre l'Église polonaise.

Le premier acte, sage, du reste, fut une organisation générale de l'instruction publique combinée pour ôter au clergé catholique toute influence sur l'éducation. Le second acte, plus directement agressif, fut la création d'un collège ou tribunal ecclésiastique, pour régler les affaires des Grecs-Uniates (c'est-à-dire, unis à Rome), collège analogue à celui qui gouverne, sous l'empereur, l'Église grecque de Russie. C'était un peuple de trois millions d'âmes, jusque-là soumis au pape, que le tzar réunissait au pontificat moscovite.

Il voulait aller plus avant, empêcher le clergé polonais de correspondre avec le pape autrement que par l'intermédiaire du gouverement. C'est ce qui jeta ce clergé dans la révolution de 1830.

Chose bizarre ! notre révolution de Juillet, faite surtout contre les prêtres et le bigotisme du roi, se trouva, dans ses imitatrices, la Belgique et la Pologne, une révolution de prêtres !

C'est ce qui contribua plus qu'aucune chose à perdre celle de Pologne, premièrement, en lui donnant un général ridicule, un homme du *Sacré-Cœur* ou de l'*Agneau de Dieu*, homme suspect, inepte ou perfide, qui ne ménageait que la Russie et ne faisait la guerre qu'aux Polonais patriotes.

La révolution polonaise, dans cette triste direction, s'excusant d'être une révolution, devenant une croisade, se tournait tout naturellement du côté de Rome. Elle attendait du pape un secours moral ; elle supposait qu'une bulle armerait le peuple, entraînerait les masses agricoles, soulèverait la terre elle-même. Il faut lire la réponse pitoyable de Rome, et comme elle se retire honteusement derrière les *puissances du premier ordre, qui fixeront le sort de la Pologne, à la satisfaction commune des parties !*

Satisfaction! Il n'y eut jamais de mot plus cruellement dérisoire ! C'était le moment où l'empereur, la voyant abandonnée de Rome et de la France, prenait la résolution — de l'opprimer ? non — *de la supprimer*, de la faire disparaître de la face de la terre.

Voici le plus grand des crimes qu'on ait tentés sur la terre. Qu'on se garde de chercher aucun terme de comparaison.

On a entrepris *non seulement de tuer la Pologne*, ses lois, sa religion, sa langue, sa littérature, sa civilisation nationale, — mais de *tuer les Polonais*, de les anéantir comme race, de briser le nerf de la population, en sorte que, si elle subsiste comme troupeau de créatures humaines, elle ait disparu comme population polonaise, comme vitalité et comme énergie.

Moi-même, jusqu'ici, je n'avais pas voulu le croire.. Je m'étais toujours obstiné à prendre ce mot : *tuer la Pologne*, pour une pure hyperbole, une exagération de rhétorique. Cependant, il faut se rendre. J'ai sous les yeux la série (incomplète encore) des ukases impériaux, qui, d'année en année, suivent imperturbablement le plan d'une destruction systématique.

Comment se fait-il que les Polonais n'aient pas

entrepris ce simple travail, de réunir, d'imprimer le texte trop significatif de ces effroyables lois, d'élever à leur ennemi ce grand monument funèbre qui l'aurait mieux caractérisé que toute déclamation? Un conquérant tartare se plut à élever à sa gloire une pyramide de cent mille têtes de morts dans la plaine de Badgad. Combien plus magnifique le monument que nous proposons, construit de milliers de lois meurtrières! Quel superbe trophée de la Mort!

Ne comparez rien à ceci.

L'ancienne Rome crut avoir détruit le nom juif. Et elle ne fit que le disperser par toute la terre. L'expulsion des juifs d'Espagne n'a pas amené leur destruction.

La Convention, dans un moment de péril et de fureur, poussée par toute l'Europe, attaquée par derrière par l'insurrection vendéenne, jura l'extermination de la Vendée. La Vendée a subsisté, et c'est un des pays les mieux peuplés de la France.

L'entreprise de Louis XIV pour convertir ou détruire les protestants présente plus d'analogie avec la destruction polonaise. Nous y trouvons, comme en Russie, un code immense de lois combinées pour la proscription. Pourtant la différence est grande. Il n'y a pas là les razzias tartares qu'on a faites sur la Pologne, les transplantations meurtrières de races et de familles. Aussi non seulement les protestants émigrés ont subsisté en Europe, mais ils ont duré et fleuri en France, dans tous les métiers d'argent : ils en prêtent aujourd'hui aux fils de leurs persécuteurs.

Non, rien ne ressemble à ceci, rien. Ni les lois, ni l'épée, n'auraient pu accomplir l'opération gigantesque d'une destruction si terrible. Deux exemples seulement pouvaient mettre sur la voie des moyens plus efficaces pour arriver à ce but.

En Irlande, on a vu un peuple qui par l'excès des misères, sans perdre sensiblement sa population, dégénérait, se fondait, s'effaçait entièrement. Des hommes restaient encore, la race n'existait plus.

En France, aux dernières années de Napoléon, toute la population active étant enlevée régulièrement par la guerre, on a vu la taille baisser. Encore quelques années d'un tel système, et la race aurait changé. Un peuple qui n'est plus renouvelé que par les infirmes, les rachitiques, les malades, doit peu à peu s'affaisser. Comme nombre, il peut rester le même ; comme force, comme efficacité, il a bientôt disparu.

Voilà des exemples, voilà des leçons. En réunissant ces moyens, nous pouvons faire quelque chose dans ce grand art de la mort. Mettons ensemble la misère de l'Irlande, le recrutement de Napoléon, le fameux code des suspects pris aux lois de la Terreur ou à celles de Louis XIV; joignons à tous ces moyens occidentaux le grand moyen oriental, les brusques transplantations d'hommes sous des climats ennemis, il y aura bien du malheur si le *polonisme* résiste à ces moyens combinés.

Le *polonisme*, mot nouveau, qui désigne moins une race qu'un esprit. La Pologne n'est plus un peuple dans la pensée des destructeurs, c'est une idée, c'est une âme mauvaise, c'est une perversion de l'intelligence, quelque chose comme une hérésie.

Cela caractérise la lutte et en dit le résultat. Oui,

la Pologne est un esprit, et elle n'a contre elle qu'un corps. La force barbare et cruelle qui la tient dans ses tenailles peut tout, sauf devenir un esprit. Elle reste brutalité, matière, et le devient de plus en plus. Pour l'absorption d'une âme, il faudrait qu'elle fût une âme, et cela lui est interdit.

Maintenant il faut écarter toute poésie, dire positivement, platement, la plate réalité, dire bassement les choses basses.

Quelle est la véritable puissance qui poursuit la destruction de la Pologne ? L'empereur seul ? Plût au ciel ! Un individu se lasse. La Russie ? Nullement : aujourd'hui elle ne ressent guère que de la pitié.

Non, cette puissance de mort n'est ni un homme, ni un peuple ; c'est la boue organisée qu'on appelle administration : c'est la masse d'intrigants, de parvenus étrangers, insectes des marais du Nord, qui grouillent autour de l'empereur.

La Pologne est une affaire. Voilà le secret.

Des milliers d'hommes, bureaucrates, gens de police, et fonctionnaires de toute sorte, militaires, demi-militaires (comme il y en a tant en Russie), tout cela est engagé *dans l'affaire*, ou par des places lucratives, ou par les confiscations. L'empereur est bon, et il sait récompenser ses serviteurs. L'un d'eux, Adam de Wurtemberg, s'est fait donner par son maître la maison de sa mère vivante. Il a mis sa mère à la porte. Il a fait cribler de boulets la maison de sa grand'mère, octogénaire malade, qu'on ne pouvait transporter.

La proie augmente la faim, les mangeurs se multiplient quand l'appât abonde. La mort et la destruction, ces forces qu'on croirait négatives, se sont trouvées créatrices ; elles ont eu une exécrable fécondité, elles ont fait une génération de reptiles et de vers rongeurs. Et la Russie, maintenant est enveloppée de cette vermine. On lui donne incessamment de la Pologne à dévorer.

Courez donc, vers affamés, intrigants de toute race, courez à cette curée ! Le fils du pope, qui saura lire, écrire, verbaliser, aura place dans la police. Le jeune homme, petit noble, corrompu dès les écoles, avide, ambitieux, prêt à tout, saura bien se faire une case dans les monstrueux bâtiments des administrations centrales de Saint-Pétersbourg. S'il est bas, sans cœur, il montera vite. L'avancement est très rapide. Plusieurs des hauts fonctionnaires de l'empire n'ont pas trente ans. S'ils peuvent approcher du maître, s'ils trouvent jour à flatter le seul côté où on le prenne, la fureur, leur fortune est faite. A eux d'éveiller sans cesse cette fureur au nom de sa gloire, d'entretenir dans un homme placé à cette hauteur fatale le vertige, la fausse poésie qu'on trouve à s'imaginer qu'on a pu détruire un peuple.

Ces gens-là ne manqueront jamais d'ukases nouveaux à proposer. La violence de l'empereur est pour eux un fonds excellent qu'ils exploitent ; jour et nuit ils y travaillent. Ils y trouvent fortune, honneurs, positions éminentes, avancement subit et brusque qui franchit tous les degrés.

Reportons-nous au moment de la première fureur de l'empereur, quand il tint la Pologne vaincue dans sa main. Une Pologne réduite à trois millions d'hommes avait osé lever l'épée sur une Russie de cinquante. Ces insolents Polonais, un Dembinski, par exemple, avaient si peu respecté la puissance impériale, qu'avec quelques poignées d'hommes ils se promenaient en long, en large, à travers les armées russes, sans qu'on pût les arrêter.

Maintenant il la tenait dans la main, cette Pologne ; il la regardait de l'œil dont regarde l'ours, mangeur de miel, dans les forêts du Nord, quand il tient empoignée une abeille au creux de sa patte velue. Lui tirera-t-il une aile ou bien l'autre, ou un des membres ? Il ne veut pas l'étouffer, mais qu'elle expire lentement.

La première opération fut d'assommer les prisonniers qui ne voulaient pas se faire Russes. Nous avons dit la boucherie de Kronstadt : à chaque homme, *huit mille coups* ! Comme on meurt vers quatre mille, on avait l'attention de guérir les patients, pour rendre l'exécution possible : elle se faisait en plusieurs fois.

Ceux qui se laissaient faire Russes, on les menait au Caucase, on les plaçait aux avant-postes. Les Tcherkesses, excellents tireurs, en avaient fait bientôt justice.

L'empereur fut quelque peu dérangé dans ces jouissances par les faibles, froides et lâches représentations des gouvernements anglais et français. Il savait parfaitement que l'Angleterre, traînant son boulet industriel (boulet d'or, mais non moins pesant), ne voulait et ne pouvait rien ; encore moins Louis-Philippe, humble devant Nicolas et roi à genoux. Grimace des deux côtés. Une grimace répondit. Il dit qu'il donnait aux vaincus une constitution nouvelle.

Cet acte n'était rien de plus que l'anéantissement de la Pologne. Ceux qui réclamaient pour elle se tinrent satisfaits.

Dans le statut de février 1832, la Pologne devient une simple division de l'empire russe. La couronne polonaise ne se prend plus qu'à Moscou. Plus de liberté individuelle ni de liberté de la presse. Plus de diète. Des juges révocables à volonté. Toutes les places accessibles aux Russes. Plus de responsabilité des ministres. Plus d'armée spécialement polonaise. La confiscation rétablie. L'exil hors de la Pologne, c'est-à-dire en Sibérie, etc., etc.

Quel que fût cet acte étrange, l'empereur semble avoir été indigné de conserver une ombre de constitution. Les états provinciaux qu'il substituait à la diète lui semblaient une énorme, une intolérable concession. En l'accordant à l'Europe, il voulut braver l'Europe. Et, un mois après, en mars, il fit commencer l'exécution des deux mesures effroyables, la transplantation des familles et les enlèvements d'enfants.

Dans un seul gouvernement, celui de Podolie, ordre de transplanter cinq mille familles (vingt-cinq ou trente mille âmes) d'insurgés *amnistiés* ou de personnes *suspectes;* ordre de les transplanter *sur la ligne du Caucase, sur les terres incultes* et fiévreuses, à deux pas de l'ennemi.

La réponse du gouverneur de Podolie est intéressante. — Il y a, dit-il, trois classes de nobles : les *nobles propriétaires*, les *nobles domestiques, laboureurs et ouvriers*, — enfin les *nobles des villes, bourgeois, avocats*, etc. Il est bien essentiel de ne pas s'en tenir à la première, mais de prendre dans les deux autres, « de dépeupler le pays de ces gens-là ».

Cet appel d'exécrable flatterie à la férocité impériale est parfaitement entendu. Dans sa lettre du 6-18 avril 1832, le ministre de l'intérieur répond que Sa Majesté a sanctionné ces règlements, *ajoutant de sa main :* « Ils serviront non seulement pour la Podolie, mais *pour tous les gouvernements occidentaux.* On n'enverra que les gens capables de travailler ; leurs familles pourront être envoyées plus tard. »

Ainsi ils s'en iront seuls, séparés des leurs ; la femme et les enfants restent pour mourir de faim en Pologne, et l'homme va mourir au Caucase.

Enfin, l'empereur ajoute que les nobles de la seconde classe, non propriétaires, seront mis à part, *enrôlés parmi les Cosaques*, sans rapport avec les colonies de leurs compatriotes.

Ce règlement épouvantable n'a pas été transitoire ; il servit et sert de base à des mesures fixes qui font frémir l'humanité.

A la conscription française, qui prenait les hommes au sort, on a substitué l'horreur du recrutement russe, où l'homme est choisi, désigné au caprice du maître et des agents publics. Qu'on juge si les hommes suspects d'énergie, de *polonisme*, sont épargnés dans cette opération clairvoyante et partiale. Ils s'en vont ainsi au Caucase, et, selon l'aveu de Paskevitch *ils n'en reviennent jamais.* La Russie a trouvé là comme un horrible cautère par où elle fait écouler le meilleur sang de la Pologne, sa virilité et sa force. Elle la tient faible, malade toujours, comme après la saignée.

Toutes les rigueurs de ce système ont porté sur la seconde classe, celle des nobles paysans, classe essentiellement militaire, et qui forme, plus que les bourgeois des villes, le vrai Tiers-État de Pologne. D'abord on les a abaissés au rang des paysans soi-disant libres de la Russie (*odnodwortzi*); puis on a trouvé moyen de leur faire payer quatre fois pour une le tribut du sang. Tous les autres sujets de l'empire ne subissent le recrutement que tous les deux ans, et eux tous les ans. Les autres donnent cinq hommes sur mille, et eux ils en donnent dix. Ainsi, leur charge est quadruplée. Cette classe infortunée, environ d'un million d'âmes, ne résistera pas à la continuité de cette saignée horrible. On m'assure cependant que cette année (1851) l'empereur trouve la chose trop lente, et qu'on avise aux moyens de les transporter en masse dans les solitudes du midi de la Russie.

Ce qui restait à la Pologne, le statut de 1832, a été brisé par l'empereur même. Il a, dans les années suivantes, entrepris une transformation totale du pays. A la division polonaise des palatinats il a substitué la division russe des gouvernements, la monnaie russe à la monnaie polonaise, la division russe des poids et mesures à la division décimale et métrique que suivaient les Polonais, le vieux calendrier Julien au calendrier moderne du bon sens et de la science. Il a essayé, enfin, d'effacer la langue polonaise! la supprimant dans les administrations, destituant les fonctionnaires qui ne savaient pas le russe, imposant la langue russe dans les écoles polonaises, défendant à la jeunesse de parler sa propre langue! Quelques étudiants de Wilna se réunissaient en cachette pour parler entre eux polonais. Surpris, enlevés, liés à la queue des chevaux cosaques, les voilà soldats pour la vie !

C'est là, je l'avoue, ce qui me paraît l'entreprise la plus énorme, la plus monstrueusement barbare et la plus dénaturée. La langue, notre chère langue maternelle, à chacun de nous, celle dont chaque mot, chaque son, rappelle l'accent de la patrie, nous rend toutes les émotions de notre vie, notre berceau, nos amours. Ah ! l'arracher de nos cœurs, c'est nous arracher de nous-mêmes. Il me semble que, pour les personnes que nous avons aimées, perdues, l'intonation des mots habituels n'est pas ce qui nous reste le moins enfoncé dans le souvenir, plus que les traits du visage, plus que le geste et le mouvement ; ce que j'ai le plus gardé de mon père, avec qui j'ai vécu quarante-huit ans de ma vie, c'est sa voix... Je tressaille quand je crois encore qu'il est là, qu'il me parle et me dit : « Mon fils ! »

Oui, tout le cœur est dans la langue ; la famille y est, l'amour, le pays. Chacune des grandes nations a mis le meilleur d'elle-même dans sa parole et son verbe. L'héroïque langue polonaise, toute vibrante d'intonations fortes, fait sentir à celui même qui ne sait pas le sens des mots la majesté de l'ancienne République, et reproduit au cœur ému toute la gloire de son histoire. On y entend rouler la voix mâle des héros.

Le russe sonne agréablement, c'est une langue douce, flatteuse ; il tient des langues mélodieuses du Midi. L'imposer à la Pologne, c'est changer en un point bien grave le caractère national, c'est l'affaiblir et l'énerver.

Je croirais volontiers, au reste, qu'en cette défense barbare ce qu'on voulait le plus, c'était d'outrager la Pologne, d'attrister son âme jusqu'à la mort, de la percer au cœur même, au point le plus vulnérable où elle pouvait souffrir.

C'est à ce temps que l'empereur faisait retentir l'Europe du discours insultant, furieux, qu'il avait lancé à la face des magistrats de Varsovie. Il ne négligeait rien pour mériter le nom d'homme impitoyable. La princesse Sangusko étant venue pour prier pour son jeune mari, qui partait pour la Sibérie, l'empereur se fit donner la sentence, et de sa main ajouta : « A pied. »

Ce terrorisme théâtral est un moyen de la Russie. On l'a vu par l'horreur de Kronstadt, étalée en spectacle au lieu le plus fréquenté, par-devant l'Europe. On ne l'a vu que de trop cette année, le 20 juillet 1851, quand le bruit s'étant répandu qu'il y aurait quelques grâces, quatre prisonniers, en réponse, furent sur-le-champ exécutés.

Parfois le gouvernement russe a paru prendre plaisir à donner pour tels de ses actes des apologies ironiques. Par exemple, en 1842, il a fait dire à Rome, et peut-être dans d'autres cours, que, s'il avait pris les biens de l'Église polonaise, c'était, *pour les mieux administrer dans l'intérêt de l'Église;* et que, quant aux enlèvements d'enfants dont on avait tant parlé, il ne les avait enlevés *que par charité.*

C'est toujours *par charité* qu'on enlève encore les enfants des juifs. Outre les grandes razzias que l'État en fait, les Cosaques en volent sans cesse, en font commerce et marchandise, les vendent à juste prix.

La *charité* impériale tient toujours sous le coup d'une profonde terreur les mères polonaises. Elles en craignent de nouveaux coups.

Ce fut au mois de mars 1832, au moment de la plus violente fureur de l'empereur, lorsqu'il ordonnait la transplantation de tant de familles, c'est alors qu'il fit *saisir* (c'est le mot dont se sert le conseil d'administration) les enfants mâles, vagabonds, orphelins, *et pauvres*, de sept ans à seize. L'ordre vint directement par l'aide de camp Tolstoï.

Paskevitch, dans son règlement, s'exprime différemment; avec deux lettres il change tout, changement qu'il n'aurait pas fait sans l'autorisation de l'empereur : il dit OU non pas *et* ; il dit orphelins OU pauvres ; différence bien cruelle, puisque dès lors on pouvait enlever des enfants *non orphelins* qui auraient des parents pauvres.

Le gouvernement de Varsovie, affichant cet ordre barbare, ajouta, pour adoucir et diminuer la fermentation publique, ces mots étrangers au texte : les enfants *privés d'asile*.

En réalité, on n'en enleva pas moins, en général, *les enfants de parents pauvres*, et malgré les violentes et terribles réclamations de leurs parents.

La scène fut effroyable. Après plusieurs convois d'enfants enlevés de nuit, le 17 mai 1832, on en fit partir un de jour. Les mères couraient après les charrettes en se déchirant le sein ; plusieurs se jetèrent sous les roues ; on les écarta à force de coups. Le 18, on enleva encore une foule de petits enfants qui travaillaient ou vendaient dans les rues. Le 19, on vida des écoles paroissiales. Ces pauvres petits, enlevés ainsi, mouraient comme des mouches sur tout le chemin. Quand ils étaient trop faibles pour continuer, on les laissait sur la route. Les gens du pays trouvaient là le corps de ces innocents avec leur pain à côté, qu'ils n'avaient pas eu la force de toucher.

IX

DU TZAR COMME PAPE ET COMME DIEU.
PERSÉCUTIONS RELIGIEUSES

Un personnage du théâtre antique, dans le violent bonheur d'un premier transport d'amour, s'écrie : « Je suis devenu Dieu ! »

La mort est comme l'amour ; elle enivre. La joie sauvage que donnent les grandes destructions porte à l'âme un même vertige. Celui qui croit détruire un monde n'envie rien au Créateur. Il dit : « Je suis devenu Dieu ! »

Plus que Dieu. — Dieu crée lentement dans la douceur infinie de la maternité divine, avec les ménagements de la nature. — Le destructeur, au contraire, est fier de détruire brusquement. Ce qui lui plaît dans la mort, c'est le changement à vue. Sa joie serait de détruire d'un mot ce qui a coûté tant d'années ; de pouvoir dire d'un monde humain : « J'ai passé, il n'était plus. »

C'est au milieu de la grande destruction de la Pologne que le chef de la Russie a commencé à prendre au sérieux son titre de *Vicaire de Dieu* et d'*Émanation divine,* qui est dans son catéchisme. Chef et juge de ses prêtres (aux termes de leur serment), il a commencé à agir comme pape russe dans la persécution des catholiques et l'extermination des juifs. Ses images byzantines, distribuées à profusion, l'ont proposé, sous l'auréole de saint Nicolas, à l'adoration du Danube et des populations grecques de l'empire turc.

Mais que ferait ce nouveau Dieu? Il ne le savait pas lui-même.

Proscripteur des nobles en Pologne, il a été en Russie, un moment, révolutionnaire, appelant les nobles à l'émancipation des serfs, qu'ils ne peuvent accomplir qu'au prix d'une loi agraire. S'il eût suivi cette pente, il devenait une sorte de Messie des serfs, un Messie barbare, terrible à l'Europe.

Il n'a osé. Et, se tournant tout à coup de l'autre côté, se portant pour pape et général de la contre-révolution, il a fait déclarer, après le siège de Rome (octobre 1849), que l'Église latine, déchue et finie, n'avait plus qu'à se réunir à l'*Église catholique,* universelle de Moscou.

Cet étrange père spirituel, qui convertit par le fer, qui bénit avec le knout, combattu entre deux principes, et d'autant plus violent, a donné, dans une courte période de vingt années, des signes étonnants, inouïs, de sa prétention d'être Dieu. Ni les empereurs-pontifes de l'ancienne Rome, quand ils se dressaient des autels, ni les pontifes-rois de la nouvelle Rome, quand ils divisèrent le globe ou défendirent à la terre de tourner, n'ont porté plus haut leur orgueil.

Il a défendu au temps d'être le temps, démenti les mathématiques et l'astronomie, imposé le vieux calendrier, abandonné du reste du monde. Il a défendu à la valeur d'être la valeur, ordonnant que trois roubles désormais en vaudraient cinq. Il a défendu à la raison d'être la raison, et, quand il s'est trouvé un sage en Russie, on l'a enfermé chez les fous.

Ce qui l'a encouragé dans ses prodigieuses excentricités, il faut le dire, c'est de se voir seul en ce monde, toute force morale se trouvant, dans cette période, affaiblie ou ajournée.

Le pontificat du passé, Rome s'était avilie, le pape n'osant plus agir que comme petit prince italien.

Le pontificat du présent, la France s'était oubliée dans son anglomanie industrielle et sous sa royauté bourgeoise.

Rome, toutefois, il faut l'avouer, n'a pas péri uniquement par la faiblesse personnelle des papes, mais par une conséquence logique des doctrines catholiques. Ces doctrines ne sont autre chose que l'obéissance. Rome l'a constamment enseignée. Non seulement en 1831, quand la Pologne mourante lui tendait la main, elle l'a envoyée au tzar; mais, en 1832, elle a flétri la révolution polonaise, enjoint aux Polonais d'obéir à leur bourreau.

Rome, en échange de cette lettre, croyait obtenir du tzar qu'il recevrait un nonce à Saint-Pétersbourg. Loin de là, il commença brusquement la guerre au pape (1833), ordonna la conversion subite des Grecs-Uniates, sujets de l'Église latine. Le procédé était simple. On entourait le village, on knoutait le prêtre et on l'enlevait. Le pope, le fouet à la main, passant en revue sur la place son troupeau tremblant, menaçait, battait. On enfermait les obstinés dans des étuves pleines de la fumée du bois vert. La Grâce opérait sur-le-champ au moyen de l'asphyxie. Tous alors se trouvant d'accord, on les consignait dans l'église, et, le bâton haut, on leur fourrait l'eucharistie dans la bouche.

La plus terrible de ces dragonnades se passa hors de la Pologne, dans les colonies militaires, dans les solitudes de la Russie où elles sont établies. Les récalcitrants y furent mis, et sous le prétexte de discipline militaire, écrasés de coups, n'ayant pas même la consolation du martyre religieux, tués, non comme catholiques, mais comme des soldats rebelles.

Cependant, en grand triomphe on proclama la conversion. Miracle visible. Le clergé, pleurant de joie, demande sa réunion à l'Église de Moscou. L'empereur daigne l'accorder. Son journal officiel, dans un article édifiant, chante un hosannah pieux : « Heureuse réunion ! s'écrie-t-il, et qui n'a point coûté de larmes ! On n'y a employé que la douceur, la persuasion ! »

A cela que disait le pape ? Si fier contre la Prusse dans les affaires de Cologne, il restait humble et tremblant devant la Russie. Il gémissait à huis clos, dans un consistoire secret. Mais, en public, il accueillait le jeune fils de l'empereur. A peine, en 1842, quand le tzar prend les églises et les biens écclésiastiques, à peine le pape hasarde-t-il, toujours en consistoire secret, une plainte respectueuse, et encore, dans cette plainte, il flétrit de nouveau la révolution polonaise, et l'appelle *rébellion*.

Aux timides paroles du pape, qui circulaient dans l'Europe, spécialement par les journaux semi-officiels du gouvernement français, l'empereur avait répondu d'avance par des actes, à la façon barbare, d'une manière aussi cruelle qu'habile. Pour prouver son christianisme, établir qu'il était un ferme et rude chrétien, il lançait son ukase exterminateur contre les juifs.

Telle est la logique féroce qui pourtant frappa les esprits dans ces sauvages contrées. « Comment douter que l'empereur ne soit croyant et pieux, quand on le voit crucifier ceux qui crucifièrent le Christ? »

Il établit ainsi la gloire de sa piété, à bon marché, *in anima vili*, dans la personne de ceux que personne ne défendait, que personne ne plaignait. Les Allemands, qui, dans mainte ville, poursuivaient les juifs à coups de pierres, conçurent dès lors beaucoup d'estime pour l'empereur de Russie.

L'ukase paraît un matin. L'empereur vient de découvrir (ce qu'on savait de tout temps) que les juifs de Pologne, exclus de toute industrie, vivent de brocantage et de contrebande. Ordre de les transporter sur-le-champ au fond de la Russie. Il n'y eut jamais une telle désolation depuis la ruine de Jérusalem. Nul délai. Les Cosaques arrivent. Voilà leurs effets dans la rue... « Allons, en avant! détalez... Il faut partir, l'ordre est tel... Pas un jour, pas une heure... » Vieillards, femmes, petits enfants, ils partent, ils se traînent. Le soldat presse derrière et pique au besoin. Ils tombent épuisés, affamés. On les laisse sans secours crever là, comme des chiens. La femme défaille et se meurt ; le mari doit continuer.

Est-ce assez? non. Les survivants, dans leurs nouvelles demeures, voient commencer pour eux une horrible persécution, la *conscription des enfants!* On les enlève, à six ans, faibles et tendres encore, pour le service militaire ou pour la marine. Mais la race juive, de longue date étrangère au service militaire, y est absolument impropre. Tous ces enfants meurent. Le juif ne vit pas soldat.

L'empereur a bien calculé. Cette cruelle exécution a été fort populaire. Les paysans russes et polonais détestent les juifs. Ils ne refléchissent pas que si cette race infortunée fait des métiers odieux, on ne lui en laisse pas d'autres. Le génie qu'ont montré aux derniers temps tant de juifs de diverses contrées, la beauté orientale de leur race, leurs femmes, les plus belles du monde, tout doit faire regretter les moyens sauvages d'extermination qu'on emploie contre eux en Russie.

L'empereur, ici, flattait le peuple. Et il l'a flatté encore en réduisant, d'une fois, toute la noblesse du royaume de Pologne de cinquante mille familles à cinq mille. Peu de temps après, il lançait son fameux ukase du 2 avril 1842, pour l'affranchissement des serfs de Russie.

L'affranchissement nominal et la prétendue liberté des serfs de la couronne n'avaient rien de bien tentant pour les serfs des nobles. Les premiers, à la vérité, exercent tout métier qui leur plaît; mais l'agent impérial les tient sous une férule plus dure que celle d'aucun maître. La vénalité de cet agent, qu'il faut satisfaire sans cesse, leur fait regretter le servage.

Que voulait vraiment l'empereur, en provoquant, par l'ukase de 1842, les seigneurs à contracter avec leurs paysans, pour en faire de prétendus libres, c'est-à-dire pour les faire passer sous le bâton impérial?

Il voulait faire peur aux nobles.

L'affranchissement réel ne peut se faire par ceux-ci qu'en donnant aux paysans, avec la liberté, une large part de terre. Celle-ci, mieux cultivée, leur rendrait aisément un revenu égal à celui qu'ils auraient perdu. Plusieurs le pensent et le disent, et pourtant n'osent rien faire. Ils prétendent connaître au vrai la pensée de l'empereur, sa jalousie sur cette question. Ils assurent qu'il s'irriterait d'être obéi là-dessus, qu'il jugerait fort suspects ceux qui, prenant au sérieux sa parole officielle, commenceraient ce grand mouvement. Un auteur grave, Tolstoï, dit qu'en certaines provinces les paysans supposaient que les princes et les nobles avaient au ciel d'autres patrons que les leurs, un Dieu à part, Dieu de richesse, qui leur prodiguait les biens. Dans la famine et l'hiver de 1845-1846, les paysans d'Esthonie, Livonie et Courlande se convertirent en grand nombre pour avoir quelques secours. Seulement ils supposaient qu'embrassant la foi de l'empereur, passant au dieu de richesse, ils acquéraient la propriété de la terre qu'ils cultivaient. L'empereur fut obligé d'arrêter ces conversions trop rapides. Nous tenons ces détails de personnes qui les ont recueillis sur les lieux mêmes, à Riga et Dorpat.

L'empereur trembla de se voir à la tête d'une immense jacquerie, communiste et religieuse.

Il recula devant l'accomplissement de ce que ses prétentions spirituelles et son appel à l'affranchissement semblaient le conduire à vouloir. Un pas de plus, peut-être, il devenait un Messie des serfs. On sait par les nombreux exemples des histoires de l'Orient combien l'étincelle fanatique gagne vite dans ces masses aveugles. Elles auraient adoré, suivi celui qui, par le massacre, leur eût à la fois donné la propriété et la liberté.

Donc, l'empereur recula. Il se rapprocha des nobles, qu'il avait naguère menacés.

Et maintenant, les deux partis, tzar et noblesse, sont en face, n'agissant pas, n'osant agir, se terrifiant l'un l'autre, comme deux araignées en observation qui ne savent bien si elles sont amies ou ennemies, et si l'une et l'autre, en se regardant ne songent pas à se dévorer.

X

DU TZAR, COMME PAPE ET COMME DIEU. — ON LE PROPOSE POUR PAPE UNIVERSEL

Le paysan russe, qui voit dans son catéchisme le nom de l'empereur imprimé en grandes lettres comme celui de Dieu, tandis que celui de Jésus est en lettres minuscules, se fait, sans doute, une idée très haute de la puissance impériale. Il y lit que l'empereur est une *émanation* de Dieu. Qu'est-ce qu'une *émanation*? S'il s'informe auprès du pope ou de l'employé impérial (fils de pope ordinairement), on lui dit qu'en effet l'esprit de Dieu doit être dans l'empereur, puisque le tribunal ecclésiastique, qui tient lieu de patriarche, le reconnaît pour chef et juge de l'Église, puisqu'il choisit les évêques. C'est à lui directement que les fonctionnaires civils et militaires de l'empire attestent chaque année, par certificats, qu'ils ont rempli exactement leurs devoirs religieux.

Grande est la surprise de ce paysan, s'il va à Saint-Pétersbourg, à Moscou, et qu'il y voie l'empereur. Quoi! c'est là une *émanation*? Quoi! ce personnage religieux dont dépendent les évêques est un officier avec l'uniforme serré et la tenue raide de tout autre militaire russe ?

Selon une tradition, peut-être peu fondée en fait, mais très digne d'attention, comme toute tradition populaire, un soldat voyant l'empereur pour la première fois et devant prêter serment, aurait refusé de le faire, ne pouvant croire, disait-il, que ce militaire pût être vraiment l'empereur.

Le Russe a naturellement une idée noble, douce et sainte du pouvoir souverain. Il suppose que celui qui tient ici-bas la place du Père du monde est un père aussi (*batouska*). Et ce nom de père qu'il adresse à l'empereur, contient pour lui l'idée de pontife et de juge.

Le tzarisme moderne, modelé par Pierre-le-Grand et ses successeurs sur le despotisme prussien, avec toute son escorte de soldats et de bureaucrates, ne répond aucunement à l'idée patriarcale que le Russe a au fond du cœur.

L'empereur lui-même croit-il y répondre ? A-t-il la sécurité que donnerait cette conviction ? J'en doute. A quelque époque que je remonte jusqu'à Pierre-le-Grand, les voyageurs sont unanimes pour représenter le tzar, quel qu'il soit, comme un prince moins majestueux qu'on ne l'attendrait d'un tel souverain, un homme agité, inquiet. Ce caractère se retrouve dans l'empereur actuel, dont la taille haute et magnifique serait naturellement majestueuse. Il se donne trop de mouvement. A l'église même, dans une occasion solennelle, au mariage de son fils, M. de Custine remarquait cette agitation.

S'il se sentait fermement assis sur sa base légitime, l'idée russe, s'il se rendait le témoignage de répondre à la pensée d'un peuple de tant de millions d'hommes, certes il ne serait pas agité. Cette grande âme nationale, quand elle est dans une poitrine, elle lui donne une assiette solide et profonde, un puissant équilibre de paix.

L'autorité est paisible, quand elle se sent en communion avec les hommes, dans la grande société du peuple et de Dieu. Elle est trouble ici, parce qu'elle est seule, profondément seule, parce que, dans ce grand silence de l'empire, elle n'entend que sa propre voix, sans être avertie, rassurée par la voix du bon sens public. Elle sait qu'elle est une force; est-elle bien sûre d'être un droit ?

Il n'y a point de droit en Russie. La loi y est impossible. Les soixante volumes de lois que l'empereur a fait compiler sont une vaste dérision.

Tout le droit y repose sur cette base, qui l'empêche d'être un droit : *Le bien est ce qui est conforme à la volonté de son maître. Le mal est ce qui est contraire à cette même volonté.*

L'édifice porte sur le vide. La morale n'étant pas dans les fondements, la législation s'élève, sans soutien, comme dans l'air. Nulle à la base, elle est nulle et impossible jusqu'au sommet. Qui le porte, ce code impossible ? L'arbitraire. Et c'est lui seul qui s'exécute au nom du code.

Mais ce n'est pas l'arbitraire du maître seulement qui joue sous ce jeu des lois, c'est l'arbitraire de tous les maîtres inférieurs (les agents du souverain), intermédiaires infidèles qui trompent à leur profit la tyrannie supérieure, exploitent et rendent dépendante cette fière puissance. Elle menace, elle ordonne, et le plus souvent, sans le savoir ou le sachant, elle obéit à ses agents, les derniers des hommes. De sorte qu'en regardant bien le singulier édifice de violences et de ruses décoré du nom de lois, au sommet même de cette pyramide de servage, nous apercevons un serf.

Serf de ses agents, de ses ministres, de ses juges, serf de leur infidélité, la sentant à chaque instant.

Là est le martyre de l'empereur.

Il ne faut pas s'étonner si, dans sa défiance et dans son inquiétude, il trouble à chaque instant l'ordre qu'il a fait, enlevant les affaires à leurs juges naturels, les faisant arriver d'abord aux tribunaux supérieurs. Mais ces juges, si haut placés, ne sont pas plus sûrs que les autres. L'empereur sent sous ses pieds tout un remuement d'intrigues, il s'indigne. Il appelle la cause à lui-même. Il jugera seul. A-t-il le temps, la science, les études nécessaires? Il faut pourtant qu'il décide, il faut qu'il croie à sa sagesse, ou plutôt à son instinct, à l'inspiration d'en haut, qu'il sente en lui le Saint-Esprit.

Ainsi, cette vaste comédie de lois et de tribunaux, tout cet effort pour organiser un monde de justice, restent chose vaine. Tout est parti de l'arbitraire de l'empereur, tout revient à l'inspiration de l'empereur. Qu'il le veuille ou non il faut qu'il soit pape.

Terrible punition d'un orgueil si grand. Tandis que, dans un monde de nature et de justice, tout va descendant par sa pente, et la justice, découlant comme un fleuve salutaire, vivifie le corps social, — ici, tout va remontant, tout revient contre la nature frapper au sommet, à une faible tête humaine, où, dit-on, résident la sagesse et l'esprit de Dieu.

Les agents du pouvoir central se trouvent trop bien de cette situation monstrueuse pour ne pas désirer sans cesse que l'empereur laisse tout revenir à lui, qu'il suspende la justice et tranche tout par sa papauté.

La tendance d'un tel État est visiblement de devenir de moins en moins un État, de plus en plus une religion. Tout est religieux en Russie. Rien n'est légal, rien n'est juste. Tout est ou veut être saint.

L'administration intérieure est sainte. Les popes sont des employés, des commis religieux. Les commis sont fils de popes.

L'action extérieure est sainte ; elle consiste surtout dans la propagande ecclésiastique qui pousse la Russie chez tous les peuples barbares. C'est une sorte d'invasion religieuse.

Tout cela se fait presque à l'insu de l'Europe. On en parle infiniment peu. La Russie n'aime pas qu'on dise rien d'elle, même en bien. Ses agents, travaillant les principaux organes de la presse européenne, négocient sa discrétion.

Laissez cette sainte Russie marcher sous la terre. Dieu saura, dans son jour, la manifester pour l'édification du monde.

Ce qui est déjà pour les âmes pieuses d'une grande consolation, c'est de voir qu'aujourd'hui tous les honnêtes gens, de Moscou à Rome, Jésuites et Cosaques, se sont rapprochés.

Les catholiques mal appris, qui, si longtemps, malgré le pape, ont défendu la Pologne, aboyé à la Russie, sont venus à résipiscence, et ne soufflent plus.

Il y a eu pourtant un moment où cette muette Russie, qui aime tant le silence, l'a rompu elle-même. Le cœur lui a échappé ; un cri de victoire, étouffé bientôt, lui est sorti de la bouche.

C'est après l'affaire de Hongrie, après le siège de Rome, lorsque la Révolution apparut blessée à mort de sa propre main, que l'empereur lança un manifeste sur le ton de la Croisade : « La Russie remplira sa *sainte mission...* »

Quelle *mission* ? Cela n'était pas bien spécifié encore. Celle de faire triompher le pape ? Au siège de Rome, en effet, près des délégués pontificaux, en tête du corps diplomatique, siégeait l'envoyé de Russie.

Mais la joie était trop profonde, trop forte la passion, pour s'en tenir aux mots obscurs. L'empereur a laissé éclater son mépris pour Rome, désormais noyée dans le sang. Il a cru, non sans raison, qu'elle ne se relèverait pas d'un tel triomphe. Au moment où il venait d'aider si puissamment à son rétablissement temporel, il a fait proclamer sa déchéance spirituelle.

La forme a été bizarre, indirecte, mais fort claire, très authentique. Nulle parole en ce pays, sur des matières si graves, qui ne soit autorisée. Et la parole, ici, a été portée par un agent même de la diplomatie russe, un homme de l'empereur.

Il y a toujours autour de lui des hommes jeunes,

impatients, inspirés de la violente école de M. de Maistre, qui, malgré les vieux diplomates, brûlent de parler et d'éclater. Ils ont visiblement profité d'un accès d'orgueil du maître pour se faire autoriser à une démarche inouïe, contraire à la ligne de réserve, de silence et de ruse que suit toujours la Russie.

Une lettre du 13 octobre 1849, *datée de Saint-Pétersbourg*, signée : *Un diplomate russe*, paraît dans une revue. L'auteur est l'envoyé de l'empereur en Bavière. Le titre : *La papauté et la question romaine, au point de vue de Saint-Pétersbourg.*

La forme, mystique et dévote, n'en rappelle pas moins souvent, par des traits humains, demi-ironiques, le rude maître dont l'auteur a suivi l'inspiration. Sans le vouloir, ni sans s'en apercevoir peut-être, il prend par moments une voix dure, amère et haute, comme serait celle du puissant seigneur dont il est le secrétaire.

L'article est plein de mépris pour la France et l'Occident, de pitié pour Rome, d'une méprisante pitié. « Rome, qui fut la racine de l'Occident, était encore sa dernière force. Elle succombe. La question romaine est démontrée insoluble, Rome était inconciliable avec Rome, le pape et l'État romain ne pouvant plus se reconnaître l'un l'autre. Le pape est puni de Dieu *pour avoir dévié de l'unité catholique*, pour avoir absorbé le centre chrétien dans *l'égoïsme papal* et romain. »

Mais si c'est là une fin, voici un commencement. Nous aurions tort d'être effrayés. Le monde ne mourra pas encore. Elle existe, cette unité catholique qui peut tout sauver; elle est dans l'Église grecque. Celle-ci attend que la dépositaire des destinées chrétiennes de l'Occident, Rome malade et vieillie lui *restitue ce dépôt sacré.*

Il n'est pas difficile de tirer la conclusion. Rome, condamnée *par son égoïsme*, va réunir la papauté latine à celle du pape de Moscou, apparemment moins égoïste. Et comme ce pape militaire unit les deux glaives, temporel et spirituel, comme il peut lancer, pour apôtres, huit cent mille Russes et Cosaques, l'ordre sera bientôt rétabli dans le monde social et dans celui de la conscience.

Huit cent mille! c'est beaucoup sans doute. Mais, quand on n'exagérerait point, cela ne dispense pas d'obéir à la logique.

Contre qui cette croisade? contre l'*individualisme démocratique*, dit-on. Mais qu'est-ce, le tzar lui-même et le gouvernement russe? c'est l'*individualisme.*

Et il y a cette différence, c'est que, si le *moi républicain* c'est un moi inquiet, remuant, plein d'agitation, cette inquiétude est féconde, cette agitation produit. Elle suscite incessamment la scintillation de la vie. La démocratie d'Athènes, la démocratie de Florence, furent la gloire du genre humain.

Le tzarisme aussi est un *moi individuel;* mais que produit-il? Qui ne voit que la Russie est par lui éteinte, inféconde, comme morte? Son repos n'est pas un repos : c'est le rêve d'un homme enterré vivant. Ah! pour parler du bonheur seul, et sans rien dire de la gloire, combien lui vaudrait mieux toute l'agitation de la liberté!

Prodigieuse entreprise! Vous ne pouvez pas seulement organiser chez vous le monde de l'ordre civil, le monde inférieur! Et vous prétendez au monde supérieur de la religion! Ennemis de la Loi, vous voulez monter plus haut que la Loi, vous attentez au monde de la Grâce!... Impuissants aux œuvres de l'homme, alors vous vous dites Dieu.

Vous vous donnez pour Église! Mais vous ne savez pas seulement ce que c'est qu'une Église.

Oh! une Église de Dieu, qui me donnerait de la voir! Le Moyen-âge en eut l'image infidèle, et le monde moderne y va lentement. Tout au moins la grande et prochaine Révolution qui arrive nous permettra certainement d'en poser la première pierre, qui est la Justice.

Une Église, *c'est un esprit*, — un esprit d'amour fraternel.

Une Église, *c'est une communion* dans cet esprit — une communion vraie et profonde, dans une parfaite intelligence.

Une Église, *c'est une civilisation* qui rayonne de cette intelligence et de cet amour.

Pas un seul de ces trois traits d'une véritable Église ne peut s'appliquer à vous. *Où est l'esprit?* Vide et nul. *Et la communion d'esprit?* Fausse; vous défendez d'instruire le peuple. *Et la civilisation?*... On ne peut trouver sur le globe aucune stérilité pareille à celle de l'Église grecque, dans cette période de mille ans.

Mais ce qui vous interdit plus fortement ce nom d'Église, c'est l'effusion du sang, la dépense terrible, insensée, que vous faites de la vie humaine. Le fer, le feu, le bâton n'y ont pas suffi; vous y employez les climats, les éléments, les puissances meurtrières de la nature.

Comment toucher à l'autel avec des mains pleines de sang!

L'empereur a été à Rome en 1846 ; il a été bien reçu du pape ; il a été à Saint-Pierre, il a fait sa prière au tombeau des saints.

Qu'eût fait saint Ambroise? n'eût-il pas été debout, à la porte, pour arrêter l'empereur? N'aurait-il pas dit : « Avant d'entrer dans le temple, daigne Votre Majesté nous montrer ses mains. »

« On se souvient dit l'auteur russe que je citais tout à l'heure, on se souvient de l'émotion qui accueillit à Saint-Pierre l'apparition de *l'empereur orthodoxe revenu à Rome après plusieurs siècles d'absence. Émotion légitime! L'empereur prosterné n'était pas seul* », etc.

Non, certes, il n'était pas seul. Et il y avait autour de lui une bien grande compagnie. Il y avait les martyrs de Russie à droite, et ceux de Pologne à gauche. Les âmes de quelques cent mille hommes, ce jour-là, remplissaient l'église ; tant de milliers qui moururent de misère en Sibérie, tant de milliers battus à mort, un peuple d'ombres infortunées, d'enfants surtout, polonais, juifs, si cruellement enlevés à leurs mères, qui ont eu la Mort pour mère et nourrice, et dont on trouve les jeunes os sur toutes les routes... Ah! ceux-là étaient tous aussi, ce jour, à Saint-Pierre, et leurs voix montaient jusqu'à Dieu!

Le pape n'a pas vu, n'a pas entendu ces âmes. Et dès lors il est jugé.

Il s'est tu. La France ne se taira pas. Elle parlera

à sa place. Gardienne de la Nouvelle Église, elle arrêtera à l'entrée cet infernal Messie, qui arrive au nom de Dieu.

Meurtrier de l'œuvre de Dieu, de sa création vivante, que venez-vous faire ici?

Un monde commence, un monde d'humanité et de justice.

La France se tient au seuil, et vous n'irez pas plus loin. Elle dit pontificalement: « Vous n'entrerez pas. »

PRINCIPAUTÉS DANUBIENNES

MADAME ROSETTI

(1848)

A LIBY (LIBERTATE)

NÉE LE 18 JUIN 1848, LE JOUR OÙ ÉCLATA
LA RÉVOLUTION VALAQUE

Ton innocence, chère enfant, garda ta mère dans les plus grands dangers, quand elle-même sauva les forts et les vaillants, les sauveurs de ton peuple. Ta vue désarma les barbares. Sans toi, les libérateurs de la Roumanie étaient perdus, ensevelis aux déserts de la mort, aux glaces russes, d'où l'on ne revient pas.

Puisse ta jeune patrie, née d'hier comme toi, innocente comme toi, la dernière née des nations *et l'orpheline, l'enfant trouvée* (ainsi l'appelle un de ses fils); puisse la Roumanie, à travers tant d'orages, aborder avec toi au bon port de la Providence !

I

LE DANUBE

Il y a déjà longtemps que ce vieux roi des fleuves de l'Europe, roi captif, roi barbare, aux tragiques aventures, s'est posé devant moi comme un sombre problème, qui peut-être est celui du monde.

La première fois que nous nous rencontrâmes, j'eus une triste intuition de lui et de sa destinée.

Je descendais les hauteurs de la forêt Noire et j'entrais dans la Souabe. « Voulez-vous voir, me dit-on, la source du Danube? » On me mène au petit jardin d'un ex-prince allemand. On me montre un petit bassin, misérable baquet de pierre. « Regardez au fond... le voilà. »

J'avais beau regarder. A peine un faible mouvement indiquait le point d'où commence à sourdre cette grande puissance, ce géant des fleuves qui, par sept cents lieues de cours, va porter une mer d'eau douce au sein de la mer Noire.

« Triste origine! me dis-je. Pauvre fleuve! sujet à

ta source d'une principauté sans sujets, tu t'en vas de captivité en captivité, d'obstacle en obstacle, de tyran en tyran. Durement barré sur ta route et forcé de monter au nord, tordu vers le midi à Bude, tordu vers l'ouest à Belgrade, tu mords ta rive de Servie, et tu n'en es pas moins brisé, rebrisé aux Portes de Fer. Affranchi du pont de Trajan, que te sert qu'il soit détruit ? tu vas finir honteusement aux douanes du Cosaque. Là, tu expires, et tes maîtres ont stipulé, chose impie ! qu'à tes fertiles embouchures, plus fécondes que le Nil, le pays *serait à jamais désert!*

« Tes trois peuples sont trois prisonniers. On leur a fermé les deux portes par où ce grand monde intérieur pouvait respirer, l'Adriatique et la mer Noire.

« Ils te disent barbare, sauvage. Ce sont eux qui t'ont fait tel. Rien d'inhumain dans ton génie. Un caractère de mansuétude résignée, virile, frappe dans les images des captifs danubiens qu'on voit au Musée du Louvre. Et les bustes gigantesques des hommes de Dacie que conserve le Vatican, majestueusement chevelus comme les monts des Karpathes, ont la douceur du noble cerf qui erre aux grandes forêts. Ton génie est bien plus encore dans les graves mélodies qui se mêlent au bruit de tes flots et suivent ton cours. L'âpre douceur des chants du pasteur serbe, le, rythme monotone du batelier, le refrain du Roumain et du raïa bulgare, tout se fond dans une vaste plainte, qui est comme ton soupir, ô fleuve de la captivité !

« Qui a souffert, si ce n'est toi ? qui a porté le grand combat du monde, le choc alternatif du nord et du midi, guerres de races, guerres de nations et guerres de religions ? Que de carnages et de supplices ! »

Mais l'éternel supplice, c'est la fluctuation et l'incertitude du sort, c'est la misère et l'avanie. Quand le patient raïa a desséché, fertilisé, on vient lui prendre sa terre ; il recommence à côté. On a vu en une fois trente mille familles bulgares émigrer de la rive turque et passer en Valachie, de la misère à la misère. Ils fuyaient l'avanie fantasque ; mais qu'est la Valachie? l'avanie permanente.

Par une dérision singulière des lois que nous croyons imposer à l'histoire, le temps, qui améliore, dit-on, partout, ici a toujours empiré. Avant-garde jadis du grand empire romain et bien-aimée colonie de Trajan, puis petit royaume barbare, belliqueux, héroïque, et l'une des barrières de l'Europe, la Roumanie désarme et perd son institution militaire quand l'Europe a formé la sienne. Elle en est au seizième siècle à disputer la liberté civile ; le servage y commence quand l'Occident ne connaît plus de serfs. Une constitution libérale lui vient, pour comble de misère, la liberté, pour payer double impôt. Dernier bienfait qui extermine, l'amitié de la Russie.

II

LA ROUMANIE

Peuples de l'Occident qui, depuis si longtemps, loin de la barbarie, cultivez les arts de la paix, gardez toujours un reconnaissant souvenir pour les nations orientales qui, placées aux frontières de l'Europe, vous ont couverts et préservés du déluge tartare, des armées des Turcs et des Russes; n'oubliez pas tout ce que vous devez à la Hongrie, à la Pologne, à l'infortunée Roumanie.

Ces peuples ont souvent arrêté les Barbares, souvent les ont lassés. Même vaincus, ils vous servaient encore, usant la rage des ennemis de Dieu à force de souffrir.

Comment appellerai-je la Roumanie, les Valaques et Moldaves? la *nation sacrifiée*. La Hongrie, la Pologne, ont eu du moins la gloire de leurs souffrances, leur nom a retenti par toute la terre. Les peuples du bas Danube ont à peine obtenu l'intérêt de l'Europe.

Huit millions d'hommes de même langue, de

même race, une des grandes nations du monde, passaient inaperçus! Pourquoi? C'est le fond même de leur misère; battus d'une mer orageuse de cent peuples divers, changeant toujours de maîtres, ils lassaient l'attention, ils troublaient le regard de leur apparente mobilité. Le vertige venait à considérer leur histoire, comme le voyageur qui, assis au bord du Danube, contemplant son cours orageux, voudrait fixer des yeux, saisir, compter la vague qui toujours va montant sur la vague, puis las, découragé, détournerait les yeux, plaignant son travail inutile.

Le flot varie sans cesse, le fond ne varie pas. La Roumanie, de Trajan jusqu'à nous, se reste fidèle à elle-même, fixe en son génie primitif. Peuple né pour souffrir, la nature l'a doué de deux choses qui font durer : la patience, l'élasticité, qui font que, toujours courbée, toujours elle se relève. Ne la comparez pas aux monuments romains, aux voies éternelles qui sillonnent son territoire. C'est plutôt la résistance, la forte et souple résistance des digues de fascines où l'Océan se brise; il aurait emporté des digues de granit.

Le fond de cette résistance n'est point la sombre acceptation du mal, le triste fanatisme de l'autre rive du Danube, cette mort du cœur qui a stérilisé le monde musulman : non, c'est un principe vivant, l'amour obstiné du passé, le tendre attachement à cette infortunée patrie, qu'on aime plus, plus elle est malheureuse. Le Roumain ne la quitte jamais que pour y revenir. Il garde, invariable, tout ce qui lui vient de ses pères, l'habit, les mœurs, la langue, et son grand nom surtout : *Romains!* Noblesse bien prouvée. Leur langue est toute latine [1]. Le laborieux génie des patientes légions qui ont couvert le monde de leurs travaux revit dans cette grande colonie de l'Empire. Le colon italien a épousé la fille et la sœur du Danube; mais c'est le premier élément qui domine dans ce mélange. Si le Valaque n'a pas l'élan, la *furia* hongroise, il a la fixité, l'opiniâtreté des légions antiques. C'est un proverbe roumain (digne de Rome) : « Donnez, jusqu'à la mort! — *Dâ, pe moarte.* »

Les souffrances inouïes de ce peuple, les durs et brusques changements surtout qui ont troublé sa destinée, n'ont guère permis à sa poésie de prendre l'essor. Pour art, il a eu ses soupirs, des mélodies touchantes et d'un charme mélancolique. Comme tout peuple d'origine italienne, il est sensible à la couleur. Les églises, surtout chez les Valaques transylvains, sont toutes peintes de la main des peintres paysans. Leurs lits sont peints; leurs selles et le joug de leurs buffles le sont également. Le coffre que la femme apporte au mariage, l'élégante tunique qu'elle brode elle-même, offrent dans leurs ornements peints la plus frappante ressemblance avec les plus anciennes mosaïques romaines.

Leurs danses sont romaines aussi, et leurs jeux ceux de l'Antiquité. C'est un peuple élégant, d'élocution facile, et qui parle à merveille. Nulle différence

---

1. Ce sont visiblement les frères de l'Italie et de la France. Une conformité qui étonne, c'est que plusieurs des mois valaques ont des noms analogues à ceux de notre calendrier républicain. Mai s'appelle, chez eux, *floréal;* octobre *brumarchi* ou le petit brumaire; novembre, *brumaru* ou le grand brumaire.

d'idiome du paysan au lettré ; à vrai dire, c'est comme en Italie, il n'y a pas de peuple, ou, si l'on veut qu'il y en ait, l'élégance et la distinction se trouvent surtout dans les campagnes. Un de mes amis, né Français, Hongrois de cœur, nullement suspect de partialité pour les Valaques, trouvait chez eux (dans la Transylvanie) je ne sais quoi des bergers de Virgile.

Leurs mœurs sont très faciles et trop peut-être. Cela est vrai, du moins, des villes, spécialement des capitales, mélange d'étrangers corrompus. Il n'y a pas de meilleur peuple, à cela près, ni plus aimable, ne se plaignant jamais, remerciant toujours, quoi qu'on fasse pour eux. La douceur, la tendresse du cœur valaque, se révèlent en leur langue, pleine de diminutifs gracieux, caressants. Elles sont plus sensibles encore dans leurs actes et leur vie habituelle. Il se commet infiniment peu de crimes en Roumanie, et la peine de mort a pu y être abolie depuis longtemps. Jamais, tant qu'elle fut appliquée, on ne pouvait trouver de bourreau dans le peuple ; on appelait des étrangers.

Leur aimable hospitalité accueille, cherche, prévient l'inconnu. Dans plusieurs des contrées valaques, ils ont la touchante coutume de déposer au bord des routes des vases remplis d'eau pour le voyageur qui pourrait passer. Entrez dans cette cabane. Une belle femme qui filait vient au-devant de vous, elle vous salue gracieusement dans son charmant langage antique. Elle quitte tout, s'empresse, vous reçoit comme aurait fait une fille, une sœur au frère bien-aimé de retour. Elle court à la fontaine, et, selon les anciens usages, vous offre *apa n'incoputa*, l'eau pure à laquelle nulle main n'a touché. Vos mains lavées, elle jette dessus cette toile brillante de paillettes d'or qu'elle fit pour son mariage, pour en parer le cou de celui qu'elle aimait. Elle offre tout ce qu'elle a, sa meilleure crème, ses fruits réservés pour un fils absent ; l'étranger est bien plus : c'est l'envoyé de Dieu. .

« Ah ! si mon mari était là, il vous mettrait dans votre route ; il serait votre guide. Il est bien loin dans la montagne. — Pourquoi si loin ? — Hélas ! je ne l'aurais pas dit... Le propriétaire est bien dur ; nous ne pouvons payer, si nous ne menons nos bestiaux paître au loin, parmi les rochers, dans les terrains sans maîtres... Et, par-dessus, le Cosaque est venu, il a volé nos foins ; la pauvre vache, l'hiver, vivait d'écorce d'arbres... Ils ont tué nos bœufs ; pour labourer, il a fallu nous atteler nous-mêmes. »

Trop douloureuse histoire, tant de fois renouvelée ! fatalité pesante !... Le maître a pu changer, mais la misère jamais. Jadis d'innombrables troupeaux, des millions de moutons, de bœufs, passaient en tribut le Danube. Ils restent aujourd'hui dans le pays, mais pour le maître seul. Qu'y a gagné le paysan ? L'ordre est entré dans l'administration, le fisc a mieux compté... mieux pressuré le laboureur. Un affreux proverbe valaque était celui-ci : pour le cultivateur qui n'a pu payer, le fisc mettait au registre : « *Nous l'avons passé au piment.* » Le malheureux, mis dans la cheminée au-dessus d'un réchaud allumé et couvert de piment, y restait vingt minutes. Devenu violet, hérissé, presque mort, on le tirait de là, on le prononçait insolvable, ou, pour dire comme le percepteur : *Secoué, tondu ras et tordu à sec.*

Telle est l'effroyable barbarie avec laquelle on a si longtemps traité le peuple le plus patient et le plus doux du monde.

Hommes de toute nation, de toute opinion, lisez la belle et noble proclamation de la révolution de Valachie en 1848 ; voyez la modération incroyable, la clémence dont elle fit preuve, les ménagements qu'elle garda pour tous ; vos yeux, nous en sommes sûrs, n'iront pas jusqu'au bout sans s'obscurcir de larmes.

Et cette révolution si douce fut fortement fondée. Elle est au cœur du peuple maintenant et n'en sortira plus. Elle a sa racine en ceci que, non seulement la liberté lui fut donnée, mais la propriété : *la terre au paysan,* une pièce de terre suffisante pour sa famille. Dans une contrée, inculte encore en grande partie, on peut donner à tous sans ôter à personne.

Ces immenses prairies désertes qui surprennent le voyageur de leur incroyable richesse, de la variété d'un prodigieux tapis de fleurs, sont le seul pays en Europe qui rappelle la grandeur des sites américains. Des migrations nombreuses pourraient s'y faire, sans passer l'Océan ; des peuples viendraient s'y asseoir, et il y aurait place encore. L'homme seul, la barbarie des guerres, le cruel calcul des tyrans, ont pu y créer le désert, y rendre inutile, sans la décourager pourtant, la maternelle bonté de la nature.

III

LA RÉVOLUTION VALAQUE EN 1848

C'était le 18 juin 1848. Mme Rosetti était dans les douleurs d'un premier enfantement. Son mari, au pied de son lit, attendait, plein d'anxiété, d'impatience ; il regardait sa montre. Sa femme savait pourquoi : à six heures devait se faire le premier pas de la révolution.

Rosetti devait accompagner deux amis qui partaient pour soulever le pays. La patrie l'appelait. Il était retenu par les cris de sa femme. Non moins inquiète du retard, elle voulait puissamment qu'il fût libre. Il le fut. L'enfant était né ! « Dieu merci !... Embrasse-le, et pars ! » telles furent ses premières paroles ; elle sourit de bonheur, quoique le premier baiser qu'elle reçut comme mère fût un baiser d'adieu.

Fixée au lit, dans ce moment de trouble, immobile et ne pouvant rien, elle souffrait beaucoup et se taisait. Elle n'était pas seule, et ne pouvait pas même suivre son mari en esprit. Sa chambre était ouverte, les visites arrivaient ; de compatissantes amies venaient curieusement, regardaient, observaient. Cette chambre, cet appartement, c'était, on ne l'ignorait pas, le vrai foyer du mouvement, c'était la France à Bucharest, et la France de Février. Les actes de Paris, ses brûlantes paroles, avaient eu leur écho dans le salon de Rosetti. Cette naissance même et ce berceau effrayaient comme augure : l'enfant, cette Liby qui semblait innocente, fallait-il s'y fier ? N'était-ce pas la révolution ?

La tyrannie avait un œil ouvert sur Mme Rosetti, un espion dans sa chambre, qui ne la quittait pas. Dans ces moments d'un premier accouchement, où la jeune femme aurait besoin des soins et des bras maternels, une étrangère la soignait, mais pour la dénoncer. Pas un mouvement, pas un soupir, qui ne fût noté : une femme s'échappait par moments et courait dire à la princesse ce qu'elle avait vu ou soupçonné.

La révolution éclata à Bucharest le 23 juin, la veille même du jour où celle de Paris périt étouffée dans le sang, périt, et non pas seule ! Les libertés renaissantes de toutes les nations de l'Europe en reçurent l'affreux contre-coup !

Le 22 avait été un jour brûlant, d'excessive chaleur. La nuit, l'accouchée, dans son lit, entendait d'étranges bruits, des clameurs et des sifflements, des décharges lointaines, sans savoir si c'était l'orage ou la révolution. Tout à coup les fenêtres s'ouvrent à grand bruit ; les vitres se brisent, les rideaux volent. La mère, saisie, serre son enfant. Une trombe avait rasé la ville, le grand souffle de Dieu! les âmes des ancêtres? ou celle de la patrie nouvelle? La Roumanie naissait dans les tempêtes.

Un matin, une dame, une amie véritable, trop instruite de la vérité, entre et dit : « Rosetti devrait bien se cacher. » Un bruit d'armes, d'éperons, se fait bientôt entendre. Un ami entre, pâle : « Rosetti est arrêté ! » A ce coup, elle ne fit paraître aucune émotion ; elle serra, croisa ses deux mains sous sa couverture. On lui apporte à boire ; elle boit lentement. Ceux qui l'observaient n'aperçurent nul trouble, nul signe de crainte.

Elle se contint ainsi tant qu'elle eut des témoins suspects. Le soir, deux serviteurs entrèrent, vieilles gens attachés dès longtemps à la maison des Rossetti : un Albanais, une vieille nourrice. Ils regardèrent, avec des yeux pleins de larmes, le portrait de la mère de Rosetti, morte naguère; l'accouchée avait mis ce portrait au pied de son lit, pour la voir pendant ses douleurs et s'encourager de cette vue. — « Ah! que Dieu a bien fait, disaient-ils, de prendre avec lui notre bonne dame, avant qu'elle ait vu de telles choses! » A ces paroles touchantes, Mme Rosetti ne put plus résister... son cœur s'ouvrit ; des larmes abondantes lui vinrent, la soulagèrent, après ce grand effort.

La révolution eut lieu, on le sait, par le bon cœur du peuple, qui ne put laisser dans les fers ceux qui s'étaient risqués pour lui. Il força les prisons. Voilà Rosetti libre ; il revenait chez lui ; rassurer, consoler sa femme. Un homme tout défait l'arrête dans la rue ; c'est le gendre du prince : « Sauvez le prince, dit-il, le peuple menace sa vie. »

Rosetti, au fond du palais, le trouve pâle et tremblant, prêt à faire, à dire, à signer tout ce qu'on lui présente. Il signe, et de grand cœur, l'acte des libertés du peuple. Il prend pour ses ministres les hommes de la révolution.

Mais la peur succède à la peur. Le consul de Russie lui montre les armées du tzar qui vont fondre sur lui. Il veut fuir, il abdique. « Les portes sont ouvertes, dit Rosetti, c'est moi qui vous sauverai. » Le jour même, en effet, à travers un peuple frémissant, Rosetti l'emmenait en voiture. Le soir encore, il fit partir le ministre détesté du prince, plus haï que son maître. Mais, cette fois, le peuple était furieux; on ne pouvait le payer de paroles : « Qui l'a sauvé ? Qui l'a sauvé ? » C'était le cri général qui courait partout : « Trahison ! » Rosetti paraît au balcon et dit froidement : « Qui l'a sauvé ?... C'est moi! » Il y eut un moment de silence. Puis, un tonnerre d'applaudissements s'éleva de la place ; le peuple fut reconnaissant de trouver en son chef sa pensée véritable, sa meilleure volonté, obscurcie un moment par la vengeance et la fureur.

Il avait bien gagné cette fois de revoir sa famille, l'enfant, la jeune mère, cette femme courageuse, adorée. Il traversa les rues, pleines d'une population attendrie, sous une pluie de bénédictions et de fleurs. Les fleurs sont rares à Bucharest. Chacun n'en a que ce qu'il cultive à sa fenêtre. Une femme, transportée, réunit son jardin en une seule couronne aux trois couleurs françaises et l'offrit à Rosetti. « Tiens, dit-il en la déposant sur le lit de sa femme ; toi aussi tu l'as méritée. »

IV

LA TRAHISON

La voilà née, cette révolution brillante et pure ! Mais combien en péril ! L'ennemi de toutes parts... Les Turcs, les Russes, les Autrichiens, ne vont-ils pas s'abattre sur ce pays infortuné, sans défense naturelle, sans forteresse, tant de fois ouvert à l'ennemi !... Où est la France ? Ah ! la France est bien loin... Elle-même se cherche, après les jours affreux de Juin, et elle ne peut plus se trouver.

Pendant que la révolution valaque regarde d'où viendra l'ennemi, elle l'a en elle-même. Une réaction militaire se fait dans Bucharest, sur le faux bruit de l'arrivée des Russes. Le gouvernement, entre ces deux périls, se retire aux montagnes, seules forteresses où l'on puisse tenir. Heureusement le peuple ne l'entend pas ainsi. Perdre en un jour toutes ses espérances, ses lois nouvelles et les hommes qu'il aime !... Sans chef, il prend les armes ; d'un rapide effort il renverse la réaction russe et les amis de l'étranger. C'était le 12 juillet ; Mme Rosetti, qui n'avait pu suivre son mari, qui écoutait, dans une extrême anxiété, les bruits terribles qui remplissaient la ville, entend avec transport les cris vainqueurs du peuple. Elle fait venir une voiture, ne marchant pas encore ; elle prend Liby dans ses bras et se lance dans cet océan d'hommes armés. Une foule compacte ne permettait pas d'arriver au palais. Un des plus jeunes chefs, Bratiano le jeune, haranguait au balcon. La voiture est saluée, entourée, assiégée, presque écrasée, Mme Rosetti se fait donner des ciseaux, et découpe, pour toute la foule, la précieuse écharpe bleue, or et rouge, que son mari porta aux premiers jours de la révolution, qu'elle avait serrée jusque-là et réservée pour ses enfants.

Moment sublime d'héroïque fraternité, d'une joie grave et non sans ombre !... On voyait l'avenir. L'ennemi arrivait tout à l'heure. Cette femme qui apportait son enfant, elle-même, à la patrie, elle eût voulu donner des armes, et elle n'avait qu'un drapeau à donner, un drapeau coupé entre tous ; elle en distribuait les fragments, comme on jette des fleurs aux martyrs. . . . .
. . . .

Un spectacle inouï s'offrait aux regards. Ce n'était pas seulement Bucharest et la ville, mais les campagnes tout entières avaient avidement saisi la délivrance. La liberté y fut non seulement adoptée, mais comprise. Les adresses innombrables, les discours, les observations que les paysans transmirent au gouvernement, et que peut-être on publiera un jour, témoignent de la vive intelligence de ce peuple longtemps dédaigné, de sa naïve sagesse. Un fonds admirable de vie subsistait sous l'oppression, cachée par l'excès des misères. Tout cela s'éveille un matin. Le pays tout entier se met en mouvement. Des lieux les plus sauvages apparaissent des foules. On eût dit que les pierres, tout à coup debout, animées, s'étaient changées en hommes. Un déluge vivant descendait au midi vers Bucharest et le Danube.

La Russie, très bien informée, ne jugea point à propos de hasarder ses troupes. Un peuple en ces moments, fût-il sans armes, est une force énorme, une puissance illimitée, comme celle de la nature ; toute armée se briserait contre. On employa la trahison.

Et d'abord, on cacha la main de la Russie. Nulle part l'uniforme détesté n'apparut. Les Cosaques, la lance en arrêt, restèrent à la frontière. On fit entrer les Turcs. L'armée turque vint, mais en amie ; elle avança, négociant, demandant qu'on effaçât telle chose de la constitution, qu'on ajoutât telle autre. Dans cette armée, près de ses chefs, et pour les surveiller, se trouvait le vrai chef qui menait tout, le général russe Duhamel, le tyran naguère de la Valachie.

La plaine de Bucharest offrait un spectacle extraordinaire. D'un côté, l'armée turque, suspendue sur la ville comme un nuage sombre, qui ne laisse pas voir ce qui est dans ses flancs. Est-ce la grêle, ou la pluie fécondante ? D'autre part, cent cinquante mille Valaques couvraient la plaine, grand peuple, qui venait, plein de confiance, s'entendre avec ses magistrats et baiser les pieds de la Liberté. Sa statue colossale ornait la grande place. Ils voyaient les Turcs de bon œil, comme amis, comme défenseurs. Ces amis, en effet, veulent voir de plus près les chefs du peuple, Rosetti et les autres, aviser avec eux sur ce qui est à faire : on les prie de venir au camp. Ils y vont, et la réception fraternelle qu'ils y trouvent, c'est de se voir enveloppés d'un triple rang de baïonnettes. Le Russe, assis près du pacha, leur indiquait assez qu'ils étaient tombés dans la toile de l'horrible araignée du Nord.

A ce moment, Mme Rosetti, sa Liby dans les bras, avec les dames de la ville, était au milieu de la plaine ; elle distribuait du pain aux paysans. Ce peuple immense, qui campait là, souffrait beaucoup et du défaut de vivres et du froid des nuits, bivouaquant sous le ciel dans cette saison déjà froide aux plaines du Danube (25 septembre). N'importe, ils restaient là, avec une patience admirable. Leur instinct leur disait qu'ils devaient, à tout prix, veiller, défendre peut-être leurs libertés naissantes.

Un violent tumulte s'élève, la foule tourbillonne, plusieurs arrachent leurs bonnets, leurs cheveux. Trahison ! Ils voyaient au loin de toutes parts les escadrons des Turcs qui marchaient sur la ville, pour entrer par toutes ses portes. Elle aussi, elle veut rentrer, donner l'alarme ; un cavalier turc l'en empêche, arrête ses chevaux ; elle montre Liby ; le Turc lâche les rênes. Elle rentre, elle crie, elle appelle ses femmes ; déposant son enfant chez elle à la garde de Dieu, elle veut courir seule au Palais du gouvernement. Les Turcs étaient déjà partout ; des scènes hideuses de pillage se voyaient à chaque maison. Un ami la rencontre, l'arrête : « Où courez-vous ? Les membres du gouvernement qui restaient ont eux-mêmes empêché le peuple de combattre.... » Malgré cette défense, le corps des pompiers de Bucharest refusa de se rendre ; une heure entière, cent cinquante hommes tinrent contre douze mille ; ils tuèrent une foule de Turcs, et, périssant eux-mêmes, sanctifièrent leur jeune drapeau de leur sang.

La position de ces misérables pillards n'était nullement sûre dans Bucharest. Il y avait toujours là, à la porte, un grand peuple indigné et sombre, qui ne s'en allait pas. Le lendemain de l'invasion, un homme colossal entre chez Mme Rosetti, malgré ses domestiques. Ce géant, les bras nus, ceint de l'écharpe des Valaques, s'était signalé dans le combat. « Madame, lui disait-il, laissez-nous faire ; nous avons enterré des armes et des drapeaux ; nous sommes deux mille hommes bien résolus ; nous tomberons sur le camp ; nous les délivrerons. » Mais elle recevait en même temps, par le consul anglais, la parole du commandant turc, qui affirmait que, sous trois jours, ils seraient délivrés.

Au troisième, on ne peut les délivrer encore. Mais demain, à midi, ils partiront pour la frontière hongroise avec des passeports et une escorte pour qu'ils n'aient rien à craindre des surprises des Russes. Le matin, bien avant midi, elle retourne au camp... Plus de camp, plus de tentes ; tout a disparu par enchantement ; la place est vide et la plaine déserte. Une sentinelle turque était là seule, et sans rien dire, de la pointe de sa baïonnette derrière l'épaule, montra le chemin de Turquie, le midi et non l'est. Ce fut un trait de lumière ; elle comprit, malgré tous ses amis, malgré les assurances renouvelées du consul anglais, qu'on ne les menait pas à la frontière hongroise, mais bien vers le Danube, que la Russie défendait aux Turcs de tenir leur parole, et les constituait geôliers de ses ennemis.

Tout le jour, elle achève à la hâte la vente de ce qu'elle a de précieux, reçoit des dons, des pleurs de ses amies. Elle quitte, pour toujours, cette maison aimée, ce cher foyer de la famille, qui fut celui des libertés d'un peuple. Elle s'en va, le soir, n'emportant rien que ses habits, un manteau pour couvrir son enfant ; de longtemps elle ne devait, dans la poursuite de ses chers prisonniers, habiter sous un toit. Liby, si jeune, pour maison, pour berceau, n'eut que le manteau de sa mère.

V

MADAME ROSETTI POURSUIT ET REJOINT LES PRISONNIERS

Un seul homme l'accompagnait, et c'était un danger de plus. Elle emmenait, déguisé, avec elle, un proscrit qu'on cherchait partout, celui en qui on redoutait l'esprit le plus rare chez ces races, la fixe volonté; celui qui, dans sa tête sombre, sous sa forêt de cheveux noirs, couve, toujours silencieux, la résolution immuable, l'inextinguible flamme, témoin vivant des origines romaines de ce peuple.
— C'était l'aîné des Bratiano.

Il la quitte bientôt, sentant combien sa tête, si connue et si cruellement poursuivie, aurait aggravé son péril.

Donc seule, la nuit entière, sous une violente pluie, elle alla, navigua à travers les steppes inondés et sans route. Les cataractes du ciel s'étaient ouvertes; le sauvage Danube, soulevé en nuées, retombait en torrents. La nature semblait faire la guerre à cette pauvre femme errante, à l'enfant innocent. — En réalité, elle les servait. — Cette pluie protégeait le voyage; on ne rencontrait personne; on n'eût pas soupçonné l'invasion de deux armées barbares ; les plus barbares, les Russes, étaient entrés !

L'émotion, le froid, la fatigue, avaient tari son sein. Liby criait; ses cris navraient sa mère. On change de chevaux à une misérable cabane; une paysanne en sort : « Eh! madame, donnez-moi l'enfant, il prendra de mon lait. » Douce consolation! de trouver au désert, dans cette nuit glacée où le ciel semblait impitoyable, l'aimable hospitalité, la chaleur du cœur maternel !

Au matin, elle voit enfin le fleuve immense, et au delà la rive, une petite ville turque. Son cœur ne l'avait pas trompée. Un bateau de guerre était à l'ancre, au milieu du Danube, et contenait les prisonniers[1]. Un homme était sur le rivage; elle s'adresse à lui; c'était, par grand bonheur, le médecin du chef turc de la ville. Par lui, elle demande à partager la captivité de son mari. Demande refusée heureusement : enfermée avec eux, elle n'aurait guère pu les servir. Elle les verra seulement. Une barque était là, avec sept Turcs, qui pouvaient mener au bateau. Trompée par les Turcs tant de fois, elle avait sujet d'hésiter. N'était-ce pas un leurre, une cruelle dérision ? Ces Turcs, barbares et corrompus,

---

1. Ce bateau, arche sainte du naufrage d'un peuple, contenait son gouvernement, sa littérature (en partie), son âme et sa pensée, espérons-le, son avenir !.... des politiques, des historiens, des professeurs, des magistrats, des poètes, des économistes, etc. : Aristra, Balcesco, Boliac, Balitiniano, Jean Bratiano, trois Golesco, Gradistiano, Jonesco, Ipatesco, Inagovono, Rosetti, Voinesco, Zane.

respecteraient-ils la jeune femme qui venait seule à eux ? Loin du rivage et de l'autorité, ne se feraient-pas un jeu du plus cruel des attentats ? Elle ne s'arrêta à nulle de ses idées ; elle mit Liby sur sa poitrine ; armée d'elle et cuirassée d'elle, forte de son enfant, elle se mit hardiment dans la barque, et elle n'y trouva que respect.

Elle est enfin sur le ponton, elle voit ses amis ; elle met son enfant dans les bras de son père ; elle donne à tous les proscrits des nouvelles des leurs, une ligne à chacun, des messages d'affection. Rien n'était plus misérable que leur situation : nourris de quelques oignons secs et de biscuits de mer, couchant sur les boulets, mal abrités de l'air, presque sans vêtements (ils étaient tels que la trahison les avait trouvés au camp des Turcs); plusieurs ont gardé des douleurs, des maux de poitrine, dont rien n'a pu jusqu'ici les guérir[1].

On les menait vers Orsova, première ville de l'empire d'Autriche, où les Turcs assuraient qu'ils seraient délivrés. Mme Rosetti les devance. Elle les y attend. Mais quelle longue attente ! Cette traversée de trente-six heures, ils la firent en trois semaines. Remorqués contre le courant par des hommes à pied, ils avançaient à peine. Parfois

[1]. L'un d'eux et des plus regrettables, M. Blacesco, n'a plus fait que languir. Nous l'avons perdu. C'était un érudit de premier ordre, et pourtant un esprit pratique, très net, très lumineux. Il eût été le grand historien de son pays, et sans nul doute un de ses chefs les plus sages. Je ne connais rien de meilleur jusqu'ici sur ce sujet, rien de plus instructif, que sa brochure intitulée : *Question économique des principautés danubiennes*. Ce petit livre fut écrit en 1850, et dans l'hypothèse où le pays ne pourrait s'affranchir qu'avec l'aide de la Porte. La question est montrée de profil, mais avec une rare netteté.

on s'arrêtait tout un jour au milieu du fleuve. Ce retard étonnant ne s'explique que par une chose.
— La Porte négociait à Pétersbourg; peut-être alléguait-elle la parole donnée ; on attendait des ordres, ce que déciderait la clémence connue de la Russie.

Dans ce retard si long, Mme Rosetti se consumait d'impatience, formant mille vains projets, les yeux attachés tristement sur ce grand fleuve indifférent, qui roulait et roulait toujours sans lui rien apporter de ce qu'elle brûlait de savoir. Elle eut pourtant une consolation : un ami dévoué vint la rejoindre, un Hongrois, mais Roumain de cœur, un héros d'amitié. Rosenthal, artiste distingué, avait improvisé à Bucharest la Liberté qu'adora tout un peuple. Fugitive dans son plus touchant symbole, dans Liby et sa mère, la Liberté trouva en Rosenthal un compagnon fidèle.

Puisse ce souvenir fonder l'alliance nouvelle entre les deux grands peuples qui pour un moment se sont méconnus! Ce cher trésor de la patrie roumaine eut pour défenseur un Hongrois.

Un jour, assis sur une pierre, le fleuve sous les yeux : « Que ferez-vous ? dit Rosenthal à son amie rêveuse. — Je les suivrai partout, et je partagerai leur sort. — Mais quoi! un tel voyage pour une faible femme qui allaite un enfant, à travers ces pays barbares, ces routes dangereuses! » Il énuméra les raisons par lesquelles on pouvait combattre son projet, et la trouva inébranlable. « Je pensais comme vous, dit-il, mais j'ai voulu vous éprouver. Et moi aussi je vous suivrai partout. »

Rare, touchante fidélité d'une amitié si pure ! Ce frère et cette sœur, unis de cœur, dans un tel dévouement, qui les séparera dans l'avenir[1] ?

Ils n'attendent plus. Ils partent, louent une petite barque, se lancent sur le grand fleuve. Ils rencontrent bientôt un bateau à vapeur. Le capitaine illyrien leur témoigne un vif intérêt, il a rencontré les prisonniers la veille, il les a vus passer près de Vidin. Demain, probablement, ils quitteront les pontons pour franchir la Porte-de-Fer, ce dangereux passage du Danube ; ils passeront à Sem, et sans doute on pourra les voir. Mme Rosetti obtient sur le bateau quelques habits valaques ; elle se déguise en paysanne pour approcher plus aisément. Sous ce costume, qui garantissait mieux des froids brouillards d'octobre dont le fleuve se couvre au matin, glacée, mais non de cœur, serrant son enfant dans ses bras, elle fuit la rive turque, les yeux fixés sur une forteresse qui la domine au loin. Quoique à grande distance, elle voit, elle distingue les prisonniers qu'on fait monter au fort.

Les forteresses turques sont misérables, et leurs garnisons encore plus. Ce sont de vieux logis croulants et délabrés qu'habitent des fantômes. Leurs tristes gardiens semblent les spectres d'un empire en ruine. « Ces forteresses, disait-elle, je les aurais prises moi seule. »

---

1. L'infortuné a sauvé ses amis, mais pour tomber plus tard lui-même dans les mains de l'Autriche. Il s'est tué, ou on l'a tué. Ce Hongrois, ce Valaque... ah ! disons aussi ce Français, est un deuil commun pour trois peuples. Un excellent tableau reste de lui, d'une jeunesse, d'un charme incroyables ; il représente la Roumanie dans le champ de la Liberté, où cent mille hommes entouraient la tribune.

Elle rôdait autour, sans perdre de temps, s'enquérait, s'ingéniait. Enfin, elle fait si bien, qu'elle obtient de les voir. Elle monte. Ils étaient avertis, ils attendaient ; tous étaient aux créneaux. Sa seule apparition semblait avoir changé leur fortune ; ils se croyaient libres déjà, et criaient : « Vive la République ! »

Depuis longtemps sans communication, sans journaux, sans nouvelles, dans leur misérable prison flottante, ils avaient gardé leur espoir, leur sérénité même. Tout leur semblait parler de délivrance. Vrais enfants de la France, ils n'avaient pas le moindre doute qu'elle ne vînt à leur secours, ne traversât l'Europe, le monde, s'il l'eût fallu, pour les délivrer.

Combien plus de soleil virent-ils, d'azur au ciel, quand parmi eux s'assit cet ange d'espérance !

La scène était touchante, et personne n'y eût résisté. Le flegme des Turcs n'y tint pas. Ils se mirent tous de la partie, et la joie fut commune. L'un d'eux pleurait. La sombre forteresse humide où l'herbe croît au milieu des chambres, avait pris comme un air de fête pour recevoir une telle femme, et elle s'illuminait de son regard.

« Comment vous faisiez-vous entendre de ces Turcs, de tant de populations qu'il vous a fallu traverser ? » A cette question que lui font ses amis, elle répond toujours : « Je n'en sais rien ; je parlais la langue que Dieu m'inspirait, et ils me comprenaient toujours. »

Qu'elle avait bien raison de dire qu'à elle seule elle aurait pris ces forts ! Celui-ci déjà s'était rendu, et elle y était maîtresse. Les Turcs lui offraient leur repas, la servaient, allant chercher du lait pour son enfant. Ces vieux soldats farouches, les voilà changés en nourrices ; ils s'emparent de l'enfant, le bercent, et Liby s'endort dans leurs bras.

VI

L'ÉVASION (OCTOBRE 1848)

La France, si malade en elle-même, était vivante au fond de ce fort turc; elle rayonnait sur le Danube dans le cœur de ces étrangers. Son secours attendu faisait leur joie. Les vents leur en parlaient. Et si un souffle de l'ouest venait jusqu'aux créneaux, ils allaient voir si ce n'était pas un bruit de nos armées en marche.

Leur confiance baissa malheureusement, quand un de ces Turcs, devenu leur ami, dit à l'oreille de Mme Rosetti ce seul mot : *Bosnia.* Ils comprirent que la longue hésitation de la Porte était finie, qu'elle allait obéir aux Russes, enfermer les captifs dans un fort de Bosnie et les leur garder là.

Il faut donc se hâter, trouver dès demain, s'il se peut, un moyen d'évasion. Ils conviennent que le lendemain, en passant devant Orsova, ville valaque de l'empire d'Autriche, au moment où les barques approchent du rivage, ils sauteront à terre, invoqueront le secours de la population valaque. Mme Rosetti les devance à Orsova, et elle apprend que la tentative échouerait. Le gouverneur autrichien de la ville est dévoué aux Russes; loin de favoriser l'évasion, il y mettrait obstacle ; ressaisis, leur captivité n'en serait que plus dure et plus difficile à briser.

Comment les avertir ? Mme Rosetti y parvint.

Avec une présence d'esprit admirable, quand elle les vit tous sur les ponts de leurs barques, déjà prêts à sauter, elle tend sa petite *Liberté* à son père et leur dit : « Ne la prenez pas avant que je ne vous la donne. » Ils comprirent et ne descendirent pas.

Ce n'était pas dans une ville comme Orsova, et sous l'œil des autorités, qu'une tentative pouvait réussir. Il fallait plutôt un village, une population simple et bonne de paysans valaques qu'on pût intéresser au sort de leurs compatriotes, animer, ameuter contre les Turcs. Mme Rosetti eut ce bonheur d'obtenir qu'ils feraient le voyage sur bateaux autrichiens, et seraient ainsi remorqués le long de la rive autrichienne, dont presque tous les villages sont valaques. Elle suivait par terre dans les rudes chariots du pays, qui ne sont autre chose que de simples troncs d'arbres, mal agencés ensemble. Souvent elle descendait, suivait à pied les bords très hauts et escarpés, portant Liby, faisant des signes aux prisonniers et leur jetant des fleurs. Ils la voyaient d'en-bas, leur chère libératrice, marcher vive et gracieuse, dans son costume de jeune femme valaque; un simple fichu sur la tête retenait ses cheveux. Belle, brunie au soleil, sous cet habit de paysanne, sans autre éclat que celui de ses yeux étincelants d'esprit de bonté, et elle leur fit souvent l'effet d'un ange de Dieu, et ils n'étaient pas loin de lui faire des prières.

Je m'aperçois ici que je n'ai rien dit de la figure de Mme Rosetti, de sa race, de sa naissance. Parfaitement Valaque de cœur, de volonté, de langue, fille d'un capitaine écossais, mais Française du côté maternel, elle est née à Guernesey. Nous la revendiquons comme Française et peut-être Bretonne d'origine. Elle a été élevée en France, plusieurs années en Provence, et vous la croiriez Provençale. Elle a épousé en 1847 Rosetti, le charmant poète, dont les chansons sont nationales dans la Roumanie.

Elle est petite et brune. Nez fin, mais point du tout classique ; beaux cheveux bruns ; beaux yeux veloutés et brillants. Dans les yeux, dans la bouche (qui est toute nature, tout éloquence et tout amour), une conciliation infinie, quelque chose à la fois d'attrayant et de ferme, beaucoup d'adresse et de prudence.

Ce caractère si fort, avec ce courage de lionne, semble faible en un point. Soit système, soit excès d'amour, elle dépend de tous les caprices de ses enfants, les endure et leur obéit jusqu'à extinction de ses forces.

Très ferme en tout le reste. Le plus rare des courages, elle l'a eu, elle l'a. Personne ne porte avec plus de grâce la pauvreté démocratique. Personne ne sait mieux l'adoucir pour les siens. Admirable au jour du danger, elle ne l'est pas moins dans les longues épreuves de l'exil, dans ses tristesses et ses privations. Mais près d'elle, qui les sentirait ? Admirable mystère de la solidarité moderne ! c'est près d'une étrangère, d'une fille adoptive de la Roumanie, que l'exilé roumain sent le mieux la patrie présente, son vivant génie, son foyer.

Revenons.

L'obstacle pour communiquer, c'était la quarantaine, sévère en ce pays. Tout ce qui a touché la rive turque est repoussé de l'autre rive. Un agent la suivait exprès pour empêcher la communication. A une halte, séparée par une grille du pont qui menait aux bateaux, arrêtée par un officier autrichien qui gardait le pont, elle lui tend Liby : — « Quoi ! monsieur, songez donc que cette enfant veut embrasser son père ! Il y a si longtemps qu'elle ne l'a vu ! » L'officier détourna la tête et ne résista plus : — « Madame, faites du moins que je ne vous voie pas. »

Elle gagnait ainsi tout le monde. Les règlements fléchissaient ainsi devant elle. Le lendemain, à midi, elle obtint qu'ils déjeuneraient ensemble. Un cavalier cependant arrivait en grande hâte, un officier turc envoyé par le gouverneur de la dernière forteresse où ils étaient entrés. Ordre de rebrousser chemin, de revenir au fort.

Tout le village était là cependant, qui regardait les prisonniers, un village de paysans valaques, que Mme Rosetti avait mis déjà dans les intérêts de leurs infortunés compatriotes. — Ceux-ci, encouragés par la sympathie visible des paysans, déclarent qu'ils ne retourneront pas. — L'officier turc, en comptant ses soldats, sent bien qu'il ne peut entreprendre de lutter contre tout un village ; il va chercher de nouveaux ordres. — Les prisonniers, sans perdre de temps, jettent leurs habits sur leurs bras, et se mettent à marcher, du pas dont vont des hommes qui courent après leur liberté. Les Turcs, ne pouvant mieux, s'efforcent de les suivre. Ce n'était pas sans peine ; ils allaient à pied aussi vite que Mme Rosetti en voiture. Elle avait pris du vin en route, et leur en donnait à chaque halte. Les Turcs aussi, quoique inquiets d'un voyage qui semblait une fuite, se consolaient en buvant tout le long de la route ; ils étaient, après tout, sur la rive chrétienne et se sentaient plus libres des prescriptions de Mahomet.

- Le soir, on arriva ainsi à Sfenitza. Mme Rosetti, qui était en avant, avait fait préparer un grand repas, force vin et café, liqueurs. Les Turcs, déjà troublés par ce qu'ils ont bu tout le jour, viennent enterrer là tout ce qui leur reste de raison. Ils fument, ils tombent de sommeil. L'un d'eux, n'y pouvant résister, eut soin de dire aux prisonniers : « Songez bien à ne pas partir sans m'avoir éveillé. »

Dans cette quiétude profonde, les Turcs sont troublés tout à coup. Entrent le maire et le curé, une foule d'habitants du village qu'amène Mme Rosetti. — « Où sont vos passeports? leur dit le maire. En avez-vous? Comment osez-vous bien venir en armes sur les terres de Sa Majesté l'empereur? » Les pauvres Turcs ne savent que répondre. Les rôles sont changés : ce sont eux qui sont prisonniers. Ils négocient pour qu'on les laisse libres.

VII

LA FUITE A TRAVERS TROIS PEUPLES EN ARMES
ARRIVÉE A VIENNE

Il était minuit, et cinq chariots attendaient à la porte. Mme Rosetti, son ami, le Hongrois, assistaient à l'explication. Mais déjà les prisonniers, montés en chariots, couraient joyeusement la campagne. Elle couvrit ainsi la retraite, et ne tarda pas à les rejoindre.

Vingt heures de suite, pour leur premier trajet, ils roulèrent dans ces rudes chariots de troncs d'arbres. Bien souvent il fallait descendre. La route suit le bord du Danube ; elle surplombe à chaque instant l'abîme, rien de plus dangereux. La pauvre femme allait toujours, chargée de son enfant; elle ne connaissait, ne voulait que les bras de sa mère. Les forces lui manquaient. Son mari ne pouvait l'aider qu'en la soutenant quelque peu par derrière, et lui soulevant les bras.

Au village où ils descendirent, une seule cabane restait, une misérable hutte, seul débris qu'avait épargné la lutte des Hongrois et des Serbes. C'était la partie la plus dangereuse du voyage qui leur restait à faire. La guerre la plus sauvage, une guerre implacable de races, désolait ces contrées. Chaque parti, acharné, allait à la chasse de l'autre. On tuait sans pitié tous ceux qui ne pouvaient prouver sur-le-champ qu'ils étaient du même parti. Nos fugitifs avaient tout à craindre; ni les Slaves ni les Hongrois n'étaient pour eux; les Valaques mêmes, parfois, se montrèrent ennemis, les croyant des boyards, des grands seigneurs qui fuyaient Bucharest; ils se figuraient voir en eux les tyrans chassés de la Valachie.

Guerre affreuse! guerre déplorable! fruit horrible de l'aveuglement, des mensonges perfides qu'avaient semés les Russes!... Leurs intérêts, à tous ces peuples, étaient généralement les mêmes, et ils se croyaient ennemis!... Les Hongrois, mêmes, s'ils perdaient une partie de leur domination, gagnaient, ce qui vaut bien plus, la consolidation définitive des libertés hongroises et l'abaissement de l'Autriche.

Dans les trois camps, hongrois, slave et valaque, nous avions des amis... J'y songe avec horreur! Tels qui étaient les miens, mes élèves et presque mes fils, pouvaient, dans ces rencontres aveugles, en tuer d'autres non moins amis pour moi. Aux camps hongrois, aux camps valaques ou slaves, les écoles de Paris étaient représentées! De quelque côté qu'on tuât, Paris devait pleurer, et le deuil était pour la France.

Tout le long de la route passaient des gens armés. La nuit, d'horribles cris en toutes langues. Des morts dans les fossés. Des villages déserts et des maisons à demi brûlées. De moment en moment, des objets de pillage, non enlevés, mais sabrés en menus morceaux, et comma déchiquetés avec fureur, de sorte que personne ne pût en profiter.

Dans le Banat, de temps à autre, des piquets de cavalerie arrêtaient la petite caravane. Elle fut ainsi, une fois, arrêtée et menée dans un camp serbe, au moment même où l'on voyait en face, sur de hautes collines, un fort parti de cavaliers hongrois qui semblaient tout près de descendre. Le combat ne pouvait tarder.

« Qu'on me mène, dit-elle, devant le général. — Madame, il dîne. » — A force d'instances, elle est introduite dans la tente, seule devant tous ces officiers. — « Général, nous ne pouvons rester ici, au moment où l'on va se battre. »

Le général fait introduire son mari, ses amis, les reçoit poliment, leur offre le café. L'un d'eux, oubliant le danger, entamait avec le chef serbe une conversation politique. Mme Rosetti, inquiète des lenteurs, peut-être calculées, de ce chef, se saisit des passeports qu'elle aperçoit sur une table, prend la plume, la lui met en main : « Signez, général », lui dit-elle. Il signe. Elle les distribue.

Au dernier, qui était celui de Mme Rosetti, et qui portait aussi son nom de famille (Grant) : « Une Anglaise! s'écrie-t-il. Il ne pouvait le croire. Et, en effet, elle est bien peu Anglaise. Tout en elle semblerait plutôt d'une femme du Midi.

Ils purent donc continuer leur voyage; ils allaient, à travers la guerre, à travers mille dangers. Les insurgés pouvaient les égorger. Le gouvernement autrichien pouvait les arrêter. N'était-il pas averti par les Turcs ou les Russes de leur évasion ? A Panchova, près de Semlin, Mᵐᵉ Rosetti se hasarda d'aller à cette ville et d'y prendre des informations. Là, le consul anglais et d'autres personnes obligeantes lui dirent qu'ils avaient tout à craindre, que le consul russe ne manquerait pas de les faire arrêter. Sans retard ils se séparèrent ; leur grand nombre les trahissait. La plupart, ils prirent place sur le bateau à vapeur qui remonte la Save. Toutes sortes de gens étaient sur ce bateau, de races, de langues, de partis, tous armés jusqu'aux dents, disputant sans pouvoir s'entendre sur les affaires du temps. A chaque instant, on tirait les poignards ; d'autres, par jeu, tiraient des coups de pistolet.

Le plus singulier du voyage, c'est que sur le chemin les proscrits, tout à leurs idées, n'étaient pas tellement occupés du danger qu'ils ne fissent de la propagande. Au camp serbe dont on a parlé, ils expliquaient au chef combien les Serbes, les Slaves en général, avaient travaillé contre eux-mêmes, en relevant l'empire d'Autriche, combien ils s'étaient placés dans une fause position. Ce dernier mot fut senti à merveille, répété plusieurs fois. « Fausse, très fausse, en effet », disaient-ils. Du reste, ces idées étaient déjà au cœur des Serbes. Et la première chose qui frappa les Valaques, en entrant dans les murs désirés d'Agram, où ils croyaient trouver enfin quelque sécurité, ce fut l'arrestation de plusieurs officiers croates ou serbes que les Autrichiens faisaient au moment même. Ceux-ci en étaient déjà à mettre aux fers leurs défenseurs.

Plus lugubre encore fut leur entrée à Vienne. C'était le lendemain du bombardement. L'Autriche, victorieuse par la discorde insensée des trois peuples, venait, sur ces débris, ces ruines inégales et branlantes, de rétablir pour quelque temps le trône de sa caducité.

VIII

CE QU'EST DEVENUE LA ROUMANIE. — INVASIONS
PÉRIODIQUES DE LA RUSSIE

Nos fugitifs sont du moins en sûreté. Ils traversent l'Allemagne émue, frémissante, en deuil. Ils commencent à respirer. Non, disons plutôt à gémir. L'exil s'ouvre amer, infini, avec ses perspectives obscures, comme ces longues nuits d'hiver qui enveloppent le jour et n'ont pas de matin. C'était en effet l'entrée de l'hiver (novembre 1848).

« Voici la France pourtant, voici la flèche de Strasbourg. Voici encore le drapeau qui fut l'espoir des nations. Hélas! pourquoi est-il si pâle? Hier, teint du sang de la vigne, du brillant azur du ciel, on le voyait de six cents lieues. Aujourd'hui il a les teintes maladives de l'automne. L'orage a lavé ses couleurs? Ou bien, France, seraient-ce tes larmes sur le monde qui a cru en toi? »

Telles les pensées des exilés.

Plus exilé peut-être encore celui qui reste fixé au sol de son pays.

L'Occident, dans son égoïsme, a ignoré les calamités qui enveloppaient l'Orient. Les *sauterelles* dévorantes s'étaient abattues sur les champs de la Moldavie, de la Valachie. C'est de ce nom que les Roumains désignent les armées russes ; armées affamées, mendiantes ; où elles passent, rien ne reste. La spéculation cruelle des chefs sur la nourriture des soldats suffirait pour faire de ceux-ci d'épouvantables pillards, insatiables et voleurs même après qu'ils sont repus. Une armée de cent mille hommes vole au moins pour trois cent mille. Des corps semblent organisés spécialement pour le vol : le Cosaque, jadis brigand héroïque, brigand poète aux champs de l'Ukraine, est devenu sous les Russes un avide soldat de police, de douanes, contrebandier lui-même, brocanteur, marchand de dépouilles. Sur son laid petit cheval, d'intelligence avec lui, ses longues jambes pendantes jusqu'à terre, vous le rencontrez partout, son ballot en croupe, piquant de la lance la vache du pauvre paysan. A qui se plaindre? A qui pleurer? L'officier est philanthrope ; il lit Lamartine ou Byron ; mais que voulez-vous, mon pauvre homme ? sachez que telle est justement l'institution de l'armée russe. Comment empêcherions-nous le Cosaque d'être Cosaque, le vautour d'être vautour ?

Telle est l'œuvre de l'Angleterre, telle est sa protection. C'est elle qui, décourageant le mouvement national de la Roumanie, la reliant à la Turquie incapable de la couvrir, l'ouvre en réalité aux Russes. C'est elle qui, par les lueurs fausses d'un patronage impuissant, tient ces contrées infortunées sous la fatalité d'un renouvellement éternel des captivités barbares.

Ce que les Tartares faisaient par l'instinct de la barbarie, la Russie le fait par un machiavélisme calculé. Tous les vingt ans, elle inonde le pays et le pousse au désespoir ; elle veut lui rendre désirable le suicide de sa nationalité. Ses agents ont beau jeu pour dire : « Réfugions-nous au grand empire ; devenons une province russe. »

Bonne occasion d'ailleurs de refaire l'armée et de la nourrir. Ses squelettes déguenillés viennent dans cette terre promise mettre de la chair sur leurs os.

Le pays serait trop riche, malgré la dureté excessive et l'énormité des tributs. Le paysan, de ses jeûnes, de ses souffrances volontaires, des privations de sa famille, améliore la terre à la longue, élève quelques bestiaux. On se hâte d'y mettre ordre. Dès que le pays refleurit un peu, descendent les affamés du Nord.

Ceux-ci procèdent à la spoliation totale, au complet déménagement. Alors la cabane se vide de tout ce qui peut s'emporter ; alors l'étable est démeublée ; alors tout grain disparaît, même celui des semences. Et le désespoir devient tel qu'en 1832, sans l'action du gouvernement et les injonctions les plus fortes, la population (diminuée d'un quart en trois ans !) ne voulait plus labourer. Le pays eût été rendu à l'état de steppes tartares et cosaques ; il allait redevenir une grande prairie déserte.

Le pillard s'éloigne alors à regret, mais calcule qu'on va remettre le rustre au travail et lui préparer, pour un temps prochain, une fructueuse invasion.

Le fisc le veut, et le boyard le veut, le bâton est levé ; il retombe donc au travail, le malheureux, ruiné, le dos mal cicatrisé des coups qu'il a reçus des Russes, trop souvent gardant, en sa famille outragée, une blessure moins guérissable ! les voilà tous au sillon. La femme noyée de larmes, malade, et qui sait ? enceinte, remplace le bœuf de labour, tire avec l'homme à la charrue ; le soir, couchés sur la terre froide, dans la hutte dépouillée, et soupant d'écorces d'arbres.

Que raconté-je ? Le passé ? Non, le présent même de juillet 1853. Cette grande *exécution* de la Roumanie, périodiquement saccagée, recommence en ce moment.

Populations charitables qui venez de verser sur le sort des nègres tant de larmes d'attendrissement, âmes sensibles, lectrices émues du bon *Oncle Tom*, n'avez-vous donc gardé aucune larme pour les blancs ? Savez-vous bien qu'en Russie, en Roumanie, en général dans l'orient de l'Europe, il y a soixante millions d'hommes plus malheureux que les noirs ?

Ce qui est sûr, c'est que ces blancs, infiniment plus développés, sentent d'autant mieux leur misère. La pièce la plus originale, la plus forte, la plus curieuse que la mémorable année 1848 ait donnée au monde, c'est l'enquête débattue entre les propriétaires valaques et les paysans. Aucun acte plus solennel, aucun qui ait pénétré plus avant dans les questions suprêmes auxquelles la société est suspendue. Ces paysans du Danube se montrèrent bien

autrement forts de raison, d'éloquence même, que
celui de la poésie. J'ose dire qu'en nul pays peut-
être on n'eût trouvé à ce degré, chez les habitants
des campagnes, cette noble sève primitive, cette
vigueur de bon sens antique et en même temps la
logique droite, perçante et sans réplique, que les
modernes se figurent leur appartenir en propre.

Mais ce qui est au-dessus, ce qui tirera des larmes
à tous ceux qui ont un cœur, c'est la modération et
la douceur de ces infortunés Valaques. Ils ne demandèrent que la moitié de ce qui, en 1790, avait été
accordé au paysan de Moldavie, pays où la terre a
infiniment plus de valeur.

Un boyard. — Cette terre, avec quoi la payeras-tu ?

Le paysan. — Voyez-vous cette main noire et
dure ? Eh bien, c'est elle qui fait la richesse... L'argent ne vient pas du ciel.

Autre paysan. — De l'argent ? oh ! il n'en manque
pas ; il y en a pour vous en donner. L'État paye,
le trésor paye. Qu'est-ce que le trésor ? c'est nous
puisque nous le remplissons.

« Si le trésor ne peut payer, dit un autre, nous
travaillerons. A tant de travaux perdus nous ajoute-
rons encore. De nos bras, comme d'une source,
jailliront l'or et l'argent. Nous vous payerons votre
sol ; nous vendrions, s'il le fallait, jusqu'aux cendres
sacrées du foyer. »

Ils disaient encore aux boyards : « Ne croyez pas
qu'avec nous l'État manque jamais de forces : nous
sommes là pour lui en donner ; nous ne le laisse-
rions pas rougir devant les nations étrangères ! »

Nobles et grandes paroles ! et qui semblent bien

modérées, quand on songe qu'à ce moment, maîtres de tout en réalité, ils demandaient à peine la concession élémentaire de l'Assemblée constituante de 89 en sa fameuse nuit du 4 août.

Que ferons-nous pour ces hommes, si dignes de notre intérêt? Que fera l'Occident?

Rien.

Ce que veulent les gouvernements, je l'ignore; quant aux peuples, je le sais.

Ce qu'ils veulent, c'est le confortable, le confortable : idée variable, indéfiniment élastique, qu'on va étendant toujours, et dont la poursuite remplit une vie soucieuse.

Ne leur demandez rien de plus, leur égoïsme sensible permet aux malheurs lointains d'arriver à leur oreille, de se faire écouter ; c'est tout, ils s'en tirent avec quelques larmes. Et cet exercice modéré de la sensibilité est une jouissance encore : « Ils jouissent de leurs larmes », mot juste et fin du bon Homère.

« Si vous n'espérez rien de plus, pourquoi donc écrivez-vous ? »

Pour moi, pour mon propre cœur.

Pour expiation de ce que dut faire la France de 1848, et de ce qu'elle n'a pas fait.

J'écris pour ceux qui errent, qui souffrent et attendent, pour ces ombres que je vois là-bas dans la mélancolie de Paris et dans les brouillards de Londres. Je leur envoie ce message vivifiant de la patrie.

Dans les lettres d'un des illustres exilés roumains

d'Angleterre (lettres fortes, touchantes, religieuses, dignes de l'immortalité), j'ai lu qu'au temps des Soliman, une fille de la Valachie, enlevée, vendue au sérail, devint maîtresse de son maître, sultane ; elle n'en était pas moins souffrante, malade, et se mourait d'ennui. Les médecins avaient beau chercher ; nul remède à ce mal profond. La seule chose qui parfois relevât la fleur languissante, c'était l'eau de son ruisseau natal. Le sultan, par ses messagers, faisait venir l'eau précieuse. L'exilée y buvait la vie, la patrie, la force d'espérer.

APPENDICE

I

LANGUE ET LITTÉRATURE

La langue moldo-valaque est une langue toute latine, qui mérite, autant et plus que notre roman du Moyen-âge, le nom que portait celui-ci : *lingua romana rustica*.

C'est très probablement, avec peu de changements, un de ces anciens dialectes italiens des campagnes qu'on parlait sous l'Empire, et dont on a retrouvé quelques mots dans les inscriptions de l'Italie. Les colons de Trajan, établis en Dacie, ont emprunté très peu aux langues barbares qui les environnaient. Ils ont gardé leur charmante langue virgilienne avec d'autant plus de fidélité, qu'elle répondait parfaitement à leurs habitudes agricoles et pastorales.

Si le grand poète paysan du temps d'Auguste, l'homme timide, candide et rougissant, la *vierge aux longs cheveux*, si Virgile eût été maître de son sort et de sa langue, je crois qu'il n'aurait pas écrit dans la langue souveraine de Rome le chant où il a mis son cœur, les *Animaux malades*, du troisième livre des *Géorgiques*, il l'eût écrit dans la langue vaincue, celle des pauvres dépossédés par les proscriptions, celle des exilés, dans l'un des humbles dialectes qu'on parlait à Mantoue, aux Alpes, et plus tard au delà des Alpes, dans les lointaines colonies de Dacie.

Et pourquoi eût-il préféré ces langues de campagne ? parce qu'elles ne sont pas entendues de l'homme seul, mais de toute la nature. Les *Animaux malades* auraient entendu le chant de Virgile et senti sa tendresse, dans le valaque ou l'italien.

Je veux dire l'italien comme il dut être alors. Car cette langue s'est *urbanisée;* elle est devenue langue de cité et de places publiques. L'italien de Dacie, l'italien exilé, est resté, lui, une langue des champs, pour ainsi dire, commune au pasteur et à son troupeau. Le Valaque, courbé de fatigue, le cœur plein de chagrins, les confie du matin au soir à ses camarades de labour, à ses grands bœufs mélancoliques, et il en est parfaitement compris. Que dis-je ? la plus sauvage, la plus indocile créature, le buffle, l'œil perdu dans les poils, n'en est pas moins sensible, quand l'homme aux tresses noires l'admoneste, le nomme de son nom, fait appel à son émulation, à ses sentiments d'honneur et d'amitié.

Ce peuple, si cruellement traité par l'homme, a réfugié son cœur dans la nature. Il l'aime toute, et sans choisir. Tout ce qui vit autour de lui, lui est cher et sacré. Et ce n'est pas seulement l'hirondelle du toit, la cigogne fidèle ; le serpent même est bien reçu ; il devient aisément un hôte de la maison ; on ne lui refuse pas le lait des vaches ; il partage avec les enfants. En revanche, il les aime, il aime ses hôtes, les flatte, les remercie à sa manière.

Un de nos amis, s'arrêtant chez une paysanne de Transylvanie, la trouva toute en larmes. Elle venait de perdre son fils, âgé de trois ans. « Nous avions remarqué, dit-elle, que tous les jours l'enfant prenait le pain de son déjeuner et s'absentait une bonne heure. Un jour, je le suivis et je vis, dans un buisson, à côté de l'enfant, un grand serpent qui prenait sur ses genoux le pain qu'il avait apporté. Le lendemain, j'y conduis mon mari, qui, s'effrayant de voir ce serpent étranger, non domestique et malfaisant peut-être, le tue d'un coup de hache. L'enfant arrive, et voit son ami mort. Désespéré, il retourne au logis en pleurant, criant : *Pouiu !* (c'est un mot de tendresse qu'on donne à tout ce qu'on aime, mot à mot, cher petit oiseau). *Pouiu !* répétait-il sans cesse. Et rien ne put le consoler. Après cinq jours de larmes, il est mort en criant : *Pouiu !* »

Cette sensibilité facile, étendue à toute la nature, avec laquelle naît le Valaque, a donné à sa langue un charme tout particulier. Je ne crois pas qu'elle ait la splendeur et le retentissant de l'italienne. C'est bien sa sœur, mais une sœur attendrie par le malheur et la souffrance. Tout comme elle, peut-être encore plus, elle a une foule de jolis diminutifs, affectueux et caressants, amoureux, enfantins. Mais ce qu'elle a de plus, ce semble, c'est qu'une larme lui tremble dans la voix, et sa parole est un soupir.

La fleur charmante que nous nommons très prosaïquement le muguet, c'est *lacrimiore* en valaque, nom touchant et délicieux.

Dès l'ouverture du livre d'Alexandri, on est pris à la tête, au cœur, d'un étrange parfum, tout plein d'ivresse et de vertige.

On ne sait pourquoi, mais on pleure.

Mélancolie très douce, pourtant mélancolie légère... Le nuage n'est pas si épais, qu'un peu d'azur ne soit là-bas.

Voici un chant délicieux de Rosetti, universellement chanté dans les villes, qui a aussi ce caractère. Je le tire de la *Transylvanie* de De Gerando, où l'on trouvera aussi les vrais Valaques dans d'excellentes gravures.

Tu me disais un jour que jusqu'à la mort
Tu me conserverais tout ton amour...
Mais tu m'as oublié, tu as tout oublié.
Ainsi va le monde, ce n'est pas ta faute.

*Tu mi diceai odate : Ah ! al meu inubite,
Partea mea din ceriuri tie o voiu da.*
Tu me disais un jour : « O mon bien-aimé !
Je veux te donner ma part de ciel. »
Toate sont uitate,
Tout est oublié.

Toate sont perdute,
Tout est perdu.
Asfel este veacul, nu e vina ta.
Ainsi va le siècle, ce n'est pas ta faute.
Scii quand versai lacremi[1]...

---

1. Ces mots sont littéralement italiens : *sai quando versavi lagrime*.

Tu sais quelles larmes tu versais, quand, à mes yeux,
Tu disais : « O mon chéri ! je ne t'oublierai pas. »
Tu m'as oublié, je suis mort pour toi.
Le temps brise tout, ce n'est pas ta faute.

Te stringeam in brate[1]...
Je te serrais dans mes bras, et ta lèvre
Versait sur ma bouche une rosée céleste.
Mais bientôt elle a laissé échapper un venin...
Asfel ti este secsul...
Ainsi est fait ton sexe, ce n'est pas ta faute.

Cinste si virtute amor si credinza,
Eri am giurai mie...
Honneur, vertu, amour et foi,
Tu me jurais hier... : aujourd'hui au premier venu.
Tu ne sais pas aimer, tu ne connais pas le repentir.
Ainsi est fait ton sexe, ce n'est pas ta faute.

L'or, la vanité, ont banni l'amour de ton cœur.
Si ti vedui credinza che in aer sburra.
Et j'ai vu ta foi s'envoler.
Ta blessure est guérie, tes désirs sont éteints.
Ainsi est fait ton sexe, ce n'est pas ta faute.

Pourtant, malgré ton infidélité,
Inima mea
Mon âme (mon cœur).
Battra chaque fois que je te verrai.
Tu es pour moi un ange, un être divin.
Ainsi est l'Amour, ce n'est pas ma faute.

Je ne crois pas qu'il y ait sur terre une langue plus propre à l'amour que cette langue rustique, — langue de forêts et de déserts, d'amour et d'amitié au fond des solitudes, — la langue qu'aux clairières des Karpathes une mère seule avec la biche, comme

---

1. En italien : *ti sringeva in braccia...* ou plus correctement *fra le braccia*.

Geneviève de Brabant, parlerait à son nourrisson, au faon, son ‘frère de lait.

Quand je me suis enquis de cette littérature, et que j'ai regardé quelle part y avait l'amour, j'ai vu que cette part n'était rien moins que le tout.

Et cela se comprend, la Roumanie, toute italienne, si loin de son berceau, isolée et murée entre je ne sais combien [de grands États barbares, est entrée le moins qu'elle a pu en communication avec cette effroyable Babel ; elle n'a parlé qu'à elle-même, à son cœur et de son cœur même.

Cette pauvre petite Italie solitaire, qui avait joué encore un grand rôle aux quinzième et seizième siècles, en battant vaillamment les Turcs, depuis, écrasée de toutes parts, semble alors ne vouloir plus rien voir, ni rien savoir, oublier tout, se cacher tout en soi. Le malheur de chaque jour étouffe tout sentiment public. En revanche, les sentiments privés, l'amour, l'amour de la famille, emplissent l'âme, la charment, la consolent. Elle n'a plus rien à dire au monde ; elle ne parle qu'à l'objet aimé.

L'amour a été la profonde liberté de ce peuple. Il l'a conservé jeune à travers tant d'événements. Amour, nature, c'est tout. Rien de plus attendrissant. La vieille Europe savante n'a aucune défense contre le charme inattendu de cette jeune fleur, qui vient lui dire : « Oh ! que tu as souffert ! Oh ! que tu es vieillie !... Moi, qui souffris bien plus, j'ai plié, j'ai cédé ; et me voilà sans ride... »

Ce qui touche infiniment dans l'homme adolescent où la nature est tout encore, c'est le premier rayon, l'aube de la conscience lorsqu'elle vient à poindre.

De même en cette jeune âme du peuple, rien ne m'a plus intéressé que les traditions, les chants où cet enfant qui semble ne savoir qu'aimer, cueillir les fleurs, soupirer et gémir, du fond des soupirs enfantins, tout à coup se réveille, parle une parole d'homme, et laisse échapper les oracles de la destinée.

Au premier rang de ces rares et attendrissantes révélations de lui-même, qui ont apparu à ce peuple (plus à son cœur qu'à son esprit), mettons le chant de Mariora Floriora, qui termine les *Doinas* de M. Alexandri, chant moderne de forme, mais fondé sur une tradition antique.

« Dites-nous-le, ce chant... » Je m'en garderai bien. Achetez les *Doinas*. Lisez-les dans la charmante traduction de Voïnesco. Au dernier chant, l'âme fond tout entière; langueur et pourtant vivacité, inexprimable morbidesse!... Ce chant se meurt d'amour... Et sous cette forme, vraie, sincère, de tendresse et de passion, un grand mystère national est transparent, une pensée profonde... Le mot de la sibylle sur ce peuple, d'une sibylle enfantine, amoureuse.

Il m'échappa, ce cri, ce vers du grand Rückert : « Bouche d'enfant! bouche d'enfant!... et plus sage que Salomon!... » (*O Kindermund! Kindermund!...*)

Tout le chant pourrait se traduire par ce mot : *Elle mourut, de quoi? d'avoir aimé l'étranger.*

Oui, cette sensibilité facile d'un peuple qui si longtemps a subi, enduré ses tyrans, c'est le mystère même de sa longue mort.

Tout cela caché, perdu, enfoui sous une immense

ondée des plus charmantes fleurs, d'une forme si amoureuse et si naïve qu'on est tenté de croire que le grand poète n'a pas su un moment ce qu'il disait lui-même.

Comment vous dire ce qu'est cette Mariora Floriora? C'est la fée des montagnes moldaves, le doux génie de la contrée. Les fleurs, ses sœurs, les rivières, les montagnes, lui font une cour assidue, et travaillent toutes à la parer... Et cependant son petit cœur lui dit qu'il lui manque quelque chose encore.

Un beau cavalier descend des montagnes; son coursier sauvage porte au front une étoile d'argent. Le cavalier la prie d'amour, et le jeune cœur bat bien fort. Mais une rivale surgit, une souriante jeune fille, avec une belle chemise brodée aux épaules et des papillons d'or aux cheveux. Son sein est un jardin de fleurs, et parmi, se trouvent de petits bouquets de cerises et de fraises parfumées. Elle offre innocemment ces fruits... Et c'est la défaite de la Floriora, elle succombe à la jalousie. Elle arrête la main du cavalier qui allait prendre les fruits, et elle lui donne à la place « son propre jardin ».

Ils sont heureux, ils disparaissent. La nuit complaisante survient. Les étoiles malicieuses cherchent en vain Floriora.

Au jour, elle fait venir un char, un coursier rapide, « si rapide que son ombre ne peut le suivre. » Assise avec son amant, elle glisse, brillante et triomphante, sur les longues plaines qui suivent les Karpathes.

« Mais quand les montagnes la virent assise à côté de l'étranger, elles desséchèrent les feuilles de leurs forêts, troublèrent le cristal de leurs sources, étouffèrent la voix de leurs oiseaux.

« Et lorsque les fleurs aperçurent leur jeune reine à côté de l'étranger, elles penchèrent tristement leurs fronts, elles se couvrirent de larmes, elles tremblèrent, comme avant l'orage, et dépérirent en un clin d'œil. ». . . . .

Dès lors Floriora devient languissante elle-même. Elle pleure. Elle écoute en vain son amant chanter ses doinas. Rien ne peut rassurer son cœur... Bientôt apparaît au ciel un noir orage : « Le voilà! s'écrie-t-elle, le voilà! le génie de mort qui va m'enlever... Dieu l'envoie... Depuis que je t'aime, les montagnes ont pleuré ; les fleurs des plaines sont allées au ciel se plaindre de mon abandon. »

II

LE BORDER ET LE COMBAT DES RACES

Le grand combat des races et des langues est à la frontière transylvaine et moldo-valaque. C'est à cette contrée que nous pouvons rapporter, sans nul doute, les deux chants populaires qui suivent.

Le premier, et probablement le moins ancien, est une bravade, un de ces défis de bravoure comme on en trouve en toute lutte analogue, spécialement dans les ballades du *Border* anglo-écossais. Mais indépendamment de la lutte de races, il y a celle de l'autorité et du bandit. Le Hongrois Janoch, ancien brigand, avec sa table de pierre à lettres d'or, a bien l'air d'être l'homme de l'autorité, un magistrat militaire qui s'est mis en campagne contre le bandit moldave. Ce qui peint tout à fait la nation, c'est que celui-ci ne bat les Hongrois qu'après leur avoir joué un petit air de flûte. On croirait lire le Persan Kourouglou, si bien traduit par Mme Sand.

Quant à la *Petite Brebis*, c'est un chant du caractère le plus antique, une chose sainte et touchante à fendre le cœur. Rien de plus naïf et rien de plus grand. C'est là qu'on sent bien profondément ce dont nous parlions tout à l'heure, cette aimable fraternité de l'homme avec toute la création.

Il y a aussi, il faut le dire, et c'est malheureusement le trait national, une résignation trop facile. L'homme ne se dispute pas à la mort ; il ne lui fait pas mauvaise mine ; il accueille, il épouse aisément « cette reine, la fiancée du monde », et consomme, sans murmurer, le mariage. Hier sorti de la nature, il semble aujourd'hui trouver doux de rentrer déjà dans son sein.

La traduction qui suit est mot à mot, et d'une extrême littéralité :

MIHU LE JEUNE

A la colline Barbat
Sur un chemin raboteux
Mihu le jouvenceau,
Fier comme un paon,
Un paon des bois,
Brave brigand,
Chemine en chantant,
Les forêts délectant
De sa flûte d'or
Qui chante bellement.

Il chemine, ce brave,
Sur un petit murgo (cheval bai)
A travers la nuit,
A travers la forêt Hertzi.
Épais est le feuillage,
Sombre la nuit,

Le sentier rocailleux.
Comme il montait,
Murgo marchait,
La pierre étincelait,
La nuit brillait,
Brillait comme le jour.
Mihu marchant, marchant toujours.
Sa trace disparaît
Sur feuilles tombées
Aux sentiers perdus,
Mon brave à moi,
Les feuilles battant,
Les vieilles forêts éveillant,
A Murgo parlant :
« Ii ! Murgo, ii !
Marche tout droit.

Pourquoi quitter le sentier?
Est-ce le frein qui te gêne,
La selle qui te serre,
Que tu portes si lourdement
Mon corps si léger?

— Le frein ne me gêne,
La selle ne me serre.
Mais ce qui me gêne,
Mais ce qui me serre,
C'est qu'il y a tout près
Quarante et cinq, cinquante
           [moins cinq,
Valeureux brigands,
Braves Levantins
Qui ont quitté leurs parents
Dès l'âge le plus tendre.
Ils banquettent là-haut
Au sommet du rocher
Sous d'épais sapins,
De petits noisetiers.
A une table de pierre
Fendue en quatre,
Liée par des fils de fer,
Avec des lettres sculptées,
Des lettres de livre
Et toutes dorées.

A table est assis,
Prêt à faire de toi sa proie,
Janoch le Hongrois,
 Ancien brigand,
A la barbe hérissée,
Longue jusqu'à sa taille
Couverte de sa ceinture.
Et, grand Dieu! il a
Épées étincelantes,
Carabines à balles forcées
Et cœur d'acier.
Et il a de plus,
Sur le sommet du rocher,

De braves Levantins
Éloignés de leurs parents
Dès l'âge le plus tendre.
Tous braves Hongrois,
Jeunes gens adroits,
Jeunes gens nerveux,
Des braves à la nuque forte,
Des braves sans salaire,
Avec de grands casques
Aux longues queues
Flottantes sur les dos!
Ils entendront nos pas,
Devant toi surgiront,
Sur toi bondiront,
Et malheur à toi!
Malheur à moi!

— Ii! Murgo, ii!
Reprends ton chemin,
Car Mihu est brave!
Ne crains pas avec lui;
Murgo, fie-toi
A ces bras énormes,
Énormes et nerveux,
A cette large poitrine,
Large et bien couverte,
A cette chère dague
A la lame acérée. »

Murgo, comme la pensée,
Laisse la colline
Et reprend le chemin.

Regarde dans la forêt, regarde
Janoch soudainement,
Pendant qu'il buvait
Et se réjouissait,
S'arrête pétrifié,
Son front s'assombrit,
Car, de temps en temps,
Il entend résonnant,
Les forêts enchantant,

Une fière chanson...
Chanson de brave,
Et la voix d'une flûte,
D'une flûte en os,
Qui chante bellement !
Et voilà, voilà
Que Janoch soudain
Tressaille et bondit,
Et crie d'une voix grande :
« Vous tous, mes braves,
Arrêtez ! écoutez !
Saisissez vos armes,
Car j'entends
Une voix de flûte,
Contre les feuilles résonnant
Les forêts enchantant !
Hâtez-vous, dépêchez,
Partez à l'instant
Et barrez-lui le chemin
Au pont de Hartop,
A la vallée du peuplier,
Au sentier étroit,
Au chemin brisé,
A la petite fontaine
Qui coule doucement.
S'il se trouve brave,
Ne lui faites mal !
Mais si c'est un étourdi,
Par les femmes ensorcelé
Donnez-lui un soufflet
Et laissez-le aller ! »

Les Hongrois se précipitent
Et lui barrent le chemin !
Mais dès qu'il les aperçoit
Mihu de leur dire :
« Vous, bravez, écoutez !
Celui qui vous envoie
A perdu vos têtes. »
Et, sans presque achever,
Il s'élance sur eux,
Et d'un seul mouvement
Il les abat tous,
Et reprend son chemin
A travers la verte forêt.
Quand Murgo marchait,
La pierre étincelait,
La nuit brillait,
Brillait comme le jour !
Il va droit à Janoch,
Qui dit en le voyant :
« Vous tous, mes braves,
Tirez vos carabines,
Frappez de vos lances !
— Laissez vos carabines,
Laissez vos lances,
Car je suis Mihu.
Et je veux vous chanter
Une fière chanson,
Chanson de brave,
De ma flûte en os
Qui chante bellement. »
Et les Hongrois,
Neveux de Janoch,
Sont pétrifiés,
Dans leur pensée absorbés.

Et voilà, voilà
Que Mihu soudain
Commence sur-le-champ
A dire avec feu,
Commence doucement
A dire avec amour
Une chanson plaintive
D'une telle beauté,
Que les monts résonnent,
Les aigles se rassemblent,
Les pins se balancent,
Les feuilles chuchotent,
Les étoiles étincellent,
S'arrêtent dans leur course.
. . . .

Et tous les Hongrois
Écoutent avec tendresse,
Et Janoch soudain
D'adoucir sa voix,
De parler à Mihu ;
Il l'invite à sa table.
« Viens, Mihu, viens,
Viens, brave des braves,
Mettons-nous au festin,
Donnons-nous à la joie,
Et puis ensemble
Nous lutterons nous deux !
Ils s'assemblent tous,
Se mettent à table,
Se régalent et se réjouissent,
Et crient joyeusement,
Éveillant la vieille forêt !
Mais le banquet terminé,
De bonne chère nourris,
De bons vins réjouis,
Mihu le Moldave
Et Janoch le Hongrois
Vont de côté,
Et la lutte commence !

Les Hongrois,
Neveux de Janoch,
Regardent et admirent
Comme ils se retournent,
Comme ils se secouent,
Comme ils se renversent,
Comme deux braves
Rejetons des dragons.
Et voilà, voilà
Que Mihu, tout d'un coup,
S'arrête sur place,
Saisit son Hongrois,
Le soulève,
Le rejette,
Le met à genoux,
Plie sa tête !

Et les Hongrois,
Neveux de Janoch,
Restent pétrifiés,
De terreur saisis !
Mihu les éveille
Et leur parle ainsi :
« Vous, braves !
Qui d'entre vous
Pourra soulever
Ma massue
Lourde comme elle est
Et ma carabine
Lourde comme elle est,
Mes armes pesantes ?
Que celui-là vienne,
En fraternité avec moi,
Faire le métier de brave
A l'ombre des forêts. »
Les Hongrois accourent,
Se baissent,
Mais ils essayent en vain,
Car pas un ne peut
Soulever sur son dos
Les armes amassées
Et gisant à terre.
« Allez donc, enfants !
Quittez les forêts,
Prenez la charrue,
La bêche et la pelle... »
. . . .
. . . .
Et, parlant ainsi,
Mihu le brave,
De son petit doigt,
Soulève ses armes,
Sur Murgo s'élance,
Et, tout joyeux, se remet en
 [marche ;
Et derrière lui,
La forêt bouillonne
Et résonne

D'une fière chanson,
Chanson de brave,
D'une voix de flûte,

Douce à l'ouïe,
D'une flûte en os,
Qui chante bellement.

LA PETITE BREBIS

Sur la pente d'une montagne,
La bouche du paradis [1],
Cheminent et descendent la
[vallée
Trois troupeaux de petits mou-
[tons,
Avec trois petits pasteurs..
L'un est Moldave,
L'autre est Hongrois,
L'autre est un Sicule de Vrant-
[cha.
Et le Hongrois
Et le Sicule
Parlèrent entre eux,
Tinrent conseil
Pour assassiner le Moldave
Au coucher du soleil;
Car il est plus riche,
Il a des brebis nombreuses,
Nombreuses et cornues,
Des chevaux domptés,
Des chiens vigoureux.
Mais petite brebis,
A la laine soyeuse,
Depuis trois jours
Ne ferme plus la bouche,
Et l'herbe ne lui plaît plus.
— Gentille brebis,
Gentille, riche en toison,
Depuis trois jours
Tu ne fermes plus la bouche;
Est-ce l'herbe qui te déplaît?
Ou bien es-tu malade,
Ma gentille petite brebis?
— Mon cher berger,
Mène ton troupeau
Près du noir bosquet
Où il y a de l'herbe pour nous,
De l'ombre pour vous.
Maître ! maître !
Appelle aussi un chien,
Le plus brave,
Le plus vigoureux,
Car, au coucher du soleil,
Veulent te tuer
Le Hongrois et le Sicule.
— Petite brebis de Birza,
Si tu es une fée,
Et si je dois mourir
Dans ces pâturages,
Dis au Hongrois,
Dis au Sicule
De m'enterrer
Ici tout près,
Au pré des brebis,
Pour être toujours avec vous
Derrière la bergerie,
Pour entendre encore
La voix de mes chiens.
Dis-leur ces choses;

---

1. C'est-à-dire l'entrée de l'heureuse patrie moldave, sur la frontière de Transylvanie.

Toi, tu placeras à ma tête
Petite flûte de hêtre
Qui joue si doucement,
Petite flûte en os
Qui joue si tristement;
Petite flûte de sureau
Qui joue avec flamme.
Le vent s'enflera,
Par elles passera,
Et les brebis s'assembleront
Et me pleureront
Avec larmes de sang !
Toi, ne leur parle pas
D'assassinat, à elles ; —
Dis-leur simplement
Que je me suis marié
A une fière reine,
La fiancée du monde.
Dis-leur qu'à ma noce
Une étoile a filé ;
Le soleil et la lune
Ont tenu ma couronne.
J'ai eu pour témoins
Les pins et les chênes,
Pour prêtres les grandes mon-
[tagnes,
Pour musiciens les oiseaux,
Des milliers d'oiseaux,
Et pour flambeaux les étoiles.

Mais si tu rencontres
Ma pauvre vieille mère
A la ceinture de laine,

Les yeux pleins de larmes,
Parcourant les champs,
Demandant à tous,
Et à tous disant :
« Qui de vous a connu,
Qui de vous a vu
Un fier jeune berger,
Qui eût passé par un anneau,
Le teint comme crème,
La petite moustache
Comme épi de blé,
Les cheveux
Plume de corbeau,
Et ses petits yeux
Comme la mûre des champs?...»
Toi, chère petite brebis,
Aie pitié d'elle ;
Dis-lui simplement
Que je me suis marié
A une fille de roi,
A la porte du paradis !
Mais à cette bonne mère,
Ne lui dis pas, chère brebis,
Qu'à ma noce une étoile a filé,
Que j'ai eu pour témoins
Les pins et les chênes,
Pour prêtres les grandes mon-
[tagnes,
Pour musiciens les oiseaux,
Des milliers d'oiseaux,
Et pour flambeaux les étoiles. »
. . . .

Le reste n'a pu être retrouvé.

III

DE L'HISTOIRE DE LA ROUMANIE ET DE SA DESTINÉE

Un illustre Roumain écrivait à un ami Français ces remarquables paroles :

« Que de jours, de nuits sans sommeil, j'ai passés en lisant ces chants populaires où l'histoire de notre patrie est écrite pour nous, mais pleurant des larmes amères de ce que le monde est privé de sa plus belle page !... Je puis le dire sans modestie comme sans amour-propre, l'histoire de la Roumanie contient dix-huit siècles de miracles autant que de souffrances.

« Supposons un moment que la France ait vécu cinq siècles constamment au moment sublime de vos Fédérations, cinq siècles sur le champ de Jemmapes, et huit siècles sur Waterloo, et tout cela sans historien, de sorte que le monde ignore jusqu'à l'existence de votre patrie... Oh ! ne faisons pas cette supposition, votre cœur en souffrirait trop. »

Je crois pourtant qu'un véritable historien, un pénétrant critique, recueillant de toutes parts dans les annales des peuples voisins les faits historiques de la Roumanie, pourra retrouver son passé et reconstituer son histoire.

Ce monument peut-être existe. On nous assure que l'éminent et à jamais regrettable Balcesco a laissé un grand ouvrage sur l'histoire de son pays. — Puisse-t-il paraître bientôt !

Il y a, dit-on, profité de plus d'un document inconnu, miraculeusement retrouvé.

En 1846, il eut le bonheur de découvrir, dans un monastère de Karpathes, un poème historique de grande valeur. *Cantarea Roumaniâ*, chant de la Roumanie. — C'était toute l'histoire en quelques pages, et tirée de l'âme du peuple.

Impossible de découvrir l'auteur et l'époque. Il croit que c'est un moine nourri dans la solitude de la Bible et des psaumes. — Car souvent il y a eu dans les monastères et les grottes des Karpathes des moines qui ont exprimé dans une poésie biblique les souffrances du peuple, et ont cherché à voir dans l'avenir. Le plus connu est le Père Spiridion. Les moines de basse classe et les prêtres roumains, tant dans les principautés que dans la Transylvanie, ne se sont jamais séparés du peuple, ni par le genre de vie ni par le cœur. De là vient uniquement leur influence sur le peuple.

Le caractère de l'écriture et certaines expressions lui font croire que ce poème a été composé dans une de ces années où il y eut un grand mouvement populaire, comme en 1830. Les révolutions françaises, polonaises, les mouvements de l'Italie, retentirent jusque dans les solitudes des Karpathes et ouvrirent le cœur de l'ermite, qui regarda sa patrie et sa vie gémissante sous la domination russe. Il repassa chacun des jours de l'ancien temps, et, écoutant les bruits du monde, il montra à sa patrie les signes de l'affranchissement.

On a trop oublié le rôle éminemment guerrier qu'a joué autrefois la Roumanie.

C'est-elle pourtant qui, avec la Hongrie et la Pologne, soutint l'atroce combat de cinq siècles entiers qui ferma l'Europe aux Tartares d'abord, puis aux Ottomans.

Le sauveur de la chrétienté, Jean Huniade, fut-il Hongrois ou Roumain? C'est une question controversée entre les deux peuples.

Je lis dans la brochure nouvelle de M. Armand Lévy cette page éloquente : « Quarante églises semées sur le sol moldave témoignent encore des quarante victoires d'Étienne-le-Grand sur les Turcs... Si l'Évangile en cette nation trouva son boulevard, et si des milliers de Roumains ont témoigné pour la foi à Nicopolis comme à Varna, au temps nouveau la Révolution chaque fois y trouva son écho : et quand, il y a près de soixante ans, elle nous demandait de la reconnaître comme république, et quand naguère elle se levait toute confiante dans les sympathies et les promesses de la France de Février. Et les martyrs n'ont pas manqué à la cause nationale depuis Cantacuzène, dépouillé et proscrit : Brazoiano et Balaceano mis à mort, les Vacaresco exilés en Chypre, tous victimes des Phanariotes; plus tard, l'hospodar Ghika, décapité pour avoir protesté contre la prise de la Bukovine par l'Autriche, en 1777, et Vladimiresco, qui, en 1821, renversa les princes étrangers du Phanar, fut pris dans un piège de conférences, et assassiné de la main des aides de camp d'Ypsilanti; jusqu'aux Deux cents de Bucharest qui défendirent l'entrée de la cité, héros de la dernière heure ; jusqu'aux libérateurs proscrits de 1848, témoins et reproches vivants de la patrie au milieu des nations étrangères. »

Ce peuple, malgré tant de misères, malgré l'écrasement où le tient la Russie, ressuscitera-t-il ? Nous n'en faisons nul doute.

Pourquoi ?

Il a ce qu'ont très peu de peuples, *une idée simple* et forte *de son passé, de son avenir.*

De son passé. — Il se croit Romain. Il porte l'aigle romaine. Il se sent parent de Trajan.

De son avenir. — Il ne flotte nullement sur l'idée de la Révolution. Ses apôtres de 1848, dans leur extrême péril, sous le pied du colosse déjà levé, n'ont pas eu, comme nous, le loisir de sophistiquer. Ils ont dit à leur peuple : « La Révolution, c'est la liberté *et la terre*, la possession de la terre. » Les seules propriétés nationales qui font le tiers du pays auraient suffi pour doter toute la population agricole (Balcesco, page 53).

Avec ce simple mot, si la France eût voulu leur vendre des armes (ce qu'elle refusa obstinément), ils levaient toute la population contre la Russie. Un petit peuple qui se lève *tout entier* est plus nombreux que la plus grande armée du monde.

La résistance héroïque des pompiers de Bucharest prouve assez ce que ce peuple eût pu faire. Les régiments valaques de la Transylvanie comptent parmi les meilleurs de l'empire d'Autriche.

Des deux partis qui divisaient la révolution, le parti turc s'est trompé, à coup sûr; l'expérience a bien prouvé que la Turquie et l'Angleterre ne pouvaient donner aucune protection.

Le parti qu'on nommait français, l'avenir le nommera le vrai parti roumain. Quoiqu'il espérât quelque appui de la France, c'est dans la Roumanie même qu'il mettait toute sa force, dans une révolution profonde, profondément fondée. *Le paysan propriétaire* eût fait des efforts incroyables. La Russie, très embarrassée, n'eût jamais passé en Hongrie.

Un grand poète, un philologue illustre, et qui, sous mille rapports, a. bien mérité de son pays, M. Héliade, a eu le tort très grave de ne pas reconnaître franchement que son parti s'était trompé, le tort plus grave d'insinuer que ses adversaires (les meilleurs patriotes de l'Europe!) étaient des amis de la Russie qui la servaient par une fausse exagération! Les Rosetti, les Golesco, les Bratiano, agents russes!!!

Le jour s'est fait. On comprend aujourd'hui que non seulement ils ne se trompèrent pas dans l'intérêt de leur pays, mais que leur révolution radicale et territoriale, qui armait tout un peuple d'au moins trois cent mille combattants, eût doublé la guerre de Hongrie et recréé contre la barbarie la vieille barrière du Danube, qui garda si longtemps l'Europe.

Les grandes et nobles paroles des paysans que j'ai citées se trouvent dans la précieuse brochure de M. Balcesco.

Un heureux hasard me permet d'y ajouter la traduction suivante des procès-verbaux de deux séances de la commission mixte des propriétaires et des paysans. Jamais plus graves questions n'ont été discutées avec plus de simplicité et de grandeur.

PREMIÈRE SÉANCE. — 10 AOUT 1848.

La séance du 10 août 1848 s'est ouverte à neuf heures sous la présidence de M. Jonesco (agronome distingué). Sur trente-quatre députés qui devaient composer la commission, vingt-deux étaient venus, dont quatorze paysans, et huit propriétaires. L'ordre du jour les appelait à discuter comment devaient se faire les semailles d'automne.

Le paysan Néagou (qui est en même temps prêtre) demande la parole ; trois députés propriétaires la réclament aussi.

Néagou développe les plaintes des paysans. Il rappelle qu'en temps de calamités les propriétaires quittent le pays, tandis que les paysans restent pour tout souffrir et garder les propriétés ; cela seul suffirait pour leur constituer un droit. Sans les paysans, la terre aurait-elle aucune valeur ? Par eux, elle s'est améliorée et enrichie ; par eux, elle a pu payer au propriétaire d'immenses revenus ; à ce titre, les propriétaires restent les débiteurs des paysans. — Il propose, non seulement pour les semailles d'automne, mais comme base d'un arrangement définitif dans la question de la propriété, que le paysan laboure et sème, comme il l'entendra, en payant la dîme ou dixième au propriétaire.

M. Jonesco prétend que cette dîme serait un servage et pour le propriétaire et pour le paysan.

M. Linche se croit incompétent ; la commission n'a rien à faire qu'à préparer à l'assemblée un projet sur la propriété. Jusque-là, il faut suivre l'ancienne loi, quoique mauvaise.

M. Céouchesco (propriétaire) appuie l'avis du paysan Néagou, en le limitant à la question des semailles d'automne.

M. Robesco (propriétaire) propose que le paysan laboure pour le propriétaire un pogon et demi (mesure roumaine), et tout le reste pour lui. Plus tard on fixera la valeur comparative de la terre du propriétaire et du travail du paysan.

Presque tous les députés paysans adoptent cette proposition.

(Adoption fort prudente, selon nous. L'arpentage d'une mesure de terre est chose simple et sans conteste. Mais l'appréciation du dixième du produit est chose fort délicate, susceptible de chicane, et qui eût fait encore intervenir l'autorité entre le propriétaire et le paysan.)

DEUXIÈME SÉANCE. — 11 AOUT 1848.

A la fin de la première séance, le président avait lu l'ordre du jour de la deuxième.

Le paysan est-il libre de son travail ?

Le paysan est-il libre sur la propriété ?

Les assistants s'écrient que cela ne fait aucun doute.

Le président de la séance, M. Racovitza, dit qu'on ne peut discuter, attendu que tous les membres ne sont pas présents. On annonce que, dans un district, les propriétaires, ne reconnaissant point la Révolution, n'ont voulu ni s'assembler, ni élire un député. Le président se retire.

L'assemblée ne se sépare point. Elle reste dans un profond silence. M. Jonesco croit devoir passer outre, et dit : — Messieurs, il faut ouvrir la voie à la discussion, lui poser son principe : « *La propriété est sacrée, parce qu'elle est le produit du travail. Le travail est sacré, par ce qu'il est la sueur du travailleur.* » Ce principe est reconnu même par l'ancien Règlement, dont les lois, faites par les seuls boyards, sont restées inconnues aux paysans.

— Rien n'est plus vrai ! s'écrient tous les députés paysans.

M. Jonesco : Le principe était bon, mais l'application fut mauvaise. En Moldavie, en Valachie, ce Règlement asservit le travail. Nous le détruisons.

Un Député paysan (se séparant de son parti) : Sans doute, ces principes sont vrais... Mais, quant au Règlement, il n'a pas été réellement appliqué...

M. Linche : Remarquez bien cette parole !

M. Jonesco répond que le Règlement consacrait la propriété sans consacrer le travail. Il montre, d'autre part, ce que la propriété a de respectable en ce pays, la terre ayant été peuplée par colonisation, non par usurpation, par invasion, comme en Asie, en Servie, etc. Du reste, si l'on fait aujourd'hui un partage de la terre entre le propriétaire et le paysan, il serait absurde de dire qu'elle pourra être de nouveau partagée, etc. Il revient à l'ancien Règlement et l'attaque de nouveau, comme funeste aux travailleurs.

M. Linche : Je ne viens pas le défendre, Dieu m'en garde! Je ne viens pas examiner s'il a été bien ou mal appliqué. Je reconnais le droit que la nation a de se donner des lois. Je veux seulement prouver que la *corvée* n'était pas un servage, comme vient de le dire M. Jonesco. Le servage est l'état déplorable de celui qui n'est maître ni de lui ni de son travail, et ne peut avoir ni volonté ni propriété. Non, c'était comme une obligation de fermage ; un intérêt du capital mis dans la terre et déterminé par la loi. L'application du principe a seule été mauvaise. M. Linche continue en défendant la propriété, comme fait ; il ne croit pas avoir besoin, comme M. Jonesco, de dire que la terre a été autrefois achetée par ceux qui la possèdent. Radou Négrou (Rodolphe le Noir), premier prince du pays, a partagé la terre entre ses braves en récompense de leurs services militaires. D'eux sont sorties les familles héroïques des Busesco, des Calofiresco, etc., dont les propriétés nous sont venues par héritage. Je reconnais le droit qu'a la nation de faire ses lois, pourvu qu'elle les fonde sur les deux principes de la liberté du travail et de l'inviolabilité de la propriété.

Le paysan Néagou : On prétend que la corvée n'était pas un servage, que c'était comme une obligation de fermage, librement consentie! Quoi! vous me dites, par exemple : « Attelle tes bœufs, viens me conduire à Domnitsa. » Je pars, je vous conduis. Et là, au lieu d'apprécier la longueur du chemin, vous êtes quitte en me payant cinq piastres (environ trente-trois sous de France). Et il faut bien que je les reçoive. Où irais-je réclamer mon droit ?... Voilà ce que vous appelez une chose de libre consentement !

Lipan (député paysan) : Quel servage plus grand, messieurs ? Jugez-en par ceci : ma femme accouche, personne que moi pour la soigner, elle et son enfant. Au troisième jour, arrive le gendarme, qui me fait marcher, me mène, à coups de fouet, travailler au champ (il y a dix ans, messieurs, et vous verriez encore les marques)... Là, on me fait travailler, sans me donner de nourriture, sans me permettre d'aller voir ma femme et mon enfant, ni de leur chercher à manger. Je me lamente, et ils me battent... Au temps des Turcs, le sabre frappait, tuait ; il ne torturait pas comme le fouet... Nous n'en avions rien lu, de votre Règlement, et nous l'avons senti tout à coup sur le dos.

— Oh ! oui, disent les députés paysans. Le Règlement a été un servage.

Lipan : Une autre fois, ma femme et moi nous sommes enlevés pour le fauchage, tenus là, avec l'homme armé derrière nous. Et nous avions laissé un enfant de trois mois, un enfant qui ne dit encore ni mère, ni père, à l'ardeur du soleil, avec des guêpes à la bouche, mangé des mouches et des cousins... Est-ce là un esclavage ?... Du matin jusqu'au grand midi, ma femme n'a pas pu aller allaiter son enfant.

M. Linche : Je ne nie pas, monsieur, que le

Règlement n'ait été sévère. Mais l'usage et l'application ont été pires encore... Oui, la propriété est sacrée, et le travail encore plus. Je regrette seulement que ceux qui devaient pacifier travaillent à irriter les plaies plus qu'à la pacification.

M. Lahovari (propriétaire) : Oublions... car, dans ce passé, il y a eu bien des choses injustes, mais qui n'étaient pas illégales.

Le paysan Néagou : Oui, messieurs, oublions... il est bien reconnu que le travail est sacré... Oublions. Si messieurs les propriétaires veulent bien accorder quelque chose, la paix est entre nous.

— Oui ! s'écrient tous les paysans.

Le président veut clore la séance. Quoique les députés paysans demandent qu'on leur donne le temps de refléchir encore, on insiste. La séance est levée, la discussion remise au lendemain.

FIN DES LÉGENDES DÉMOCRATIQUES DU NORD.

LA SORCIÈRE

Des livres que j'ai publiés, celui-ci me paraît le plus inattaquable. Il ne doit rien à la chronique légère ou passionnée. Il est sorti généralement des *actes judiciaires*.

Je dis ceci non seulement pour nos grands procès (de Gauffridi, de la Cadière, etc.), mais pour une foule de faits que nos savants prédécesseurs ont pris dans les archives allemandes, anglaises, etc., et que nous avons reproduits.

Les *manuels d'inquisiteurs* ont aussi contribué. Il faut bien les croire dans tant de choses où ils s'accusent eux-mêmes.

Quant aux commencements, aux temps qu'on peut appeler l'âge légendaire de la sorcellerie, les textes innombrables qu'ont réunis Grimm,

Soldan, Wright, Maury, etc., m'ont fourni une base excellente.

Pour ce qui suit, de 1400 à 1600 et au delà, mon livre a ses assises bien plus solides encore dans les nombreux procès jugés et publiés.

J. MICHELET.

1er décembre 1862.

INTRODUCTION

Sprenger dit (avant 1500) : « Il faut dire l'*hérésie des sorcières*, et non des sorciers; ceux-ci sont peu de chose. » — Et un autre sous Louis XIII : « Pour un sorcier, dix mille sorcières. »

« Nature les fait sorcières. » — C'est le génie propre à la Femme et son tempérament. Elle naît Fée. Par le retour régulier de l'exaltation, elle naît Sibylle. Par l'amour, elle est Magicienne. Par sa finesse, sa malice (souvent fantasque et bienfaisante), elle est Sorcière et fait le sort, du moins endort, trompe les maux.

Tout peuple primitif a même début; nous le voyons par les *Voyages*. L'homme chasse et combat. La femme s'ingénie, imagine; elle enfante des songes et des dieux. Elle est *voyante* à certain jour; elle a l'aile infinie du désir et du rêve. Pour mieux compter les temps, elle observe le ciel. Mais la terre n'a pas moins son cœur. Les yeux baissés sur les fleurs amoureuses, jeune et fleur elle-même, elle fait avec elles connaissance personnelle. Femme, elle leur demande de guérir ceux qu'elle aime.

Simple et touchant commencement des religions et des sciences! Plus tard, tout se divisera; on verra commencer l'homme spécial, jongleur, astrologue ou prophète, nécromancien, prêtre, médecin. Mais, au début, la Femme est tout.

Une religion forte et vivace, comme fut le paganisme grec, commence par la sibylle, finit par la sorcière. La première, belle vierge, en pleine lumière, le berça, lui donna le charme et l'auréole. Plus tard, déchu, malade, aux ténèbres du Moyen-âge, aux landes et aux forêts, il fut caché par la sorcière; sa pitié intrépide le nourrit, le fit vivre encore. Ainsi, pour les religions, la Femme est mère, tendre gardienne et nourrice fidèle. Les dieux sont comme les hommes; ils naissent et meurent sur son sein.

Que sa fidélité lui coûte!... Reines mages de la Perse, ravissante Circé! sublime Sibylle, hélas! qu'êtes-vous devenues? et quelle barbare transformation!... Celle qui, du trône d'Orient, enseigna les vertus des plantes et le voyage des étoiles, celle qui, au trépied de Delphes, rayonnante du dieu de lumière, donnait ses oracles au monde à genoux, — c'est elle, mille ans après, qu'on chasse comme une bête sauvage, qu'on poursuit aux carrefours, honnie, tiraillée, lapidée, assise sur les charbons ardents!...

Le clergé n'a pas assez de bûchers, le peuple assez d'injures, l'enfant assez de pierres, contre l'infortunée.

INTRODUCTION

Le poëte (aussi enfant) lui lance une autre pierre, plus cruelle pour une femme. Il suppose, gratuitement, qu'elle était toujours laide et vieille. Au mot Sorcière, on voit les affreuses vieilles de *Macbeth*. Mais leurs cruels procès apprennent le contraire. Beaucoup périrent précisément parce qu'elles étaient jeunes et belles.

La Sibylle prédisait le sort. Et la Sorcière le fait. C'est la grande, la vraie différence. Elle évoque, elle conjure, opère la destinée. Ce n'est pas la Cassandre antique qui voyait si bien l'avenir, le déplorait, l'attendait. Celle-ci crée cet avenir. Plus que Circé, plus que Médée, elle a en mains la baguette du miracle naturel, et pour aide et sœur la Nature. Elle a déjà des traits du Prométhée moderne. En elle commence l'industrie, surtout l'industrie souveraine qui guérit, refait l'homme. Au rebours de la Sibylle, qui semblait regarder l'aurore, elle regarde le couchant ; mais justement ce couchant sombre donne, longtemps avant l'aurore (comme il arrive aux pics des Alpes), une aube anticipée du jour.

Le prêtre entrevoit bien que le péril, l'ennemie, la rivalité redoutable, est dans celle qu'il fait semblant de mépriser, la prêtresse de la Nature. Des dieux anciens elle a conçu des dieux. Auprès du Satan du passé, on voit en elle poindre un Satan de l'avenir.

L'unique médecin du peuple, pendant mille ans, fut la Sorcière. Les empereurs, les rois, les papes, les plus riches barons, avaient quelques docteurs de Salerne, des Maures, des Juifs; mais la masse de tout état, et l'on peut dire le monde ne consultait que la *Saga* ou *Sage*-femme. Si elle ne guérissait, on l'injuriait, on l'appelait sorcière. Mais généralement, par un respect mêlé de crainte, on la nommait *Bonne dame*, ou *Belle dame* (Bella donna), du nom même qu'on donnait aux Fées.

Il lui advint ce qui arrive encore à sa plante favorite, la Belladone, à d'autres poisons salutaires qu'elle employait et qui furent l'antidote des grands fléaux du Moyen-âge. L'enfant, le passant ignorant, maudit ces sombres fleurs avant de les connaître. Elles l'effrayent par leurs couleurs douteuses. Il recule, il s'éloigne. Ce sont pourtant les *Consolantes* (Solanées), qui, discrètement administrées, ont guéri si souvent, endormi tant de maux.

Vous les trouvez aux plus sinistres lieux, isolés, mal famés, aux masures, aux décombres. C'est encore là une ressemblance qu'elles ont avec celle qui les employait. Où aurait-elle vécu, sinon aux landes sauvages, l'infortunée qu'on poursuivit tellement, la maudite, la proscrite, l'empoisonneuse qui guérissait, sauvait? là fiancée du Diable et du Mal incarné, qui a fait tant de bien, au dire du grand médecin de la Renaissance. Quand Paracelse, à Bâle, en 1527, brûla toute la médecine, il déclara ne savoir rien que ce qu'il apprit des sorcières.

Cela valait une récompense. Elles l'eurent. On les paya en tortures, en bûchers. On trouva des supplices exprès; on leur inventa des douleurs. On les jugeait en masse, on les condamnait sur un mot. Il n'y eut jamais une telle prodigalité de vies humaines. Sans parler de l'Espagne, terre classique des bûchers, où le Maure et le Juif ne vont jamais sans la sorcière, on en brûle sept mille à Trèves, et je ne sais combien à Toulouse, à Genève cinq cents en trois mois (1513), huit cents à Wurtzbourg, presque d'une fournée, quinze cents à Bamberg (deux tout petits évêchés!). Ferdinand II lui-même, le bigot, le cruel empereur de la Guerre de Trente-Ans, fut obligé de surveiller ces bons évêques; ils eussent brûlé tous leurs sujets. Je trouve, dans la liste de Wurtzbourg, un sorcier de onze ans, qui était à l'école, une sorcière de quinze, à Bayonne deux de dix-sept, damnablement jolies.

Notez qu'à certaines époques, par ce seul mot *Sorcière*, la haine tue qui elle veut. Les jalousies de femmes, les cupidités d'hommes, s'emparent d'une arme si commode. Telle est riche?... *Sorcière*. — Telle est jolie?... *Sorcière*. On verra la Murgui, une petite mendiante, qui, de cette pierre terrible, marque au front pour la mort la grande dame, trop belle, la châtelaine de Lancinena.

Les accusées, si elles peuvent, préviennent la torture et se tuent. Remy, l'excellent juge de Lorraine, qui en brûla huit cents, triomphe de cette Terreur. « Ma justice est si bonne, dit-il, que seize, qui furent arrêtées l'autre jour, n'attendirent pas, s'étranglèrent tout d'abord. »

Sur la longue voie de mon *Histoire*, dans les trente ans que j'y ai consacrés, cette horrible littérature de sorcellerie m'a passé, repassé fréquemment par les mains. J'ai épuisé d'abord et les manuels de l'Inquisition, les âneries des dominicains (*Fouets, Marteaux, Fourmilières, Fustigations, Lanternes*, etc., ce sont les titres de leurs livres). Puis j'ai lu les parlementaires, les juges lais qui succèdent à ces moines, les méprisent et ne sont guère moins idiots. J'en dis un mot ailleurs. Ici, une seule observation, c'est que, de 1300 à 1600, et au delà, la justice est la même. Sauf un entr'acte dans le Parlement de Paris, c'est toujours et partout même férocité de sottise. Les talents n'y font rien. Le spirituel De Lancre, magistrat bordelais du règne d'Henri IV, fort avancé en politique, dès qu'il s'agit de sorcellerie, retombe au niveau d'un Nider, d'un Sprenger, des moines imbéciles du quinzième siècle.

On est saisi d'étonnement en voyant ces temps si divers, ces hommes de culture différente, ne pouvoir avancer d'un pas. Puis on comprend très bien que les uns et les autres furent arrêtés, disons plus, aveuglés, irrémédiablement enivrés et ensauvagés par le poison de leur principe. Ce principe est le dogme de fondamentale injustice : « Tous perdus pour un seul, non seulement punis, mais dignes de l'être, *gâtés d'avance et pervertis*, morts à Dieu même avant de naître. L'enfant qui tette est un damné. »

Qui dit cela ? Tous, Bossuet même. Un docteur important de Rome, Spina, maître du Sacré Palais, formule nettement la chose : « Pourquoi Dieu permet-il la mort des innocents ? Il le fait justement. Car s'ils ne meurent à cause des péchés qu'ils ont faits, ils meurent toujours coupables pour le péché originel. » (*De Strigibus*, c. 9.)

De cette énormité deux choses dérivent, et en justice et en logique. Le juge est toujours sûr de son affaire ; celui qu'on lui amène est coupable certainement, et, s'il se défend, encore plus. La justice n'a pas à suer fort, à se casser la tête pour distinguer le vrai du faux. En tout, on part d'un parti pris. Le logicien, le scolastique n'a que faire d'analyser l'âme, et de se rendre compte des nuances par où elle passe, de sa complexité, de ses oppositions intérieures et de ses combats. Il n'a pas besoin, comme nous, de s'expliquer comment cette âme, de degré en degré, peut devenir vicieuse. Ces finesses, ces tâtonnements, s'il pouvait les comprendre, oh! comme il en rirait, hocherait la tête! et qu'avec grâce alors oscilleraient les superbes oreilles dont son crâne vide est orné !

Quand il s'agit surtout du *Pacte diabolique*, du traité effroyable où, pour un petit gain d'un jour, l'âme se vend aux tortures éternelles, nous chercherions nous autres à retrouver la voie maudite, l'épouvantable échelle de malheur et de crimes qui l'auront fait descendre là. Notre homme a bien affaire de tout cela! Pour lui l'âme et le Diable étaient nés l'un pour l'autre, si bien qu'à la première tentation, pour un caprice, une *envie*, une idée qui passe, du premier coup l'âme se jette à cette horrible extrémité.

Je ne vois pas non plus que nos modernes se soient enquis beaucoup de la chronologie morale de la sorcellerie. Ils s'attachent trop aux rapports du

Moyen-âge avec l'Antiquité. Rapports réels, mais faibles, de petite importance. Ni la vieille Magicienne, ni la Voyante celtique et germanique ne sont encore la vraie Sorcière. Les innocentes Sabasies (de Bacchus Sabasius), petit sabbat rural, qui dura dans le Moyen-âge, ne sont nullement la Messe noire du quatorzième siècle, le grand défi solennel à Jésus. Ces conceptions terribles n'arrivèrent pas par la longue filière de la tradition. Elles jaillirent de l'horreur du temps.

D'où date la Sorcière ? Je dis sans hésiter : « Des temps du désespoir. »

Du désespoir profond que fit le monde de l'Église. Je dis sans hésiter : « La Sorcière est son crime. »

Je ne m'arrête nullement à ces doucereuses explications qui font semblant d'atténuer : « Faible, légère, était la créature, molle aux tentations. Elle a été induite à mal par la concupiscence. » Hélas ! dans la misère, la famine de ces temps, ce n'est pas là ce qui pouvait troubler jusqu'à la fureur diabolique. Si la femme amoureuse, jalouse et délaissée, si l'enfant chassée par la belle-mère, si la mère battue de son fils (vieux sujets de légendes), si elles ont pu être tentées, invoquer le mauvais Esprit, tout cela n'est pas la Sorcière. De ce que ces pauvres créatures appellent Satan, il ne suit pas qu'il les accepte. Elles sont loin encore, et bien loin d'être mûres pour lui. Elles n'ont pas la haine de Dieu.

Pour comprendre un peu mieux cela, lisez les registres exécrables qui nous restent de l'Inquisition, non pas dans les extraits de Llorente, de Lamothe-Langon, etc., mais dans ce qu'on a des registres originaux de Toulouse. Lisez-les dans leur platitude, leur morne sécheresse, si effroyablement sauvage. Au bout de quelques pages, on se sent morfondu. Un froid cruel vous prend. La mort, la mort, la mort, c'est ce qu'on sent dans chaque ligne. Vous êtes déjà dans la bière, ou dans une petite loge de pierre aux murs moisis. Les plus heureux sont ceux qu'on tue. L'horreur, c'est l'*in-pace*. C'est ce mot qui revient sans cesse, comme une cloche d'abomination qu'on sonne et qu'on resonne, mot toujours le même : *Emmurés*.

Épouvantable mécanique d'écrasement, d'aplatissement, cruel pressoir à briser l'âme. De tour de vis en tour de vis, ne respirant plus et craquant, elle jaillit de la machine, et tomba au monde inconnu.

A son apparition, la Sorcière n'a ni père, ni mère, ni fils, ni époux, ni famille. C'est un monstre, un aérolithe, venu on ne sait d'où. Qui oserait? grand Dieu! en approcher.

Où est-elle? Aux lieux impossibles, dans la forêt des ronces, sur la lande, où l'épine, le chardon emmêlés, ne permettent pas le passage. La nuit, sous quelque vieux dolmen. Si on l'y trouve, elle est isolée par l'horreur commune ; elle a autour comme un cercle de feu.

Qui le croira pourtant? C'est une femme encore. Même cette vie terrible presse et tend son ressort de femme, l'électricité féminine. La voilà douée de deux dons :

L'*illuminisme de la folie lucide*, qui, selon ses

.degrés, est poésie, seconde vue, pénétration perçante, la parole naïve et rusée, la faculté surtout de se croire en tous ses mensonges. Don ignoré du sorcier mâle. Avec lui, rien n'eût commencé.

De ce don un autre dérive, la sublime puissance de la *conception solitaire*, la parthénogénèse que nos physiologistes reconnaissent maintenant dans les femelles de nombreuses espèces pour la fécondité du corps, et qui n'est pas moins sûre pour les conceptions de l'esprit.

Seule, elle conçut et enfanta. Qui? Un autre elle-même qui lui ressemble à s'y tromper.

Fils de haine, conçu de l'amour. Car sans l'amour, on ne crée rien. Celle-ci, tout effrayée qu'elle est de cet enfant, s'y retrouve si bien, se complaît tellement en cette idole, qu'elle la place à l'instant sur l'autel, l'honore, s'y immole, et se donne comme victime et vivante hostie. Elle-même bien souvent le dira à son juge : « Je ne crains qu'une chose : souffrir trop peu pour lui. » (Lancre.)

Savez-vous bien le début de l'enfant? C'est un terrible éclat de rire. N'a-t-il pas sujet d'être gai, sur sa libre prairie, loin des cachots d'Espagne et des *emmurés* de Toulouse. Son *in-pace* n'est pas moins que le monde. Il va, vient, se promène. A lui la forêt sans limite! à lui la lande des lointains horizons! à lui toute la terre, dans la rondeur de sa riche ceinture! La sorcière lui dit tendrement : « Mon Robin », du nom de ce vaillant proscrit, le joyeux Robin Hood, qui vit sous la verte feuillée. Elle aime aussi à le nommer du petit nom de *Verdelet*, *Joli-Bois*, *Vert-Bois*. Ce sont les lieux favoris de l'espiègle. A peine eut-il vu un buisson, qu'il fit l'*école buissonnière*.

Ce qui étonne, c'est que du premier coup la Sorcière vraiment fit un être. Il a tous les semblants de la réalité. On l'a vu, entendu. Chacun peut le décrire.

Les saints, ces bien-aimés, les fils de la maison, se remuent peu, contemplent, rêvent ; ils *attendent en attendant*, sûrs qu'ils auront leur part d'Élus. Le peu qu'ils ont d'actif se concentre dans le cercle resserré de l'*Imitation* (ce mot est tout le Moyen-âge). — Lui, le bâtard maudit, dont la part n'est rien que le fouet, il n'a garde d'attendre. Il va cherchant et jamais ne repose. Il s'agite de la terre au ciel. Il est fort curieux, fouille, entre, sonde, et met le nez partout. Du *Consummatum est* il se rit, il se moque. Il dit toujours : « Plus loin ! » — et « En avant ! »

Du reste, il n'est pas difficile. Il prend tous les rebuts ; ce que le ciel jette, il ramasse. Par exemple, l'Église a jeté la Nature, comme impure et suspecte. Satan s'en saisit, s'en décore. Bien plus, il l'exploite et s'en sert, en fait jaillir des arts, acceptant le grand nom dont on veut le flétrir, celui de *Prince du monde*.

On avait dit imprudemment : « Malheur à ceux qui rient ! » C'était donner d'avance à Satan une trop belle part, le monopole du rire et le proclamer *amusant*. Disons plus : *nécessaire*. Car le rire est une fonction essentielle de notre nature. Comment porter la vie, si nous ne pouvons rire, tout au moins parmi nos douleurs?

L'Église, qui ne voit dans la vie qu'une épreuve, se garde de la prolonger. Sa médecine est la résignation, l'attente et l'espoir de la mort. — Vaste champ pour Satan. Le voilà médecin, guérisseur des vivants. — Bien plus, consolateur; il a la complaisance de nous montrer nos morts, d'évoquer les ombres aimées.

Autre petite chose rejetée de l'Église, la Logique, la libre Raison. C'est là la grande friandise dont *l'autre* avidement se saisit.

L'Église avait bâti à chaux et à ciment un petit *in-pace*, étroit, à voûte basse, éclairé d'un jour borgne, d'une certaine fente. Cela s'appelait l'*École*. On y lâchait quelques tondus, et on leur disait : « Soyez libres. » Tous y devenaient culs-de-jatte. Trois cents, quatre cents ans confirment la paralysie. Et le point d'Abailard est justement celui d'Occam!

Il est plaisant qu'on aille chercher là l'origine de la Renaissance. Elle eut lieu, mais comment? par la satanique entreprise des gens qui ont percé la voûte, par l'effort des damnés qui voulaient voir le ciel. Et elle eut lieu bien plus encore, loin de l'École et des lettrés, dans l'*École buissonnière*, où Satan fit la classe à la sorcière et au berger.

Enseignement hasardeux, s'il en fut, mais dont les hasards même exaltaient l'amour curieux, le désir effréné de voir et de savoir. — Là commencèrent les mauvaises sciences, la pharmacie défendue des poisons, et l'exécrable anatomie. — Le berger, espion des étoiles, avec l'observation du ciel, apportait là ses coupables recettes, ses essais sur les animaux. — La sorcière apportait du cimetière voisin un corps volé ; et pour la première fois (au risque du bûcher) on pouvait contempler ce miracle de Dieu « qu'on cache sottement, au lieu de le comprendre » (comme a dit si bien M. Serres).

Le seul docteur admis là par Satan, Paracelse y a vu un tiers, qui parfois se glissait dans l'assemblée sinistre, y apportait la chirurgie. — C'était le chirurgien de ces temps de bonté, le bourreau, l'homme à la main hardie, qui jouait à propos du fer, cassait les os et savait les remettre, qui tuait et parfois sauvait, pendait jusqu'à un certain point.

L'université criminelle de la sorcière, du berger, du bourreau, dans ses essais qui furent des sacrilèges, enhardit l'autre, força sa concurrente d'étudier. Car chacun voulait vivre. Tout eût été à la sorcière; on aurait pour jamais tourné le dos au médecin. — Il fallut bien que l'Église subît, permît ces crimes. Elle avoua qu'il est de *bons poisons* (Grillandus). Elle laissa, contrainte et forcée, disséquer publiquement. En 1306, l'italien Mondino ouvre et dissèque une femme; une en 1315. — Révélation sacrée Découverte d'un monde (c'est bien plus que Christophe Colomb). Les sots frémirent, hurlèrent. Et les sages tombèrent à genoux.

. . .

Avec de telles victoires, Satan était bien sûr de vivre. Jamais l'Église seule n'aurait pu le détruire.

Les bûchers n'y firent rien, mais bien certaine politique.

On divisa habilement le royaume de Satan. Contre sa fille, son épouse, la Sorcière, on arma son fils, le Médecin.

L'Église, qui, profondément, de tout son cœur, haïssait celui-ci, ne lui fonda pas moins son monopole, pour l'extinction de la Sorcière. — Elle déclare, au quatorzième siècle, que si la femme ose guérir *sans avoir étudié*, elle est sorcière et meurt.

Mais comment étudierait-elle publiquement? Imaginez la scène risible, horrible qui eût eu lieu, si la pauvre sauvage eût risqué d'entrer aux Écoles! Quelle fête et quelle gaieté! Aux feux de la Saint-Jean, on brûlait des chats enchaînés. Mais la sorcière liée à cet enfer miaulant, la sorcière hurlante et rôtie, quelle joie pour l'aimable jeunesse des moinillons et des cappets!

On verra tout au long la décadence de Satan. Lamentable récit. On le verra pacifié, devenu *un bon vieux*. On le vole, on le pille, au point que des deux masques qu'il avait au Sabbat, le plus sale est pris par Tartufe.

Son esprit est partout. Mais lui-même, de sa personne, en perdant la Sorcière, il perdait tout. — Les sorciers furent des ennuyeux.

Maintenant qu'on l'a précipité tellement vers son déclin, sait-on bien ce qu'on a fait là! — N'était-il pas un acteur nécessaire, une pièce indispensable de la grande machine religieuse, un peu détraquée aujourd'hui ? — Tout organisme qui fonctionne bien est double, a deux côtés. La vie ne va guère autrement. C'est un certain balancement de deux forces, opposées, symétriques, mais inégales ; l'inférieure fait contrepoids, répond à l'autre. La supérieure s'impatiente, et veut la supprimer. — A tort.

Lorsque Colbert (1672) destitua Satan avec peu de façon en défendant aux juges de recevoir les procès de sorcellerie, le tenace Parlement normand, dans sa bonne logique normande, montra la portée dangereuse d'une telle décision. Le Diable n'est pas moins qu'un dogme, qui tient à tous les autres. Toucher à l'éternel vaincu, n'est-ce pas toucher au vainqueur ? Douter des actes du premier, cela mène à douter des actes du second, des miracles qu'il fit précisément pour combattre le Diable. Les colonnes du ciel ont leur pied dans l'abîme. L'étourdi qui remue cette base infernale, peut lézarder le paradis.

Colbert n'écouta pas. Il avait tant d'autres affaires. — Mais le Diable peut-être entendit. Et cela le console fort. Dans les petits métiers où il gagne sa vie (spiritisme ou tables tournantes), il se résigne, et croit que du moins il ne meurt pas seul.

LIVRE PREMIER

I

LA MORT DES DIEUX

Certains auteurs nous assurent que, peu de temps avant la victoire du christianisme, une voix mystérieuse courait sur les rives de la mer Égée, disant : « Le grand Pan est mort. »

L'antique dieu universel de la Nature était fini. Grande joie. On se figurait que, la Nature étant morte, morte était la tentation. Troublée si longtemps de l'orage, l'âme humaine va donc reposer.

S'agissait-il simplement de la fin de l'ancien culte, de sa défaite, de l'éclipse des vieilles formes religieuses ? Point du tout. En consultant les premiers monuments chrétiens, on trouve à chaque ligne l'espoir que la Nature va disparaître, la vie s'éteindre, qu'enfin on touche à la fin du monde. C'en est fait des dieux de la vie, qui en ont si longtemps prolongé l'illusion. Tout tombe, s'écroule, s'abîme. Le Tout devient le néant : « Le grand Pan est mort ! »

Ce n'était pas une nouvelle que les dieux dussent mourir. Nombre de cultes anciens sont fondés précisément sur l'idée de la mort des dieux. Osiris meurt, Adonis meurt, il est vrai, pour ressusciter. Eschyle, sur le théâtre même, dans ces drames qu'on ne jouait que pour les fêtes des dieux, leur dénonce expressément, par la voix de Prométhée, qu'un jour ils doivent mourir. Mais comment? vaincus, et soumis aux Titans, aux puissances antiques de la Nature.

Ici, c'est bien autre chose. Les premiers chrétiens, dans l'ensemble et dans le détail, dans le passé, dans l'avenir, maudissent la Nature elle-même. Ils la condamnent tout entière, jusqu'à voir le mal incarné, le démon dans une fleur[1]. Viennent donc, plus tôt que plus tard, les anges qui jadis abîmèrent les villes de la mer Morte. Qu'ils emportent, plient comme un voile la vaine figure du monde, qu'ils délivrent enfin les saints de cette longue tentation.

L'Évangile dit : « Le jour approche. » Les Pères disent : « Tout à l'heure. » L'écroulement de l'Empire et l'invasion des Barbares donnent espoir à saint Augustin qu'il ne subsistera de cité bientôt que la cité de Dieu.

Qu'il est pourtant dur à mourir, ce monde, et obstiné à vivre ! Il demande, comme Ézéchias, un répit, un tour de cadran. Eh bien, soit, jusqu'à l'an Mil. Mais après, pas un jour de plus.

1. Conf. de S. Cyprien, ap. Muratori, *Script. it.*, I, 293, 515. — A. Maury, *Magie*, 435.

Est-il bien sûr, comme on l'a tant répété, que les anciens dieux fussent finis, eux-mêmes ennuyés, las de vivre! qu'ils aient, de découragement, donné presque leur démission? que le christianisme n'ait eu qu'à souffler sur ces vaines ombres?

On montre ces dieux dans Rome, on les montre dans le Capitole, où ils n'ont été admis que par une mort préalable, je veux dire en abdiquant ce qu'ils avaient de sève locale, en reniant leur patrie, en cessant d'être les génies représentants des nations. Pour les recevoir, il est vrai, Rome avait pratiqué sur eux une sévère opération, les avaient énervés, pâlis. Ces grands dieux centralisés étaient devenus, dans leur vie officielle, de tristes fonctionnaires de l'empire romain. Mais cette aristocratie de l'Olympe, en sa décadence, n'avait nullement entraîné la foule des dieux indigènes, la populace des dieux encore en possession de l'immensité des campagnes, des bois, des monts, des fontaines, confondus intimement avec la vie de la contrée. Ces dieux logés au cœur des chênes, dans les eaux fuyantes et profondes, ne pouvaient en être expulsés.

Et qui dit cela? c'est l'Église. Elle se contredit rudement. Quand elle a proclamé leur mort, elle s'indigne de leur vie. De siècle en siècle, par la voix menaçante de ses conciles[1], elle leur intime de mourir... Eh quoi! ils sont donc vivants?

« Ils sont des démons... » — Donc, ils vivent. Ne pouvant en venir à bout, on laisse le peuple innocent les habiller, les déguiser. Par la légende, il les

---

1. Voy. Munsi, Baluze; Conc. d'Arles, 442; de Tours, 567; de Leptines, 743; les *Capitulaires*, etc. Gerson même, vers 1400.

baptise, les impose à l'Église même. Mais, du moins, sont-ils convertis ? Pas encore. On les surprend qui sournoisement subsistent en leur propre nature païenne.

Où sont-ils ? Dans le désert, sur la lande, dans la forêt ? Oui, mais surtout dans la maison. Ils se maintiennent au plus intime des habitudes domestiques. La femme les garde et les cache au ménage et au lit même. Ils ont là le meilleur du monde (mieux que le temple), le foyer.

Il n'y eut jamais révolution si violente que celle de Théodose. Nulle trace dans l'Antiquité d'une telle proscription d'aucun culte. Le Perse, adorateur du feu, dans sa pureté héroïque, put outrager les dieux visibles, mais il les laissa subsister. Il fut très favorable aux Juifs, les protégea, les employa. La Grèce, fille de la lumière, se moqua des dieux ténébreux, des Cabires ventrus, et elle les toléra pourtant, les adopta comme ouvriers, si bien qu'elle en fit son Vulcain. Rome, dans sa majesté, accueillit, non seulement l'Étrurie, mais les dieux rustiques du vieux laboureur italien. Elle ne poursuivit les druides que comme une dangereuse résistance nationale.

Le christianisme vainqueur voulut, crut tuer l'ennemi. Il rasa l'École, par la proscription de la logique et par l'extermination des philosophes, qui furent massacrés sous Valens. Il rasa ou vida le temple, brisa les symboles. La légende nouvelle aurait pu être favorable à la famille, si le père n'y eût été annulé dans saint Joseph, si la mère avait été relevée comme éducatrice, comme ayant moralement enfanté Jésus. Voie féconde qui fut d'abord délaissée par l'ambition d'une haute pureté stérile.

Donc le christianisme entra au chemin solitaire où le monde allait de lui-même, le célibat, combattu en vain par les lois des Empereurs. Il se précipita sur cette pente par le monachisme.

Mais l'homme au désert fut-il seul? Le démon lui tint compagnie, avec toutes les tentations. Il eut beau faire, il lui fallut récréer des sociétés, des cités de solitaires. On sait ces noires villes de moines qui se formèrent en Thébaïde. On sait quel esprit turbulent, sauvage, les anima, leurs descentes meurtrières dans Alexandrie. Ils se disaient troublés, poussés du démon, et ne mentaient pas.

Un vide énorme s'était fait dans le monde. Qui le remplissait? Les chrétiens le disent : le démon, partout le démon : *Ubique dæmon*[1].

La Grèce, comme tous les peuples, avait eu ses *énergumènes*, troublés, possédés des esprits. C'est un rapport tout extérieur, une ressemblance apparente qui ne ressemble nullement. Ici ce ne sont pas des esprits quelconques. Ce sont les noirs fils de l'abîme, idéal de perversité. On voit partout dès lors errer ces pauvres mélancoliques qui se haïssent, ont horreur d'eux-mêmes. Jugez, en effet, ce que c'est, de se sentir double, d'avoir foi en cet *autre*, cet hôte cruel qui va, vient, se promène en vous, vous fait

---

[1]. Voy. les *Vies* des Pères du désert, et les auteurs cités par A. Maury, *Magie*, 317. Au quatrième siècle, les Messaliens, se croyant pleins de démons, se mouchaient et crachaient sans cesse, faisaient d'incroyables efforts pour les expectorer.

errer où il veut, aux déserts, aux précipices. Maigreur, faiblesse croissantes. Et plus ce corps misérable est faible, plus le démon l'agite. La femme surtout est habitée, gonflée, soufflée de ces tyrans. Ils l'emplissent d'*aura* infernale, y font l'orage et la tempête, s'en jouent, au gré de leur caprice, la font pécher, la désespèrent.

Ce n'est pas nous seulement, hélas! c'est toute la nature qui devient démoniaque. Si le diable est dans une fleur, combien plus dans la forêt sombre! La lumière qu'on croyait si pure est pleine des enfants de la nuit. Le ciel plein d'enfer! quel blasphème! L'étoile divine du matin, dont la scintillation sublime a plus d'une fois éclairé Socrate, Archimède ou Platon, qu'est-elle devenue? Un diable, le grand diable *Lucifer*. Le soir, c'est le diable *Vénus*, qui m'induit en tentation dans ses molles et douces clartés.

Je ne m'étonne pas si cette société devient terrible et furieuse. Indignée de se sentir si faible contre les démons, elle les poursuit partout, dans les temples, les autels de l'ancien culte d'abord, puis dans les martyrs païens. Plus de festins; ils peuvent être des réunions idolâtriques. Suspecte est la famille même; car l'habitude pourrait la réunir autour des lares antiques. Et pourquoi une famille? L'Empire est un empire de moines.

Mais l'individu lui-même, l'homme isolé et muet, regarde le ciel encore, et dans les astres retrouve et honore ses anciens dieux. « C'est ce qui fait les famines, dit l'empereur Théodose, et tous les fléaux de l'Empire. » Parole terrible qui lâche sur le païen inoffensif l'aveugle rage populaire. La loi déchaîne à l'aveugle toutes les fureurs contre la loi.

Dieux anciens, entrez au sépulcre. Dieux de l'amour, de la vie, de la lumière, éteignez-vous ! Prenez la capuche du moine. Vierges, soyez religieuses. Épouses, délaissez vos époux ; ou, si vous gardez la maison, restez pour eux de froides sœurs.

Mais tout cela, est-ce possible ? qui aura le souffle assez fort pour éteindre d'un seul coup la lampe ardente de Dieu ? Cette tentative téméraire de piété impie pourra faire des miracles étranges, monstrueux... Coupables, tremblez !

Plusieurs fois, dans le Moyen-âge, reviendra la sombre histoire de la Fiancée de Corinthe. Racontée de si bonne heure par Phlégon, l'affranchi d'Adrien, on la retrouve au douzième siècle, on la retrouve au seizième, comme le reproche profond, l'indomptable réclamation de la Nature.

« Un jeune homme d'Athènes va à Corinthe chez celui qui lui promit sa fille. Il est resté païen, et ne sait pas que la famille où il croyait entrer vient de se faire chrétienne. Il arrive fort tard. Tout est couché, hors la mère, qui lui sert le repas de l'hospitalité, et le laisse dormir. Il tombe de fatigue. A peine il sommeillait, une figure entre dans la chambre : c'est une fille, vêtue, voilée de blanc ; elle a au front un bandeau noir et or. Elle le voit. Surprise, levant sa blanche main : « Suis-je donc déjà si étrangère dans la maison ?...

« Hélas ! pauvre recluse... Mais, j'ai honte, et je
« sors. Repose. — Demeure, belle jeune fille, voici
« Cérès, Bacchus, et, avec toi, l'Amour ! N'aie pas
« peur, ne sois pas si pâle ! — Ah ! loin de moi,
« jeune homme ! Je n'appartiens plus à la joie.
« Par un vœu de ma mère malade, la jeunesse et
« la vie sont liées pour toujours. Les dieux ont
« fui. Et les seuls sacrifices sont des victimes
« humaines. — Eh quoi ! ce serait toi ? toi, ma
« chère fiancée, qui me fus donnée dès l'enfance ?
« Le serment de nos pères nous lia pour toujours
« sous la bénédiction du ciel. O vierge ! sois à
« moi ! — Non, ami, non, pas moi. Tu auras ma
« jeune sœur. Si je gémis dans ma froide prison,
« toi, dans ses bras, pense à moi, à moi qui me
« consume et ne pense qu'à toi, et que la terre
« va recouvrir. — Non, j'en atteste cette flamme ;
« c'est le flambeau d'hymen. Tu viendras avec moi
« chez mon père. Reste, ma bien-aimée. » Pour
don de noces, il offre une coupe d'or. Elle lui
donne sa chaîne, mais préfère à la coupe une
boucle de ses cheveux.

« C'est l'heure des esprits ; elle boit, de sa lèvre
pâle, le sombre vin couleur de sang. Il boit avidement après elle. Il invoque l'Amour. Elle, son
pauvre cœur s'en mourait, et elle résistait pourtant. Mais il se désespère, et tombe en pleurant sur
le lit. — Alors, se jetant près de lui : « Ah ! que
« ta douleur me fait mal ! Mais, si tu me tou-
« chais, quel effroi ! Blanche comme la neige, froide
« comme la glace, hélas ! telle est ta fiancée. —
« Je te réchaufferai ; viens à moi ! quand tu sor-

« tirais du tombeau... » Soupirs, baisers, s'échangent. « Ne sens-tu pas comme je brûle? » — L'Amour les étreint et les lie. Les larmes se mêlent au plaisir. Elle boit, altérée, le feu de sa bouche; le sang figé s'embrase de la rage amoureuse, mais le cœur ne bat pas au sein.

« Cependant la mère était là, écoutait. Doux serments, cris de plainte et de volupté. — « Chut! « c'est le chant du coq! A demain, dans la nuit! » Puis, adieu, baisers sur baisers!

« La mère entre indignée. Que voit-elle? Sa fille. Il la cachait, l'enveloppait. Mais elle se dégage, et grandit du lit à la voûte : « O mère! mère! vous
« m'enviez donc ma belle nuit, vous me chassez
« de ce lieu tiède. N'était-ce pas assez de m'avoir
« roulée dans le linceul, et sitôt portée au tom-
« beau? Mais une force a levé la pierre. Vos prêtres
« eurent beau bourdonner sur la fosse. Que font
« le sel et l'eau, où brûle la jeunesse? La terre ne
« glace pas l'amour!... Vous promîtes; je viens
« redemander mon bien...

« Las! ami, il faut que tu meures. Tu langui-
« rais, tu sécherais ici. J'ai tes cheveux; ils seront
« blancs demain[1]... Mère, une dernière prière!

---

1. Ici, j'ai supprimé un mot choquant. Goethe, si noble dans la forme, ne l'est pas autant d'esprit. Il gâte la merveilleuse histoire, souille le grec d'une horrible idée slave. Au moment où on pleure, il fait de la fille un vampire. Elle vient parce qu'elle a soif de sang, pour sucer le sang de son cœur. Et il lui fait dire froidement cette chose impie et immonde : « Lui fini, *je passerai à d'autres;* la jeune race succombera à ma fureur. »

Le Moyen-âge habille grotesquement cette tradition pour nous faire peur du diable Vénus. Sa statue reçoit d'un jeune homme une bague qu'il lui met imprudemment au doigt. Elle la serre, la garde comme fiancée, et, la nuit, vient dans son lit en réclamer les droits. Pour le débarrasser de l'infernale

« Ouvrez mon noir cachot, élevez un bûcher, et
« que l'amante ait le repos des flammes. Jaillisse
« l'étincelle et rougisse la cendre ! Nous irons à
« nos anciens dieux. »

épouse, il faut un exorcisme. — Même histoire dans les fabliaux, mais appliquée sottement à la Vierge. — Luther reprend l'histoire antique, si ma mémoire ne me trompe, dans ses *Propos de table*, mais fort grossièrement, en faisant sentir le cadavre. — L'espagnol Del Rio la transporte de Grèce en Brabant. La fiancée meurt peu avant ses noces. On sonne les cloches des morts. Le fiancé désespéré errait dans la campagne. Il entend une plainte. C'est elle-même qui erre sur la bruyère... « Ne vois-tu pas, dit-elle, celui qui me conduit ? — Non. » Mais il la saisit, l'enlève, la porte chez lui. Là, l'histoire risquait fort de devenir trop tendre et trop touchante. Ce dur inquisiteur, Del Rio, en coupe le fil. « Le voile levé, dit-il, on trouva une bûche vêtue de la peau d'un cadavre. » — Le juge le Loyer, quoique si peu sensible, nous restitue pourtant l'histoire primitive.

Après lui, c'est fait de tous ces tristes narrateurs. L'histoire est inutile. Car notre temps commence, et la Fiancée a vaincu. La Nature enterrée revient, non plus furtivement, mais maîtresse de la maison.

II

POURQUOI LE MOYEN-AGE DÉSESPÉRA

« Soyez des enfants nouveau-nés (*quasi modo geniti infantes*); soyez tout petits, tout jeunes par l'innocence du cœur, par la paix, l'oubli des disputes, sereins, sous la main de Jésus. »

C'est l'aimable conseil que donne l'Église à ce monde si orageux, le lendemain de la grande chute. Autrement dit : « Volcans, débris, cendres, lave, verdissez. Champs brûlés, couvrez-vous de fleurs. »

Une chose promettait, il est vrai, la paix qui renouvelle : toutes les écoles étaient finies, la voie logique abandonnée. Une méthode infiniment simple dispensait du raisonnement, donnait à tous la pente aisée qu'il ne fallait plus que descendre. Si le credo était obscur, la vie était toute tracée dans le sentier de la légende. Le premier mot, le dernier, fut le même : *Imitation*.

« *Imitez*, tout ira bien. Répétez et copiez. » Mais est-ce bien là le chemin de la véritable *enfance*, qui vivifie le cœur de l'homme, qui lui fait retrouver les sources fraîches et fécondes? Je ne vois d'abord dans ce monde, qui fait le jeune et l'enfant, que des attributs de vieillesse, subtilité, servilité, impuissance. Qu'est-ce que cette littérature devant les monuments sublimes des Grecs et des Juifs? même devant le génie romain? C'est précisément la chute littéraire qui eut lieu dans l'Inde, du brahmanisme au bouddhisme; un verbiage bavard après la haute inspiration. Les livres copient les livres, les églises copient les églises, et ne peuvent plus même copier. Elles se volent les unes les autres. Des marbres arrachés de Ravenne, on orne Aix-la-Chapelle. Telle est toute cette société. L'évêque roi d'une cité, le barbare roi d'une tribu copient les magistrats romains. Nos moines, qu'on croit originaux, ne font dans leur monastère que renouveler la *villa* (dit très bien Chateaubriand). Ils n'ont nulle idée de faire une société nouvelle, ni de féconder l'ancienne. Copistes des moines d'Orient, ils voudraient d'abord que leurs serviteurs fussent eux-mêmes de petits moines laboureurs, un peuple stérile. C'est malgré eux que la famille se refait, refait le monde.

Quand on voit que ces vieillards vont si vite vieillissant, quand, en un siècle, l'on tombe du sage moine saint Benoît au pédantesque Benoît d'Aniane, on sent bien que ces gens-là furent parfaitement innocents de la grande création populaire qui fleurit sur les ruines : je parle des *Vies* des saints. Les moines les écrivirent, mais le peuple les faisait. Cette jeune végétation peut jeter des feuilles et des fleurs par les lézardes de la vieille masure romaine convertie en monastère, mais elle n'en vient pas à coup sûr. Elle a sa racine profonde dans le sol ; le peuple l'y sème, et la famille l'y cultive, et tous y mettent la main, les hommes, les femmes et les enfants. La vie précaire, inquiète, de ces temps de violence, rendait ces pauvres tribus imaginatives, crédules pour leurs propres rêves, qui les rassuraient. Rêves étranges, riches de miracles, de folies absurdes et charmantes.

Ces familles, isolées dans la forêt, dans la montagne (comme on vit encore au Tyrol, aux Hautes-Alpes), descendant un jour par semaine, ne manquaient pas au désert d'hallucinations. Un enfant avait vu ceci, une femme avait rêvé cela. Un saint tout nouveau surgissait. L'histoire courait dans la campagne, comme en complainte, rimée grossièrement. On la chantait et la dansait le soir au chêne de la fontaine. Le prêtre qui le dimanche venait officier dans la chapelle des bois trouvait ce chant légendaire déjà dans toutes les bouches. Il se disait : « Après tout, l'histoire est belle, édifiante... Elle fait honneur à l'Église. *Vox populi, vox Dei !*... Mais comment l'ont-ils trouvée ? » On lui montrait des témoins véridiques, irrécusables, l'arbre, la pierre, qui ont vu l'apparition, le miracle. Que dire à cela ?

Rapportée à l'abbaye, la légende trouvera un moine, *propre à rien* qui ne sait qu'écrire, qui est curieux, qui croit tout, toutes les choses merveilleuses. Il écrit celle-ci, la brode de sa plate rhétorique, gâte un peu. Mais la voici consignée et consacrée, qui se lit au réfectoire, bientôt à l'église. Copiée, chargée, surchargée d'ornements souvent grotesques, elle ira de siècle en siècle, jusqu'à ce que, honorablement, elle prenne rang à la fin dans la *Légende dorée*.

Lorsqu'on lit encore aujourd'hui ces belles histoires, quand on entend les simples, naïves et graves mélodies où ces populations rurales ont mis tout leur jeune cœur, on ne peut y méconnaître un grand souffle, et l'on s'attendrit en songeant quel fut leur sort.

Ils avaient pris à la lettre le conseil touchant de l'Église : « Soyez des enfants nouveau-nés. » Mais ils en firent l'application à laquelle on songeait le moins dans la pensée primitive. Autant le christianisme avait craint, haï la Nature, autant ceux-ci l'aimèrent, la crurent innocente, la sanctifièrent même en la mêlant à la légende.

Les animaux que la Bible si durement nomme les *velus*, dont le moine se défie, craignant d'y trouver des démons, ils entrent dans ces belles histoires de la manière la plus touchante (exemple, la biche qui réchauffe, console Geneviève de Brabant).

Même hors de la vie légendaire, dans l'existence commune, les humbles amis du foyer, les aides courageux du travail, remontent dans l'estime de l'homme. Ils ont leur droits[1]. Ils ont leur fêtes. Si, dans l'immense bonté de Dieu, il y a place pour les plus petits, s'il semble avoir pour eux une préférence de pitié, « pourquoi, dit le peuple des champs, pourquoi mon âne n'aurait-il pas entrée à l'église ? Il a des défauts, sans doute, et ne me ressemble que plus. Il est rude travailleur, mais il a la tête dure ; il est indocile, obstiné, entêté, enfin, c'est tout comme moi. »

De là les fêtes admirables, les plus belles du Moyen-âge, des *Innocents*, des *Fous*, de l'*Ane*. C'est le peuple même d'alors, qui, dans l'âne, traîne son image, se présente devant l'autel, laid, risible, humilié ! Touchant spectacle ! Amené par Balaam, il entre solennellement entre la Sibylle et Virgile[2], il entre pour témoigner. S'il regimba jadis contre Balaam, c'est qu'il voyait devant lui le glaive de l'ancienne loi. Mais ici la Loi est finie, et le monde de la Grâce semble s'ouvrir à deux battants pour les moindres, pour les simples. Le peuple innocemment le croit. De là la chanson sublime où il disait à l'âne, comme il se fût dit à lui-même :

> A genoux, et dis *Amen !*
> Assez mangé d'herbe et de foin !
> Laisse les vieilles choses, et va !
> . . . .

---

[1]. Voy. J. Grimm, *Rechts alterthümer*, et mes *Origines du droit*.

[2]. C'est le rituel de Rouen. Voy. Ducange, verbo *Festum ;* Carpentier, verbo *Kalendæ*, et Martène, III, 110. La sibylle était couronnée, suivie des juifs et des gentils, de Moïse, des prophètes, de Nabuchodonosor, etc. De très bonne heure, et de siècle en siècle, du septième au seizième, l'Église essaye de proscrire les grandes fêtes populaires de l'Ane, des Innocents, des Enfants, des Fous. Elle n'y réussit pas avant l'avènement de l'esprit moderne.

> Le neuf emporte le vieux !
> La vérité fait fuir l'ombre !
> La lumière chasse la nuit[1] !
>
> . . . .

Rude audace ! Est-ce bien là ce qu'on vous demandait, enfants emportés, indociles, quand on vous disait d'être enfants ? On offrait le lait. Vous buvez le vin. On vous conduisait doucement bride en mains sur l'étroit sentier. Doux, timides, vous hésitiez d'avancer. Et tout à coup la bride est cassée... La carrière, vous la franchissez d'un seul bond.

Oh ! quelle imprudence ce fut de vous laisser faire vos saints, dresser l'autel, le parer, le charger, l'enterrer de fleurs ! Voilà qu'on le distingue à peine. Et ce qu'on voit, c'est l'hérésie antique condamnée de l'Église, l'*innocence de la nature;* que dis-je ! une hérésie nouvelle qui ne finira pas demain : l'*indépendance de l'homme.*

Écoutez et obéissez :
Défense d'inventer, de créer. Plus de légendes, plus de nouveaux saints. On en a assez. Défense d'innover dans le culte par de nouveaux chants ; l'inspiration est interdite. Les martyrs qu'on découvrirait doivent se tenir dans le tombeau, modestement, et attendre qu'ils soient reconnus de l'Église. Défense au clergé, aux moines, de donner aux colons, aux serfs, la tonsure qui les affranchit. — Voilà

---

1.   **Vetustatem novitas,**
        Umbram fugat claritas,
        Noctem lux eliminat !

l'esprit étroit, tremblant de l'Église carlovingienne[1]. Elle se dédit, se dément, elle dit aux enfants : « Soyez vieux ! »

Quelle chute! Mais est-ce sérieux? On nous avait dit d'être jeunes. — Oh! le prêtre n'est plus le peuple. Un divorce infini commence, un abîme de séparation. Le prêtre, seigneur et prince, chantera sous une chape d'or, dans la langue souveraine du grand Empire qui n'est plus. Nous, triste troupeau, ayant perdu la langue de l'homme, la seule que veuille entendre Dieu, que nous reste-t-il, sinon de mugir et de bêler, avec l'innocent compagnon qui ne nous dédaigne pas, qui l'hiver nous réchauffe à l'étable et nous couvre de sa toison? Nous vivrons avec les muets et serons muets nous-mêmes.

En vérité, l'on a moins le besoin d'aller à l'église. Mais elle ne nous tient pas quittes. Elle exige que l'on revienne écouter ce qu'on n'entend plus.

Dès lors un immense brouillard, un pesant brouillard gris de plomb, a enveloppé ce monde. Pour combien de temps, s'il vous plaît? Dans une effroyable durée de mille ans! Pendant dix siècles entiers, une langueur inconnue à tous les âges antérieurs a tenu le Moyen-âge, même en partie les derniers temps, dans un état mitoyen entre la veille et le sommeil, sous l'empire d'un phénomène désolant, intolérable, la convulsion d'ennui qu'on appelle : le bâillement.

Que l'infatigable cloche sonne aux heures accou-

---

1. Voir *passim* les *Capitulaires*.

tumées, l'on bâille; qu'un chant nasillard continue dans le vieux latin, l'on bâille. Tout est prévu ; on n'espère rien de ce monde. Les choses reviendront les mêmes. L'ennui certain de demain fait bâiller dès aujourd'hui, et la perspective des jours, des années d'ennui qui suivront, pèse d'avance, dégoûte de vivre. Du cerveau à l'estomac, de l'estomac à la bouche, l'automatique et fatale convulsion va distendant les mâchoires sans fin ni remède. Véritable maladie que la dévote Bretagne avoue, l'imputant, il est vrai, à la malice du Diable. Il se tient tapi dans les bois, disent les paysans bretons; à celui qui passe et garde les bêtes il chante vêpres et tous les offices, et le fait bâiller à mort [1].

Être vieux, c'est être faible. Quand les Sarrasins, les Northmans, nous menacent, que deviendrons-nous si le peuple reste vieux? Charlemagne pleure, l'Église pleure. Elle avoue que les reliques, contre ces démons barbares ne protègent plus l'autel [2]. Ne faudrait-il pas appeler le bras de l'enfant indocile qu'on allait lier, le bras du jeune géant qu'on voulait paralyser? Mouvement contradictoire qui remplit le neuvième siècle. On retient le peuple, on le lance. On le craint et on l'appelle. Avec lui, par lui, à la hâte, on fait des barrières, des abris qui arrêteront

---

[1]. Un très illustre Breton, dernier homme du Moyen-âge, qui pourtant fut mon ami, dans le voyage si vain qu'il fit pour convertir Rome, y reçut des offres brillantes. « Que voulez-vous ? disait le Pape. — Une chose : être dispensé du Bréviaire... Je meurs d'ennui. »

[2]. C'est le célèbre aveu d'Hincmar.

les barbares, couvriront les prêtres et les saints, échappés de leurs églises.

Malgré le Chauve empereur, qui défend que l'on bâtisse, sur la montagne s'élève une tour. Le fugitif y arrive. « Recevez-moi au nom de Dieu, au moins ma femme et mes enfants. Je camperai avec mes bêtes dans votre enceinte extérieure. » La tour lui rend confiance et il sent qu'il est un homme. Elle l'ombrage. Il la défend, protège son protecteur.

Les petits jadis, par famine, se donnaient aux grands comme serfs. Mais ici, grande différence. Il se donne comme *vassal*, qui veut dire brave et vaillant [1].

Il se donne et il se garde, se réserve de renoncer. « J'irai plus loin. La terre est grande. Moi aussi, tout comme un autre, je puis là-bas dresser ma tour... Si j'ai défendu le dehors, je saurai me garder dedans. »

C'est la grande, la noble origine du monde féodal. L'homme de la tour recevait des vassaux, mais en leur disant : « Tu t'en iras quand tu voudras, et je t'y aiderai, s'il le faut ; à ce point que, si tu t'embourbes, moi je descendrai de cheval. » C'est exactement la formule antique [2].

Mais, un matin, qu'ai-je vu ? Est-ce que j'ai la vue trouble ? Le seigneur de la vallée fait sa chevauchée autour, pose les bornes infranchissables, et même

1. Différence trop peu sentie, trop peu marquée par ceux qui ont parlé de la *recommandation personnelle*, etc.
2. Grimm, *Rechts alterthümer*, et mes *Origines du droit*.

d'invisibles limites. « Qu'est cela?... Je ne comprends point. » — Cela dit que la seigneurie est fermée. « Le seigneur, sous porte et gonds, la tient close, du ciel à la terre. »

Horreur ! En vertu de quel droit ce *vassus* (c'est-à-dire vaillant) est-il désormais retenu ? — On soutiendra que *vassus* peut aussi vouloir dire *esclave*.

De même le mot *servus*, qui se dit pour *serviteur* (souvent très haut serviteur, un comte ou prince d'Empire), signifiera pour le faible un *serf*, un misérable dont la vie vaut un denier.

Par cet exécrable filet, ils sont pris. Là-bas cependant, il y a dans sa terre un homme qui soutient que sa terre est libre, un *aleu*, un *fief du soleil*. Il s'asseoit sur une borne, il enfonce son chapeau, regarde passer le seigneur, regarde passer l'Empereur[1]. « Va ton chemin, passe, Empereur... Tu es ferme sur ton cheval, et moi sur ma borne encore plus. Tu passes, et je ne passe pas... Car je suis la Liberté. »

Mais je n'ai pas le courage de dire ce que devient cet homme. L'air s'épaissit autour de lui, et il respire de moins en moins. Il semble qu'il soit *enchanté*. Il ne peut plus se mouvoir. Il est comme paralysé. Ses bêtes aussi maigrissent, comme si un sort était jeté. Ses serviteurs meurent de faim. Sa terre ne produit plus rien. Des esprits la rasent la nuit.

Il persiste cependant : « Povre homme en sa maison roy est. »

---

1. Grimm, au mot *Aleu*.

Mais on ne le laisse pas là. Il est cité, et il doit répondre en cour impériale. Il va, spectre du vieux monde, que personne ne connaît plus. « Qu'est-ce que c'est? disent les jeunes. Quoi! il n'est seigneur, ni serf! Mais alors il n'est donc rien? »

« Qui suis-je?... Je suis celui qui bâtit la première tour, celui qui vous défendit, celui qui, laissant la tour, alla bravement au pont attendre les païens Northmans... Bien plus, je barrai la rivière, je cultivai l'alluvion, j'ai créé la terre elle-même, comme Dieu qui la tira des eaux... Cette terre, qui m'en chassera? »

« Non, mon ami, dit le voisin, on ne te chassera pas. Tu la cultiveras, cette terre... mais autrement que tu ne crois... Rappelle-toi, mon bonhomme, qu'étourdiment, jeune encore (il y a cinquante ans de cela), tu épousas Jacqueline, petite serve de mon père... Rappelle-toi la maxime : « Qui monte ma « poule est mon coq. » — Tu es de mon poulailler. Déceins-toi, jette l'épée... Dès ce jour, tu es mon serf. »

Ici, rien n'est d'invention. Cette épouvantable histoire revient sans cesse au Moyen-âge. Oh! de quel glaive il fut percé! J'ai abrégé, j'ai supprimé, car chaque fois qu'on s'y reporte, le même acier, la même pointe aiguë traverse le cœur.

Il en fut un, qui, sous un outrage si grand, entra dans une telle fureur, qu'il ne trouva pas un seul mot. Ce fut comme Roland trahi. Tout son sang lui remonta, lui arriva à la gorge... Ses yeux flamboyaient, sa bouche muette, effroyablement éloquente, fit pâlir toute l'assemblée... Ils reculèrent...

Il était mort. Ses veines avaient éclaté... Ses artères lançaient le sang rouge jusqu'au front de ses assassins [1].

L'incertitude de la condition, la pente horriblement glissante par laquelle l'homme libre devient *vassal*, — le vassal *serviteur*, — et le serviteur *serf*, c'est la terreur du Moyen-âge et le fond de son désespoir. Nul moyen d'échapper. Car qui fait un pas est perdu. Il est *aubain, épave, gibier sauvage*, serf ou tué. La terre visqueuse retient le pied, enracine le passant. L'air contagieux le tue, c'est-à-dire le fait de *mainmorte*, un mort, un néant, une bête, une âme de cinq sous, dont cinq sous expieront le meurtre.

Voilà les deux grands traits généraux, extérieurs, de la misère du Moyen-âge, qui firent qu'il se donna au Diable. Voyons maintenant l'intérieur, le fond des mœurs, et sondons le dedans.

---

1. C'est ce qui arriva au comte d'Avesnes, quand sa terre libre fut déclarée un simple fief, et lui le simple vassal, l'homme du comte de Hainaut. — Lire la terrible histoire du grand chancelier de Flandre, premier magistrat de Bruges, qui n'en fut pas moins réclamé comme serf. Gualterius, *Scriptores rerum Francicarum*, XIII, 334.

III

LE PETIT DÉMON DU FOYER

Les premiers siècles de Moyen-âge où se créèrent les légendes ont le caractère d'un rêve. Chez les populations rurales, toutes soumises à l'Église, d'un doux esprit (ces légendes en témoignent), on supposerait volontiers une grande innocence. C'est, ce semble, le temps du bon Dieu. Cependant les *Pénitentiaires*, où l'on indique les péchés les plus ordinaires, mentionnent des souillures étranges, rares sous le règne de Satan.

C'était l'effet de deux choses, de la parfaite ignorance, et de l'habitation commune qui mêlait les proches parents. Il semble qu'ils avaient à peine connaissance de notre morale. La leur, malgré les défenses, semblait celle des patriarches, de la haute Antiquité, qui regarde comme libertinage le mariage avec l'étrangère, et ne permet que la parenté. Les familles alliées n'en faisaient qu'une. N'osant encore disperser leurs demeures dans les déserts qui les entouraient, ne cultivant que la banlieue d'un palais mérovingien ou d'un monastère, ils se réfugiaient chaque soir avec leurs bestiaux sous le toit d'une vaste *villa*. De là des inconvénients analogues à ceux de l'*ergastulum* antique, où l'on entassait les esclaves. Plusieurs de ces communautés subsistèrent au Moyen-âge et au delà. Le seigneur s'occupait peu de ce qui en résultait. Il regardait comme une seule famille cette tribu, cette masse de gens « levants et couchants ensemble », — « mangeant à un pain et à un pot ».

Dans une telle indistinction, la femme était bien peu gardée. Sa place n'était guère haute. Si la Vierge, la femme idéale, s'éleva de siècle en siècle, la femme réelle comptait bien peu dans ces masses rustiques, ce mélange d'hommes et de troupeaux. Misérable fatalité d'un état qui ne changea que par la séparation des habitations, lorsqu'on prit assez de courage pour vivre à part, en hameau, ou pour cultiver au loin des terres fertiles et créer des huttes dans les clairières des forêts. Le foyer isolé fit la vraie famille. Le nid fit l'oiseau. Dès lors, ce n'étaient plus des choses, mais des âmes... La femme était née.

Moment fort attendrissant. La voilà *chez elle*. Elle peut donc être pure et sainte, enfin, la pauvre créature. Elle peut couver une pensée, et, seule, en filant, rêver, pendant qu'il est à la forêt. Cette misérable cabane, humide, mal close, où siffle le vent d'hiver, en revanche, est silencieuse. Elle a certains coins obscurs où la femme va loger ses rêves.

Maintenant, elle possède. Elle a quelque chose à elle. — La *quenouille*, le *lit*, le *coffre*, c'est tout, dit la vieille chanson [1]. — La table s'y ajoutera, le banc, ou deux escabeaux... Pauvre maison bien dénuée! mais elle est meublée d'une âme. Le feu l'égaye; le buis bénit protège le lit, et l'on y ajoute parfois un joli bouquet de verveine. La dame de ce palais file, assise sur sa porte, en surveillant quelques brebis. On n'est pas encore assez riche pour avoir une vache, mais cela viendra à la longue, si Dieu bénit la maison. La forêt, un peu de pâture, des abeilles sur la lande, voilà la vie. On cultive peu de blé encore, n'ayant nulle sécurité pour une récolte éloignée. Cette vie, très indigente, est moins dure pourtant pour la femme; elle n'est pas brisée, enlaidie, comme elle le sera aux temps de la grande agriculture. Elle a plus de loisir aussi. Ne la jugez pas du tout par la littérature grossière des *Noëls* et des fabliaux, le sot rire et la licence des contes graveleux qu'on fera plus tard. — Elle est seule. Point de voisine. La mauvaise et malsaine vie des noires petites villes fermées, l'espionnage mutuel, le commérage misérable, dangereux, n'a pas commencé. Point de vieille qui vienne le soir, quand l'étroite rue devient sombre, tenter la jeune, lui dire qu'on se meurt d'amour pour elle. Celle-ci n'a d'ami

---

1.   Trois pas du côté du banc,
    Et trois pas du côté du lit.
    Trois pas du côté du coffre,
    Et trois pas. Revenez ici.

(*Vieille chanson du Maître de danse.*)

que ses songes, ne cause qu'avec ses bêtes ou l'arbre de la forêt.

Ils lui parlent ; nous savons de quoi. Ils réveillent en elle les choses que lui disait sa mère, sa grand'-mère, choses antiques, qui, pendant des siècles, ont passé de femme en femme. C'est l'innocent souvenir des vieux esprits de la contrée, touchante religion de famille, qui, dans l'habitation commune et son bruyant pêle-mêle, eut peu de force sans doute, mais qui *revient* et qui hante la cabane solitaire.

Monde singulier, délicat, des fées, des lutins, fait pour une âme de femme. Dès que la grande création de la Légende des saints s'arrête et tarit, cette légende plus ancienne et bien autrement poétique vient partager avec eux, règne secrètement, doucement. Elle est le trésor de la femme, qui la choie et la caresse. La fée est une femme aussi, le fantastique miroir où elle se regarde embellie.

Que furent les fées ? Ce qu'on en dit, c'est que, jadis, reines des Gaules, fières et fantasques, à l'arrivée du Christ et de ses apôtres, elles se montrèrent impertinentes, tournèrent le dos. En Bretagne, elles dansaient à ce moment, et ne cessèrent pas de danser. De là leur cruelle sentence. Elles sont condamnées à vivre jusqu'au jour du jugement[1]. — Plusieurs sont réduites à la taille du lapin, de la souris. Exemple, les Kowrig-gwans (les fées naines), qui, la nuit, autour des vieilles pierres druidiques, vous enlacent de leurs danses. Exemple, la jolie

---

1. Les textes de toute époque ont été recueillis dans les deux savants ouvrages de M. Alfred Maury (les *Fées*, 1843 ; la *Magie*, 1860). Voir aussi, pour le Nord, la *Mythologie* de Grimm.

reine Mab, qui s'est fait un char royal dans une coquille de noix. — Elles sont un peu capricieuses, et parfois de mauvaise humeur. Mais comment s'en étonner, dans cette triste destinée ? — Toutes petites et bizarres qu'elles puissent être, elles ont un cœur, elles ont besoin d'être aimées. Elles sont bonnes, elles sont mauvaises et pleines de fantaisies. A la naissance d'un enfant, elles descendent par la cheminée, le douent et font son destin. Elles aiment les bonnes fileuses, filent elles-mêmes divinement. On dit : *Filer comme une fée.*

Les *Contes des fées*, dégagés des ornements ridicules dont les derniers rédacteurs les ont affublés, sont le cœur du peuple même. Ils marquent une époque poétique entre le communisme grossier de la *villa* primitive, et la licence du temps où une bourgeoisie naissante fit nos cyniques fabliaux.

Ces contes ont une partie historique, rappellent les grandes famines (dans les ogres, etc.). Mais généralement ils planent bien plus haut que toute histoire, sur l'aile de l'*Oiseau bleu*, dans une éternelle poésie, disent nos vœux, toujours les mêmes, l'immuable histoire du cœur.

Le désir du pauvre serf de respirer, de reposer, de trouver un trésor qui finira ses misères, y revient souvent. Plus souvent, par une noble aspiration, ce trésor est aussi une âme, un trésor d'amour qui sommeille (dans la *Belle au bois dormant*); mais souvent la charmante personne se trouve cachée sous un masque par un fatal enchantement. De là la trilogie touchante, le *crescendo* admirable de *Riquet à la Houppe*, de *Peau-d'Ane*, et de *la Belle et la Bête*. L'amour ne se rebute pas. Sous ces laideurs, il poursuit, il atteint la beauté cachée. Dans le dernier de ces contes, cela va jusqu'au sublime, et je crois que jamais personne n'a pu le lire sans pleurer.

Une passion très réelle, très sincère, est là-dessous, l'amour malheureux, sans espoir, que souvent la nature cruelle mit entre les pauvres âmes de condition trop différente, la douleur de la paysanne de ne pouvoir se faire belle pour être aimée du chevalier, les soupirs étouffés du serf quand, le long de son sillon, il voit, sur un cheval blanc, passer un trop charmant éclair, la belle, l'adorée châtelaine. C'est, comme dans l'Orient, l'idylle mélancolique des impossibles amours de la Rose et du Rossignol. Toutefois, grande différence : l'oiseau et la fleur sont beaux, même égaux dans la beauté. Mais ici l'être inférieur, si bas placé, se fait l'aveu : « Je suis laid, je suis un monstre ! » Que de pleurs !... En même temps, plus puissamment qu'en Orient, d'une volonté héroïque, et par la grandeur du désir, il perce les vaines enveloppes. Il aime tant, qu'il est aimé, ce monstre, et il en devient beau.

Une tendresse infinie est dans tout cela. — Cette âme enchantée ne pense pas à elle seule. Elle s'occupe aussi à sauver toute la nature et toute la société. Toutes les victimes d'alors, l'enfant battu par sa marâtre, la cadette méprisée, maltraitée de ses aînées, sont ses favorites. Elle étend sa compassion sur la dame même du château, la plaint d'être dans les mains de ce féroce baron (Barbe-Bleue). Elle s'attendrit sur les bêtes, les console d'être encore sous des figures d'animaux. Cela passera, qu'elles patientent. Leurs âmes captives un jour reprendront des ailes, seront libres, aimables, aimées. — C'est l'autre face de *Peau-d'Ane* et autres contes semblables. Là surtout on est bien sûr qu'il y a un cœur de femme. Le rude travailleur des champs est assez dur pour ses bêtes. Mais la femme n'y voit point de bêtes. Elle en juge comme l'enfant. Tout est humain, tout est esprit. Le monde entier est ennobli. Oh! l'aimable enchantement! Si humble, et se croyant laide, elle a donné sa beauté, son charme à toute la nature.

Est-ce qu'elle est donc si laide, cette petite femme de serf, dont l'imagination rêveuse se nourrit de tout cela? Je l'ai dit, elle fait le ménage, elle file en gardant ses bêtes, elle va à la forêt, et ramasse un peu de bois. Elle n'a pas encore les rudes travaux, elle n'est point la laide paysanne que fera plus tard la grande culture du blé. Elle n'est pas la grasse bourgeoise, lourde et oisive, des villes, sur laquelle nos aïeux ont fait tant de contes gras. Celle-ci n'a nulle sécurité, elle est timide, elle est douce, elle se sent sous la main de Dieu. Elle voit sur la montagne le noir et menaçant château d'où mille maux peuvent descendre. Elle craint, honore son mari. Serf ailleurs, près d'elle il est roi. Elle lui réserve le meilleur, vit de rien. Elle est svelte et mince, comme les saintes des églises. La très pauvre nourriture de ces temps doit faire des créatures fines, mais chez qui la vie est faible. — Immenses mortalités d'enfants. — Ces pâles roses n'ont que des nerfs. De là éclatera plus tard la danse épileptique du quatorzième siècle. Maintenant, vers le douzième, deux faiblesses sont attachées à cet état de demi-jeûne : la nuit, le somnambulisme, et le jour, l'illusion, la rêverie et le don des larmes.

Cette femme, toute innocente, elle a pourtant, nous l'avons dit, un secret qu'elle ne dit jamais à l'Église. Elle enferme dans son cœur le souvenir, la compassion des pauvres anciens dieux[1], tombés à l'état d'Esprits. Pour être Esprits, ne croyez pas qu'ils soient exempts de souffrances. Logés aux pierres, au cœur des chênes, ils sont bien malheureux l'hiver. Ils aiment fort la chaleur. Ils rôdent autour des maisons. On en a vu dans les étables se réchauffer près des bestiaux. N'ayant plus d'encens, de victimes, ils prennent parfois du lait. La ménagère, économe, ne prive pas son mari, mais elle diminue sa part, et, le soir, laisse un peu de crème.

Ces Esprits qui ne paraissent plus que de nuit, exilés du jour, le regrettent et sont avides de lumières.

---

1. Rien de plus touchant que cette fidélité. Malgré la persécution, au cinquième siècle, les paysans promenaient, en pauvres petites poupées de linge ou de farine, les Dieux de ces grandes religions, Jupiter, Minerve, Vénus. Diane fut indestructible jusqu'au fond de la Germanie (Voy. Grimm). Au huitième siècle, on promène les dieux encore. Dans certaines petites cabanes, on sacrifie, on prend les augures, etc. (*Indiculus paganiarum*, Concile de Leptines en Hainaut). Les *Capitulaires* menacent en vain de la mort. Au douzième siècle, Burchard de Worms, en rappelant les défenses, témoigne qu'elles sont inutiles. En 1389, la Sorbonne condamne encore les traces du paganisme, et, vers 1400, Gerson (*Contra Astrol.*) rappelle comme chose actuelle cette superstition obstinée.

La nuit, elle se hasarde, et timidement va porter un humble petit fanal au grand chêne où ils habitent, à la mystérieuse fontaine dont le miroir, doublant la flamme, égayera les tristes proscrits.

Grand Dieu ! si on le savait! Son mari est homme prudent, et il a bien peur de l'Église. Certainement il la battrait. Le prêtre leur fait rude guerre, et les chasse de partout. On pourrait bien cependant leur laisser habiter les chênes. Quel mal font-ils dans la forêt? Mais non, de concile en concile, on les poursuit. A certains jours, le prêtre va au chêne même, et, par la prière, l'eau bénite, donne la chasse aux esprits.

Que serait-ce s'ils ne trouvaient nulle âme compatissante ? Mais celle-ci les protège. Toute bonne chrétienne qu'elle est, elle a pour eux un coin du cœur. A eux seuls elle peut confier telles petites choses de nature, innocentes chez la chaste épouse, mais dont l'Église pourtant lui ferait reproche. Ils sont confidents, confesseurs de ces touchants secrets de femmes. Elle pense à eux quand elle met au feu la bûche sacrée. C'est Noël, mais en même temps l'ancienne fête des esprits du Nord, la *fête de la plus longue nuit*. De même, la *vigile de la nuit de mai*, le *pervigilium* de Maïa, où l'arbre se plante. De même au feu de la Saint-Jean, la vraie fête de la vie, des fleurs et des réveils d'amour. Celle qui n'a pas d'enfants, surtout, se fait devoir d'aimer ces fêtes et d'y avoir dévotion. Un vœu à la Vierge peut-être ne serait pas efficace. Ce n'est pas l'affaire de Marie. Tout bas, elle s'adresse plutôt à un vieux génie, adoré comme dieu rustique, et dont telle église locale a la bonté de faire un saint[1]. — Ainsi le lit, le berceau, les plus doux mystères que couve une âme chaste et amoureuse, tout cela est aux anciens dieux.

Les Esprits ne sont pas ingrats. Un matin, elle s'éveille, et sans mettre la main à rien, elle trouve le ménage fait. Elle est interdite et se signe, ne dit rien. Quand l'homme part, elle s'interroge, mais en vain. Il faut que ce soit un esprit. « Quel est-il? et comment est-il?... Oh! que je voudrais le voir!... Mais j'ai peur... Ne dit-on pas qu'on meurt à voir un esprit? » — Cependant le berceau remue, et il ondule tout seul... Elle est saisie, et entend une petite voix très douce, si basse, qu'elle la croirait en elle : « Ma chère et très chère maîtresse, si j'aime à bercer votre enfant, c'est que je suis moi-même enfant. Son cœur bat, et cependant elle se rassure un peu. L'innocence du berceau innocente aussi cet esprit, fait croire qu'il doit être bon, doux, au moins toléré de Dieu.

Dès ce jour, elle n'est plus seule. Elle sent très bien sa présence, et il n'est pas bien loin d'elle. Il vient de raser sa robe; elle l'entend au frôlement. A tout instant, il rôde autour et visiblement ne peut la quitter. Va-t-elle à l'étable, il y est. Et elle croit que, l'autre jour, il était dans le pot à beurre[2].

1. A. Maury, *Magie*, 159.
2. C'est une des retraites favorites du petit friand. Les Suisses, qui connaissent son goût, lui font encore aujourd'hui des présents de lait. Son nom, chez eux, est *troll* (drôle); chez les Allemands, *kobold, nix;* chez les

Quel dommage qu'elle ne puisse le saisir et le regarder! Une fois, à l'improviste, ayant touché les tisons, elle l'a cru voir qui se roulait, l'espiègle, dans les étincelles. Une autre fois, elle a failli le prendre dans une rose. Tout petit qu'il est, il travaille, balaye, approprie, il lui épargne mille soins.

Il a ses défauts cependant. Il est léger, audacieux, et, si on ne le tenait, il s'émanciperait peut-être. Il observe, écoute trop. Il redit parfois au matin tel petit mot qu'elle a dit tout bas, tout bas, au coucher, quand la lumière était éteinte. — Elle le sait fort indiscret, trop curieux. Elle est gênée de se sentir suivie partout, s'en plaint et y a plaisir. Parfois elle le renvoie, le menace, enfin se croit seule et se rassure tout à fait. Mais au moment elle se sent caressée d'un souffle léger ou comme d'une aile d'oiseau. Il était sous une feuille... Il rit... Sa gentille voix, sans moquerie, dit le plaisir qu'il a eu à surprendre sa pudique maîtresse. La voilà bien en colère. — Mais le drôle : « Non, chérie, mignonne, vous n'en êtes pas fâchée. »

Elle a honte, n'ose plus rien dire. Mais elle entrevoit alors qu'elle l'aime trop. Elle en a scrupule, et l'aime encore davantage. La nuit, elle a cru le sentir au lit qui s'était glissé. Elle a eu peur, a prié Dieu, s'est serrée à son mari. Que fera-t-elle? elle n'a pas la force de le dire à l'Église. Elle le dit au mari, qui d'abord en rit et doute. Elle avoue alors un peu plus, — que ce follet est espiègle, parfois trop audacieux...

Français, *follet, goblin, lutin;* chez les Anglais, *puck, robin hood, robin good fellow.* Shakespeare explique qu'il rend aux servantes dormeuses le service de les pincer jusqu'au bleu pour les éveiller.

— « Qu'importe, il est si petit ! » — Ainsi, lui-même la rassure.

Devons-nous être rassurés, nous autres qui voyons mieux? Elle est bien innocente encore. Elle aurait horreur d'imiter la grande dame de là-haut, qui a par-devant le mari, sa cour d'amants, et son page. Avouons-le pourtant, le lutin a déjà fait bien du chemin. Impossible d'avoir un page moins compromettant que celui qui se cache dans une rose. Et avec cela, il tient de l'amant. Plus envahissant que nul autre, si petit, il glisse partout.

Il glisse au cœur du mari même, lui fait sa cour, gagne ses bonnes grâces. Il lui soigne ses outils, lui travaille le jardin, et le soir, pour récompense, derrière l'enfant et le chat, se tapit dans la cheminée. On entend sa petite voix tout comme celle du grillon, mais on ne le voit pas beaucoup, à moins qu'une faible lueur n'éclaire une certaine fente où il aime à se tenir. Alors on voit, on croit voir, un minois subtil. On lui dit : « Oh! petit, nous t'avons vu! »

On leur dit bien à l'église qu'il faut se défier des Esprits, que tel qu'on croit innocent, qui glisse comme un air léger, pourrait au fond être un démon. Ils se gardent bien de le croire. Sa taille le fait croire innocent. Depuis qu'il y est, on prospère. Le mari autant que la femme y tient, et encore plus peut-être. Il voit que l'espiègle follet fait le bonheur de la maison.

IV

TENTATIONS

J'ai écarté de ce tableau les ombres terribles du temps qui l'eussent cruellement assombri. J'entends surtout l'incertitude où la famille rurale était de son sort, l'attente, la crainte habituelle de l'avanie fortuite qui pouvait d'un moment à l'autre tomber du château.

Le régime féodal avait justement les deux choses qui font un enfer : d'une part, la *fixité extrême*, l'homme était cloué à la terre et l'émigration impossible ; — d'autre part, une *incertitude* très grande dans la condition.

Les historiens optimistes qui parlent tant de redevances fixes, de chartes, de franchises achetées, oublient le peu de garanties qu'on trouvait dans tout cela. On doit payer tant au seigneur, mais il peut prendre tout le reste. Cela s'appelle bonnement le *droit de préhension*. Travaille, travaille, bonhomme. Pendant que tu es aux champs, la bande redoutée de là-haut peut s'abattre sur ta maison, enlever ce qui lui plaît « pour le service du seigneur ».

Aussi, voyez-le, cet homme; qu'il est sombre sur son sillon, et qu'il a la tête basse!... Et il est toujours ainsi, le front chargé, le cœur serré, comme celui qui attendrait quelque mauvaise nouvelle.

Rêve-t-il un mauvais coup? Non, mais deux pensées l'obsèdent, deux pointes le percent tour à tour. L'une : « En quel état ce soir trouveras-tu ta maison ? » — L'autre : « Oh ! si la motte levée me faisait voir un trésor ? si le bon démon me donnait pour nous racheter ? »

On assure qu'à cet appel (comme le génie étrusque qui jaillit un jour sous le soc en figure d'enfant), un nain, un gnome, sortait souvent tout petit de la terre, se dressait sur le sillon, lui disait : « Que me veux-tu ? » — Mais le pauvre homme interdit ne voulait plus rien. Il pâlissait, il se signait, et alors tout disparaissait.

Le regrettait-il ensuite ? Ne disait-il pas en lui-même : « Sot que tu es, tu seras donc à jamais malheureux ! » Je le crois volontiers. Mais je crois aussi qu'une barrière d'horreur insurmontable arrêtait l'homme. Je ne pense nullement, comme voudraient le faire croire les moines qui nous ont conté les affaires de sorcellerie, que le Pacte avec Satan fût un léger coup de tête, d'un amoureux, d'un avare. A consulter le bon sens, la nature, on sent, au contraire, qu'on n'en venait là qu'à l'extrémité, en désespoir de toute chose, sous la pression terrible des outrages et des misères.

« Mais, dit-on, ces grandes misères durent être fort adoucies vers les temps de saint Louis, qui défend les guerres privées entre les seigneurs. » Je crois justement le contraire. Dans les quatre-vingts ou cent ans qui s'écoulent entre cette défense et les guerre des Anglais (1240-1340), les seigneurs, n'ayant plus l'amusement habituel d'incendier, piller la terre du seigneur voisin, furent terribles à leurs vassaux. Cette paix leur fut une guerre.

Les seigneurs ecclésiastiques, seigneurs moines, etc., font frémir dans le *Journal* d'Eudes Rigault (publié récemment). C'est le rebutant tableau d'un débordement effréné, barbare. Les seigneurs moines s'abattaient surtout sur les couvents de femmes. L'austère Rigault, confesseur du saint roi, archevêque de Rouen, fait une enquête lui-même sur l'état de la Normandie. Chaque soir il arrive dans un monastère. Partout, il trouve ces moines vivant la grande vie féodale, armés, ivres, duellistes, chasseurs furieux à travers toute culture; les religieuses avec eux dans un mélange indistinct, partout enceintes de leurs œuvres.

Voilà l'Église. Que devaient être les seigneurs laïques? Quel était l'intérieur de ces noirs donjons que d'en bas on regardait avec tant d'effroi? Deux contes, qui sont sans nul doute des histoires, la *Barbe-Bleue* et *Grisélidis*, nous en disent quelque chose. Qu'était-il pour ses vassaux, ses serfs, l'amafeur de torture qui traitait ainsi sa famille ? Nous le savons par le seul à qui l'on ait fait un procès, et si tard, au quinzième siècle : Gilles de Retz, l'enleveur d'enfants.

Le Front-de-Bœuf de Walter Scott, les seigneurs de mélodrames et de romans, sont de pauvres gens devant ces terribles réalités. Le Templier d'*Ivanhoë* est aussi une création faible et très artificielle. L'auteur n'a osé aborder la réalité immonde du célibat du Temple, et de celui qui régnait dans l'intérieur du château. On y recevait peu de femmes ; c'étaient des bouches inutiles. Les romans de chevalerie donnent très exactement le contraire de la vérité. On a remarqué que la littérature exprime souvent tout à fait l'envers des mœurs (exemple, le fade théâtre d'églogues à la Florian dans les années de la Terreur).

Les logements de ces châteaux, dans ceux qu'on peut voir encore, en disent plus que tous les livres. Hommes d'armes, pages, valets, entassés la nuit sous de basses voûtes, le jour retenus aux créneaux, aux terrasses étroites, dans le plus désolant ennui, ne respiraient, ne vivaient que dans leurs échappées d'en bas ; échappées non plus de guerres sur les terres voisines, mais de chasse, et de chasse à l'homme, je veux dire d'avanies sans nombre, d'outrages aux familles serves. Le seigneur savait bien lui-même qu'une telle masse d'hommes sans femmes ne pouvait être paisible qu'en les lâchant par moments.

La choquante idée d'un enfer où Dieu emploie des âmes scélérates, les plus coupables de toutes, à torturer les moins coupables qu'il leur livre pour jouet, ce beau dogme du Moyen-âge se réalisait à la lettre. L'homme sentait l'absence de Dieu. Chaque razzia prouvait le règne de Satan, faisait croire que c'était à lui qu'il fallait dès lors s'adresser.

Là-dessus on rit, on plaisante. « Les serves étaient trop laides. » Il ne s'agit point de beauté. Le plaisir était dans l'outrage, à battre et à faire pleurer. Au dix-septième siècle encore, les grandes dames riaient à mourir d'entendre le duc de Lorraine conter comment ses gens, dans des villages paisibles, exécutaient, tourmentaient toutes femmes, et les vieilles même.

Les outrages tombaient surtout, comme on peut le croire, sur les familles aisées, distinguées relativement, qui se trouvaient parmi les serfs, ces familles de serfs maires qu'on voit déjà au douzième siècle à la tête du village. La noblesse les haïssait, les raillait, les désolait. On ne leur pardonnait pas leur naissante dignité morale. On ne passait pas à leurs femmes, à leurs filles, d'être honnêtes et sages; elles n'avaient pas droit d'être respectées. Leur honneur n'était pas à elles. *Serves de corps*, ce mot cruel leur était sans cesse jeté.

On ne croira pas aisément dans l'avenir que, chez les peuples chrétiens, la loi ait fait ce qu'elle ne fit jamais dans l'esclavage antique, qu'elle ait écrit expressément comme droit le plus sanglant outrage qui puisse navrer le cœur de l'homme.

Le seigneur ecclésiastique, comme le seigneur

laïque, a ce droit immonde. Dans une paroisse des environs de Bourges, le curé, étant seigneur, réclamait expressément les prémices de la mariée, mais voulait bien en pratique vendre au mari pour argent la virginité de sa femme [1].

On a cru trop aisément que cet outrage était de forme, jamais réel. Mais le prix indiqué en certains pays, pour en obtenir dispense, dépassait fort les moyens de presque tous les paysans. En Écosse, par exemple, on exigeait « plusieurs vaches ». Chose énorme et impossible ! Donc la pauvre jeune femme était à discrétion. Du reste, les Fors du Béarn disent très expressément qu'on levait ce droit en nature. « L'aîné du paysan est censé le fils du seigneur, car il peut être de ses œuvres [2]. »

Toutes coutumes féodales, même sans faire mention de cela, imposent à la mariée de monter au château, d'y porter le « mets de mariage ». Chose odieuse de l'obliger à s'aventurer ainsi au hasard de ce que peut faire cette meute de célibataires impudents et effrénés.

On voit d'ici la scène honteuse. Le jeune époux amenant au château son épousée. On imagine les rires des chevaliers, des valets, les espiègleries des pages autour de ces infortunés. — « La présence de la châtelaine les retiendra ? » Point du tout. La dame que les romans veulent faire croire si délicate [3], mais qui commandait aux hommes dans l'absence

---

1. Laurière, II, 100 ; vº *Marquette*. Michelet, *Origines du droit*.

2. Quand je publiai mes *Origines* en 1837, je ne pouvais connaître cette publication (de 1842).

3. Cette délicatesse apparaît dans le traitement que ces dames voulaient

du mari, qui jugeait, qui châtiait, qui ordonnait des supplices, qui tenait le mari même par les fiefs qu'elle apportait, cette dame n'était guère tendre, pour une serve surtout qui peut-être était jolie. Ayant fort publiquement, selon l'usage d'alors, son chevalier et son page, elle n'était pas fâchée d'autoriser ses libertés par les libertés du mari.

Elle ne fera pas obstacle à la farce, à l'amusement qu'on prend de cet homme tremblant qui veut racheter sa femme. On marchande d'abord avec lui, on rit des tortures « du paysan avare »; on lui suce la moelle et le sang. Pourquoi cet acharnement? C'est qu'il est proprement habillé, qu'il est honnête, rangé, qu'il marque dans le village. Pourquoi? c'est qu'elle est pieuse, chaste, pure, c'est qu'elle l'aime, qu'elle a peur et qu'elle pleure. Ses beaux yeux demandent grâce.

Le malheureux offre en vain tout ce qu'il a, la dot encore... C'est trop peu. Là, il s'irrite de cette injuste rigueur... « Son voisin n'a rien payé... » L'insolent! le raisonneur! Alors toute la meute l'entoure, on crie; bâtons et balais travaillent sur lui, comme grêle. On le pousse, on le précipite. On lui dit : « Vilain jaloux, vilaine face de carême, on ne la prend pas ta femme, on te la rendra ce soir, et, pour comble d'honneur, grosse!... Remercie, vous voilà nobles. Ton aîné sera baron! » — Chacun se met aux fenêtres pour voir la figure grotesque de ce mort en habit de noces... Les éclats de rire le suivent, et la

infliger de leurs mains à Jean de Meung, leur poète, l'auteur du *Roman de la Rose* (vers 1300).

bruyante canaille, jusqu'au dernier marmiton, donne la chasse au « cocu[1] ! »

Cet homme-là aurait crevé, s'il n'espérait dans le démon. Il rentre seul. Est-elle vide cette maison désolée ? Non, il y trouve compagnie. Au foyer, siège Satan.

Mais bientôt elle lui revient, la pauvre, pâle et défaite, hélas ! hélas ! en quel état !... Elle se jette à genoux, et lui demande pardon. Alors, le cœur de l'homme éclate... Il lui met les bras au cou. Il pleure, sanglote, rugit à faire trembler la maison...

Avec elle pourtant rentre Dieu. Quoi qu'elle ait pu souffrir, elle est pure, innocente et sainte. Satan n'aura rien pour ce jour. Le Pacte n'est pas mûr encore.

Nos fabliaux ridicules, nos contes absurdes, supposent qu'en cette mortelle injure et toutes celles qui suivront, la femme est pour ceux qui l'outragent, contre son mari ; ils nous feraient croire que, traitée brutalement, et accablée de grossesses, elle en est heureuse et ravie. — Que cela est peu vraisemblable ! Sans doute la qualité, la politesse, l'élégance, pouvaient la séduire. Mais on n'en prenait pas la peine. On se serait bien moqué de celui qui,

---

1. Rien de plus gai que nos vieux contes ; seulement ils sont peu variés. Ils n'ont que trois plaisanteries : le désespoir du *cocu*, les cris du *battu*, la grimace du *pendu*. On s'amuse du premier, on rit (à pleurer) du second. Au troisième, la gaieté est au comble ; on se tient les côtes. Notez que les trois n'en font qu'un. C'est toujours l'inférieur, le faible qu'on outrage en toute sécurité, celui qui ne peut se défendre.

pour une serve, eût filé le parfait amour. Toute la bande, le chapelain, le sommelier, jusqu'aux valets, croyaient l'honorer par l'outrage. Le moindre page se croyait grand seigneur s'il assaisonnait l'amour d'insolences et de coups.

Un jour que la pauvre femme, en l'absence du mari, venait d'être maltraitée, en relevant ses longs cheveux, elle pleurait et disait tout haut : « O les malheureux saints de bois, que sert-il de leur faire des vœux?... Sont-ils sourds? sont-ils trop vieux? Que n'ai-je un Esprit protecteur, fort, puissant (méchant n'importe)! J'en vois bien qui sont en pierre à la porte de l'église. Que font-ils là? Que ne vont-ils pas à leur vraie maison, le château, enlever, rôtir ces pécheurs?... Oh! la force, oh! la puissance, qui pourra me la donner? Je me donnerais bien en échange... Hélas! qu'est-ce que je donnerais? Qu'est-ce que j'ai pour donner? Rien ne me reste. — Fi de ce corps! Fi de l'âme, qui n'est plus que cendre! — Que n'ai-je donc, à la place du follet qui ne sert à rien, un grand, fort et puissant Esprit!

« — O ma mignonne maîtresse! je suis petit par votre faute, et je ne peux pas grandir... Et d'ailleurs, si j'étais grand, vous ne m'auriez pas voulu, vous ne m'auriez pas souffert, ni votre mari non plus. Vous m'auriez fait donner la chasse par vos prêtres et leur eau bénite... Je serai fort si vous voulez...

« Maîtresse, les Esprits ne sont ni grands ni petits, forts ni faibles. Si l'on veut, le plus petit va devenir un géant.

« — Comment ? — Mais rien n'est plus simple. Pour faire un Esprit géant, il ne faut que lui faire un don.

« — Quel ? — Une jolie âme de femme.

« — Oh! méchant, qui es-tu donc? et que demandes-tu là ? — Ce qui se donne tous les jours...

— Voudriez-vous valoir mieux que la dame de là-haut ? Elle a engagé son âme à son mari, à son amant, et pourtant la donne encore entière à son page, un enfant, un petit sot. — Je suis bien plus que votre page ; je suis plus qu'un serviteur. En que de choses ai-je été votre petite servante !... Ne rougissez pas, ne vous fâchez pas. Laissez-moi dire seulement que je suis tout autour de vous, et déjà peut-être en vous. Autrement, comment saurais-je vos pensées, et jusqu'à celle que vous vous cachez à vous-même... Que suis-je, moi? Votre petite âme, qui sans façon parle à la grande... Nous sommes inséparables. Savez-vous bien depuis quel temps je suis avec vous?... C'est depuis mille ans. Car j'étais à votre mère, à sa mère, à vos aïeules... Je suis le génie du foyer.

« — Tentateur !... Mais que feras-tu ? — Alors, ton mari sera riche, toi puissante, et l'on te craindra. — Où suis-je? tu es donc le démon des trésors cachés ?... — Pourquoi m'appeler démon, si je fais une œuvre juste, de bonté, de piété ?...

« Dieu ne peut pas être partout, il ne peut travailler toujours. Parfois il aime à reposer, et nous laisse, nous autres génies, faire ici le menu ménage, remédier aux distractions de sa providence, aux oublis de sa justice.

« Votre mari en est l'exemple... Pauvre travailleur méritant, qui se tue, et ne gagne guère... Dieu n'a pas eu encore le temps d'y songer... Moi, un peu jaloux, je l'aime pourtant, mon bon hôte. Je le plains. Il n'en peut plus, il succombe. Il mourra, comme vos enfants, qui sont déjà morts de misère. L'hiver, il a été malade... Qu'adviendra-t-il l'hiver prochain ? »

Alors, elle mit son visage dans ses mains, elle pleura, deux, trois heures, ou davantage. Et, quand elle n'eut plus de larmes (mais son sein battait encore), il dit : « Je ne demande rien... seulement, je vous prie, sauvons-le. »

Elle n'avait rien promis, mais lui appartint dès cette heure.

V

POSSESSION

L'âge terrible, c'est l'âge d'or. J'appelle ainsi la dure époque où l'or eut son avènement. C'est l'an 1300, sous le règne du beau roi qu'on put croire d'or ou de fer, qui ne dit jamais un mot, grand roi qui parut avoir un démon muet, mais de bras puissant, assez fort pour brûler le Temple, assez long pour atteindre Rome et d'un gant de fer porter le premier soufflet au pape.

L'or devient alors le grand pape, le grand dieu. Non sans raison. Le mouvement a commencé sur l'Europe par la croisade ; on n'estime de richesse que celle qui a des ailes et se prête au mouvement, celle des échanges rapides. Le roi, pour frapper ces coups à distance, ne veut que de l'or. L'armée de l'or, l'armée du fisc, se répand sur tout le pays. Le seigneur qui a rapporté son rêve de l'Orient, en désire toujours les merveilles, armes damasquinées, tapis, épices, chevaux précieux. Pour tout cela, il faut de l'or. Quand le serf apporte son blé, il le repousse du pied. « Ce n'est pas tout ; je veux de l'or ! »

Le monde est changé ce jour-là. Jusqu'alors, au milieu des maux, il y avait, pour le tribut, une sécurité innocente. *Bon an, mal an*, la redevance suivait le cours de la nature et la mesure de la moisson. Si le seigneur disait : « C'est peu », on répondait : « Monseigneur, Dieu n'a pas donné davantage. »

Mais l'or, hélas ! où le trouver ?... Nous n'avons pas une armée pour en prendre aux villes de Flandre. Où creuserons-nous la terre pour lui ravir son trésor ? Oh ! si nous étions guidés par l'Esprit des trésors cachés[1] !

Pendant que tous désespèrent, la femme au lutin

---

1. Les démons troublent le monde pendant tout le Moyen-âge. Mais Satan ne prend pas son caractère définitif avant le treizième siècle. « Les *pactes*, dit M. A. Maury, sont fort rares avant cette époque. » Je le crois. Comment contracter avec celui qui vraiment n'est pas encore ? Ni l'un ni l'autre des contractants n'était mûr pour le contrat. Pour que la volonté en vienne à cette extrémité terrible de se vendre pour l'éternité, *il faut qu'elle ait désespéré*. Ce n'est guère le *malheureux* qui arrive au désespoir ; c'est le *misérable*, celui qui a connaissance parfaite de sa misère, qui en souffre d'autant plus et n'attend aucun remède. Le misérable en ce sens, c'est l'homme du quatorzième siècle, l'homme dont on exige l'impossible (des redevances en argent). — Dans ce chapitre et le suivant, j'ai marqué les situations, les sentiments, les progrès dans le désespoir, qui peuvent amener le traité énorme du *pacte*, et, ce qui est bien plus que le simple pacte, l'horrible état de *sorcière*. Nom prodigué, mais chose rare alors, laquelle n'était pas moins qu'un mariage et une sorte de pontificat. Pour la facilité de l'exposition, j'ai rattaché les détails de cette délicate analyse à un léger fil fictif. Le cadre importe peu du reste. L'essentiel, c'est de bien comprendre que de telles choses ne vinrent point (comme on tâchait de le faire croire) *de la légèreté humaine, de l'inconstance de la nature déchue, des tentations fortuites de la concupiscence.* Il y fallut la pression fatale d'un âge de fer, celle des nécessités atroces ; il fallut que l'enfer même parût un abri, un asile, contre l'enfer d'ici-bas.

est déjà assise sur ses sacs de blé dans la petite ville voisine. Elle est seule. Les autres, au village, sont encore à délibérer.

Elle vend au prix qu'elle veut. Mais, même quand les autres arrivent, tout va à elle ; je ne sais quel magique attrait y mène. Personne ne marchande avec elle. Son mari, avant le terme, apporte sa redevance en bonne monnaie sonnante à l'orme féodal. Tous disent : « Chose surprenante !... Mais elle a le diable au corps ! »

Ils rient, et elle ne rit pas. Elle est triste, a peur. Elle a beau prier le soir. Des fourmillements étranges agitent, troublent son sommeil. Elle voit de bizarres figures. L'Esprit si petit, si doux, semble devenu impérieux. Il ose. Elle est inquiète, indignée, veut se lever. Elle reste, mais elle gémit, se sent dépendre, se dit : « Je ne m'appartiens donc plus ! »

« Voilà enfin, dit le seigneur, un paysan raisonnable ; il paye d'avance. Tu me plais. Sais-tu compter ? — Quelque peu. — Eh bien, c'est toi qui compteras avec tous ces gens. Chaque samedi, assis sous l'orme, tu recevras leur argent. Le dimanche, avant la messe, tu le monteras au château. »

Grand changement de situation ! Le cœur bat fort à la femme quand, le samedi, elle voit son pauvre laboureur, ce serf, siéger comme un petit seigneur sous l'ombrage seigneurial. L'homme est un peu étourdi. Mais enfin il s'habitue ; il prend quelque gravité. Il n'y a pas à plaisanter. Le seigneur veut qu'on le respecte. Quand il est monté au château, et que les jaloux ont fait mine de rire, de lui faire quelque tour : « Vous voyez bien ce créneau, dit le seigneur; vous ne voyez pas la corde, qui cependant est prête. Le premier qui le touchera, je le mets là, haut et court. »

Ce mot circule, on le redit. Et il étend autour d'eux comme une atmosphère de terreur. Chacun leur ôte le chapeau bien bas, très bas. Mais on s'éloigne, on s'écarte, quand ils passent. Pour les éviter, on s'en va par le chemin de traverse, sans voir et le dos courbé. Ce changement les rend fiers d'abord, bientôt les attriste. Ils vont seuls dans la commune. Elle, si fine, elle voit bien le dédain haineux du château, la haine peureuse d'en bas. Elle se sent entre deux périls, dans un terrible isolement. Nul protecteur que le seigneur, ou plutôt l'argent qu'on lui donne; mais, pour le trouver cet argent, pour stimuler la lenteur du paysan, vaincre l'inertie qu'il oppose, pour arracher quelque chose même à qui n'a rien, qu'il faut d'insistances, de menaces, de rigueur! Le bonhomme n'était pas fait à ce métier. Elle l'y dresse, elle le pousse, elle lui dit : « Soyez rude; au besoin cruel. Frappez. Sinon, vous manquerez les termes. Et alors, nous sommes perdus. »

Ceci, c'est le tourment du jour, peu de chose en comparaison des supplices de la nuit. Elle a comme perdu le sommeil. Elle se lève, va, vient. Elle rôde autour de la maison. Tout est calme; et cependant qu'elle est changée, cette maison ! Comme elle a perdu sa douceur de sécurité, d'innocence ! Que rumine ce chat au foyer, qui fait semblant de dormir et m'entrouvre ses yeux verts ? La chèvre, à la longue barbe, discrète et sinistre personne, en sait bien plus qu'elle n'en dit. Et cette vache, que la lune fait entrevoir dans l'étable, pourquoi m'a-t-elle adressé de côté un tel regard ?... Tout cela n'est pas naturel.

Elle frissonne et va se mettre à côté de son mari. « Homme heureux ! quel sommeil profond !... Moi, c'est fini, je ne dors plus ; je ne dormirai plus jamais !... » Elle s'affaisse pourtant à la longue. Mais, alors, combien elle souffre ! L'hôte importun est près d'elle, exigeant, impérieux. Il la traite sans ménagement ; si elle l'éloigne un moment par le signe de la croix ou quelque prière, il revient sous une autre forme. « Arrière, démon, qu'oses-tu ? Je suis une âme chrétienne... Non, cela ne t'est pas permis. »

Il prend alors, pour se venger, cent formes hideuses : il file gluant en couleuvre sur son sein, danse en crapaud sur son ventre, ou, chauve-souris, d'un bec aigu cueille à sa bouche effrayée d'horribles baisers... Que veut-il ? La pousser à bout, faire que, vaincue, épuisée, elle cède et lâche un oui. Mais elle résiste encore. Elle s'obstine à dire non. Elle s'obstine à souffrir les luttes cruelles de chaque nuit, l'interminable martyre de ce désolant combat.

« Jusqu'à quel point un Esprit peut-il en même

temps se faire corps? Ses assauts, ses tentatives ont-elles une réalité? Pécherait-elle charnellement, en subissant l'invasion de celui qui rôde autour d'elle? Serait-ce un adultère réel?... » Détour subtil par lequel il alanguit quelquefois, énerve sa résistance. « Si je ne suis rien qu'un souffle, une fumée, un air léger (comme beaucoup de docteurs le disent), que craignez-vous, âme timide, et qu'importe à votre mari? »

C'est le supplice des âmes, pendant tout le Moyen-âge, que nombre de questions que nous trouverions vaines, de pure scolastique, agitent, effrayent, tourmentent, se traduisent en visions, parfois en débats diaboliques, en dialogues cruels qui se font à l'intérieur. Le démon, quelque furieux qu'il soit dans les démoniaques, reste un esprit toutefois tant que dure l'Empire romain, et encore au temps de saint Martin, au cinquième siècle. A l'invasion des Barbares, il se barbarise et prend corps. Il l'est si bien, qu'à coups de pierres il s'amuse à casser la cloche du couvent de saint Benoît. De plus en plus, pour effrayer les violents envahisseurs de biens ecclésiastiques, on incarne fortement le diable; on inculque cette pensée qu'il tourmentera les pécheurs, non d'âme à âme seulement, mais corporellement dans leur chair, qu'ils souffriront des supplices matériels, non des flammes idéales, mais bien en réalité ce que les charbons ardents, le gril ou la broche rouge peuvent donner d'exquises douleurs.

L'idée des diables tortureurs, infligeant aux âmes des morts des tortures matérielles, fut pour l'Église une mine d'or. Les vivants, navrés de douleur, de pitié, se demandaient: « Si l'on pouvait, d'un monde à l'autre, les racheter, ces pauvres âmes? leur appliquer l'expiation par amende et composition que l'on pratique sur la terre ? » — Ce pont entre les deux mondes fut Cluny, qui dès sa naissance (vers 900), devint tout à coup l'un des ordres les plus riches.

Tant que Dieu punissait lui-même, *appesantissait sa main* ou frappait *par l'épée de l'ange* (selon la noble forme antique), il y avait moins d'horreur; cette main était sévère, celle d'un juge, d'un père pourtant. L'ange en frappant restait pur et net comme son épée. Il n'en est nullement ainsi, quand l'exécution se fait par des démons immondes. Ils n'imitent point du tout l'ange qui brûla Sodome, mais qui d'abord en sortit. Ils y restent, et leur enfer est une horrible Sodome où ces esprits, plus souillés que les pécheurs qu'on leur livre, tirent des tortures qu'ils infligent d'odieuses jouissances. C'est l'enseignement qu'on trouvait dans les *naïves* sculptures étalées aux portes des églises. On y apprenait l'horrible leçon des voluptés de la douleur. Sous prétexte de supplice, les diables assouvissent sur leurs victimes les caprices les plus révoltants. Conception immorale et profondément coupable ! d'une prétendue justice qui favorise le pire, empire sa perversité en lui donnant un jouet, et corrompt le démon même !

Temps cruels ! Sentez-vous combien le ciel fut noir et bas, lourd sur la tête de l'homme ? Les pauvres petits enfants, dès leur premier âge imbus de ces idées horribles, et tremblants dans le berceau! La vierge pure, innocente, qui se sent damnée du plaisir que lui inflige l'Esprit. La femme, au lit conjugal, martyrisée de ses attaques, résistant, et cependant, par moments, le sentant en elle... Chose affreuse que connaissent ceux qui ont le ténia. Se sentir une vie double, distinguer les mouvements du monstre, parfois agité, parfois d'une molle douceur, onduleuse, qui trouble encore plus, qui ferait croire qu'on est en mer! Alors, on court éperdu, ayant horreur de soi-même, voulant s'échapper, mourir...

Même aux moments où le démon ne sévissait pas contre elle, la femme qui commençait à être envahie de lui errait accablée de mélancolie. Car, désormais, nul remède. Il entrait invinciblement, comme une fumée immonde. Il est le prince des airs, des tempêtes, et tout autant, des tempêtes intérieures. C'est ce qu'on voit exprimé grossièrement, énergiquement sous le portail de Strasbourg. En tête du chœur des *Vierges folles*, leur chef, la femme scélérate qui les entraîne à l'abîme, est pleine, gonflée du démon, qui regorge ignoblement et lui sort de dessous ses jupes en noir flot d'épaisse fumée.

Ce gonflement est un trait cruel de la *possession;* c'est un supplice et un orgueil. Elle porte son ventre en avant, l'orgueilleuse de Strasbourg, renverse sa tête en arrière. Elle triomphe de sa plénitude, se réjouit d'être un monstre.

Elle ne l'est pas encore, la femme que nous suivons. Mais elle est gonflée déjà de lui et de sa superbe, de sa fortune nouvelle. La terre ne la porte pas. Grasse et belle, avec tout cela, elle va par la rue, tête haute, impitoyable de dédain. On a peur, on hait, on admire.

Notre dame de village dit, d'attitude et de regard : « Je devrais être la Dame !... Et que fait-elle là-haut, l'impudique, la paresseuse, au milieu de tous ces hommes, pendant l'absence du mari? » La rivalité s'établit. Le village, qui la déteste, en est fier. « Si la châtelaine est baronne, celle-ci est reine... plus que reine, on n'ose dire quoi... » Beauté terrible et fantastique, cruelle d'orgueil et de douleur. Le démon même est dans ses yeux.

Il l'a et ne l'a pas encore. Elle est *elle*, et se maintient *elle*. Elle n'est du démon ni de Dieu. Le démon peut bien l'envahir, y circuler en air subtil. Et il n'a encore rien du tout. Car il n'a pas la volonté. Elle est *possédée*, *endiablée*, et elle n'appartient pas au Diable. Parfois il exerce sur elle d'horribles sévices, et n'en tire rien. Il lui met au sein, au ventre, aux entrailles, un charbon de feu. Elle se cabre, elle se tord, et dit cependant encore : « Non, bourreau, je resterai moi. »

« — Gare à toi ! je te cinglerai d'un si cruel fouet de vipère, je te couperai d'un tel coup, qu'après tu iras pleurant et perçant l'air de tes cris. »

La nuit suivante, il ne vient pas. Au matin (c'est le dimanche), l'homme est monté au château. Il en descend tout défait. Le seigneur a dit : « Un ruisseau qui va goutte à goutte ne fait pas tourner le moulin... Tu m'apportes sou à sou, ce qui ne me sert à rien... Je vais partir dans quinze jours. Le roi marche vers la Flandre, et je n'ai pas seulement un destrier de bataille. Le mien boite depuis le tournoi. Arrange-toi. Il me faut cent livres... — Mais, monseigneur, où les trouver ? — Mets tout le village à sac, si tu veux. Je vais te donner assez d'hommes... Dis à tes rustres qu'ils sont perdus si l'argent n'arrive pas, et toi le premier, tu es mort... J'ai assez de toi. Tu as le cœur d'une femme ; tu es un lâche, un paresseux. Tu périras, tu la payeras ta mollesse, ta lâcheté. Tiens, il ne tient presque à rien que tu ne descendes pas, que je ne te garde ici... C'est dimanche ; on rirait bien si on te voyait d'en bas gambiller à mes créneaux. »

Le malheureux redit cela à sa femme, n'espère rien, se prépare à la mort, recommande son âme à Dieu. Elle, non moins effrayée, ne peut se coucher ni dormir. Que faire ? Elle a bien regret d'avoir renvoyé l'Esprit. S'il revenait !... Le matin, lorsque son mari se lève, elle tombe épuisée sur le lit. A peine elle y est qu'elle sent un poids lourd sur sa poitrine ; elle halète, croit étouffer. Ce poids descend, pèse au ventre, et en même temps à ses bras elle sent comme deux mains d'acier. « Tu m'as désiré... Me voici... Eh bien, indocile, enfin, enfin, je l'ai donc ton âme ? — Mais, messire, est-elle à moi ? Mon pauvre mari ! Vous l'aimiez... Vous l'avez dit... Vous promettiez... — Ton mari ! as-tu oublié ?... es-tu sûre de lui avoir toujours gardé ta volonté ?... Ton âme ! je te la demande par bonté, mais je l'ai déjà...

« — Non, messire, dit-elle encore par un retour de fierté, quoiqu'en nécessité si grande. Non, messire, cette âme est à moi, à mon mari, au sacrement...

« — Ah ! petite, petite sotte ! incorrigible ! Ce jour

même, sous l'aiguillon, tu luttes encore !... Je l'ai vue, je la sais, ton âme, à chaque heure, et bien mieux que toi. Jour par jour, j'ai vu tes premières résistances, tes douleurs et tes désespoirs. J'ai vu tes découragements quand tu as dit à demi voix: « Nul n'est tenu à l'impossible. » Puis j'ai vu tes résignations. Tu as été battue un peu, et tu as crié pas bien fort... Moi, si j'ai demandé ton âme, c'est que déjà tu l'as perdue...

« Maintenant ton mari périt... Que faut-il faire ? J'ai pitié de vous... Je t'ai... mais je veux davantage, et il me faut que tu cèdes, et d'aveu, et de volonté. Autrement il périra. »

Elle répondit bien bas, en dormant : « Hélas ! mon corps et ma misérable chair, pour sauver mon pauvre mari, prenez-les... Mais mon cœur, non. Personne ne l'a eu jamais, et je ne peux pas le donner. »

Là, elle attendit, résignée... Et il lui jeta deux mots : « Retiens-les. C'est ton salut. » — Au moment, elle frissonna, se sentit avec horreur empalée d'un trait de feu, inondée d'un flot de glace... Elle poussa un grand cri. Elle se trouva dans les bras de son mari étonné, et qu'elle inonda de larmes.

Elle s'arracha violemment, se leva, craignant d'oublier les deux mots si nécessaires. Son mari était effrayé. Car elle ne le voyait pas même, mais elle lançait aux murailles le regard aigu de Médée. Jamais elle ne fut plus belle. Dans l'œil noir et le blanc jaune flamboyait une lueur qu'on n'osait envisager, un jet sulfureux de volcan.

Elle marcha droit à la ville. Le premier mot était *vert*. Elle vit pendre à la porte d'un marchand une robe verte (couleur du Prince du monde). Robe vieille, qui, mise sur elle se trouva jeune, éblouit. Elle marcha, sans s'informer, droit à la porte d'un juif, et elle y frappa un grand coup. On ouvre avec précaution. Ce pauvre juif, assis par terre, s'était englouti de cendre. « Mon cher, il me faut cent livres ! — Ah ! madame, comment le pourrais-je ? Le prince-évêque de la ville, pour me faire dire où est mon or, m'a fait arracher les dents [1]... Voyez ma bouche sanglante... — Je sais, je sais. Mais je viens chercher justement chez toi de quoi détruire ton évêque. Quand on soufflète le pape, l'évêque ne tiendra guère. Qui dit cela ? C'est *Tolède* [2]. »

Il avait la tête basse. Elle dit, et elle souffla... Elle avait une âme entière, et le Diable par-dessus. Une chaleur extraordinaire remplit la chambre. Lui-même sentit une fontaine de feu. « Madame, dit-il, madame, en la regardant en dessous, pauvre, ruiné comme je suis, j'avais quelques sous en réserve pour nourrir mes pauvres enfants. — Tu ne t'en repentiras pas, juif... Je vais te faire le *grand serment* dont on meurt... Ce que tu vas me donner, tu le recevras dans huit jours et de bonne heure, et le matin... Je

---

1. C'était une méthode fort usitée pour forcer les Juifs de contribuer. Le roi Jean-sans-Terre y eut souvent recours.

2. Tolède paraît avoir été la ville sainte des sorciers, innombrables en Espagne. Leurs relations avec les Maures, tellement civilisés, avec les Juifs, fort savants et maîtres alors de l'Espagne (comme agents du fisc royal), avaient donné aux sorciers une plus haute culture, et ils formaient à Tolède une sorte d'université. Au seizième siècle, on l'avait christianisée, transformée, réduite à la magie blanche. Voir la *Déposition du sorcier Achard, sieur de Beaumont, médecin en Poitou.* Lancre, *Incrédulité*, p. 781.

t'en jure et ton *grand serment*, et le mien plus grand : *Tolède.* »

Un an s'était écoulé. Elle s'était arrondie. Elle se faisait toute d'or. On était étonné de voir sa fascination. Tous admiraient, obéissaient. Par un miracle du Diable, le juif, devenu généreux, au moindre signe prêtait. Elle seule soutenait le château et de son crédit à la ville, et de la terreur du village, de ses rudes extorsions. La victorieuse robe verte allait, venait de plus en plus neuve et belle. Elle-même prenait une colossale beauté de triomphe et d'insolence. Une chose naturelle effrayait. Chacun disait : « A son âge, elle grandit !. »

Cependant, voici la nouvelle : le seigneur revient. La Dame, qui dès longtemps n'osait descendre pour ne pas rencontrer la face de celle d'en bas, a monté son cheval blanc. Elle va à la rencontre, entourée de tout son monde, arrête et salue son époux.

Avant toute chose elle dit : « Que je vous ai donc attendu ! Comment laissez-vous la fidèle épouse si longtemps veuve et languissante ?... Eh bien, pourtant, je ne peux pas vous donner place ce soir, si vous ne m'octroyez un don. — Demandez, demandez, ô belle ! dit le chevalier en riant. Mais faites vite... Car j'ai hâte de vous embrasser, ma Dame... Que je vous trouve embellie ! »

Elle lui parla à l'oreille, et l'on ne sait ce qu'elle dit. Avant de monter au château, le bon seigneur mit pied à terre devant l'église du village, entra. Sous le porche, en tête des notables, il voit une dame qu'il ne reconnaît pas, mais salue profondément. D'une fierté incomparable, elle portait bien plus haut que toutes les têtes des hommes le sublime *hennin* de l'époque, le triomphant bonnet du Diable. On l'appelait souvent ainsi, à cause de la double corne dont il était décoré. La vraie dame rougit éclipsée, et passa toute petite. Puis, indignée, à demi voix : La voilà pourtant, votre serve ! C'est fini. Tout est renversé. Les ânes insultent les chevaux. »

A la sortie, le hardi page, le favori, de sa ceinture tire un poignard affilé, et lestement, d'un seul tour, coupe la belle robe verte aux reins [1]. Elle faillit s'évanouir... La foule était interdite. Mais on comprit quand on vit toute la maison du seigneur qui se mit à lui faire la chasse... Rapides et impitoyables sifflaient, tombaient les coups de fouet... Elle fuit, mais pas bien fort ; elle est déjà un peu pesante. A peine elle a fait vingt pas, qu'elle heurte. Sa meilleure amie lui a mis sur le chemin une pierre pour la faire chopper... On rit. Elle hurle, à quatre pattes... Mais les pages impitoyables la relèvent à coups de fouet.

---

1. C'est le grand et cruel outrage qu'on trouve usité dans ces temps. Il est, dans les lois galloises et anglo-saxonnes, la peine de l'impureté. (Grimm, 679, 711 ; Sternhook, 19, 326 ; Ducange, III, 52 ; Michelet, *Origines*.) — Plus tard, le même affront est indignement infligé aux femmes honnêtes, aux bourgeoises déjà fières, que la noblesse veut humilier. On sait le guet-apens où le tyran Hagenbach fit tomber les dames honorables de la haute bourgeoisie d'Alsace, probablement en dérision de leur riche et royal costume, tout de soie et d'or. J'ai rapporté aussi dans mes *Origines* le droit étrange que le sire de Pacé, en Anjou, réclame sur les femmes *jolies* (honnêtes) du voisinage. Elles doivent lui apporter au château 4 deniers, un chapeau de roses et danser avec ses officiers. Démarche fort dangereuse, où elles avaient à craindre de trouver un affront, comme celui d'Hagenbach. Pour les y contraindre, on ajoute cette menace que les rebelles dépouillées seront piquées d'un aiguillon marqué aux armes du seigneur.

Les nobles et jolis lévriers aident et mordent au plus sensible. Elle arrive enfin, éperdue, dans ce terrible cortège, à la porte de sa maison. — Fermée ! — Là, des pieds et des mains, elle frappe, elle crie : « Mon ami, oh ! vite ! vite ! ouvrez-moi ! » Elle était étalée là, comme la misérable chouette qu'on cloue aux portes d'une ferme... Et les coups, en plein, lui pleuvaient... — Au dedans, tout était sourd. Le mari y était-il ? ou bien, riche et effrayé, avait-il peur de la foule, du pillage de la maison ?

Elle eut là tant de misères, de coups, de soufflets sonores, qu'elle s'affaissa, défaillit. Sur la froide Pierre du seuil, elle se trouva assise, à nu, demi-morte, ne couvrant guère sa chair sanglante que des flots de ses longs cheveux. Quelqu'un du château dit : « Assez... On n'exige pas qu'elle meure. »

On la laisse. Elle se cache. Mais elle voit en esprit le grand gala du château. Le seigneur, un peu étourdi, disait pourtant : « J'y ai regret. » Le chapelain dit doucement : « Si cette femme est *endiablée*, comme on le dit, monseigneur, vous devez à vos bons vassaux, vous devez à tout le pays de la livrer à Sainte-Église. Il est effrayant de voir, depuis ces affaires du Temple et du Pape, quels progrès fait le démon. Contre lui, rien que le feu... » — Sur cela un Dominicain : « Votre Révérence a parlé excellemment bien. La diablerie, c'est l'hérésie au premier chef. Comme l'hérétique, l'endiablé doit être brûlé. Pourtant plusieurs de nos bons Pères ne se fient plus au feu même. Ils veulent sagement qu'avant tout l'âme soit longuement purgée, éprouvée, domptée par les jeûnes ; qu'elle ne brûle pas dans son orgueil, qu'elle ne triomphe pas au bûcher. Si, madame, votre piété est si grande, si charitable, que vous-même vous preniez la peine de travailler sur celle-ci, la mettant pour quelques années *in-pace* dans une bonne fosse dont vous seule auriez la clé ; vous pourriez, par la constance du châtiment, faire du bien à son âme, honte au Diable, et la livrer, humble et douce, aux mains de l'Église. »

VI

LE PACTE

Il ne manquait que la victime. On savait que le présent le plus doux qu'on pût lui faire, c'était de la lui amener. Elle eût tendrement reconnu l'empressement de celui qui lui eût fait ce don d'amour, livré ce triste corps sanglant.

Mais la proie sentit le chasseur. Quelques minutes plus tard, elle aurait été enlevée, à jamais scellée sous la pierre. Elle se couvrit d'un haillon qui se trouvait dans l'étable, prit des ailes, en quelque sorte, et, avant minuit, se trouva à quelques lieues, loin des routes, sur une lande abandonnée qui n'était que chardons et ronces. C'était à la lisière d'un bois où, par une lune douteuse, elle put ramasser quelques glands, qu'elle engloutit, comme une bête. Des siècles avaient passé depuis la veille; elle était métamorphosée. La belle, la reine de village, n'était plus; son âme, changée, changeait ses attitudes mêmes. Elle était comme un sanglier sur ces glands, ou comme un singe, accroupie. Elle roulait des pensées nullement humaines, quand elle entend ou croit entendre un miaulement de chouette, puis un aigre éclat de rire. Elle a peur, mais c'est peut-être le gai moqueur qui contrefait toutes les voix ; ce sont ses tours ordinaires.

L'éclat de rire recommence. D'où vient-il ? Elle ne voit rien. On dirait qu'il sort d'un vieux chêne.

Mais elle entend distinctement : « Ah ! te voilà donc enfin... Tu n'es pas venue de bonne grâce. Et tu ne serais pas venue si tu n'avais trouvé le fond de ta nécessité dernière... Il t'a fallu, l'orgueilleuse, faire la course sous le fouet, crier et demander grâce, moquée, perdue, sans asile, rejetée de ton mari. Où serais-tu si, le soir, je n'avais eu la charité de te faire voir l'*in-pace* qu'on te préparait dans la tour ?... C'est tard, bien tard, que tu me viens, et quand on t'a nommée la *vieille*... Jeune, tu ne m'as pas bien traité, moi, ton petit lutin d'alors, si empressé à te servir... A ton tour (si je veux de toi) de me servir et de baiser mes pieds.

« Tu fus mienne dès ta naissance par ta malice contenue, par ton charme diabolique. J'étais ton amant, ton mari. Le tien t'a fermé sa porte. Moi, je ne ferme pas la mienne. Je te reçois dans mes domaines, mes libres prairies, mes forêts... Qu'y gagné-je ? Est-ce que dès longtemps je ne t'ai pas à mon heure ? Ne t'ai-je pas envahie, possédée, emplie de ma flamme ? J'ai changé, remplacé ton sang. Il n'est veine de ton corps où je ne circule pas. Tu ne peux pas savoir toi-même à quel point tu es mon épouse. Mais nos noces n'ont pas eu encore toutes les formalités. J'ai des mœurs, je me fais scrupule... Soyons un pour l'éternité.

« — Messire, dans l'état où je suis, que dirais-je? Oh! je l'ai senti, trop bien senti, que dès longtemps vous êtes toute ma destinée. Vous m'avez malicieusement caressée, comblée, enrichie, afin de me précipiter... Hier, quand le lévrier noir mordit ma pauvre nudité, sa dent brûlait... J'ai dit : « C'est lui. » Le soir, quand cette Hérodiade salit, effraya la table, quelqu'un était [entremetteur pour qu'on promît mon sang... C'est vous.

« — Oui, mais c'est moi qui t'ai sauvée et qui t'ai fait venir ici. J'ai fait tout, tu l'as deviné. Je t'ai perdue, et pourquoi? C'est que je te veux sans partage. Franchement, ton mari m'ennuyait. Tu chicanais, tu marchandais. Tout autres sont mes procédés. Tout ou rien. Voilà pourquoi je t'ai un peu travaillée, disciplinée, mise à point, mûrie pour moi... Car telle est ma délicatesse. Je ne prends pas, comme on croit, tant d'âmes sottes [qui se donneraient. Je veux des âmes élues, à un certain état friand de fureur et de désespoir... Tiens, je ne peux te le cacher, telle que tu es aujourd'hui, tu me plais; tu t'embellis fort; tu es une âme désirable... Oh! qu'il y a longtemps que je t'aime!... Mais aujourd'hui j'ai faim de toi...

« Je ferai grandement les choses. Je ne suis pas de ces maris qui comptent avec leur fiancée. Si tu ne voulais qu'être riche, cela serait à l'instant même. Si tu ne voulais qu'être reine, remplacer Jeanne de Navarre, quoiqu'on y tienne, on le ferait, et le roi n'y perdrait guère en orgueil, en méchanceté. Il est plus grand d'être ma femme. Mais enfin, dis ce que tu veux.

« — Messire, rien que de faire du mal.

« — Charmante, charmante réponse !... Oh ! que j'ai raison de t'aimer !... En effet, cela contient tout, toute la loi et tous les prophètes... Puisque tu as si bien choisi, il te sera, par-dessus, donné de surplus tout le reste. Tu auras tous mes secrets. Tu verras au fond de la terre. Le monde viendra à toi, et mettra l'or à tes pieds... Plus, voici le vrai diamant, mon épousée, que je te donne, la *vengeance*... Je te sais, friponne, je sais ton plus caché désir... Oh ! que nos cœurs s'entendent là... C'est bien là que j'aurai de toi la possession définitive. *Tu verras ton ennemie agenouillée devant toi*, demandant grâce et priant, heureuse si tu la tenais quitte en faisant ce qu'elle te fit. Elle pleurera... Toi, gracieuse, tu diras : *Non*, et la verras crier : Mort et damnation !... Alors, j'en fais mon affaire.

« — Messire, je suis votre servante... J'étais ingrate, c'est vrai. Car vous m'avez comblée toujours. Je vous appartiens, ô mon maître ! ô mon dieu ! Je n'en veux plus d'autre... Suaves sont vos délices. Votre service est très doux. »

Là, elle tombe à quatre pattes, l'adore !... Elle lui fait d'abord l'hommage, dans les formes du Temple, qui symbolise l'abandon absolu de la volonté. Son maître, le Prince du monde, le Prince des vents, lui souffle à son tour comme un impétueux esprit. Elle reçoit à la fois les trois sacrements à rebours, baptême, prêtrise et mariage. Dans cette nouvelle Église, exactement l'envers de l'autre, toute chose doit se faire à l'envers. Soumise, patiente, elle endura la cruelle initiation [1], soutenue de ce mot : « Vengeance ! »

Bien loin que la foudre infernale l'épuisât, la fît languissante, elle se releva redoutable et les yeux étincelants. La lune, qui, chastement, s'était un moment voilée, eut peur en la revoyant. Épouvantablement gonflée de la vapeur infernale, de feu, de fureur et (chose nouvelle) de je ne sais quel désir, elle fut un moment énorme par cet excès de plénitude et d'une beauté horrible. Elle regarda tout autour... Et la nature était changée. Les arbres avaient une langue, contaient les choses passées. Les herbes étaient des simples. Telles plantes qu'hier elle foulait comme du foin, c'étaient maintenant des personnes qui causaient de médecine.

Elle s'éveilla le lendemain en grande sécurité, loin, bien loin de ses ennemis. On l'avait cherchée. On n'avait trouvé que quelques lambeaux épars de la fatale robe verte. S'était-elle, de désespoir, précipitée dans le torrent ? Avait-elle été vivante emportée par le démon ? On ne savait. Des deux façons, elle était damnée à coup sûr. Grande consolation pour la Dame de ne pas l'avoir trouvée.

L'eût-on vue, on l'eût à peine reconnue, tellement elle était changée. Les yeux seuls restaient, non brillants, mais armés d'une très étrange et

---

1. Ceci s'expliquera plus tard. Il faut se garder des additions pédantesques des modernes du dix-septième siècle. Les ornements que les sots donnent à une chose si terrible font Satan à leur image.

peu rassurante lueur. Elle-même avait peur de faire peur. Elle ne les baissait pas. Elle regardait de côté; dans l'obliquité du rayon, elle en éludait l'effet. Brunie tout à coup, on eût dit qu'elle avait passé par la flamme. Mais ceux qui observaient mieux sentaient que cette flamme plutôt était en elle, qu'elle portait un impur et brûlant foyer. Le trait flamboyant dont Satan l'avait traversée lui restait, et, comme à travers une lampe sinistre, lançait tel reflet sauvage, pourtant d'un dangereux attrait. On reculait, mais on restait, et les sens étaient troublés.

Elle se vit à l'entrée d'un de ces trous de troglodyte, comme on en trouve d'innombrables dans certaines collines du Centre et de l'Ouest. C'étaient les Marches, alors sauvages, entre le pays de Merlin et le pays de Mélusine. Des landes à perte de vue témoignent encore des vieilles guerres et des éternels ravages, des terreurs, qui empêchaient le pays de se repeupler. Là le Diable était chez lui. Des rares habitants la plupart lui étaient fervents, dévots. Quelque attrait qu'eussent pour lui les âpres fourrés de Lorraine, les noires sapinières du Jura, les déserts salés de Burgos, ses préférences étaient peut-être pour nos Marches de l'Ouest. Ce n'était pas là seulement le berger visionnaire, la conjonction satanique de la chèvre et du chevrier, c'était une conjuration plus profonde avec la nature, une pénétration plus grande des remèdes et des poisons, des rapports mystérieux dont on n'a pas su le lien avec Tolède la savante, l'université diabolique.

L'hiver commençait. Son souffle, qui déshabillait les arbres, avait entassé les feuilles, les branchettes de bois mort. Elle trouva cela tout prêt à l'entrée du triste abri. Par un bois et une lande d'un quart de lieue, on descendait à portée de quelques villages qu'avait créés un cours d'eau. « Voilà ton royaume, lui dit la voix intérieure. Mendiante aujourd'hui, demain tu régneras dans la contrée. »

VII

LE ROI DES MORTS

Elle ne fut pas d'abord bien touchée de ces promesses. Un ermitage sans Dieu, désolé, et les grands vents si monotones de l'Ouest, les souvenirs impitoyables dans la grande solitude, tant de pertes et tant d'affronts, ce subit et âpre veuvage, son mari qui l'a laissée à la honte, tout l'accablait. Jouet du sort, elle se vit, comme la triste plante des landes, sans racine, que la bise promène, ramène, châtie, bat inhumainement; on dirait un corail grisâtre, anguleux, qui n'a d'adhérence que pour être mieux brisé. L'enfant met le pied dessus. Le peuple dit par risée : « C'est la fiancée du vent. »

Elle rit outrageusement sur elle-même en se comparant. Mais du fond du trou obscur : « Ignorante et insensée, tu ne sais ce que tu dis... Cette plante qui roule ainsi a bien droit de mépriser tant d'herbes grasses et vulgaires. Elle roule, mais complète en elle, portant tout, fleurs et semences. Ressemble-lui. Sois ta racine, et, dans le tourbillon même, tu porteras fleur encore, nos fleurs à nous, comme il en vient de la poudre des sépulcres et des cendres des volcans.

« La première fleur de Satan, je te la donne aujourd'hui pour que tu saches mon premier nom, mon antique pouvoir. Je fus, je suis le *roi des morts*... Oh! qu'on m'a calomnié!... Moi seul (ce bienfait immense me méritait des autels), moi seul, je les fais revenir... »

Pénétrer l'avenir, évoquer le passé, devancer, rappeler le temps qui va si vite, étendre le présent de ce qui fut et de ce qui sera, voilà deux choses proscrites au Moyen-âge. En vain. Nature ici est invincible ; on n'y gagnera rien. Qui pèche ainsi est homme. Il ne le serait pas, celui qui resterait fixé sur son sillon, l'œil baissé, le regard borné au pas qu'il fait derrière ses bœufs. Non, nous irons toujours visant plus haut, plus loin et plus au fond. Cette terre, nous la mesurons péniblement, mais la frappons du pied, et lui disons toujours : « Qu'as-tu dans tes entrailles? Quels secrets? quels mystères? Tu nous rends bien le grain que nous te confions. Mais tu ne nous rends pas cette semence humaine, ces morts aimés que nous t'avons prêtés. Ne germeront-ils pas, nos amis, nos amours, que nous avions mis là? Si du moins pour une heure, un moment, ils venaient à nous! »

Nous serons bientôt de la *terra incognita* où déjà

ils ont descendu. Mais les reverrons-nous? Serons-nous avec eux? Où sont-ils? Que font-ils? — Il faut qu'ils soient, mes morts, bien captifs pour ne me donner aucun signe! Et moi, commment ferai-je pour être entendu d'eux? Comment mon père, pour qui je fus unique et qui m'aima si violemment, comment ne vient-il pas à moi?... Oh! des deux côtés, servitude! captivité! mutuelle ignorance! Nuit sombre où l'on cherche un rayon[1].

Ces pensées éternelles de nature, qui, dans l'Antiquité, n'ont été que mélancoliques, au Moyen-âge, elles sont devenues cruelles, amères, débilitantes, et les cœurs en sont amoindris. Il semble que l'on ait calculé d'aplatir l'âme et la faire étroite et serrée à la mesure d'une bière. La sépulture servile entre les quatre ais de sapin est très propre à cela. Elle trouble d'une idée d'étouffement. Celui qu'on a mis là-dedans, s'il revient dans les songes, ce n'est plus comme une ombre lumineuse et légère, dans l'auréole Élyséenne; c'est un esclave torturé, misérable gibier d'un chat griffu d'enfer (*bestiis* dit le texte même, *Ne tradas bestiis*, etc.) Idée exécrable et impie, que mon père si bon, si aimable, que ma mère vénérée de tous, soient jouet de ce chat!... Vous riez aujourd'hui. Pendant mille ans, on n'a pas ri. On a amèrement pleuré. Et, aujourd'hui encore, on ne peut écrire ces blasphèmes sans que le cœur ne soit gonflé, que le papier ne grince, et la plume, d'indignation!

---

1. Le rayon luit dans l'*Immortalité*, la *Foi nouvelle*, de Dumesnil; *Terre et Ciel*, de Reynaud, Henri Martin, etc.

C'est aussi véritablement une cruelle invention d'avoir tiré la fête des Morts du printemps, où l'Antiquité la plaçait, pour la mettre en novembre. En mai, où elle fut d'abord, on les enterrait dans les fleurs. En mars, où on la mit ensuite, elle était, avec le labour, l'éveil de l'alouette; le mort et le grain, dans la terre, entraient ensemble avec le même espoir. Mais, hélas! en novembre, quand tous les travaux sont finis, la saison close et sombre pour longtemps, quand on revient à la maison, quand l'homme se rasseoit au foyer et voit en face la place à jamais vide... oh! quel accroissement de deuil!... Évidemment, en prenant ce moment, déjà funèbre en lui, des obsèques de la nature, on craignait qu'en lui-même l'homme n'eût pas assez de douleur...

Les plus calmes, les plus occupés, quelque distraits qu'ils soient par les tiraillements de la vie, ont des moments étranges. Au noir matin brumeux, au soir qui vient si vite nous engloutir dans l'ombre, dix ans, vingt ans après, je ne sais quelle faibles voix vous montent au cœur : « Bonjour, ami ; c'est nous... Tu vis donc, tu travailles, comme toujours... Tant mieux! Tu ne souffres pas trop de nous avoir perdus, et tu sais te passer de nous... Mais nous, non pas de toi, jamais... Les rangs se sont serrés et le vide ne paraît guère. La maison qui fut nôtre est pleine, et nous la bénissons. Tout est bien, tout est mieux qu'au temps où ton père te portait, au temps où ta petite fille te disait à son tour : « Mon papa, porte-moi... » Mais voilà que « tu pleures... Assez, et au revoir. »

Hélas! ils sont partis! Douce et navrante plainte. Juste? Non. Que je m'oublie mille fois plutôt que de les oublier! Et, cependant, quoi qu'il en coûte, on est obligé de le dire, certaines traces échappent, sont déjà moins sensibles; certains traits du visage sont, non pas effacés, mais obscurcis, pâlis. Chose dure, amère, humiliante, de se sentir si fuyant et si faible, onduleux comme l'eau sans mémoire; de sentir qu'à la longue on perd du trésor de douleur qu'on espérait garder toujours!... Rendez-la-moi, je vous prie; je tiens trop à cette riche source de larmes... Retracez-moi, je vous supplie, ces effigies si chères... Si vous pouviez du moins m'en faire rêver la nuit!

Plus d'un dit cela en novembre. Et, pendant que les cloches sonnent, pendant que pleuvent les feuilles, ils s'écartent de l'église, disant tout bas : « Savez-vous bien, voisin?... Il y a là haut certaine femme dont on dit du mal et du bien. Moi, je n'ose en rien dire. Mais elle a puissance au monde d'en bas. Elle appelle les morts, et ils viennent. Oh! si elle pouvait (sans péché, s'entend, sans fâcher Dieu) me faire venir les miens!... Vous savez, je suis seul, et j'ai tout perdu en ce monde. — Mais, cette femme, qui sait ce qu'elle est? Du ciel ou de l'enfer? Je n'irai pas (et il en meurt d'envie)... Je n'irai pas... Je ne veux pas risquer mon âme. Ce bois, d'ailleurs, est mal hanté. Mainte fois on a vu sur la lande des choses qui n'étaient pas à voir.... Savez-vous bien? la Jacqueline qui y a été un soir pour chercher un de ses moutons? eh bien, elle est revenue folle... Je n'irai pas. »

En se cachant les uns des autres, beaucoup y vont, des hommes. A peine encore les femmes osent se hasarder. Elles regardent le dangereux chemin, s'enquièrent près de ceux qui en reviennent. La pythonisse n'est pas celle d'Endor, qui, pour Saül, évoqua Samuel ; elle ne montre pas les ombres, mais elle donne les mots cabalistiques et les puissants breuvages qui les feront revoir en songe. Ah ! que de douleurs vont à elles ! La grand'mère elle-même, vacillante, à quatre-vingts ans, voudrait revoir son petit-fils. Par un suprême effort, non sans remords de pécher au bord de la tombe, elle s'y traîne. L'aspect du lieu sauvage, âpre, d'ifs et de ronces, la rude et noire beauté de l'implacable Pròserpine, la trouble. Prosternée et tremblante, appliquée à la terre, la pauvre vieille pleure et prie. Nulle réponse. Mais quand elle ose se relever un peu, elle voit que l'enfer a pleuré.

Retour tout simple de nature. Proserpine en rougit. Elle s'en veut. « Ame dégénérée, se dit-elle, âme faible ! Toi qui venais ici dans le ferme désir de ne faire que du mal... Est-ce la leçon du maître ? Oh ! qu'il rira !

« — Mais, non ! Ne suis-je pas le grand pasteur des ombres, pour les faire aller et venir, leur ouvrir la porte des songes ? Ton Dante, en faisant mon portrait, oublie mes attributs. En m'ajoutant cette queue inutile, il omet que je tiens la verge pastorale d'Osiris, et que, de Mercure, j'ai hérité le caducée. En vain on crut bâtir un mur infranchissable qui eût fermé la voie d'un monde à l'autre ; j'ai des ailes aux talons, j'ai volé par-dessus. L'Esprit calomnié, ce monstre impitoyable, par une charitable révolte, a secouru ceux qui pleuraient, consolé les amants, les mères. Il a eu pitié d'elles contre le nouveau dieu. »

Le Moyen-âge, avec ses scribes, tous ecclésiastiques, n'a garde d'avouer les changements muets, profonds, de l'esprit populaire. Il est évident que la compassion apparaît désormais du côté de Satan. La Vierge même, idéal de la Grâce, ne répond rien à ce besoin du cœur, l'Église rien. L'évocation des morts reste expressément défendue. Pendant que tous les livres continuent à plaisir ou le démon pourceau des premiers temps, ou le démon griffu, bourreau du second âge, Satan a changé de figure pour ceux qui n'écrivent pas. Il tient du vieux Pluton, mais sa majesté pâle, nullement inexorable, accordant aux morts des retours, aux vivants de revoir les morts, de plus en plus revient à son père ou grand-père, Osiris, le pasteur des âmes.

Par ce point seul, bien d'autres sont changés. On confesse de bouche l'enfer officiel et les chaudières bouillantes. Au fond, y croit-on bien ? concilierait-on aisément ces complaisances de l'enfer pour les cœurs affligés avec les traditions horribles d'un enfer tortureur ? Une idée neutralise l'autre, sans l'effacer entièrement, et il s'en forme une mixte, vague, qui de plus en plus se rapprochera de l'enfer virgilien. Grand adoucissement pour le cœur !

Heureux allègement aux pauvres femmes surtout, que ce dogme terrible du supplice de leurs morts aimés tenait noyées de larmes, et sans consolation. Toute leur vie n'était qu'un soupir.

La sibylle rêvait aux mots du maître, quand un tout petit pas se fait entendre. Le jour paraît à peine (après Noël, vers le 1ᵉʳ janvier). Sur l'herbe craquante et givrée, une blonde petite femme, tremblante, approche, et, arrivée, elle défaille, ne peut respirer. Sa robe noire dit assez qu'elle est veuve. Au perçant regard de Médée, immobile, et sans voix, elle dit tout pourtant ; nul mystère en sa craintive personne. L'autre d'une voix forte : « Tu n'as que faire de dire, petite muette. Car tu n'en viendrais pas à bout. Je le dirai pour toi... Et bien, tu meurs d'amour ! » Remise un peu, joignant les mains et presque à ses genoux, elle avoue, se confesse. Elle souffrait, pleurait, priait, et elle eût souffert en silence. Mais ces fêtes d'hiver, ces réunions de familles, le bonheur peu caché des femmes qui, sans pitié, étalent un légitime amour, lui ont remis au cœur le trait brûlant... Hélas ! que fera-t-elle ?... S'il pouvait revenir et la consoler un moment : « Au prix de la vie même... que je meure ! et le voie encore ! »

« — Retourne à ta maison ; fermes-en bien la porte. Ferme encore le volet au voisin curieux. Tu quitteras le deuil et mettras tes habits de noces, son couvert à la table, mais il ne viendra pas. — Tu diras la chanson qu'il fit pour toi, et qu'il a tant chantée, mais il ne viendra pas. — Tu tireras du coffre le dernier habit qu'il porta, le baiseras. — Et tu diras alors : « Tant pis pour toi, si tu ne viens! » Et sans retard, buvant ce vin amer, mais de profond sommeil, tu coucheras la mariée. Alors, sans nul doute, il viendra. »

La petite ne serait pas femme, si, le matin, heureuse et attendrie, bien bas, à sa meilleure amie, elle n'avouait le miracle. « N'en dis rien, je t'en prie... Mais il m'a dit lui-même que, si j'ai cette robe, et si je dors sans m'éveiller, tous les dimanches, il reviendra. »

Bonheur qui n'est pas sans péril. Que serait-ce de l'imprudence si l'Église savait qu'elle n'est plus veuve? que, ressuscité par l'amour, l'Esprit revient la consoler?

Chose rare, le secret est gardé! Toutes s'entendent, cachent un mystère si doux. Qui n'y a intérêt? Qui n'a perdu? qui n'a pleuré? Qui ne voit avec bonheur se créer ce pont entre les deux mondes?

« O bienfaisante sorcière!... Esprit d'en bas, soyez béni! »

VIII

LE PRINCE DE LA NATURE

Dur est l'hiver, long et triste dans le sombre nord-ouest. Fini même, il a des reprises, comme une douleur assoupie, qui revient, sévit par moments. Un matin, tout se réveille paré d'aiguilles brillantes. Dans cette splendeur ironique, cruelle, où la vie frissonne, tout le monde végétal paraît minéralisé, perd sa douce variété, se roidit en âpres cristaux.

La pauvre sibylle, engourdie à son morne foyer de feuilles, battue de la bise cuisante, sent au cœur la verge sévère. Elle sent son isolement. Mais cela même la relève. L'orgueil revient, et avec lui une force qui lui chauffe le cœur, lui illumine l'esprit. Tendue, vive et acérée, sa vue devient aussi perçante que ces aiguilles, et le monde, ce monde cruel dont elle souffre, lui est transparent comme verre. Et alors, elle en jouit, comme d'une conquête à elle.

N'en est-elle pas la reine? n'a-t-elle pas des courtisans? Les corbeaux manifestement sont en rapport avec elle. En troupe honorable, grave, ils viennent, comme anciens augures, lui parler des choses du temps. Les loups passent timidement, saluent d'un regard oblique. L'ours (moins rare alors) parfois s'asseoit gauchement, avec sa lourde bonhomie, au seuil de l'antre, comme un ermite qui fait visite à un ermite, ainsi qu'on le voit si souvent dans les *Vies* des Pères du désert.

Tous, oiseaux et animaux que l'homme ne connaît guère que par la chasse et la mort, ils sont des proscrits comme elle. Ils s'entendent avec elle. Satan est le grand proscrit, et il donne aux siens la joie des libertés de la nature, la joie sauvage d'être un monde qui se suffit à lui-même.

Apre liberté solitaire, salut!... Toute la terre encore semble vêtue d'un blanc linceul, captive d'une glace pesante, d'impitoyables cristaux, uniformes, aigus, cruels. Surtout depuis 1200, le monde a été fermé comme un sépulcre transparent où l'on voit avec effroi toute chose immobile et durcie.

On a dit que « l'église gothique est une cristallisation ». Et c'est vrai. Vers 1300, l'architecture, sacrifiant ce qu'elle avait de caprice vivant, de variété, se répétant à l'infini, rivalise avec les prismes monotones du Spitzberg. Vraie et redoutable image de la dure cité de cristal dans laquelle un dogme terrible a cru enterrer la vie.

Mais, quels que soient les soutiens, contreforts, arcs-boutants, dont le monument s'appuie, une chose le fait branler. Non les coups bruyants du dehors ; mais je ne sais quoi de doux qui est dans les fondements, qui travaille ce cristal d'un insensible dégel. Quel? l'humble flot de tièdes larmes qu'un monde a versées, une mer de pleurs. Quelle? une haleine d'avenir, la puissante, l'invincible résurrection de la vie naturelle. Le fantastique édifice dont plus d'un pan déjà croule, se dit, mais non sans terreur : « C'est le souffle de Satan. »

Tel un glacier de l'Hécla sur un volcan qui n'a pas besoin de faire éruption, foyer tiède, lent, clément qui le caresse en dessous, l'appelle à lui et lui dit tout bas : « Descends. »

La sorcière a de quoi rire, si, dans l'ombre, elle voit là-bas, dans la brillante lumière, combien Dante, saint Thomas, ignorent la situation. Ils se figurent que Satan fait son chemin par l'horreur ou par la subtilité. Ils le font grotesque et grossier; comme à son âge d'enfance, lorsque Jésus pouvait encore le faire entrer dans les pourceaux. Ou bien ils le font subtil, un logicien scolastique, un juriste épilogueur. S'il n'eût été que cela, ou la bête, ou le disputeur, s'il n'avait eu que la fange, ou les *distinguo* du vide, il fût mort bientôt de faim.

On triomphe trop à l'aise quand on le montre dans Barthole, plaidant contre la *Femme* (la Vierge), qui le fait débouter, condamner avec dépens. Il se trouve qu'alors sur la terre, c'est justement le contraire qui arrive. Par un coup suprême, il gagne la plaideuse même, la *Femme*, sa belle adversaire, la séduit par un argument, non de mot, mais tout réel, charmant et irrésistible. Il lui met en main le fruit de la science et de la nature.

Il ne faut pas tant de disputes; il n'a pas besoin de plaider; il se montre. C'est l'Orient, c'est le paradis retrouvé. De l'Asie qu'on a cru détruire, une incomparable aurore surgit, dont le rayonnement porte au loin jusqu'à percer la profonde brume de l'ouest. C'est un monde de nature et d'art que l'ignorance avait maudit, mais qui, maintenant, avance pour conquérir ses conquérants, dans une douce guerre d'amour et de séduction maternelle. Tous sont vaincus, tous en raffolent; on ne veut rien que de l'Asie. Elle vient à nous les mains pleines. Les tissus, châles, tapis de molle douceur, d'harmonie mystérieuse, l'acier galant, étincelant, des armes damasquinées, nous démontrent notre barbarie. Mais c'est peu, ces contrées maudites des mécréants où Satan règne, ont pour bénédiction visible les hauts produits de la nature, élixir des forces de Dieu, *le premier des végétaux*, *le premier des animaux*, le café, le cheval arabe. Que dis-je? un monde de trésors, la soie, le sucre, la foule des herbes toutes-puissantes qui nous relèvent le cœur, consolent, adoucissent nos maux.

Vers 1300, tout cela éclate. L'Espagne même reconquise par les barbares fils des Goths, mais qui a tout son cerveau dans les Maures et dans les juifs, témoigne pour ces mécréants. Partout où les musulmans, ces fils de Satan, travaillent, tout prospère, les sources jaillissent et la terre se couvre de fleurs. Sous un travail méritant, innocent, elle se pare de ces vignes merveilleuses où l'homme oublie, se refait et croit boire la bonté même et la compassion céleste.

A qui Satan porte-t-il la coupe écumante de vie ? Et, dans ce monde de jeûne, qui a tant jeûné de raison, existe-t-il, l'être fort qui va recevoir tout cela sans vertige, sans ivresse, sans risquer de perdre l'esprit ?

Existe-t-il un cerveau qui n'étant pas pétrifié, cristallisé de saint Thomas, reste encore ouvert à la vie, aux forces végétatives? Trois magiciens[1] font effort; par des tours de force ils arrivent à la nature, mais ces vigoureux génies n'ont pas la fluidité, la puissance populaire. Satan retourne à son Ève. La femme est encore au monde ce qui est le plus nature. Elle a et garde toujours certains côtés d'innocence malicieuse qu'a le jeune chat et l'enfant de trop d'esprit. Par là, elle va bien mieux à la comédie du monde, au grand jeu où se jouera le Protée universel.

Mais qu'elle est légère, mobile, tant qu'elle n'est pas mordue et fixée par la douleur! Celle-ci, proscrite du monde, enracinée à sa lande sauvage, donne prise. Reste à savoir si, froissée, aigrie, avec ce cœur plein de haine, elle rentrera dans la nature et les douces voies de la vie? Si elle y va, sans nul doute, ce sera sans harmonie, souvent par les circuits du

---

[1]. Albert-le-Grand, Roger Bacon, Arnaud de Villeneuve (qui trouve l'eau-de-vie).

mal. Elle est effarée, violente, d'autant plus qu'elle est très faible, dans le *va-et-vient* de l'orage.

Lorsqu'aux tiédeurs printanières, de l'air, du fond de la terre, des fleurs et de leurs langages, la révélation nouvelle lui monte de tous côtés, elle a d'abord le vertige. Son sein dilaté déborde. La sibylle de la science a sa torture, comme eut l'autre, la Cumæa, la Delphica. Les scolastiques ont beau jeu de dire : « C'est l'*aura*, c'est l'air qui la gonfle, et rien de plus. Son amant, le Prince de l'air, l'emplit de songes et de mensonges, de vent, de fumée, de néant. » Inepte ironie. Au contraire, la cause de son ivresse, c'est que ce n'est pas le vide, c'est le réel, la substance, qui trop vite a comblé son sein.

Avez-vous vu l'Agave, ce dur et sauvage Africain, pointu, amer, déchirant, qui, pour feuilles, a d'énormes dards? Il aime et meurt tous les dix ans. Un matin, le jet amoureux, si longtemps accumulé dans la rude créature, avec le bruit d'un coup de feu, part, s'élance vers le ciel. Et ce jet est tout un arbre qui n'a pas moins de trente pieds, hérissé de tristes fleurs.

C'est quelque chose d'analogue que ressent la sombre sibylle quand, au matin d'un printemps tardif, d'autant plus violent, tout autour d'elle se fait la vaste explosion de la vie.

Et tout cela la regarde, et tout cela est pour elle. Car chaque être dit tout bas : « Je suis à qui m'a compris. »

Quel contraste!... Elle, l'épouse du désert et du

désespoir, nourrie de haine, de vengeance, voilà tous ces innocents qui la convient à sourire. Les arbres, sous le vent du sud, font doucement la révérence. Toutes les herbes des champs, avec leurs vertus diverses, parfums, remèdes ou poisons (le plus souvent c'est même chose), s'offrent, lui disent : « Cueille-moi. »

Tout cela visiblement aime. « N'est-ce pas une dérision ?... J'eusse été prête pour l'enfer, non pour cette fête étrange... Esprit, es-tu bien l'Esprit de terreur que j'ai connu, dont j'ai la trace cruelle (que dis-je ? et qu'est-ce que je sens ?), la blessure qui brûle encore...

« Oh ! non, ce n'est pas l'Esprit que j'espérais dans ma fureur : « *Celui qui dit toujours : Non.* » Le voilà qui dit un *Oui* d'amour, d'ivresse et de vertige... Qu'a-t-il donc ? Est-il l'âme folle, l'âme effarée de la vie ?

« On avait dit le grand Pan mort. Mais le voici en Bacchus, en Priape, impatient, par le long délai du désir, menaçant, brûlant, fécond... Non, non, loin de moi cette coupe. Car je n'y boirais que le trouble, qui sait ? un désespoir amer par-dessus mes désespoirs ? »

Cependant, où paraît la femme, c'est l'unique objet de l'amour. Tous la suivent, et tous pour elle méprisent leur propre espèce. Que parle-t-on du bouc noir, son prétendu favori ? Mais cela est commun à tous. Le cheval hennit pour elle, rompt tout, la met en danger. Le chef redouté des prairies, le taureau noir, si elle passe et s'éloigne, mugit de regret. Mais voici l'oiseau qui s'abat, qui ne veut plus de sa femelle, et les ailes frémissantes, sur elle accomplit son amour.

Nouvelle tyrannie de ce Maître, qui, par le plus fantasque coup, de roi des morts qu'on le croyait, éclate comme roi de la vie.

« Non, dit-elle, laissez-moi ma haine. Je n'ai demandé rien de plus. Que je sois redoutée, terrible... C'est ma beauté, celle qui va aux noirs serpents de mes cheveux, à ce visage sillonné de douleurs, des traits de la foudre... » Mais la souveraine Malice, tout bas, insidieusement : « Oh! que tu es bien plus belle! Oh! que tu es plus sensible, dans ta colérique fureur!... Crie, maudis! C'est un aiguillon... Une tempête appelle l'autre. Glissant, rapide, est le passage de la rage à la volupté. »

.

Ni la colère ni l'orgueil ne la sauveraient de ces séductions. Ce qui la sauve, c'est l'immensité du désir. Nul n'y suffirait. Chaque vie est limitée, impuissante. Arrière le coursier, le taureau! arrière la flamme de l'oiseau! Arrière faibles créatures, pour qui a besoin d'infini!

Elle a une *envie* de femme. Envie de quoi? Mais du Tout, du grand Tout universel.

Satan n'a pas prévu cela, qu'on ne pouvait l'apaiser avec aucune créature.

Ce qu'il n'a pu, je ne sais quoi dont on ne sait pas le nom, le fait. A ce désir immense, profond, vaste comme une mer, elle succombe, elle sommeille. En ce moment, sans souvenir, sans haine ni pensée de vengeance, innocente, malgré elle, elle dort sur la prairie, tout comme une autre aurait fait, la brebis ou la colombe, détendue, épanouie, — je n'ose dire, amoureuse.

Elle a dormi, elle a rêvé... Le beau rêve! Et comment le dire? C'est que le monstre merveilleux de la vie universelle, chez elle s'était englouti ; que désormais vie et mort, tout tenait dans ses entrailles, et qu'au prix de tant de douleurs elle avait conçu la Nature.

IX

SATAN MÉDECIN

La scène muette et sombre de la fiancée de Corinthe se renouvelle, à la lettre, du treizième au quinzième siècle. Dans la nuit qui dure encore, avant l'aube, les deux amants, l'homme et la nature, se retrouvent, s'embrassent avec transport, et, dans ce moment même (horreur!) ils se voient frappés d'épouvantables fléaux! On croit entendre encore l'amante dire à l'amant : « C'en est fait... Tes cheveux blanchiront demain... Je suis morte, tu mourras. »

Trois coups terribles en trois siècles. Au premier la métamorphose choquante de l'extérieur, les maladies de peau, la lèpre. Au second, le mal intérieur, bizarre stimulation nerveuse, les danses épileptiques. Tout se calme, mais le sang s'altère, l'ulcère prépare la syphilis, le fléau du quinzième siècle.

Les maladies du Moyen-âge, autant qu'on peut l'entrevoir, moins précises, avaient été surtout la faim, la langueur et la pauvreté du sang, cette étisie qu'on admire dans la sculpture de ce temps-là. Le sang était de l'eau claire; les maladies scrofuleuses devaient être universelles. Sauf le médecin arabe ou juif, chèrement payé par les rois, la médecine ne se faisait qu'à la porte des églises, au bénitier. Le dimanche, après l'office, il y avait force malades; ils demandaient des secours, et on leur donnait des mots : « Vous avez péché, et Dieu vous afflige. Remerciez; c'est autant de moins sur les peines de l'autre vie. Résignez-vous, souffrez, mourez. L'Église a ses prières des morts. » Faibles, languissants, sans espoir, ni envie de vivre, ils suivaient très bien ce conseil et laissaient aller la vie.

Fatal découragement, misérable état qui dut indéfiniment prolonger ces âges de plomb, et leur fermer le progrès. Le pis, c'est de se résigner si aisément, d'accepter la mort si docilement, de ne pouvoir rien, ne désirer rien. Mieux valait la nouvelle époque, cette fin du Moyen-âge, qui, au prix d'atroces douleurs, nous donne le premier moyen de rentrer dans l'activité : *la résurrection du désir.*

Quelques Arabes prétendent que l'immense éruption des maladies de la peau qui signale le treizième siècle, fut l'effet des stimulants par lesquels on cherchait alors à réveiller, raviver, les défaillances de l'amour. Nul doute que les épices brûlantes, apportées d'Orient, n'y aient été pour quelque chose. La distillation naissante et certaines boisons fermentées purent aussi avoir action.

Mais une grande fermentation, bien plus générale, se faisait. Dans l'aigre combat intérieur de deux mondes et de deux esprits, un tiers survit qui les fit taire. La foi pâlissante, la raison naissante disputaient : entre les deux, quelqu'un se saisit de l'homme. Qui ? l'Esprit impur, furieux, des âcres désirs, leur bouillonnement cruel.

N'ayant nul épanchement, ni les jouissances du corps, ni le libre jet de l'esprit, la sève de la vie refoulée se corrompit elle-même. Sans lumière, sans voix, sans parole, elle parla en douleurs, en sinistres efflorescences. Une chose terrible et nouvelle advient alors : le désir ajourné, sans remise, se voit arrêté par un cruel enchantement, une atroce métamorphose[1]. L'amour avançait, aveugle, les bras ouverts... Il recule, frémit; mais il a beau fuir; la furie du sang persiste, la chair se dévore elle-même en titillations cuisantes, et plus cuisant au dedans sévit le charbon de feu, irrité par le désespoir.

Quel remède l'Europe chrétienne trouve-t-elle à ce double mal? La mort, la captivité : rien de plus. Quand le célibat amer, l'amour sans espoir, la passion aiguë, irritée, t'amène à l'état morbide; quand

---

1. On imputa la lèpre aux Croisades, à l'Asie. L'Europe l'avait en elle-même. La guerre que le Moyen-âge déclara et à la chair, et à la propreté, devait porter son fruit. Plus d'une sainte est vantée pour ne s'être jamais lavé même les mains. Et combien moins le reste ! La nudité d'un moment eût été grand péché. Les mondains suivent fidèlement ces leçons du monachisme. Cette société subtile et raffinée, qui immole le mariage et ne semble animée que de la poésie de l'adultère, elle garde sur ce point si innocent un singulier scrupule. Elle craint toute purification comme une souillure. Nul bain pendant mille ans ! Soyez sûr que pas un de ces chevaliers, de ces belles si éthérées, les Parceval, les Tristan, les Iseult, ne se lavaient jamais. De là, un cruel accident, si peu poétique, en plein roman, les furieuses démangeaisons du treizième siècle.

ton sang se décompose, descends dans un *in-pace*, ou fais ta hutte au désert. Tu vivras la clochette en mains pour que l'on fuie devant toi. « Nul être humain ne doit te voir : tu n'auras nulle consolation. Si tu approches, la mort ! »

La lèpre est le dernier degré et l'apogée du fléau ; mais mille autres maux cruels, moins hideux, sévirent partout. Les plus pures et les plus belles furent frappées de tristes fleurs qu'on regardait comme le péché visible, ou le châtiment de Dieu. On fit alors ce que l'amour de la vie n'eût pas fait faire ; on transgressa les défenses ; on déserta la vieille médecine sacrée, et l'inutile bénitier. On alla à la sorcière. D'habitude, et de crainte aussi, on fréquentait toujours l'Église ; mais la vraie Église dès lors fut chez elle, sur la lande, dans la forêt, au désert. C'est là qu'on portait ses vœux.

Vœu de guérir, vœu de jouir. Aux premiers bouillonnements qui ensauvageaient le sang, en grand secret, aux heures douteuses, on allait à la sibylle : « Que ferai-je ? et que sens-je en moi ?... Je brûle, donnez-moi des calmants... Je brûle, donnez-moi ce qui fait mon intolérable désir. »

Démarche hardie et coupable qu'on se reproche le soir. Il faut bien qu'elle soit pressante, cette fatalité nouvelle, qu'il soit bien cuisant ce feu, que tous les saints soient impuissants. Mais quoi ! le procès du Temple, le procès de Boniface ont dévoilé la Sodome qui se cachait sous l'autel. Un pape sorcier, ami du diable et emporté par le Diable, cela change toutes les pensées. Est-ce sans l'aide du démon que le pape *qui n'est plus à Rome*, dans son Avignon, Jean XXII, fils d'un cordonnier de Cahors, a pu amasser plus d'or que l'empereur et tous les rois ? Tel le pape et tel l'évêque. Guichard, l'évêque de Troyes, n'a-t-il pas obtenu du Diable la mort des filles du roi ?...Nous ne demandons nulle mort, nous, mais de douces choses : vie, santé, beauté, plaisir... Choses de Dieu, que Dieu nous refuse... Que faire ? Si nous les avions de la grâce du *Prince du monde ?*

Le grand et puissant docteur de la Renaissance, Paracelse, en brûlant les livres savants de toute l'ancienne médecine, les latins, les juifs, les arabes, déclare n'avoir rien appris que de la médecine populaire, des *bonnes femmes*[1], *des bergers et des bourreaux ;* ceux-ci étaient souvent d'habiles chirurgiens (rebouteurs d'os cassés, démis) et de bons vétérinaires.

Je ne doute pas que son livre admirable et plein de génie sur les *Maladies des femmes*, le premier qu'on ait écrit sur ce grand sujet, si profond, si attendrissant, ne soit sorti spécialement de l'expérience des femmes mêmes, de celles à qui les autres demandaient secours : j'entends par là les sorcières qui, partout, étaient sages-femmes. Jamais, dans ces temps, la femme n'eût admis un médecin mâle, ne se fût confiée à lui, ne lui eût dit ses secrets. Les sorcières observaient seules, et furent, pour la femme surtout, le seul et unique médecin.

1. C'est le nom poli, craintif, qu'on donnait aux sorcières.

Ce que nous savons le mieux de leur médecine, c'est qu'elles employaient beaucoup, pour les usages les plus divers, pour calmer, pour stimuler, une grande famille de plantes, équivoques, fort dangereuses, qui rendirent les plus grands services. On les nomme avec raison : les *Consolantes* (Solanées)[1].

Famille immense et populaire, dont la plupart des espèces sont surabondantes, sous nos pieds, aux haies, partout. Famille tellement nombreuse, qu'un seul de ses genres a huit cents espèces[2]. Rien de plus facile à trouver, rien de plus vulgaire. Mais ces plantes sont la plupart d'un emploi fort hasardeux. Il a fallu de l'audace pour en préciser les doses, l'audace peut être du génie.

Prenons par en bas l'échelle ascendante de leurs énergies[3]. Les premières sont tout simplement pota-

---

[1]. L'ingratitude des hommes est cruelle à observer. Mille autres plantes sont venues. La mode a fait prévaloir cent végétaux exotiques. Et ces pauvres *Consolantes* qui nous ont sauvés alors, on a oublié leur bienfait ? — Au reste, qui se souvient ? qui reconnaît les obligations antiques de l'humanité pour la nature innocente ? L'*Asclepias acida*, SARCOSTEMMA (la plante-chair), qui fut pendant cinq mille ans l'*hostie de l'Asie*, et son dieu palpable, qui donna à cinq cents millions d'hommes le bonheur de manger leur dieu, cette plante que le Moyen-âge appela le *Dompte-Venin* (Vinco-venenum), elle n'a pas un mot d'histoire dans nos livres de botanique. Qui sait ? dans deux mille ans d'ici, ils oublieront le froment. Voy. Langlois, sur la *soma* de l'Inde, et le *hom* de la Perse. *Mém. de l'Ac. des Inscriptions*, XIX, 326.

[2]. *Dict. d'hist. nat.* de M. d'Orbigny, article *Morelles* de M. Duchartre, d'après Dunal, etc.

[3]. Je n'ai trouvé cette échelle nulle part. Elle est d'autant plus importante, que les sorcières qui firent ces essais, au risque de passer pour empoisonneuses, commencèrent certainement par les plus faibles et allèrent peu à peu aux plus fortes. Chaque degré de force donne ainsi une date relative, et permet d'établir dans ce sujet obscur une sorte de chronologie. Je compléterai aux chapitres suivants, en parlant de la Mandragore et du Datura. — J'ai suivi surtout : Pouchet, *Solanées* et *Botanique générale*. M. Pouchet, dans son importante monographie, n'a pas dédaigné de profiter des anciens auteurs, Matthiole, Porta, Gessner, Sauvages, Gmelin, etc.

gères et bonnes à manger (les aubergines, les tomates, mal appelées pommes d'amour). D'autres de ces innocentes sont le calme et la douceur même, les molènes (bouillon blanc), si utiles aux fomentations.

Vous rencontrez au-dessus une plante déjà suspecte, que plusieurs croyaient un poison, la plante miellée d'abord, amère ensuite, qui semble dire le mot de Jonathas : « J'ai mangé un peu de miel, et voilà pourquoi je meurs. » Mais cette mort est utile, c'est l'amortissement de la douleur. La douce-amère, c'est son nom, dut être le premier essai de l'homœopathie hardie, qui peu à peu s'éleva aux plus dangereux poisons. La légère irritation, les picotements qu'elle donne purent la désigner pour remède des maladies dominantes de ces temps, celles de la peau.

La jolie fille désolée de se voir parée de rougeurs odieuses, de boutons, de dartres vives, venait pleurer pour ce secours. Chez la femme, l'altération était encore plus cruelle. Le sein, le plus délicat objet de toute la nature, et ses vaisseaux qui dessous forment une fleur incomparable[1], est, par la facilité de s'injecter, de s'engorger, le plus parfait instrument de douleur. Douleurs âpres, impitoyables, sans repos. Combien de bon cœur elle eût accepté tout poison ! Elle ne marchandait pas avec la sorcière, lui mettait entre ses mains la pauvre mamelle alourdie.

---

1. Voir la planche d'un excellent livre, lisible aux demoiselles même, le *Cours* de M. Auzoux.

De la douce-amère, trop faible, on montait aux morelles noires, qui ont un peu plus d'action. Cela calmait quelques jours. Puis la femme revenait pleurer : « Eh bien, ce soir tu reviendras... Je te chercherai quelque chose. Tu le veux. C'est un grand poison. »

La sorcière risquait beaucoup. Personne alors ne pensait qu'appliqués extérieurement, ou pris à très faible dose, les poisons sont des remèdes. Les plantes que l'on confondait sous le nom d'*herbes aux sorcières* semblaient des ministres de mort. Telles qu'on eût trouvées dans ses mains, l'auraient fait croire empoisonneuse ou fabricatrice de charmes maudits. Une foule aveugle, cruelle en proportion de sa peur, pouvait, un matin, l'assommer à coups de pierres, lui faire subir l'épreuve de l'eau (la noyade). Ou enfin, chose plus terrible, on pouvait, la corde au cou, la traîner à la cour d'église, qui en eût fait une pieuse fête, eût édifié le peuple en la jetant au bûcher.

Elle se hasarde pourtant, va chercher la terrible plante ; elle y va au soir, au matin, quand elle a moins peur d'être rencontrée. Pourtant, un petit berger était là, le dit au village : « Si vous l'aviez vue comme moi, se glisser dans les décombres de la masure ruinée, regarder de tous côtés, marmotter je ne sais quoi !... Oh ! elle m'a fait bien peur... Si elle m'avait trouvé, j'étais perdu... Elle eût pu me transformer en lézard, en crapaud, en chauve-souris... Elle a pris une vilaine herbe, la plus vilaine que j'aie vue ; d'un jaune pâle de malade, avec des traits rouges et noirs, comme on dit les flammes d'enfer. L'horrible, c'est que toute la tige était velue comme un homme, de longs poils noirs et collants. Elle l'a rudement arrachée, en grognant, et tout à coup je ne l'ai plus vue. Elle n'a pu courir si vite ; elle se sera envolée... Quelle terreur que cette femme ! quel danger pour tout le pays ! »

Il est certain que la plante effraye. C'est la jusquiame, cruel et dangereux poison, mais puissant émollient, doux cataplasme sédatif qui résout, détend, endort la douleur, guérit souvent.

Un autre de ces poisons, la *belladone*, ainsi nommée sans doute par la reconnaissance, était puissante pour calmer les convulsions qui parfois surviennent dans l'enfantement, qui ajoutent le danger au danger, la terreur à la terreur de ce suprême moment. Mais quoi ! une main maternelle insinuait ce doux poison[1], endormait la mère et charmait la porte sacrée ; l'enfant, tout comme aujourd'hui, où l'on emploie le chloroforme, seul opérait sa liberté, se précipitait dans la vie.

La belladone guérit de la danse en faisant danser. Audacieuse homœopathie, qui d'abord dut effrayer ; c'était *la médecine à rebours*, contraire généralement à celle que les chrétiens connaissaient, estimaient seule, d'après les Arabes et les Juifs.

---

1. Mme La Chapelle et M. Chaussier ont fort utilement renouvelé ces pratiques de la vieille médecine populaire. (Pouchet, *Solanées*, p. 64.)

Comment y arriva-t-on? Sans doute par l'effet si simple du grand principe satanique *que tout doit se faire à rebours*, exactement à l'envers de ce que fait le monde sacré. Celui-ci avait l'horreur des poisons. Satan les emploie, et il en fait des remèdes. L'Église croit par des moyens spirituels (sacrements, prières) agir même sur les corps ; Satan, au rebours, emploie des moyens matériels pour agir même sur l'âme ; il fait boire l'oubli, l'amour, la rêverie, toute passion. Aux bénédictions du prêtre il oppose des passes magnétiques, pàr de douces mains de femmes, qui endorment les douleurs.

Par un changement de régime, et surtout de vêtement (sans doute en substituant la toile à la laine), les maladies de la peau perdirent de leur intensité. La lèpre diminua, mais elle sembla rentrer et produire des maux plus profonds. Le quatorzième siècle oscilla entre trois fléaux, l'agitation épileptique, la peste, les ulcérations qui (à en croire Paracelse) préparaient la syphilis.

Le premier danger n'était pas le moins grand. Il éclata, vers 1350, d'une effrayante manière par la danse de Saint-Guy, avec cette singularité qu'elle n'était pas individuelle; les malades, comme emportés d'un même courant galvanique, se saisissaient par la main, formaient des chaînes immenses, tournaient, tournaient, à mourir. Les regardants riaient d'abord, puis, par une contagion, se laissaient aller, tombaient dans le grand courant, augmentaient le terrible chœur.

Que serait-il arrivé si le mal eût persisté, comme fit longtemps la lèpre dans sa décadence même?

C'était comme un premier pas, un acheminement vers l'épilepsie. Si cette génération de malades n'eût été guérie, elle en eût produit une autre décidément épileptique. Effroyable perspective! L'Europe couverte de fous, de furieux, d'idiots! On ne dit point comment ce mal fut traité, et s'arrêta. Le remède qu'on recommandait, l'expédient de tomber sur ces danseurs à coups de pieds et de poings, était infiniment propre à aggraver l'agitation et la faire aboutir à l'épilepsie véritable. Il y eut, sans nul doute, un autre remède, dont on ne voulut pas parler. Dans le temps où la sorcellerie prend son grand essor, l'immense emploi des Solanées, surtout de la belladone, généralisa le médicament qui combat ces affections. Aux grandes réunions populaires du sabbat dont nous parlerons, l'*herbe aux sorcières*, mêlée à l'hydromel, à la bière, aussi au cidre[1], au poiré (les puissantes boissons de l'Ouest), mettait la foule en danse, une danse luxurieuse, mais point du tout épileptique.

Mais la grande révolution que font les sorcières, le plus grand pas *à rebours* contre l'esprit du Moyen-âge, c'est ce qu'on pourrait appeler la réhabilitation du ventre et des fonctions digestives. Elles professèrent hardiment : « Rien d'impur et rien d'immonde. » L'étude de la matière fut dès

---

1. Alors tout nouveau. Il commence au douzième siècle.

lors illimitée, affranchie. La médecine fut possible.

Qu'elles aient fort abusé du principe, on ne le nie pas. Il n'est pas moins évident. Rien d'impur que le mal moral. Toute chose physique est pure ; nulle ne peut être éloignée du regard et de l'étude, interdite par un vain spiritualisme, encore moins par un sot dégoût.

Là surtout le Moyen-âge s'était montré dans son vrai caractère, l'*Anti-Nature*, faisant dans l'unité de l'être des distinctions, des castes, des classes hiérarchiques. Non seulement l'esprit est *noble*, selon lui, le corps *non noble*, — mais il y a des parties du corps qui sont *nobles*, et d'autres non, roturières apparemment. — De même, le ciel est noble, et l'abîme ne l'est pas. Pourquoi ? « C'est que le ciel est haut. » Mais le ciel n'est ni haut ni bas. Il est dessus et dessous. L'abîme, qu'est-ce ? Rien du tout. — Même sottise sur le monde, et le petit monde de l'homme.

Celui-ci est d'une pièce ; tout y est solidaire de tout. Si le ventre est le serviteur du cerveau et le nourrit, le cerveau, aidant sans cesse à lui préparer le suc de digestion[1], ne travaille pas moins pour lui.

Les injures ne manquèrent pas. On appela les sorcières sales, indécentes, impudiques, immorales. Cependant leurs premiers pas dans cette voie furent, on peut le dire, une heureuse révolution

---

[1]. C'est la découverte qui immortalise Claude Bernard.

dans ce qui est le plus moral, la bonté, la charité. Par une perversion d'idées monstrueuses, le Moyen-âge envisageait la chair, en son représentant (maudit depuis Ève), la *Femme*, comme impure. La Vierge, *exaltée comme vierge*, plus que *comme Notre-Dame*, loin de relever la femme réelle, l'avait abaissée en mettant l'homme sur la voie d'une scolastique de pureté où l'on allait enchérissant dans le subtil et le faux.

La femme même avait fini par partager l'odieux préjugé et se croire immonde. Elle se cachait pour accoucher. Elle rougissait d'aimer et de donner le bonheur. Elle, généralement si sobre, en comparaison de l'homme, elle qui n'est presque partout qu'herbivore et frugivore, qui donne si peu à la nature, qui, par un régime lacté, végétal, a la pureté de ces innocentes tribus, elle demandait presque pardon d'être, de vivre, d'accomplir les conditions de la vie. Humble martyre de la pudeur, elle s'imposait des supplices, jusqu'à vouloir dissimuler, annuler, supprimer presque ce ventre adoré, trois fois saint, d'où le dieu homme naît, renaît éternellement.

La médecine du Moyen-âge s'occupe uniquement de l'être supérieur et pur (c'est l'homme), qui seul peut devenir prêtre, et seul à l'autel fait Dieu.

Elle s'occupe des bestiaux ; c'est par eux que l'on commence. Pense-t-on aux enfants? Rarement. Mais à la femme? Jamais.

Les romans d'alors, avec leurs subtilités, représentent le contraire du monde. Hors des cours, du noble adultère, le grand sujet de ces romans, la femme est partout la pauvre Grisélidis, née pour épuiser la douleur, souvent battue, soignée jamais.

Il ne faut pas moins que le Diable, ancien allié de la femme, son confident du Paradis, il ne faut pas moins que cette sorcière, ce monstre qui fait tout à rebours, à l'envers du monde sacré, pour s'occuper de la femme, pour fouler aux pieds les usages, et la soigner malgré elle. La pauvre créature s'estimait si peu !... Elle reculait, rougissait, ne voulait rien dire. La sorcière, adroite et maligne, devina et pénétra. Elle sut enfin la faire parler, tira d'elle son petit secret, vainquit ses refus, ses hésitations de pudeur et d'humilité. Plutôt que de subir telle chose, elle aimait mieux presque mourir. *La barbare sorcière* la fit vivre.

X

CHARMES. — PHILTRES

Qu'on ne se hâte pas de conclure du chapitre précédent que j'entreprends de blanchir, d'innocenter sans réserve, la sombre fiancée du Diable. Si elle fit souvent du bien, elle put faire beaucoup de mal. Nulle grande puissance qui n'abuse. Et celle-ci eut trois siècles où elle régna vraiment dans l'entr'acte des deux mondes, l'ancien mourant et le nouveau ayant peine à commencer. L'Église, qui retrouvera quelque force (au moins de combat) dans les luttes du seizième siècle, au quatorzième est dans la boue. Lisez le portrait véridique qu'en fait Clémengis. La noblesse, si fièrement parée des armures nouvelles, d'autant plus lourdement tombe à Crécy, Poitiers, Azincourt. Tous les nobles à la fin prisonniers en Angleterre! Quel sujet de dérision! Bourgeois et paysans même s'en moquent, haussent les épaules. L'absence générale des seigneurs n'encouragea pas peu, je pense, les réunions du Sabbat, qui toujours avaient eu lieu, mais purent alors devenir d'immenses fêtes populaires.

Quelle puissance que celle de la bien-aimée de Satan, qui guérit, prédit, devine, évoque les âmes des morts, qui peut vous jeter un sort, vous changer en lièvre, en loup, vous faire trouver un trésor, et, bien plus, vous faire aimer !... Épouvantable pouvoir qui réunit tous les autres! Comment une âme violente, le plus souvent ulcérée, parfois devenue très perverse, n'en eût-elle pas usé pour la haine et pour la vengeance, et parfois pour un plaisir de malice ou d'impureté ?

Tout ce qu'on disait jadis au confesseur, on le lui dit. Non seulement les péchés qu'on a faits, mais ceux qu'on veut faire. Elle tient chacun par son secret honteux, l'aveu des plus fangeux désirs. On lui confie à la fois les maux physiques et ceux de l'âme, les concupiscences ardentes d'un sang âcre et enflammé, envies pressantes, furieuses, fines aiguilles dont on est piqué, repiqué.

Tous y viennent. On n'a pas honte avec elle. On dit crûment. On lui demande la vie, on lui demande la mort, des remèdes, des poisons. Elle y vient, la fille en pleurs, demander un avortement. Elle y vient, la belle-mère (texte ordinaire au Moyen-âge) dire que l'enfant du premier lit mange beaucoup et vit longtemps. Elle y vient, la triste épouse accablée chaque année d'enfants qui ne naissent que pour mourir. Elle implore sa compassion, apprend à glacer le plaisir au moment, le rendre infécond. Voici, au contraire, un jeune homme qui achèterait à tout prix le breuvage ardent qui peut troubler le cœur d'une haute dame, lui faire oublier les distances, regarder son petit page.

Le mariage de ces temps n'a que deux types et deux formes, toutes deux extrêmes, excessives.

L'orgueilleuse *héritière des fiefs*, qui apporte un trône ou un grand domaine, une Éléonore de Guyenne, aura, sous les yeux du mari, sa cour d'amants, se contraindra fort peu. Laissons les romans, les poèmes. Regardons la réalité dans son terrible progrès jusqu'aux effrénées fureurs des filles de Philippe-le-Bel, de la cruelle Isabelle, qui, par la main de ses amants, empala Édouard II. L'insolence de la femme féodale éclate diaboliquement dans le triomphal bonnet aux deux cornes et autres modes effrontées.

Mais, dans ce siècle où les classes commencent à se mêler un peu, la femme de race inférieure, épousée par un baron, doit craindre les plus dures épreuves. C'est ce que dit l'histoire, vraie et réelle, de *Grisélidis*, l'humble, la douce, la patiente. Le conte, je crois très sérieux, historique, de *Barbe-Bleue*, en est la forme populaire. L'épouse, qu'il tue et remplace si souvent, ne peut être que sa vassale. Il compterait bien autrement avec la fille ou la sœur d'un baron qui pût la venger. Si cette conjecture spécieuse ne me trompe pas, on doit croire que ce conte est du quatorzième siècle et non des siècles précédents, où le seigneur n'eût pas daigné prendre femme au-dessous de lui.

Une chose fort remarquable dans le conte touchant de *Grisélidis*, c'est qu'à travers tant d'épreuves elle ne semble pas avoir l'appui de la dévotion ni celui d'un autre amour. Elle est évidemment fidèle, chaste, pure. Il ne lui vient pas à l'esprit de se consoler en aimant ailleurs.

Des deux femmes féodales, l'*Héritière*, la *Grisélidis*, c'est uniquement la première qui a ses chevaliers servants, qui préside aux cours d'amours, qui favorise les amants les plus humbles, les encourage, qui rend (comme Éléonore) la fameuse décision, devenue classique en ces temps : « Nul amour possible entre époux. »

De là un espoir secret, mais ardent, mais violent, commence en plus d'un jeune cœur. Dût-il se donner au diable, il se lancera tête baissée vers cet aventureux amour. Dans ce château si bien fermé, une belle porte s'ouvre à Satan. A un jeu si périlleux, entrevoit-on quelque chance ? Non, répondrait la sagesse. Mais si Satan disait: « Oui ? »

Il faut bien se rappeler combien, entre nobles même, l'orgueil féodal mettait de distance. Les mots trompent. Il y a loin du *chevalier* au *chevalier*.

Le chevalier *banneret*, le seigneur qui menait au roi toute une armée de vassaux, voyait à sa longue table, avec le plus parfait mépris, les pauvres chevaliers *sans terre* (mortelle injure du Moyen-âge, comme on le sait par Jean-*sans-terre*). Combien plus les simples varlets, écuyers, pages, etc., qu'il nourrissait de ses restes ! Assis au bas bout de la table, tout près de la porte, ils grattaient les plats que les personnages d'en haut, assis au foyer, leur envoyaient souvent vides. Il ne tombait pas dans l'esprit du haut seigneur que ceux d'en bas fussent assez osés pour élever leurs regards jusqu'à leur belle maîtresse, jusqu'à la fière héritière du fief, siégeant près de sa mère « sous un chapel de roses blanches. » Tandis qu'il souffrait à merveille l'amour de quelque étranger, chevalier déclaré de la dame, portant ses couleurs, il eût puni cruellement l'audace d'un de ses serviteurs qui aurait visé si haut. C'est le sens de la jalousie furieuse du sire du Fayel, mortellement irrité, non de ce que sa femme avait un amant, mais de ce que cet amant était un de ses domestiques, le châtelain (simple gardien) de son château de Coucy [1].

Plus l'abîme était profond, infranchissable, ce semble, entre la dame du fief, la grande héritière, et cet écuyer, ce page, qui n'avait que sa chemise et pas même son habit qu'il recevait du seigneur, — plus la tentation d'amour était forte de sauter l'abîme.

Le jeune homme s'exaltait par l'impossible. Enfin, un jour qu'il pouvait sortir du donjon, il courait à la sorcière et lui demandait un conseil. Un philtre suffirait-il, un *charme* qui fascinât? Et si cela ne suffisait, fallait-il un *pacte* exprès? Il n'eût point du tout reculé devant la terrible idée de se donner à Satan.
— « On y songera, jeune homme. Mais remonte. Déjà tu verras que quelque chose est changé. »

Ce qui est changé, c'est lui. Je ne sais quel espoir le trouble; son œil baissé, plus profond, creusé d'une flamme inquiète, la laisse échapper malgré lui.

---

[1]. Je cite de mémoire. Dans cette histoire, tant de fois répétée, ce n'est pas Coucy, c'est Cabestaing, ménestrel provençal, qui est page, châtelain ou domestique, comme on disait, du mari.

Quelqu'un (on devine bien qui) le voit avant tout le monde, est touchée, lui jette au passage quelque mot compatissant... O délire! ô bon Satan! charmante, adorable sorcière !...

Il ne peut manger ni dormir qu'il n'aille la revoir encore. Il baise sa main avec respect et se met presque à ses pieds. Que la sorcière lui demande, lui commande ce qu'elle veut, il obéira. Voulût-elle sa chaîne d'or, voulût-elle l'anneau qu'il a au doigt (de sa mère mourante), il les donnerait à l'instant. Mais d'elle-même malicieuse, haineuse pour le baron, elle trouve une grande douceur à lui porter un coup secret.

Un trouble vague déjà est au château. Un orage muet, sans éclair ni foudre, y couve, comme une vapeur électrique sur un marais. Silence, profond silence. Mais la Dame est agitée. Elle soupçonne qu'une puissance surnaturelle a agi. Car enfin pourquoi celui-ci, plus qu'un autre qui est plus beau, plus noble, illustre déjà par des exploits renommés ? Il y a quelque chose là-dessous. Lui a-t-il jeté un sort ? A-t-il employé un charme ?... Plus elle se demande cela et plus son cœur est troublé.

La malice de la sorcière a de quoi se satisfaire. Elle régnait dans le village. Mais le château vient à elle, se livre, et par le côté où son orgueil risque le plus. L'intérêt d'un tel amour, pour nous, c'est l'élan d'un cœur vers son idéal, contre la barrière sociale, contre l'injustice du sort. Pour la sorcière, c'est le plaisir, âpre, profond, de rabaisser la haute dame et de s'en venger peut-être, le plaisir de rendre au seigneur ce qu'il fait à ses vassales, de prélever chez lui-même, par l'audace d'un enfant, le droit outrageant d'épousailles. Nul doute que, dans ces intrigues où la sorcière avait son rôle, elle n'ait souvent porté un fonds de haine niveleuse, naturelle au paysan.

C'était déjà quelque chose de faire descendre la Dame à l'amour d'un *domestique*. Jehan de Saintré, Chérubin, ne doivent pas faire illusion. Le jeune serviteur remplissait les plus basses fonctions de la domesticité. Le valet proprement dit n'existe pas alors, et d'autre part peu ou point de femmes de service dans les places de guerre. Tout se fait par ces jeunes mains qui n'en sont pas dégradées. Le service, surtout corporel, du seigneur et de la dame, honore et relève. Néanmoins il mettait souvent le noble enfant en certaines situations assez tristes, prosaïques, je n'oserais dire risibles. Le seigneur ne s'en gênait pas. La Dame avait bien besoin d'être fascinée par le diable pour ne pas voir ce qu'elle voyait chaque jour, le bien-aimé en œuvre malpropre et servile.

C'était le fait du Moyen-âge de mettre toujours en face le très haut et le très bas. Ce que nous cachent les poèmes, on peut l'entrevoir ailleurs. Dans ses passions éthérées, beaucoup de choses grossières sont mêlées visiblement.

Tout ce qu'on sait des charmes et philtres que les sorcières employaient est très fantasque, et, ce semble, souvent malicieux, mêlé hardiment des choses par lesquelles on croirait le moins que l'amour pût être éveillé. Elles allèrent ainsi très loin, sans qu'il aperçut, l'aveugle, qu'elles faisaient de lui leur jouet.

Ces philtres étaient fort différents. Plusieurs étaient d'excitation, et devaient troubler les sens, comme ces stimulants dont abusent tant les Orientaux. D'autres étaient de dangereux (et souvent perfides) breuvages d'illusion qui pouvaient livrer la personne sans la volonté. Certains enfin furent des épreuves où l'on défiait la passion, où l'on voulait voir jusqu'où le désir avide pourrait transposer les sens, leur faire accepter, comme faveur suprême et comme communion, les choses les moins agréables qui viendraient de l'objet aimé.

La construction si grossière des châteaux, tout en grandes salles, livrait la vie intérieure. A peine, assez tard, fit-on, pour se recueillir et dire les prières, un cabinet, le retrait, dans quelque tourelle. La dame était aisément observée. A certains jours, guettés, choisis, l'audacieux, conseillé par sa sorcière, pouvait faire son coup, modifier la boisson, y mêler le philtre.

Chose pourtant rare et périlleuse. Ce qui était plus facile, c'était de voler à la Dame telles choses qui lui échappaient, qu'elle négligeait elle-même. On ramassait précieusement un fragment d'ongle imperceptible. On recueillait avec respect ce que laissait tomber son peigne, un ou deux de ses beaux cheveux. On le portait à la sorcière. Celle-ci exigeait souvent (comme font nos somnambules) tel objet fort personnel et imbu de la personne, mais qu'elle-même n'aurait pas donné, par exemple, quelques fils arrachés d'un vêtement longtemps porté et sali, dans lequel elle eût sué. Tout cela, bien entendu, baisé, adoré, regretté. Mais il fallait le mettre aux flammes pour en recueillir la cendre. Un jour ou l'autre, en revoyant son vêtement, la fine personne en distinguait la déchirure, devinait, mais n'avait garde de parler et soupirait... Le charme avait eu son effet.

Il est certain que, si la Dame hésitait, gardait le respect du sacrement, cette vie dans un étroit espace, où l'on se voyait sans cesse, où l'on était si près, si loin, devenait un véritable supplice. Lors même qu'elle avait été faible, cependant, devant son mari et d'autres non moins jaloux, le bonheur sans doute était rare. De là mainte violente folie du désir inassouvi. Moins on avait l'union, et plus on l'eût voulue profonde. L'imagination déréglée la cherchait en choses bizarres, hors nature et insensées. Ainsi, pour créer un moyen de communication secrète, la sorcière à chacun des deux piquait sur le bras la figure des lettres de l'alphabet. L'un voulait-il transmettre à l'autre une pensée, il ravivait, il rouvrait, en les suçant, les lettres sanglantes du mot voulu. A l'instant, les lettres correspondantes (dit-on) saignaient au bras de l'autre.

Quelquefois, dans ces folies, on buvait du sang l'un de l'autre, pour se faire une communion qui, disait-on, mêlait les âmes. Le cœur dévoré de Coucy que la Dame « trouva si bon, qu'elle ne mangea plus de sa vie », est le plus tragique exemple de ces monstrueux sacrements de l'amour anthropophage. Mais quand l'absent ne mourait pas, quand c'était l'amour qui mourait en lui, la dame consultait la sorcière, lui demandait les moyens de le lier, le ramener.

Les chants de la magicienne de Théocrite et de Virgile, employés même au Moyen-âge, étaient rarement efficaces. On tâchait de le ressaisir par un charme qui paraît aussi imité de l'Antiquité. On avait recours au gâteau, à la *Confarreatio*, qui, de l'Asie à l'Europe, fut toujours l'hostie de l'amour. Mais ici on voulait lier plus que l'âme, — lier la chair, créer l'identification, au point que, mort pour toute femme, il n'eût de vie que pour une. Dure était la cérémonie. « Mais, madame, disait la sorcière, il ne faut pas marchander. » Elle trouvait l'orgueilleuse tout à coup obéissante, qui se laissait docilement ôter sa robe et le reste. Car il le fallait ainsi.

Quel triomphe pour la sorcière! Et si la Dame était celle qui la fit courir jadis, quelle vengeance et quelles représailles! La voilà nue sous sa main. Ce n'est pas tout. Sur ses reins, elle établit une planchette, un petit fourneau, et là fait cuire le gâteau... « Oh! ma mie, je n'en peux plus. Dépêchez, je ne puis rester ainsi. — C'est ce qu'il nous fallait, madame, il faut que vous ayez chaud. Le gâteau cuit, il sera chauffé de vous, de votre flamme. »

C'est fini, et nous avons le gâteau de l'Antiquité, du mariage indien et romain, — assaisonné, réchauffé du lubrique esprit de Satan. Elle ne dit pas comme celle de Virgile : « Revienne, revienne Daphnis!

ramenez-le-moi, mes chants ! » Elle lui envoie le gâteau, imprégné de sa souffrance et resté chaud de son amour... A peine il y a mordu, un trouble étrange, un vertige le saisit... Puis un flot de sang lui remonte au cœur ; il rougit. Il brûle. La furie lui revient, et l'inextinguible désir[1].

1. J'ai tort de dire inextinguible. On voit que de nouveaux philtres deviennent souvent nécessaires. Et ici je plains la Dame. Car cette furieuse sorcière, dans sa malignité moqueuse, exige que le philtre vienne corporellement de la Dame elle-même. Elle l'oblige, humiliée, à fournir à son amant une étrange communion. Le noble faisait aux juifs, aux serfs, aux bourgeois même (Voy. S. Simon sur son frère), un outrage de certaines choses répugnantes que la Dame est forcée par la sorcière de livrer ici comme philtre. Vrai supplice pour elle-même. Mais d'*elle*, de la grande Dame, tout est reçu à genoux. Voir plus bas la note tirée de Sprenger.

XI

LA COMMUNION DE RÉVOLTE. — LES SABBATS
LA MESSE NOIRE

Il faut dire *les Sabbats*. Ce mot évidemment a désigné des choses fort diverses, selon les temps. Nous n'en avons malheureusement de descriptions détaillées que fort tard (au temps d'Henri IV)[1]. Ce n'était guère alors qu'une grande farce libidineuse, sous prétexte de sorcellerie. Mais dans ces descriptions même d'une chose tellement abâtardie, certains traits fort antiques témoignent des âges successifs, des formes différentes par lesquelles elle avait passé.

On peut partir de cette idée très sûre que, pendant

---

1. La moins mauvaise est celle de Lancre. Il est homme d'esprit. Il est visiblement lié avec certaines jeunes sorcières, et il dut tout savoir. Son sabbat malheureusement est mêlé et surchargé des ornements grotesques de l'époque. Les descriptions du jésuite Del Rio et du dominicain Michaëlis sont des pièces ridicules de deux pédants crédules et sots. Dans celui de Del Rio, on trouve je ne sais combien de platitudes, de vaines inventions. Il y a cependant, au total, quelques belles traces d'antiquité dont j'ai pu profiter.

bien des siècles, le serf mena la vie du loup et du renard, qu'il fut *un animal nocturne,* je veux dire agissant le jour le moins possible, ne vivant vraiment que de nuit.

Encore jusqu'à l'an 1000, tant que le peuple fait ses saints et ses légendes, la vie du jour n'est pas sans intérêt pour lui. Ses nocturnes sabbats ne sont qu'un reste léger de paganisme. Il honore, craint la Lune qui influe sur les biens de la terre. Les vieilles lui sont dévotes et brûlent de petites chandelles pour *Dianom* (Diane-Lune-Hécate). Toujours le lupercale poursuit les femmes et les enfants, sous un masque, il est vrai, le noir visage du revenant Hallequin (Arlequin). On fête exactement la *pervigilium Veneris* (au 1er mai). On tue à la Saint-Jean le bouc de Priape-Bacchus Sabasius, pour célébrer les Sabasies. Nulle dérision dans tout cela. C'est un innocent carnaval du serf.

Mais, vers l'an 1000, l'église lui est presque fermée par la différence des langues. En 1100, les offices lui deviennent inintelligibles. Des *Mystères* que l'on joue aux portes des églises, ce qu'il retient le mieux, c'est le côté comique, le bœuf et l'âne, etc. Il en fait des noëls, mais de plus en plus dérisoires (vraie littérature sabbatique).

Croira-t-on que les grandes et terribles révoltes du douzième siècle furent sans influence sur ces mystères et cette vie nocturne du *loup*, de l'*advolé*, de ce *gibier sauvage*, comme l'appellent les cruels barons. Ces révoltes purent fort bien commencer souvent dans les fêtes de nuit. Les grandes communions de révolte entre serfs (buvant le sang les uns des autres, ou mangeant la terre pour hostie[1]) purent se célébrer au sabbat. La *Marseillaise* de ce temps, chantée la nuit plus que le jour, est peut-être un chant sabbatique :

> Nous sommes hommes comme ils sont !
> Tout aussi grand cœur nous avons !
> Tout autant souffrir nous pouvons !

Mais la prière du tombeau retombe en 1200. Le pape assis dessus, le roi assis dessus, d'une pesanteur énorme, ont scellé l'homme. A-t-il alors sa vie nocturne ? D'autant plus. Le vieilles danses païennes durent être alors plus furieuses. Nos nègres des Antilles, après un jour horrible de chaleur, de fatigue, allaient bien danser à six lieues de là. Ainsi le serf. Mais, aux danses, durent se mêler des gaietés de vengeance, des farces satyriques, des moqueries et des caricatures du seigneur et du prêtre. Toute une littérature de nuit, qui ne sut pas un mot de celle du jour, peu même des fabliaux bourgeois.

Voilà le sens des sabbats avant 1300. Pour qu'ils prissent la forme étonnante d'une guerre déclarée au Dieu de ce temps-là, il faut bien plus encore, il faut deux choses; non seulement qu'on descende au fond du désespoir, mais que *tout respect soit perdu*.

Cela n'arrive qu'au quatorzième siècle, sous la papauté d'Avignon et pendant le Grand Schisme,

---

1. A la bataille de Courtrai. Voy. aussi Grimm et mes *Origines*.

quand l'Église à deux têtes ne paraît plus l'Église, quand toute la noblesse et le roi, honteusement prisonniers des Anglais, exterminent le peuple pour lui extorquer leur rançon. Les sabbats ont alors la forme grandiose et terrible de la *Messe noire*, de l'office à l'envers, où Jésus est défié, prié de foudroyer, s'il peut. Ce drame diabolique eût été impossible encore au treizième siècle, où il eût fait horreur. Et, plus tard, au quinzième où tout était usé et jusqu'à la douleur, un tel jet n'aurait pas jailli. On n'aurait pas osé cette création monstrueuse. Elle appartient au siècle de Dante.

Cela, je crois, se fit d'un jet ; ce fut l'explosion d'une furie de génie, qui monta l'impiété à la hauteur des colères populaires. Pour comprendre ce qu'elles étaient, ces colères, il faut se rappeler que ce peuple, élevé par le clergé lui-même dans la croyance et la foi du miracle, bien loin d'imaginer la fixité des lois de Dieu, avait attendu, espéré un miracle pendant des siècles, et jamais il n'était venu. Il l'appelait en vain, au jour désespéré de sa nécessité suprême. Le ciel dès lors lui parut comme l'allié de ses bourreaux féroces, et lui-même féroce bourreau.

De là la *Messe noire* et la *Jacquerie*.

Dans ce cadre élastique de la *Messe noire* purent se placer ensuite mille variantes de détail ; mais il est fortement construit, et, je crois, fait d'une pièce.

J'ai réussi à retrouver ce drame en 1857 (*Hist. de France*). Je l'ai recomposé en ses quatre actes, chose peu difficile. Seulement, à cette époque, je lui ai trop laissé des ornements grotesques que le Sabbat reçut aux temps modernes, et n'ai pas précisé assez ce qui est du vieux cadre, si sombre et si terrible.

Ce cadre est daté fortement par certains traits atroces d'un âge maudit, — mais aussi par la place dominante qu'y tient la Femme, — grand caractère du quatorzième siècle.

C'est la singularité de ce siècle que la Femme, fort peu affranchie, y règne cependant, et de cent façons violentes. Elle hérite des fiefs alors ; elle apporte des royaumes au roi. Elle trône ici-bas, et encore plus au ciel. Marie a supplanté Jésus. Saint François et saint Dominique ont vu dans son sein les trois mondes. Dans l'immensité de la Grâce, elle noie le péché ; que dis-je ? aide à pécher. (Lire la légende de la religieuse dont la Vierge tient la place au chœur, pendant qu'elle va voir son amant).

Au plus haut, au plus bas, la Femme. — Béatrix est au ciel, au milieu des étoiles, pendant que Jean de Meung, au *Roman de la Rose*, prêche la communauté des femmes. — Pure, souillée, la Femme est partout. On en peut dire ce que dit de Dieu Raimond Lulle : « Quelle part est-ce du monde ? — Le Tout. »

Mais au ciel, mais en poésie, la Femme célébrée, ce n'est pas la féconde mère, parée de ses enfants.

C'est la Vierge, c'est Béatrix stérile, et qui meurt jeune.

Une belle demoiselle anglaise passa, dit-on, en France vers 1300, pour prêcher la rédemption des femmes. Elle-même s'en croyait le Messie.

La *Messe noire*, dans son premier aspect, semblerait être cette rédemption d'Ève, maudite par le christianisme. La femme au sabbat remplit tout. Elle est le sacerdoce, elle est l'autel, elle est l'hostie, dont tout le peuple communie. Au fond, n'est-elle pas le Dieu même ?

Il y a là bien des choses populaires, et pourtant tout n'est pas du peuple. Le paysan n'estime que la force ; il fait peu de cas de la Femme. On ne le voit que trop dans toutes nos vieilles *Coutumes* (Voy. mes *Origines*). Il n'aurait pas donné à la Femme la place dominante qu'elle a ici. C'est elle qui la prend d'elle-même.

Je croirais volontiers que le Sabbat, dans la forme d'alors, fut l'œuvre de la Femme, d'une femme désespérée, telle que la sorcière l'est alors. Elle voit, au quatorzième siècle, s'ouvrir devant elle son horrible carrière de supplices, trois cents, quatre cents ans illuminés par les bûchers ! Dès 1300, sa médecine est jugée maléfice, ses remèdes sont punis comme des poisons. L'innocent sortilège par lequel les lépreux croyaient alors améliorer leur sort, amène le massacre de ces infortunés. Le pape Jean XXII fait écorcher vif un évêque, suspect de sorcellerie. Sous une répression si aveugle, oser peu ou oser beaucoup, c'est risquer tout autant. L'audace croît par le danger même. La sorcière peut hasarder tout.

Fraternité humaine, défi au ciel chrétien, culte dénaturé du dieu nature, — c'est le sens de la *Messe noire*.

L'autel était dressé au grand serf Révolté, *Celui à qui on a fait tort*, le vieux Proscrit, injustement chassé du ciel, « l'Esprit qui a créé la terre, le Maître qui fait germer les plantes ». C'est sous ces titres que l'honoraient les *Lucifériens*, ses adorateurs, et (selon une opinion vraisemblable), les chevaliers du Temple.

Le grand miracle, en ces temps misérables, c'est qu'on trouvait pour la cène nocturne de la fraternité ce qu'on n'eût pas trouvé le jour. La sorcière, non sans danger, faisait contribuer les plus aisés, recueillait leurs offrandes. La charité, sous forme satanique, étant crime et conspiration, étant une forme de révolte, avait grande puissance. On se volait le jour son repas pour le repas commun du soir.

Représentez-vous, sur une grande lande, et souvent près d'un vieux dolmen celtique à la lisière d'un bois, une scène double : d'une part, la lande bien éclairée, le grand repas du peuple ; — d'autre part, vers le bois, le chœur de cette église dont le dôme est le ciel. J'appelle chœur un tertre qui domine quelque peu. Entre les deux, des feux résineux à flamme jaune et de rouges brasiers, une vapeur fantastique.

Au fond, la sorcière dressait son Satan, un grand Satan de bois, noir et velu. Par les cornes et le bouc qui était près de lui, il eût été Bacchus ; mais par les attributs virils, c'était Pan et Priape. Ténébreuse figure que chacun voyait autrement ; les uns n'y trouvaient que terreur ; les autres étaient émus de la fierté mélancolique où semblait absorbé l'éternel Exilé[1].

Premier acte. — L'*Introït* magnifique que le christianisme prit à l'Antiquité (à ces cérémonies où le peuple, en longue file, circulait sous les colonnades, entrait au sanctuaire), — le vieux dieu, revenu, le reprenait pour lui. Le *lavabo*, de même, emprunté aux purifications païennes. Il revendiquait tout cela par droit d'antiquité.

Sa prêtresse est toujours *la vieille* (titre d'honneur) ; mais elle peut fort bien être jeune. Lancre parle d'une sorcière de dix-sept ans, jolie, horriblement cruelle.

La fiancée du Diable ne peut être un enfant : il lui faut bien trente ans, la figure de Médée, la beauté des douleurs, l'œil profond, tragique et fiévreux, avec de grands flots de serpents descendant au

---

[1]. Ceci est de Del Rio, mais n'est pas, je crois, exclusivement espagnol. C'est un trait antique et marqué de l'inspiration primitive. Les facéties viennent plus tard.

hasard ; je parle d'un torrent de noirs, d'indomptables cheveux. Peut-être, par-dessus, la couronne de verveine, le lierre des tombes, les violettes de la mort.

« Elle fait renvoyer les enfants (jusqu'au repas). Le service commence.

« J'y entrerai, à cet autel... mais, Seigneur, sauve-moi du perfide et du violent (du prêtre, du seigneur). »

Puis vient le reniement à Jésus, l'hommage au nouveau maître, le baiser féodal, comme aux réceptions du Temple, où l'on donne tout sans réserve, pudeur, dignité, volonté, — avec cette aggravation outrageante au reniement de l'ancien Dieu, « qu'on aime mieux le dos de Satan[1] ».

A lui de sacrer sa prêtresse. Le dieu de bois l'accueille comme autrefois Pan et Priape. Conformément à la forme païenne, elle se donne à lui, siège un moment sur lui, comme la *Delphica* au trépied d'Apollon. Elle en reçoit le souffle, l'âme, la vie, la fécondation simulée. Puis, non moins solennellement, elle se purifie. Dès lors elle est l'autel vivant.

L'*Introït* est fini, et le service interrompu pour le banquet. Au rebours du festin des nobles qui siègent tous l'épée au côté, ici, dans le festin des frères, pas d'armes, par même de couteau.

Pour gardien de la paix, chacun a une femme. Sans femme on ne peut être admis. Parente ou non,

---

[1]. On lui suspendait au bas du dos un masque ou second visage. Lancre, *Inconstance*, p. 68.

épouse ou non, vieille, jeune, il faut une femme.

Quelles boissons circulaient? hydromel? bière? vin? Le cidre capiteux ou le poiré? (Tous deux ont commencé au douzième siècle.)

Les breuvages d'illusion, avec leur dangereux mélange de belladone, paraissaient-ils déjà à cette table? Non pas certainement. Les enfants y étaient. D'ailleurs, l'excès du trouble eût empêché la danse.

Celle-ci, danse tournoyante, la fameuse *ronde du Sabbat*, suffisait bien pour compléter ce premier degré de l'ivresse. Ils tournaient dos à dos, les bras en arrière, sans se voir; mais souvent les dos se touchaient. Personne peu à peu ne se connaissait bien, ni celle qu'il avait à côté. La vieille alors n'était plus vieille. Miracle de Satan. Elle était femme encore, et désirable, confusément aimée.

Deuxième acte. — Au moment où la foule, unie dans ce vertige, se sentait un seul corps, et par l'attrait des femmes, et par je ne sais quelle vague émotion de fraternité, on reprenait l'office au *Gloria*. L'autel, l'hostie apparaissait. Quels? La Femme elle-même. De son corps prosterné, de sa personne humiliée, de la vaste soie noire de ses cheveux, perdus dans la poussière, elle (l'orgueilleuse Proserpine) elle s'offrait. Sur ses reins, un démon officiait, disait le *Credo*, faisait l'offrande[1].

---

1. Ce point si grave que la femme était autel elle-même, et qu'on officiait sur elle, nous est connu par le procès de la Voisin, que M. Ravaisson aîné a publié avec les autres *Papiers de la Bastille*. Dans ces imitations, récentes, il est vrai, du Sabbat, qu'on fit pour amuser les grands seigneurs de

Cela fut plus tard immodeste. Mais alors, dans les calamités du quatorzième siècle, aux temps terribles de la Peste noire et de tant de famines, aux temps de la Jacquerie et des brigandages exécrables des Grandes-Compagnies, — pour ce peuple en danger, l'effet était plus que sérieux. L'assemblée tout entière avait beaucoup à craindre si elle était surprise. La sorcière risquait extrêmement, et vraiment, dans cet acte audacieux, elle donnait sa vie. Bien plus elle affrontait un enfer de douleurs, de telles tortures, qu'on ose à peine le dire. Tenaillée et rompue, les mamelles arrachées, la peau lentement écorchée (comme on le fit à l'évêque sorcier de Cahors), brûlée à petit feu de braise, et membre à membre, elle pouvait avoir une éternité d'agonie.

Tous, à coup sûr, étaient émus quand, sur la créature dévouée, humiliée, qui se donnait, on faisait la prière, et l'offrande pour la récolte. On présentait du blé à l'*Esprit de la terre* qui fait pousser le blé. Des oiseaux envolés (du sein de la Femme sans doute) portaient au *Dieu de liberté* le soupir et le vœu des serfs. Que demandaient-ils? Que nous autres, leurs descendants lointains, nous fussions affranchis [1].

Quelle hostie distribuait-elle? Non l'hostie de risée, qu'on verra aux temps d'Henri IV, mais,

---

la cour de Louis XIV, on reproduisit sans nul doute les formes antiques et classiques du Sabbat primitif, même en tel point qui avait pu être abandonné dans les temps intermédiaires.

1. Cette offrande charmante du blé et des oiseaux est particulière à la France. (Jaquier, *Flagellans*, 51. Soldan, 225.) En Lorraine et sans doute en Allemagne, on offrait des bêtes noires : le chat noir, le bouc noir, le taureau noir.

vraisemblablement, cette *confarreatio* que nous avons vue dans les philtres, l'hostie d'amour, un gâteau cuit sur elle, sur la victime qui demain pouvait elle-même passer par le feu. C'était sa vie, sa mort, que l'on mangeait. On y sentait déjà sa chair brûlée.

En dernier lieu, on déposait sur elle deux offrandes qui semblaient de chair, deux simulacres : celui du *dernier mort* de la commune, celui du *dernier né*. Ils participaient au mérite de la femme autel et hostie, et l'assemblée (fictivement) communiait de l'un et de l'autre. — Triple hostie, toute humaine. Sous l'ombre vague de Satan, le peuple n'adorait que le peuple.

C'était là le vrai sacrifice. Il était accompli. La Femme, s'étant donnée à manger à la foule, avait fini son œuvre. Elle se relevait, mais ne quittait la place qu'après avoir fièrement posé et comme constaté la légitimité de tout cela par l'appel à la foudre, un défi provoquant au Dieu destitué.

En dérision des mots : *Agnus Dei*, etc., et de la rupture de l'hostie chrétienne, elle se faisait apporter un crapaud habillé et le mettait en pièces. Elle roulait ses yeux effroyablement, les tournait vers le ciel, et, décapitant le crapaud, elle disait ces mots singuliers : « Ah! *Philippe*[1], si je te tenais, je t'en ferais autant! »

---

1. Lancre, 136. Pourquoi ce nom *Philippe*, je n'en sais rien. Il reste d'autant plus obscur qu'ailleurs, lorsque Satan nomme Jésus, il l'appelle le petit Jean ou *Janicot*. Le nommerait-elle ici *Philippe* du nom odieux

Jésus ne disant rien à ce défi, ne lançant pas la foudre, on le croyait vaincu. La troupe agile des démons choisissait ce moment pour étonner le peuple par de petits miracles qui saisissaient, effrayaient les crédules. Les crapauds, bête inoffensive, mais qu'on croyait très venimeuse, étaient mordus par eux, et déchirés à belles dents. De grands feux, des brasiers, étaient sautés impunément pour amuser la foule et la faire rire des feux d'enfer.

Le peuple riait-il après un acte si tragique, si hardi? je ne sais. Elle ne riait pas, à coup sûr, celle qui, la première, osa cela. Ces feux durent lui paraître ceux du prochain bûcher. A elle de pourvoir à l'avenir de la monarchie diabolique, de créer la future sorcière.

du roi qui nous donna les cent années des guerres anglaises, qui, à Crécy, commença nos défaites et nous valut la première invasion ? Après une longue paix, fort peu interrompue, la guerre fut d'autant plus horrible au peuple. Philippe de Valois, auteur de cette guerre sans fin, fut maudit et laissa peut-être dans ce rituel populaire une durable malédiction.

XII

L'AMOUR, LA MORT. — SATAN S'ÉVANOUIT

Voilà la foule affranchie, rassurée. Le serf, un moment libre, est roi pour quelques heures. Il a bien peu de temps. Déjà change le ciel, et les étoiles inclinent. Dans un moment, l'aube sévère va le remettre en servitude, le ramener sous l'œil ennemi, sous l'ombre du château, sous l'ombre de l'église, au travail monotone, à l'éternel ennui réglé par les deux cloches, dont l'une dit : *Toujours*, et l'autre dit : *Jamais*. Chacun d'eux, humble et morne, d'un maintien composé, paraîtra sortir de chez lui.

Qu'ils l'aient du moins, ce court moment! Que chacun des déshérités soit comblé une fois, et trouve ici son rêve!...

Quel cœur si malheureux, si flétri, qui parfois ne songe, n'ait quelque folle envie, ne dise : « Si cela m'arrivait ? »

Les seules descriptions détaillées que l'on ait sont, je l'ai dit, modernes, d'un temps de paix et de bonheur, des dernières années d'Henri IV, où la France refleurissait. Années prospères, luxurieuses, tout à fait différentes de l'âge noir, où s'organisa le Sabbat.

Il ne tient pas à M. de Lancre et autres que nous ne nous figurions le troisième acte comme la kermesse de Rubens, une orgie très confuse, un grand bal travesti qui permettrait toute union, surtout entre proches parents. Selon ces auteurs qui ne veulent qu'inspirer l'horreur, faire frémir, le but principal du sabbat, la leçon, la doctrine expresse de Satan, c'est l'inceste, et, dans ces grandes assemblées (parfois de douze mille âmes), les actes les plus monstrueux eussent été commis devant tout le monde.

Cela est difficile à croire. Les mêmes auteurs disent d'autres choses qui semblent fort contraires à un tel cynisme. Ils disent qu'on n'y venait que par couples, qu'on ne siégeait au banquet que deux à deux, que même, s'il arrivait une personne isolée, on lui déléguait un jeune démon pour la conduire, lui faire les honneurs de la fête. Ils disent que des amants jaloux ne craignaient pas d'y venir, d'y amener les belles curieuses.

On voit aussi que la masse venait par familles, avec les enfants. On ne les renvoyait que pour le premier acte, non pour le banquet ni l'office, et non même pour ce troisième acte. Cela prouve qu'il y avait une certaine décence. Au reste, la scène était double. Les groupes de familles restaient sur la lande bien éclairés. Ce n'était qu'au delà du rideau fantastique des fumées résineuses que commençaient des espaces plus sombres où l'on pouvait s'écarter.

Les juges, les inquisiteurs, si hostiles, sont obligés d'avouer qu'il y avait un grand esprit de douceur et de paix. Nulle des trois choses si choquantes aux fêtes des nobles. Point d'épée, de duels, point de tables ensanglantées. Point de galantes perfidies pour avilir *l'intime ami*. L'immonde fraternité des Templiers, quoi qu'on ait dit, était inconnue, inutile ; au Sabbat, la femme était tout.

Quant à l'inceste, il faut s'entendre. Tout rapport avec les parentes, même les plus permis aujourd'hui, était compté comme crime. La loi moderne, qui est la charité même, comprend le cœur de l'homme et le bien des familles. Elle permet au veuf d'épouser la sœur de sa femme, c'est-à-dire de donner à ses enfants la meilleure mère. Elle permet à l'oncle de protéger sa nièce en l'épousant. Elle permet surtout d'épouser la cousine, une épouse sûre et bien connue, souvent aimée d'enfance, compagne des premiers jeux, agréable à la mère, qui d'avance l'adopta de cœur. Au Moyen-âge, tout cela c'est l'inceste.

Le paysan, qui n'aime que sa famille, était désespéré. Même au sixième degré, c'eût été chose énorme d'épouser sa cousine. Nul moyen de se marier dans son village, où la parenté mettait tant d'empêchements. Il fallait chercher ailleurs, au loin. Mais, alors, on communiquait peu, on ne se connaissait pas, et on détestait ses voisins. Les villages, aux fêtes, se battaient sans savoir pourquoi (cela se voit encore dans les pays tant soit peu écartés) ; on n'osait guère aller chercher femme au lieu même où l'on s'était battu, où l'ont eût été en danger.

Autre difficulté. Le seigneur du jeune serf ne lui permettait pas de se marier dans la seigneurie d'à côté. Il fût devenu serf du seigneur de sa femme, eût été perdu pour le sien.

Ainsi le *prêtre défendait la cousine*, le *seigneur l'étrangère*. Beaucoup ne se mariaient pas.

Cela produisait justement ce qu'on prétendait éviter. Au Sabbat éclataient les attractions naturelles. Le jeune homme retrouvait là celle qu'il connaissait, aimait d'avance, celle dont à dix ans on l'appelait le *petit mari*. Il la préférait à coup sûr, et se souvenait peu des empêchements canoniques.

Quand on connaît bien la famille du Moyen-âge, on ne croit point du tout à ces imputations déclamatoires d'une vaste promiscuité qui eût mêlé une foule. Tout au contraire, on sent que chaque petit groupe, serré et concentré, est infiniment loin d'admettre l'étranger.

Le serf, peu jaloux (pour ses proches), mais si pauvre, si misérable, craint excessivement d'empirer son sort en multipliant des enfants qu'il ne pourra nourrir. Le prêtre, le seigneur, voudraient qu'on augmentât leurs serfs, que la femme fût toujours enceinte, et les prédications les plus étranges se faisaient à ce sujet[1] ; parfois des re-

---

[1]. Fort récemment encore, mon spirituel ami, M. Génin, avait recueilli les plus curieux renseignements là-dessus.

reproches sanglants et des menaces. D'autant plus obstinée était la prudence de l'homme. La femme, pauvre créature qui ne pouvait avoir d'enfants viables dans de telles conditions, qui n'enfantait que pour pleurer, avait la terreur des grossesses. Elle ne se hasardait à la fête nocturne que sur cette expresse assurance qu'on disait, répétait : « Jamais femme n'en revint enceinte [1]. »

Elles venaient, attirées à la fête par le banquet, la danse, les lumières, l'amusement, nullement par le plaisir charnel. Les unes n'y trouvaient que souffrance. Les autres détestaient la purification glacée qui suivait brusquement l'amour pour le rendre stérile. N'importe. Elles acceptaient tout, plutôt que d'aggraver leur indigence, de faire un malheureux, de donner un serf au seigneur.

Forte conjuration, entente très fidèle, qui resserrait l'amour dans la famille, excluait l'étranger. On ne se fiait qu'aux parents unis dans un même servage, qui, partageant les mêmes charges, n'avaient garde de les augmenter.

Ainsi, nul entraînement général, point de chaos confus du peuple. Tout au contraire, des groupes serrés et exclusifs. C'est ce qui devait rendre le Sabbat impuissant comme révolte. Il ne mêlait nullement la foule. La famille, attentive à la stérilité, l'assurait en se concentrant en elle-même dans l'amour des très proches, c'est-à-dire des

---

[1]. Boguet, Lancre, tous les auteurs sont d'accord sur ce point. Rude contradiction de Satan, mais tout à fait selon le vœu du serf, du paysan, du pauvre. Satan fait germer la moisson, mais il rend la femme inféconde. Beaucoup de blé et point d'enfant.

intéressés. Arrangement triste, froid, impur. Les moments les plus doux en étaient assombris, souillés. Hélas! jusqu'à l'amour, tout était misère et révolte.

Cette société était cruelle. L'autorité disait : « Mariez-vous. » Mais elle rendait cela très difficile, et par l'excès de la misère, et par cette rigueur insensée des empêchements canoniques.

L'effet était exactement contraire à la pureté que l'on prêchait. Sous apparence chrétienne, le patriarchat de l'Asie existait seul.

L'aîné seul se mariait. Les frères cadets, les sœurs, travaillaient sous lui et pour lui [1]. Dans les fermes isolées des montagnes du Midi, loin de tout voisinage et de toute femme, les frères vivaient avec leurs sœurs, qui étaient leurs servantes et leur appartenaient en toute chose. Mœurs analogues à celles de la Genèse, aux mariages des Parsis, aux usages toujours subsistants de certaines tribus pastorales de l'Himalaya.

Ce qui était plus choquant encore, c'était le sort de la mère. Elle ne mariait pas son fils, ne pouvait l'unir à une parente, s'assurer d'une bru qui eût eu des égards pour elle. Son fils se mariait (s'il le pouvait) à une fille d'un village éloigné, souvent hostile, dont l'invasion était terrible, soit aux enfants du premier lit, soit à la pauvre mère, que

---

1. Chose très générale dans l'ancienne France, me disait le savant et exact M. Monteil.

l'étrangère faisait souvent chasser. On ne le croira pas, mais la chose est certaine. Tout au moins, on la maltraitait : on l'éloignait du foyer, de la table.

Une loi suisse défend d'ôter à la mère sa place au coin du feu.

Elle craignait extrêmement que le fils ne se mariât. Mais son sort ne valait guère mieux s'il ne le faisait point. Elle n'en était pas moins servante du jeune *maître de maison*, qui succédait à tous les droits du père, et même à celui de la battre. J'ai vu encore dans le Midi cette impiété : le fils de vingt-cinq ans châtiait sa mère quand elle s'enivrait.

Combien plus dans ces temps sauvages !... C'était lui bien plutôt qui revenait des fêtes dans l'état de demi-ivresse, sachant très peu ce qu'il faisait. Même chambre, même lit (car il n'y en avait jamais deux). Elle n'était pas sans avoir peur. Il avait vu ses amis mariés, et cela l'aigrissait. De là, des pleurs, une extrême faiblesse, le plus déplorable abandon. L'infortunée, menacée de son seul dieu, son fils, brisée de cœur, dans une situation tellement contre nature, désespérait. Elle tâchait de dormir, d'ignorer. Il arrivait, sans que ni l'un ni l'autre s'en rendît compte, ce qui arrive aujourd'hui encore si fréquemment aux quartiers indigents des grandes villes, où une pauvre personne, forcée ou effrayée, battue peut-être, subit tout. Domptée dès lors, et, malgré ses scrupules, beaucoup trop résignée, elle endurait une misérable servitude. Honteuse et douloureuse vie, pleine d'angoisse, car, d'année en année, la distance d'âge augmentait, les séparait. La femme de trente-six ans gardait un fils de vingt. Mais à cinquante ans, hélas! plus tard encore, qu'advenait-il ? Du grand Sabbat, où les lointains villages se rencontraient, il pouvait ramener l'étrangère, la jeune maîtresse, inconnue, dure, sans cœur, sans pitié, qui lui prendrait son fils, son feu, son lit, cette maison qu'elle avait faite elle-même.

A en croire Lancre et autres, Satan faisait au fils un grand mérite de rester fidèle à la mère, tenait ce crime pour vertu. Si cela est vrai, on peut supposer que la femme défendait la femme, que la sorcière était dans les intérêts de la mère pour la maintenir au foyer contre la belle-fille, qui l'eût envoyée mendier, le bâton à la main.

Lancre prétend encore « qu'il n'y avait bonne sorcière qui ne naquît de l'amour de la mère et du fils ». Il en fut ainsi dans la Perse pour la naissance du mage, qui, disait-on, devait provenir de cet odieux mystère. Ainsi les secrets de magie restaient fort concentrés dans une famille qui se renouvelait elle-même.

Par une erreur impie, ils croyaient imiter l'innocent mystère agricole, l'éternel cercle végétal, où le grain, ressemé au sillon, fait le grain.

Les unions moins monstrueuses (du frère et de la sœur), communes chez les Orientaux et les Grecs, étaient froides et très peu fécondes. Elles furent très sagement abandonnées, et l'on n'y fût guère revenu sans l'esprit de révolte, qui, suscité par d'absurdes rigueurs, se jetait follement dans l'extrême opposé.

Des lois contre nature firent ainsi, par la haine, des mœurs contre nature.

O temps dur! temps maudit! et gros de désespoir!

Nous avons disserté. Mais voici presque l'aube. Dans un moment, l'heure sonne qui met en fuite les esprits. La sorcière, à son front, sent sécher les lugubres fleurs. Adieu sa royauté! sa vie peut-être!... Que serait-ce si le jour la trouvait encore? Que fera-t-elle de Satan? une flamme? une cendre? Il ne demande pas mieux. Il sait bien, le rusé, que, pour vivre, renaître, le seul moyen, c'est de mourir.

Mourra-t-il, le puissant évocateur des morts qui donna à celles qui pleurent la seule joie d'ici-bas, l'amour évanoui et le rêve adoré? Oh? non, il est bien sûr de vivre.

Mourra-t-il, le puissant Esprit qui, trouvant la Création maudite, la Nature gisante par terre, que l'Église avait jetée de sa robe, comme un nourrisson sale, ramassa la Nature et la mit dans son sein? Cela ne se peut pas.

Mourra-t-il, l'unique médecin du Moyen-âge, de l'âge malade, qui le sauva par les poisons, et lui dit : « Vis donc, imbécile! »

Comme il est sûr de vivre, le gaillard, il meurt tout à son aise. Il s'escamote, brûle avec dextérité sa belle peau de bouc, s'évanouit dans la flamme et dans l'aube.

Mais, *elle*, elle qui fit Satan, qui fit tout, le bien et le mal, qui favorisa tant de choses, d'amour, de dévouements, de crimes!... que devient-elle? La voilà seule sur la lande déserte!

Elle n'est pas, comme on dit, l'horreur de tous. Beaucoup la béniront[1]. Plus d'un l'a trouvée belle, plus d'un vendrait sa part du Paradis pour oser approcher... Mais, autour, il est un abîme, on l'admire trop, et on en a tant peur! de cette toute-puissante Médée, de ses beaux yeux profonds, des voluptueuses couleuvres de cheveux noirs dont elle est inondée.

Seule à jamais. A jamais, sans amour! Qui lui reste? Rien que l'Esprit qui se déroba tout à l'heure.

« Eh bien, mon bon Satan, partons... Car j'ai bien hâte d'être là-bas. L'enfer vaut mieux. Adieu le monde! »

Celle qui la première fit, joua le terrible drame, dut survivre très peu. Satan obéissant, avait, tout près, sellé un gigantesque cheval noir, qui, des yeux, des naseaux, lançait le feu. Elle y monta d'un bond...

On les suivit des yeux... Les bonnes gens épouvantés disaient : « Oh! qu'est-ce qu'elle va donc devenir? » — En partant, elle rit, du plus terrible éclat de rire, — et disparut comme une flèche. — On voudrait bien savoir, mais on ne saura pas ce que la pauvre femme est devenue[2].

1. Lancre parle de sorcières aimées et adorées.
2. Voir la fin de la sorcière de Berkeley dans Guillaume de Malmesbury.

LIVRE SECOND

I

LA SORCIÈRE DE LA DÉCADENCE. — SATAN MULTIPLIÉ

Le délicat bijou du Diable, la petite sorcière conçue de la Messe noire où la grande a disparu, elle est venue, elle a fleuri, en malice, en grâce de chat. Celle-ci, toute contraire à l'autre ; fine et oblique d'allure, sournoise, filant doucettement, faisant volontiers le gros dos. Rien de titanique, à coup sûr. Loin de là, basse de nature. Dès le berceau, lubrique et toute pleine de mauvaises friandises. Elle exprimera toute sa vie certain moment nocturne, impur et trouble, où certaine pensée dont on eût eu horreur le jour, usa des libertés du rêve.

Celle qui naît avec ce secret dans le sang, cette science instinctive du mal, qui a vu si loin et si bas, elle ne respectera rien, ni chose ni personne en ce monde, n'aura guère de religion. Guère pour Satan lui-même, car il est encore un esprit, et celle-ci a un goût unique pour toute chose de matière.

Enfant, elle salissait tout. Grandelette, jolie, elle étonne de malpropreté. Par elle, la sorcellerie sera je ne sais quelle cuisine de je ne sais quelle chimie. De bonne heure, elle manipule surtout les choses répugnantes, les drogues aujourd'hui, demain les intrigues. C'est là son élément, les amours et les maladies. Elle sera fine entremetteuse, habile, audacieuse empirique. On lui fera la guerre pour de prétendus meurtres, pour l'emploi des poisons. Elle a peu l'instinct de telles choses, peu le goût de la mort. Sans bonté, elle aime la vie, à guérir, prolonger la vie. Elle est dangereuse en deux sens : elle vendra des recettes de stérilité, d'avortement peut-être. D'autre part, effrénée, libertine d'imagination, elle aidera volontiers à la chute des femmes par ses damnés breuvages, jouira des crimes d'amour.

Oh! que celle-ci diffère de l'autre! C'est un industriel. L'autre fut l'Impie, le Démon; elle fut la grande Révolte, la femme de Satan, et, on peut dire, sa mère. Car il a grandi d'elle et de sa puissance intérieure. Mais celle-ci est tout au plus la fille du Diable. Elle a de lui deux choses, elle est impure, et elle aime à manipuler la vie. C'est son lot; elle y est artiste, — déjà artiste à vendre, et nous entrons dans le métier.

On dit qu'elle se perpétuera par l'inceste dont elle est née. Mais elle n'en a pas besoin. Sans mâle elle fera d'innombrables petits. En moins de cinquante ans, au début du quinzième siècle, sous Charles VI, une contagion immense s'étend. Quiconque croit avoir quelques secrets, quelques recettes, quiconque croit deviner, quiconque rêve et voyage en rêvant, se dit favori de Satan. Toute femme lunatique prend pour elle ce grand nom : Sorcière.

Nom périlleux, nom lucratif, lancé par la haine du peuple, qui, tour à tour, injurie et implore la puissance inconnue. Il n'en est pas moins accepté, revendiqué souvent. Aux enfants qui la suivent, aux femmes qui menacent du poing, lui jettent ce mot comme une pierre, elle se retourne, et dit avec orgueil : « C'est vrai ! vous l'avez dit ! »

Le métier devient bon, et les hommes s'en mêlent. Nouvelle chute pour l'art. La moindre des sorcières a cependant encore un peu de la sibylle. Ceux-ci, sordides charlatans, jongleurs grossiers, taupiers, tueurs de rats, jetant des sorts aux bêtes, vendant les secrets qu'ils n'ont pas, empuantissant ce temps de sombre fumée noire, de peur et de bêtise. Satan devient immense, immensément multiplié. Pauvre triomphe. Il est ennuyeux, plat. Le peuple afflue pourtant à lui, ne veut guère d'autre Dieu. C'est lui qui se manque à lui-même.

Le quinzième siècle, malgré deux ou trois grandes inventions, n'en est pas moins, je crois, un siècle fatigué, de peu d'idées.

Il commence très dignement par le Sabbat royal de Saint-Denis, le bal effréné et lugubre que Charles VI fit dans cette abbaye pour l'enterrement de Duguesclin, enterré depuis tant d'années. Trois jours, trois nuits. Sodome se roula sur les tombes. Le fou, qui n'était pas encore idiot, força tous ces rois, ses aïeux, ces os secs sautant dans leur bière, de partager son bal. La mort, bon gré mal gré, devint entremetteuse, donna aux voluptés un cruel aiguillon. Là éclatèrent les modes immondes de l'époque où les dames, grandies du hennin diabolique, faisaient valoir le ventre et semblaient toutes enceintes (admirable moyen de cacher les grossesses)[1]. Elles y tinrent; cette mode dura quarante années. L'adolescence, d'autre part, effrontée, les éclipsait en nudités saillantes. La femme avait Satan au front dans le bonnet cornu; le bachelier, le page, l'avaient au pied dans la chaussure à fine pointe de scorpion. Sous masque d'animaux, ils s'offraient hardiment par les bas côtés de la bête. Le célèbre enleveur d'enfants, Retz, lui-même alors page, prit là son monstrueux essor. Toutes ces grandes dames de fiefs, effrénées Jézabels, moins pudibondes encore que l'homme, ne daignaient se déguiser. Elles s'étalaient à face nue. Leur furie sensuelle, leur folle ostentation de débauche, leurs outrageux défis, furent pour le roi, pour tous, — pour le sens, la vie, le corps, l'âme, — l'abîme et le gouffre sans fond.

Ce qui en sort, ce sont les vaincus d'Azincourt, pauvre génération de seigneurs épuisés qui, dans les miniatures, font grelotter encore à voir sous un habit perfidement serré leurs tristes membres amaigris[2].

Je plains fort la sorcière, qui, au retour de la

---

1. Même au sujet le plus mystique, dans une œuvre de génie, l'*Agneau* de Van Eyck (Jean dit de Bruges), toutes les Vierges paraissent enceintes. C'est la grotesque mode du quinzième siècle.

2. Cet amaigrissement de gens usés et énervés me gâte toutes les splendides

grande dame après la fête du roi, sera sa confidente et son ministre, dont elle exigera l'impossible.

Au château, il est vrai, elle est seule, l'unique femme, ou à peu près, dans un monde d'hommes non mariés. A en croire les romans, la dame aurait eu plaisir à s'entourer de jolies filles. L'histoire et le bon sens disent justement le contraire. Éléonore n'est pas si sotte que de s'opposer Rosamonde. Ces reines et grandes dames, si licencieuses, n'en sont pas moins horriblement jalouses (exemple, celle que conte Henri Martin, qui fit mourir sous les outrages des soldats une fille qu'admirait son mari). La puissance d'amour de la dame, répétons-le, tient à ce qu'elle est seule. Quelle que soit la figure et l'âge, elle est le rêve de tous. La sorcière a beau jeu de lui faire abuser de sa divinité, de lui faire faire risée de ce troupeau de mâles assotis et domptés. Elle lui fait oser tout, les traiter comme bêtes. Les voilà transformés. Ils tombent à quatre pattes, singes flatteurs, ours ridicules, ou chiens lubriques, pourceaux avides à suivre l'outrageuse Circé.

Tout cela fait pitié! Elle en a la nausée. Elle repousse du pied ces bêtes rampantes. C'est immonde, pas assez coupable. Elle trouve à son mal un absurde remède. C'est (lorsque ceux-ci sont si nuls) d'avoir plus nul encore, de prendre un tout petit amant. Conseil digne de la sorcière. Susciter, avant l'heure, l'étincelle dans l'innocent qui dort du pur sommeil d'enfance. Voilà la laide histoire du petit Jehan de

miniatures de la cour de Bourgogne, du duc de Berry, etc. Les sujets sont si déplorables, que nulle exécution n'en peut faire d'heureuses œuvres d'art.

Saintré, type des Chérubin et autres poupées misérables des âges de décadence.

Sous tant d'ornements pédantesques et de moralité sentimentale, la basse cruauté du fonds se sent très bien. On y tue le fruit dans la fleur. C'est, en un sens, la chose qu'on reprochait à la sorcière, « de manger des enfants ». Tout au moins, on en boit la vie. Sous forme tendre et maternelle, la belle dame caressante n'est-elle pas un vampire pour épuiser le sang du faible? Le résultat de ces énormités, le roman même nous le donne. Saintré, dit-il, devient un chevalier parfait, mais parfaitement frêle et faible, si bien qu'il est bravé, défié, par le butor de paysan abbé, en qui la Dame, enfin mieux avisée, voit ce qui lui convient le mieux.

Ces vains caprices augmentent le blasement, la fureur du vide. Circé, au milieu de ses bêtes, ennuyée, excédée, voudrait être bête elle-même. Elle se sent sauvage, elle s'enferme. De la tourelle elle jette un regard sinistre sur la sombre forêt. Elle se sent captive, et elle a la fureur d'une louve qu'on tient à la chaîne. — « Vienne à l'instant la vieille!... Je la veux. Courez-y. » — Et deux minutes après : « Quoi! n'est-elle pas déjà venue? »

La voici. « Écoute bien... J'ai une *envie*... (tu le sais, c'est insurmontable.), l'envie de t'étrangler, de te noyer ou de te donner à l'évêque qui déjà te demande... Tu n'as qu'un moyen d'échapper, c'est de me satisfaire une autre *envie*, — de me changer en louve. Je m'ennuie trop. Assez rester. Je veux, au moins la nuit, courir librement la forêt. Plus de sots serviteurs, de chiens qui m'étourdissent, de chevaux maladroits qui heurtent, évitent les fourrés.

— « Mais, madame, si l'on vous prenait.... — Insolente... Oh! tu périras... — Du moins, vous savez bien l'histoire de la dame louve dont on coupa la patte [1]... Que de regrets j'aurais!... — C'est mon affaire... Je ne t'écoute plus. J'ai hâte, et j'ai jappé déjà... Quel bonheur! chasser seule, au clair de lune, et seule mordre la biche, l'homme aussi, s'il en vient ; mordre l'enfant si tendre, et la femme surtout, oh! la femme, y mettre la dent!... Je les hais toutes... Pas une autant que toi... Mais ne recule pas, je ne te mordrai pas; tu me répugnes trop, et, d'ailleurs, tu n'as pas de sang... Du sang, du sang! c'est ce qu'il faut. »

Il n'y a pas à dire non : « Rien de plus aisé, madame. Ce soir, à neuf heures, vous boirez. Enfermez-vous. Transformez-vous, pendant qu'on vous croit là, vous courrez la forêt. »

---

[1]. Cette terrible fantaisie n'était pas rare chez ces grandes dames, nobles captives des châteaux. Elles avaient faim et soif de liberté, de libertés cruelles. Boguet raconte que, dans les montagnes de l'Auvergne, un chasseur tira, certaine nuit, sur une louve, la manqua, mais lui coupa la patte. Elle s'enfuit en boitant. Le chasseur se rendit dans un château voisin pour demander l'hospitalité au gentilhomme qui l'habitait. Celui-ci, en l'apercevant, s'enquit s'il avait fait bonne chasse. Pour répondre à cette question, il voulut tirer de sa gibecière la patte qu'il venait de couper à la louve; mais qu'elle ne fut point sa surprise, en trouvant, au lieu d'une patte, une main, et à l'un des doigts un anneau que le gentilhomme reconnut pour être celui de sa femme! Il se rendit immédiatement auprès d'elle, et la trouva blessée et cachant son avant-bras. Ce bras n'avait plus de main; on y rajusta ce que le chasseur avait rapporté, et force fut à la dame d'avouer que c'était bien elle qui, sous la forme de louve, avait attaqué le chasseur, et s'était sauvée ensuite en laissant une patte sur le champ de bataille. Le mari eut la cruauté de la livrer à la justice, et elle fut brûlée.

Cela se fait, et la dame, au matin, se trouve excédée, abattue; elle n'en peut plus. Elle doit, cette nuit, avoir fait trente lieues. Elle a chassé, elle a tué; elle est pleine de sang. Mais ce sang vient peut-être des ronces où elle s'est déchirée.

Grand orgueil, et péril aussi pour celle qui a fait ce miracle. La Dame qui l'exigea, cependant, la reçoit fort sombre : « O sorcière, que tu as là un épouvantable pouvoir ! Je ne l'aurais pas deviné ! Mais maintenant j'ai peur et j'ai horreur... Oh! qu'à bon droit tu es haïe! Quel beau jour ce sera, quand tu seras brûlée! Je te perdrai quand je voudrai. Mes paysans, ce soir repasseraient sur toi leurs faux, si je disais un mot de cette nuit... Va-t'en, noire, exécrable vieille ! »

Elle est précipitée par les grands, ses patrons, dans d'étranges aventures. N'ayant que le château qui la garde du prêtre, la défende un peu du bûcher, que refusera-t-elle à ses terribles protecteurs? Si le baron, revenu des Croisades, de Nicopolis, par exemple, imitateur de la vie turque, la fait venir, la charge de voler pour lui des enfants? que fera-t-elle? Ces razzias, immenses en pays grec, où parfois deux mille pages entraient à la fois au sérail, n'étaient nullement inconnues aux chrétiens (aux barons d'Angleterre dès le douzième siècle, plus tard aux chevaliers de Rhodes ou Malte). Le fameux Gilles de Retz, le seul dont on fit le procès, fut puni non d'avoir enlevé ses petits serfs (chose peu rare), mais de les avoir immolés à Satan. Celle qui les volait, et qui, sans doute, ignorait leur destin, se trouvait entre deux dangers. D'une part, la fourche et la faux du paysan, de l'autre, les tortures de la tour qu'un refus lui aurait values. L'homme de Retz, son terrible Italien[1], eût fort bien pu la piler au mortier.

De tous côtés, périls et gains. Nulle situation plus horriblement corruptrice. Les sorcières elles-mêmes ne niaient pas les absurdes puissances que le peuple leur attribuait. Elles avouaient qu'avec une poupée percée d'aiguilles elles pouvaient *envoûter*, faire maigrir, faire périr qui elles voulaient. Elles avouaient qu'avec la mandragore, arrachée du pied du gibet (par la dent d'un chien, disaient-elles, qui ne manquait pas d'en mourir), elles pouvaient pervertir la raison, changer les hommes en bêtes, livrer les femmes aliénées et folles. Bien plus terrible encore le délire furieux de la Pomme épineuse (ou Datura) qui fait danser à mort[2], subir mille hontes, dont on n'a ni conscience ni souvenir.

---

[1]. Voir mon *Histoire de France*, et surtout la savante et exacte notice de notre si regrettable Armand Guéraud : *Notice sur Gilles de Rais*, Nantes, 1855 (reproduite dans la *Biographie bretonne* de M. Levot). — On y voit que les pourvoyeurs de l'horrible charnier d'enfants étaient généralement des hommes. La Meffraye, qui s'en mêlait aussi, était-elle sorcière? On ne le dit pas. M. Guéraud devait publier le *procès*. Il est à désirer qu'on fasse cette publication, mais sincère, intégrale, non mutilée. Les manuscrits sont à Nantes, à Paris. Mon savant ami, M. Dugast-Matifeux, m'apprend qu'il en existe une copie *plus complète* que ces originaux aux archives de Thouars (provenant des La Trémouille et des Serrant).

[2]. Pouchet, *Solanées et Botanique générale*. — Nysten, *Dictionnaire de médecine* (édition Littré et Robin), article *Datura*. Les voleurs n'emploient que trop ces breuvages. Ils en firent prendre un jour au bourreau d'Aix et à sa femme, qu'ils voulaient dépouiller de leur argent; ces deux personnes entrèrent dans un si étrange délire que pendant toute une nuit ils dansèrent tout nus dans un cimetière.

De là d'immenses haines, mais aussi d'extrêmes terreurs. L'auteur du *Marteau des Sorcières*, Sprenger, raconte avec effroi qu'il vit, par un temps de neige, toutes les routes étant défoncées, une misérable population, éperdue de peur, et maléficiée de maux trop réels, qui couvrait tous les abords d'une petite ville d'Allemagne. Jamais, dit-il, vous ne vîtes de si nombreux pèlerinages à Notre-Dame de Grâce ou Notre-Dame des Ermites. Tous ces gens, par les fondrières, clochant, se traînant, tombant, s'en allaient à la sorcière, implorer leur grâce du Diable. Quels devaient être l'orgueil et l'emportement de la vieille de voir tout ce peuple à ses pieds[1] !

1. Cet orgueil la menait parfois à un furieux libertinage. De là ce mot allemand : « La sorcière en son grenier a montré à sa camarade quinze beaux fils en habit vert, et lui a dit : « Choisis; ils sont à toi. » — Son triomphe était de changer les rôles, d'infliger comme épreuves d'amour les plus choquants outrages aux nobles, aux grands, qu'elle abrutissait. On sait que les reines, aussi bien que les rois, les hautes dames (en Italie encore au dernier siècle, *Collection Maurepas*, XXX, 111), recevaient, tenaient cour au moment le plus rebutant, et se faisaient servir aux choses les moins désirables par les personnes favorisées. De la fantasque idole on adorait, on se disputait tout. Pour peu qu'elle fût jeune et jolie, moqueuse, il n'était pas d'épreuve si basse, si choquante que ses animaux domestiques (le sigisbé, l'abbé, un page fou) ne fussent prêts à subir, sur l'idée sotte qu'un philtre répugnant avait plus de vertu. Cela déjà est triste pour la nature humaine. Mais que dire de cette chose prodigieuse que la sorcière, ni grande dame, ni jolie, ni jeune, pauvre, et peut-être une serve, en sales haillons, par sa malice seule, je ne sais quelle furie libertine, une perfide fascination, hébétât, dégradât à ce point les plus graves personnages ? Des moines d'un couvent du Rhin, de ces fiers couvents germaniques où l'on n'entrait qu'avec quatre cents ans de noblesse, firent à Sprenger ce triste aveu : « Nous l'avons vue ensorceler trois de nos abbés tour à tour, tuer le quatrième, disant avec effronterie : « Je l'ai fait et le ferai, et ils ne pourront se tirer de là, parce qu'ils ont mangé, etc. » (*Comederunt meam...*, etc. Sprenger, *Malleus maleficarum, quœstio* VII, p. 84.) Le pis pour Sprenger, et ce qui fait son désespoir, c'est qu'elle est tellement protégée, sans doute par ces fous, qu'il n'a pu la brûler. « Fateor quia nobis non aderat ulciscendi aut inquirendi super eam facultas; *ideo adhuc superest.* »

II

LE MARTEAU DES SORCIÈRES

Les sorcières prenaient peu de peine pour cacher leur jeu. Elles s'en vantaient plutôt, et c'est de leur bouche même que Sprenger a recueilli une grande partie des histoires qui ornent son manuel. C'est un livre pédantesque, calqué ridiculement sur les divisions et subdivisions usitées par les Thomistes, mais naïf, très convaincu, d'un homme vraiment effrayé, qui, dans ce duel terrible entre Dieu et le Diable où *Dieu permet* généralement que le Diable ait l'avantage, ne voit de remède qu'à poursuivre celui-ci la flamme en mains, brûlant au plus vite les corps où il élit domicile.

Sprenger n'a eu que le mérite de faire un livre plus complet, qui couronne un vaste système, toute une littérature. Aux anciens *Pénitentiaires*, aux manuels des confesseurs pour l'inquisition des péchés, succédèrent les *Directoria* pour l'inquisition de l'hérésie, qui est le plus grand péché. Mais pour la grande hérésie, qui est la sorcellerie, on fit des *directoria* ou manuels spéciaux, des Marteaux pour les sorcières. Ces manuels, constamment enrichis par le zèle des dominicains, ont atteint leur perfection dans le *Malleus* de Sprenger, livre qui le guida lui-même dans sa grande mission d'Allemagne et resta pour un siècle le guide et la lumière des tribunaux d'inquisition.

Comment Sprenger fut-il conduit à étudier ces matières? Il raconte qu'étant à Rome, au réfectoire où les moines hébergeaient des pèlerins, il en vit deux de Bohême : l'un jeune prêtre, l'autre son père. Le père soupirait et priait pour le succès de son voyage. Sprenger, ému de charité, lui demande d'où vient son chagrin. C'est que son fils est possédé; avec grande peine et dépense, il l'amène à Rome, au tombeau des saints. « Ce fils, où est-il? dit le moine. — A côté de vous. A cette réponse, j'eus peur, et me reculai. J'envisageai le jeune prêtre et fus étonné de le voir manger d'un air très modeste et répondre avec douceur. Il m'apprit qu'ayant parlé un peu durement à une vieille, elle lui avait jeté un sort; ce sort était sous un arbre. Sous lequel? la sorcière s'obstinait à ne pas le dire. » Sprenger, toujours par charité, se mit à mener le possédé d'église en église et de relique en relique. A chaque station, exorcisme, fureur, cris, contorsions, baragouinage en toute langue et force gambades. Tout cela devant le peuple, qui les suivait, admirait, frissonnait. Les diables, si communs en Allemagne, étaient plus rares en Italie. En quelques jours, Rome ne parlait d'autre chose. Cette affaire, qui fit grand bruit, recommanda sans nul doute le dominicain à l'attention. Il étudia, compila tous les *Mallei* et autres manuels manuscrits, et devint de première force en procédure démoniaque. Son *Malleus* dut être fait dans les vingt ans qui séparent cette aventure de la grande mission donnée à Sprenger par le pape Innocent VIII, en 1484.

Il était bien nécessaire de choisir un homme adroit pour cette mission d'Allemagne, un homme d'esprit, d'habileté, qui vainquit la répugnance des loyautés germaniques au ténébreux système qu'il s'agissait d'introduire. Rome avait eu aux Pays-Bas un rude échec qui y mit l'Inquisition en honneur et, par suite, lui ferma la France (Toulouse seule, comme ancien pays albigeois, y subit l'Inquisition). Vers l'année 1460, un pénitencier de Rome, devenu doyen d'Arras, imagina de frapper un coup de terreur sur les *chambres de rhétorique* (ou réunions littéraires), qui commençaient à discuter des matières religieuses. Il brûla comme sorcier un de ces *rhétoriciens* et, avec lui, des bourgeois riches, des chevaliers même. La noblesse, ainsi touchée, s'irrita ; la voix publique s'éleva avec violence. L'Inquisition fut conspuée, maudite, surtout en France. Le Parlement de Paris lui ferma rudement la porte, et Rome, par sa maladresse, perdit cette occasion d'introduire dans tout le Nord cette domination de terreur.

Le moment semblait mieux choisi vers 1484. L'Inquisition, qui avait pris en Espagne des proportions si terribles et dominait la royauté, semblait alors devenue une institution conquérante, qui dût marcher d'elle-même, pénétrer partout et envahir tout. Elle trouvait, il est vrai, un obstacle en Allemagne, la jalouse opposition des princes ecclésiastiques, qui, ayant leurs tribunaux, leur inquisition personnelle, ne s'étaient jamais prêtés à recevoir celle de Rome. Mais la situation de ces princes, les très grandes inquiétudes que leur donnaient les mouvements populaires, les rendaient plus maniables. Tout le Rhin et la Souabe, l'Orient même vers Salzbourg, semblaient minés en dessous. De moment en moment éclataient des révoltes de paysans. On aurait dit un immense volcan souterrain, un invisible lac de feu, qui, de place en place, se fût révélé par des jets de flamme. L'Inquisition étrangère, plus redoutée que l'allemande, arrivait ici à merveille pour terroriser le pays, briser les esprits rebelles, brûlant comme sorciers aujourd'hui ceux qui, peut-être demain, auraient été insurgés. Excellente arme populaire pour dompter le peuple, admirable dérivatif. On allait détourner l'orage cette fois sur les sorciers, comme en 1349 et dans tant d'autres occasions, on l'avait lancé sur les juifs.

Seulement il fallait un homme. L'Inquisiteur qui, le premier, devant les cours jalouses de Mayence et de Cologne, devant le peuple moqueur de Francfort ou de Strasbourg, allait dresser son tribunal, devait être un homme d'esprit. Il fallait que sa dextérité personnelle balançât, fît quelquefois oublier l'odieux de son ministère. Rome, du reste, s'est piquée toujours de choisir très bien les hommes. Peu soucieuse des questions, beaucoup des personnes, elle a cru, non sans raison, que le succès des affaires dépendait du caractère tout spécial des hommes envoyés dans chaque pays. Sprenger était-il bien l'homme? D'abord, il était Allemand, dominicain, soutenu d'avance par cet ordre redouté, par tous ses couvents, ses écoles. Un digne fils des écoles était nécessaire, un bon scolastique, un homme ferré sur la Somme, ferme sur son saint Thomas, pouvant toujours donner des textes. Sprenger était tout cela. Mais, de plus, c'était un sot.

« On dit, on écrit souvent que *dia-bolus* vient de *dia*, deux, et *bolus*, bol ou pilule, parce qu'avalant à la fois et l'âme et le corps, des deux choses il ne fait qu'une pilule, un même morceau. Mais (dit-il, continuant avec la gravité de Sganarelle), selon l'étymologie grecque, *diabolus*, signifie *clausus ergastulo;* ou bien, *defluens* (Teufel?), c'est-à-dire tombant, parce qu'il est tombé du ciel. »

D'où vient maléfice? « De *maleficiendo*, qui signifie *male de fide sentiendo*. » Étrange étymologie, mais d'une portée très grande. Si le *maléfice* est assimilé aux *mauvaises opinions*, tout sorcier est un hérétique, et tout douteur un sorcier. On peut brûler comme sorciers tous ceux qui penseraient mal. C'est ce qu'on avait fait à Arras, et ce qu'on voulait peu à peu établir partout.

Voilà l'incontestable et solide mérite de Sprenger.

Il est sot, mais intrépide; il pose hardiment les thèses les moins acceptables. Un autre essayerait d'éluder, d'atténuer, d'amoindrir les objections. Lui, non. Dès la première page, il montre de face, expose une à une les raisons naturelles, évidentes, qu'on a de ne pas croire aux miracles diaboliques. Puis il ajoute froidement: *Autant d'erreurs hérétiques.* Et sans réfuter les raisons, il copie les textes contraires, saint Thomas, Bible, légendes canonistes et glossateurs. Il vous montre d'abord le bon sens, puis le pulvérise par l'autorité.

Satisfait, il se rasseoit, serein, vainqueur; il semble dire : Eh bien! maintenant, qu'en dites-vous? Seriez-vous bien assez osé pour user de votre raison?... Allez donc douter, par exemple, que le Diable ne s'amuse à se mettre entre les époux, lorsque tous les jours l'Église et les canonistes admettent ce motif de séparation!

Cela, certes, est sans réplique. Personne ne soufflera. Sprenger, en tête de ce manuel des juges, déclarant le moindre doute *hérétique*, le juge est lié; il sent qu'il ne doit pas broncher; que, si malheureusement il avait quelque tentation de doute ou d'humanité, il lui faudrait commencer par se condamner et se brûler lui-même.

C'est partout la même méthode.

Le bon sens d'abord; puis de front, de face et sans précaution, la négation du bon sens. Quelqu'un, par exemple, serait tenté de dire que, puisque l'amour est dans l'âme, il n'est pas bien nécessaire de supposer qu'il y faut l'action mystérieuse du Diable. Cela n'est-il pas spécieux? « Non pas, dit Sprenger, *distinguo*. Celui qui fend le bois n'est pas cause de la combustion; il est seulement cause indirecte. Le fendeur de bois, c'est l'amour (voir Denis l'Aréopagite, Origène, Jean Damascène). Donc l'amour n'est que la cause indirecte de l'amour. »

Voilà ce que c'est que d'étudier. Ce n'est pas une faible école qui pouvait produire un tel homme. Cologne seule, Louvain, Paris, avaient les machines propres à mouler le cerveau humain. L'école de Paris était forte; pour le latin de cuisine, qu'opposer au *Janotus* de Gargantua? Mais plus forte était Cologne, glorieuse reine des ténèbres qui a donné à Hutten le type des *Obscuri viri*, des obscurantins et ignorantins, race si prospère et si féconde.

Ce solide scolastique, plein de mots, vide de sens, ennemi juré de la nature, autant que de la raison, siège avec une foi superbe dans ses livres et dans sa robe, dans sa crasse et sa poussière. Sur la table de son tribunal, il a la *Somme* d'un côté, de l'autre le *Directorium*. Il n'en sort pas. A tout le reste il sourit. Ce n'est pas à un homme comme lui qu'on en fait accroire, ce n'est pas lui qui donnera dans l'astrologie ou dans l'alchimie, sottises pas encore assez sottes, qui mèneraient à l'observation. Que dis-je? Sprenger est esprit fort, il doute des vieilles recettes. Quoique Albert-le-Grand assure que la sauge dans une fontaine suffit pour faire un grand orage, il secoue la tête. La sauge? à d'autres! je vous prie. Pour peu qu'on ait d'expérience, on reconnaît ici la ruse de Celui qui voudrait faire perdre sa piste et donner le change, l'astucieux Prince de l'air ; mais il y aura du mal, il a affaire à un docteur plus malin que le Malin.

J'aurais voulu voir en face ce type admirable du juge et les gens qu'on lui amenait. Des créatures que Dieu prendrait dans deux globes différents ne seraient pas plus opposées, plus étrangères l'une à l'autre, plus dépourvues de langue commune. La vieille, squelette déguenillé à l'œil flamboyant de malice, trois fois recuite au feu d'enfer ; le sinistre solitaire, berger de la forêt Noire, ou des hauts déserts des Alpes ; voilà les sauvages qu'on présente à l'œil terne du savantasse, au jugement du scolastique.

Ils ne le feront pas, du reste, suer longtemps en son lit de justice. Sans torture, ils diront tout. La torture viendra, mais après, pour complément et ornement du procès-verbal. Ils expliquent et content par ordre tout ce qu'ils ont fait. Le Diable est l'intime ami du berger, et il couche avec la sorcière. Elle en sourit, elle en triomphe. Elle jouit visiblement de la terreur de l'assemblée.

Voilà une vieille bien folle ; le berger ne l'est pas moins. Sots ? Ni l'un ni l'autre. Loin de là, ils sont affinés, subtils, entendent pousser l'herbe et voient à travers les murs. Ce qu'ils voient le mieux encore, ce sont les monumentales oreilles d'âne qui ombragent le bonnet du docteur. C'est surtout la peur qu'il a d'eux. Car il a beau faire le brave, il tremble. Lui-même avoue que le prêtre, s'il n'y prend garde, en conjurant le démon, le décide parfois à changer de gîte, à passer dans le prêtre même, trouvant plus flatteur de loger dans un corps consacré à Dieu. Qui

sait si ces simples diables de bergers et de sorcières n'auraient pas l'ambition d'habiter un inquisiteur ? Il n'est nullement rassuré, lorsque, de sa plus grosse voix, il dit à la vieille : « S'il est si puissant, ton maître, comment ne sens-je point ses atteintes ? »
— « Et je ne les sentais que trop, dit le pauvre homme dans son livre. Quand j'étais à Ratisbonne, que de fois il venait frapper aux carreaux de ma fenêtre ! Que de fois il enfonçait des épingles à mon bonnet ! Puis c'étaient cent visions, des chiens, des singes, etc. »

La plus grande joie du Diable, ce grand logicien, c'est de pousser au docteur, par la voix de la fausse vieille, des arguments embarrassants, d'insidieuses questions, auxquels il n'échappe guère qu'en faisant comme ce poisson qui s'enfuit en troublant l'eau et la noircissant comme l'encre. Par exemple : « Le Diable n'agit qu'autant que Dieu le permet. Pourquoi punir ses instruments ? » — Ou bien : « Nous ne sommes pas libres. Dieu permet, comme pour Job, que le Diable nous tente et nous pousse, nous violente avec des coups... Doit-on punir qui n'est pas libre ? » — Sprenger s'en tire en disant : « Vous êtes des êtres libres (ici force textes). Vous n'êtes serfs que de votre pacte avec le Malin. » — A quoi la réponse serait trop facile : « Si Dieu permet au Malin de nous tenter de faire un pacte, il rend ce pacte possible, etc. »

« Je suis bien bon, dit-il, d'écouter ces gens-là ! Sot qui dispute avec le Diable. » — Tout le peuple dit comme lui. Tous applaudissent au procès ; tous sont émus, frémissants, impatients de l'exécution. De pendus on en voit assez. Mais le sorcier et la sorcière, ce sera une curieuse fête de voir comment ces deux fagots pétilleront dans la flamme.

Le juge a le peuple pour lui. Il n'est pas embarrassé. Avec le *Directorium*, il suffirait de trois témoins. Comment n'a-t-on pas trois témoins, surtout pour témoigner le faux ? Dans toute ville médisante, dans tout village envieux, plein de haines de voisins, les témoins abondent. Au reste, le *Directorium* est un livre suranné, vieux d'un siècle. Au quinzième, siècle de lumière, tout est perfectionné. Si l'on n'a pas de témoins, il suffit de la *voix publique*, du cri général [1].

Cri sincère, cri de la peur, cri lamentable des victimes, des pauvres ensorcelés. Sprenger en est fort touché. Ne croyez pas que ce soit de ces scolastiques insensibles, hommes de sèche abstraction. Il a un cœur. C'est justement pour cela qu'il tue si facilement. Il est pitoyable, plein de charité. Il a pitié de cette femme éplorée, naguère enceinte, dont la sorcière étouffa l'enfant d'un regard. Il a pitié du pauvre homme dont elle a fait grêler le champ. Il a pitié du mari qui, n'étant nullement sorcier, voit

---

1. Faustin Hélie, dans son savant et lumineux *Traité de l'instruction criminelle* (t. I, 398), a parfaitement expliqué comment Innocent III, vers 1200, supprime les garanties de l'*Accusation*, jusque-là nécessaires (surtout la peine de la calomnie que pouvait encourir l'accusateur). On y substitue les procédures ténébreuses, la *Dénonciation*, l'*Inquisition*. Voir dans Soldan la légèreté terrible des dernières procédures. On versa le sang comme l'eau.

bien que sa femme est sorcière, et la traîne, la corde au cou, à Sprenger, qui la fait brûler.

Avec un homme cruel, on s'en tirerait peut-être ; mais avec ce bon Sprenger il n'y a rien à espérer. Trop forte est son humanité ; on est brûlé sans remède, ou bien il faut bien de l'adresse, une grande présence d'esprit. Un jour, on lui porte plainte de la part de trois bonnes dames de Strasbourg qui, au même jour, à la même heure, ont été frappées de coups invisibles. Comment? Elles ne peuvent accuser qu'un homme de mauvaise mine qui leur a jeté un sort. Mandé devant l'inquisiteur, l'homme proteste, jure par tous les saints qu'il ne connaît point ces dames, qu'il ne les a jamais vues. Le juge ne veut point le croire. Pleurs, serments, rien ne servait. Sa grande pitié pour les dames le rendait inexorable, indigné des dénégations. Et déjà il se levait. L'homme allait être torturé, et là il eût avoué, comme faisaient les plus innocents. Il obtient de parler et dit : « J'ai mémoire, en effet, qu'hier, à cette heure, j'ai battu... qui? non des créatures baptisées, mais trois chattes qui furieusement sont venues pour me mordre aux jambes... » — Le juge, en homme pénétrant, vit alors toute l'affaire ; le pauvre homme était innocent, les dames étaient certainement à tels jours transformées en chattes, et le Malin s'amusait à les jeter aux jambes des chrétiens pour perdre ceux-ci et les faire passer pour sorciers.

Avec un juge moins habile, on n'eût pas deviné ceci. Mais on ne pouvait toujours avoir un tel homme. Il était bien nécessaire que, toujours sur la table de l'Inquisition, il y eût un bon guide-âne qui révélât au juge, simple et peu expérimenté, les ruses du vieil Ennemi, les moyens de les déjouer, la tactique habile et profonde dont le grand Sprenger avait si heureusement fait usage dans ses campagnes du Rhin. Dans cette vue, le *Malleus*, qu'on devait porter dans la poche, fut imprimé généralement dans un format rare alors, le petit in-dix-huit. Il n'eût pas été séant qu'à l'audience, embarrassé, le juge ouvrît sur la table un in-folio. Il pouvait sans affectation regarder du coin de l'œil, et sous la table fouiller son manuel de sottise.

Le *Malleus*, comme tous les livres de ce genre, contient un singulier aveu, c'est que le Diable gagne du terrain, c'est-à-dire que Dieu en perd; que le genre humain, sauvé par Jésus, devient la conquête du Diable. Celui-ci, trop visiblement, avance de légende en légende. Que de chemin il a fait depuis les temps de l'Évangile, où il était trop heureux de se loger dans des pourceaux, jusqu'à l'époque de Dante, où, théologien et juriste, il argumente avec les saints, plaide, et pour conclusion d'un syllogisme vainqueur, emportant l'âme disputée, dit avec un rire triomphant : « Tu ne savais pas que j'étais logicien ! »

Aux premiers temps du Moyen-âge, il attend encore l'agonie pour prendre l'âme et l'emporter. Sainte Hildegarde (vers 1100) croit *qu'il ne peut pas entrer dans le corps d'un homme vivant*, autrement les membres se disperseraient ; c'est l'ombre et la fumée du Diable qui y entrent seulement. » Cette dernière lueur de bon sens disparaît au douzième siècle. Au treizième, nous voyons un prieur qui craint tellement d'être pris vivant, qu'il se fait garder jour et nuit par deux cents hommes armés.

Là commence une époque de terreurs croissantes, où l'homme se fie de moins en moins à la protection divine. Le Démon n'est plus un esprit furtif, un voleur de nuit qui se glisse dans les ténèbres : c'est l'intrépide adversaire, l'audacieux singe de Dieu, qui, sous son soleil, en plein jour, contrefait sa création. Qui dit cela ? La légende ? Non, mais les plus grands docteurs. Le Diable transforme tous les êtres, dit Albert-le-Grand. Saint Thomas va bien plus loin. « Tous les changements, dit-il, qui peuvent se faire de nature et par les germes, le Diable peut les imiter. » Étonnante concession qui, dans une bouche si grave, ne va pas à moins qu'à constituer un Créateur en face du Créateur ! « Mais pour ce qui peut se faire sans germer, ajoute-t-il, une métamorphose d'homme en bête, la résurrection d'un mort, le Diable ne peut les faire. » Voilà la part de Dieu petite. En propre, il n'a que le miracle, l'action rare et singulière. Mais le miracle quotidien, la vie, elle n'est plus à lui seul : le Démon, son imitateur, partage avec lui la nature.

Pour l'homme, dont les faibles yeux ne font pas différence de la nature créée de Dieu à la nature créée du Diable, voilà le monde partagé. Une terrible incertitude planera sur toute chose. L'innocence de la nature est perdue. La source pure, la blanche fleur, le petit oiseau, sont-ils bien de Dieu, ou de perfides imitations, des pièges tendus à l'homme ?... Arrière ! tout devient suspect. Des deux créations, la bonne, comme l'autre en suspicion, est obscurcie et envahie. L'ombre du Diable voile le jour, elle s'étend sur toute vie. A juger par l'apparence et par les terreurs humaines, il ne partage pas le monde, il l'a usurpé tout entier.

Les choses en sont là au temps de Sprenger. Son livre est plein des aveux les plus tristes sur l'impuissance de Dieu. *Il permet*, dit-il, qu'il en soit ainsi. *Permettre* une illusion si complète, laisser croire que le Diable est tout, Dieu rien, c'est plus que *permettre*, c'est décider la damnation d'un monde d'âmes infortunées que rien ne défend contre cette erreur. Nulle prière, nulle pénitence, nul pèlerinage ne suffit ; non pas même (il en fait l'aveu) le sacrement de l'autel. Étrange mortification ! Des nonnes, bien confessées, *l'hostie dans la bouche*, avouent qu'à ce moment même elles ressentent l'infernal amant, qui, sans vergogne ni peur, les trouble et ne lâche pas prise. Et pressées de questions, elles ajoutent, en pleurant, qu'il a le corps, *parce qu'il a l'âme*.

Les anciens Manichéens, les modernes Albigeois, furent accusés d'avoir cru à la puissance du Mal qui luttait à côté du Bien, et fait le Diable égal de Dieu. Mais ici il est plus qu'égal. Si Dieu, dans l'hostie, ne fait rien, le Diable paraît supérieur.

Je ne m'étonne pas du spectacle étrange qu'offre alors le monde. L'Espagne, avec une sombre fureur, l'Allemagne, avec la colère effrayée et pédantesque dont témoigne le *Malleus*, poursuivent l'insolent vainqueur dans les misérables où il élit domicile; on brûle, on détruit les logis vivants où il s'était établi. Le trouvant trop fort dans l'âme, on veut le chasser des corps. A quoi bon? Brûler cette vieille, il s'établit chez la voisine; que dis-je! il se saisit parfois (si nous en croyons Sprenger) du prêtre qui l'exorcise, triomphant dans son juge même.

Les dominicains, aux expédients, conseillaient pourtant l'intercession de la Vierge, la répétition continuelle de l'*Ave Maria*. Toutefois Sprenger avoue que ce remède est éphémère. On peut être pris entre deux *Ave*. De là l'invention du Rosaire, le chapelet des *Ave* par lequel on peut sans attention marmotter indéfiniment pendant que l'esprit est ailleurs. Des populations entières adoptent ce premier essai de l'art par lequel Loyola essayera de mener le monde, et dont ses *Exercitia* sont l'ingénieux rudiment.

Tout ceci semble contredire ce que nous avons dit au chapitre précédent sur la décadence de la sorcellerie. Le Diable est maintenant populaire et présent partout. Il semble avoir vaincu. Mais profite-t-il de la victoire? Gagne-t-il en substance?

Oui, sous l'aspect nouveau de la Révolte scientifique qui va nous faire la lumineuse Renaissance. Non, sous l'aspect ancien de l'Esprit ténébreux de la sorcellerie. Ses légendes, au seizième siècle, plus nombreuses, plus répandues que jamais, tournent volontiers au grotesque. On tremble, et cependant on rit[1].

1. Voy. mes *Mémoires de Luther*, pour les Kilcrops, etc.

III

CENT ANS DE TOLÉRANCE EN FRANCE. — RÉACTION

L'Église donnait au juge et à l'accusateur la confiscation des sorciers. Partout où le droit canonique reste fort, les procès de sorcellerie se multiplient, enrichissent le clergé. Partout où les tribunaux laïques revendiquent ces affaires, elles deviennent rares et disparaissent, du moins pour cent années chez nous, 1450-1550.

. Un premier coup de lumière se fait déjà au milieu du quinzième siècle, et il part de la France. L'examen du procès de Jeanne d'Arc par le Parlement, sa réhabilitation, font réfléchir sur le commerce des esprits, bons ou mauvais, sur les erreurs des tribunaux ecclésiastiques. Sorcière pour les Anglais, pour les plus grands docteurs du Concile de Bâle, elle est pour les Français une sainte, une sibylle. Sa réhabilitation inaugure chez nous une ère de tolérance. Le Parlement de Paris réhabilite aussi les prétendus Vaudois d'Arras. — En 1498, il renvoie comme fou un sorcier qu'on lui présente. Nulle condamnation sous Charles VIII, Louis XII, François Ier.

Tout au contraire, l'Espagne, sous la pieuse Isabelle (1506), sous le cardinal Ximénès, commence à brûler les sorcières. Genève, alors sous son évêque (1515), en brûla cinq cents en trois mois. L'empereur Charles-Quint, dans ses constitutions allemandes, veut en vain établir que « la sorcellerie, causant dommage aux biens et aux personnes, est une affaire *civile* (non ecclésiastique). » En vain *il supprime la confiscation* (sauf le cas de lèse-majesté). Les petits princes-évêques, dont la sorcellerie fait un des meilleurs revenus, continuent de brûler en furieux. L'imperceptible évêché de Bamberg, en un moment, brûle six cents personnes, et celui de Wurtzbourg neuf cents ! Le procédé est simple. Employer tout d'abord la torture contre les témoins, créer des témoins à charge par la douleur, l'effroi. Tirer de l'accusé, par l'excès des souffrances, un aveu, et croire cet aveu contre l'évidence des faits. Exemple : Une sorcière avoue avoir tiré du cimetière le corps d'un enfant mort récemment, pour user de ce corps dans ses compositions magiques. Son mari dit : « Allez au cimetière. L'enfant y est. » On le déterre, on le retrouve justement dans sa bière. Mais le juge décide, contre le témoignage de ses yeux, que c'est *une apparence*, une illusion du Diable. Il préfère l'aveu de la femme au fait lui-même. Elle est brûlée[1].

---

1. Voy. Soldan pour ce fait et pour tout ce qui regarde l'Allemagne.

Les choses allèrent si loin chez les bons princes-évêques, que plus tard l'empereur le plus bigot qui fut jamais, l'empereur de la Guerre de Trente-Ans, Ferdinand II, est obligé d'intervenir, d'établir à Bamberg un commissaire impérial pour qu'on suive le droit de l'Empire, et pour que le juge épiscopal ne commence pas ses procès par la torture qui les tranchait d'avance, menait droit au bûcher.

On prenait les sorcières fort aisément par leurs aveux, et parfois sans tortures. Beaucoup étaient de demi-folles. Elles avouaient se transformer en bêtes. Souvent les Italiennes se faisaient chattes, et, glissant sous les portes, suçaient, disaient-elles, le sang des enfants. Au pays des grandes forêts, en Lorraine et au Jura, les femmes volontiers devenaient louves, dévoraient les passants, à les en croire (même quand il ne passait personne). On les brûlait. Des filles assuraient s'être livrées au Diable, et on les trouvait vierges encore. On les brûlait. Plusieurs semblaient avoir hâte, besoin d'être brûlées. Parfois folie, fureur. Et parfois désespoir. Une Anglaise, menée au bûcher, dit au peuple : « N'accusez mes juges. J'ai voulu me perdre moi-même. Mes parents s'étaient éloignés avec horreur. Mon mari m'avait reniée. Je ne serais rentrée dans la vie que déshonorée... J'ai voulu mourir... J'ai menti. »

Le premier mot exprès de tolérance, contre le sot

Sprenger, son affreux Manuel et ses dominicains, fut dit par un légiste de Constance, Molitor. Il dit cette chose de bon sens, qu'on ne pouvait prendre au sérieux les aveux des sorcières, puisqu'en elles, celui qui parlait, c'était justement le père du mensonge. Il se moqua des miracles du Diable, soutint qu'ils étaient illusoires. Indirectement les rieurs, Hutten, Érasme, dans les satires qu'ils firent des idiots dominicains, portèrent un coup violent à l'Inquisition. Cardan dit sans détour : « Pour avoir la confiscation, les mêmes accusaient, condamnaient, et à l'appui inventaient mille histoires. »

L'apôtre de la tolérance, Chatillon, qui soutint, contre les catholiques et les protestants à la fois, qu'on ne devait point brûler les hérétiques, sans parler des sorciers, mit les esprits dans une meilleure direction. Agrippa, Lavatier, Wyer surtout, l'illustre médecin de Clèves, dirent justement que, si ces misérables sorcières sont le jouet du Diable, il faut s'en prendre au Diable plus qu'à elles, les guérir et non les brûler. Quelques médecins de Paris poussent bientôt l'incrédulité jusqu'à prétendre que les possédées, les sorcières, ne sont que des fourbes. C'était aller trop loin. La plupart étaient des malades sous l'empire d'une illusion.

. Le sombre règne d'Henri II et de Diane de Poitiers finit les temps de tolérance. On brûle, sous Diane, les hérétiques et les sorciers. Catherine de Médicis, au contraire, entourée d'astrologues et de magiciens, eût voulu protéger ceux-ci. Ils multipliaient fort.

Le sorcier Trois-Échelles, jugé sous Charles IX, les compte par cent mille et dit que la France est sorcière.

Agrippa et d'autres soutiennent que toute science est dans la Magie. Magie blanche, il est vrai. Mais la terreur des sots, la fureur fanatique, en font fort peu de différence. Contre Wyer, contre les vrais savants, la lumière et la tolérance, une violente réaction de ténèbres se fait d'où on l'eût attendue le moins. Nos magistrats, qui, depuis près d'un siècle, s'étaient montrés éclairés, équitables, maintenant lancés en grand nombre dans le Catholicon d'Espagne et la furie ligueuse, se montrent plus prêtres que les prêtres. En repoussant l'inquisition de France, ils l'égalent, voudraient l'effacer. A ce point qu'en une fois le seul Parlement de Toulouse met au bûcher *quatre cents corps humains*. Qu'on juge de l'horreur, de la noire fumée de tant de chair, de graisse, qui, sous les cris perçants, les hurlements, fond horriblement, bouillonne ! Exécrable et nauséabond spectacle qu'on n'avait vu depuis les grillades et les rôtissades albigeoises !

Mais cela, c'est trop peu encore pour Bodin, le légiste d'Angers, l'adversaire violent de Wyer. Il commence par dire que les sorciers sont si nombreux, qu'ils pourraient en Europe refaire une armée de Xerxès, de dix-huit cent mille hommes. Puis il exprime (à la Caligula) le vœu que ces deux millions d'hommes soient réunis pour qu'il puisse, lui Bodin, les juger, les brûler d'un seul coup.

La concurrence s'en mêle. Les gens de loi commencent à dire que le prêtre, souvent trop lié avec la sorcière, n'est plus un juge sûr. Les juristes, en effet, paraissent un moment plus sûrs encore. L'avocat jésuite Del Rio en Espagne, Remy (1596) en Lorraine, Boguet (1602) au Jura, Leloyer (1605) dans l'Anjou, sont gens incomparables, à faire mourir d'envie Torquemada.

En Lorraine, ce fut comme une contagion terrible de sorciers, de visionnaires. La foule, désespérée par le passage continuel des troupes et des bandits, ne priait plus que le Diable. Les sorciers entraînaient le peuple. Maint village, effrayé, entre deux terreurs, celle des sorciers et celle des juges, avaient envie de laisser là leurs terres et de s'enfuir, si l'on en croit Remy, le juge de Nancy. Dans son livre dédié au cardinal de Lorraine (1596), il assure avoir brûlé en seize années huit cents sorcières. « Ma justice est si bonne, dit-il, que, l'an dernier, il y en a eu seize qui se sont tuées pour ne pas passer par mes mains. »

Les prêtres étaient humiliés. Auraient-ils pu faire mieux que ce laïque? Aussi les moines seigneurs de Saint-Claude, contre leurs sujets, adonnés à la sorcellerie, prirent pour juge un laïque, l'honnête Boguet. Dans ce triste Jura, pays pauvre de maigres pâturages et de sapins, le serf sans espoir se donnait au Diable. Tous adoraient le chat noir.

Le livre de Boguet (1602) eut une autorité immense. Messieurs des Parlements étudièrent, comme un manuel, ce livre d'or du petit juge de Saint-Claude.

Boguet, en réalité, est un vrai légiste, scrupuleux même, à sa manière. Il blâme la perfidie dont on usait dans ces procès ; il ne veut pas que l'avocat trahisse son client ni que le juge promette grâce à l'accusé pour le faire mourir. Il blâme les épreuves si peu sûres auxquelles on soumettait encore les sorcières. « La torture, dit-il, est superflue ; elles n'y cèdent jamais. » Enfin il a l'humanité de les faire étrangler avant qu'on les jette au feu, sauf toutefois les loups-garous, « qu'il faut avoir bien soin de brûler vifs ». Il ne croit pas que Satan veuille faire pacte avec les enfants : « Satan est fin ; il sait trop bien qu'au-dessous de quatorze ans ce marché avec un mineur pourrait être cassé pour défaut d'âge et de discrétion. » Voilà donc les enfants sauvés ? Point du tout ; il se contredit ; ailleurs, il croit qu'on ne purgera cette lèpre qu'en brûlant tout, jusqu'aux berceaux. Il en fût venu là s'il eût vécu. Il fit du pays un désert. Il n'y eut jamais un juge plus consciencieusement exterminateur.

Mais c'est au Parlement de Bordeaux qu'est poussé le cri de victoire de la juridiction laïque dans le livre de Lancre : *Inconstance des démons* (1612). L'auteur, homme d'esprit, conseiller de ce Parlement, raconte en triomphateur sa bataille contre le Diable au pays basque, où, en moins de trois mois, il a expédié je ne sais combien de sorcières, et, ce qui est plus fort, trois prêtres. Il regarde en pitié l'Inquisition d'Espagne, qui, près de là, à Logroño (frontière de Navarre et de Castille), a traîné deux ans un procès et fini maigrement par un petit auto-da-fé, en relâchant tout un peuple de femmes.

IV

LES SORCIÈRES BASQUES (1609)

Cette vigoureuse exécution de prêtres indique assez que M. de Lancre est un esprit indépendant. Il l'est en politique. Dans son livre *du Prince* (1617), il déclare sans ambages que « la Loi est au-dessus du Roi ».

Jamais les Basques ne furent mieux caractérisés que dans le livre de l'*Inconstance*. Chez nous, comme en Espagne, leurs privilèges les mettaient quasi en république. Les nôtres ne devaient au roi que de le servir en armes ; au premier coup de tambour, ils devaient armer deux mille hommes, sous leurs capitaines basques. Le clergé ne pesait guère ; il poursuivait peu les sorciers, l'étant lui-même. Le prêtre dansait, portait l'épée, menait sa maîtresse au Sabbat. Cette maîtresse était sa sacristine ou *bénédicte*, qui arrangeait l'église. Le curé ne se brouillait avec personne, disait à Dieu sa messe blanche le jour, la nuit au Diable la Messe noire, et parfois dans la même église. (Lancre.)

Les Basques de Bayonne et de Saint-Jean-de-Luz, têtes hasardeuses et excentriques d'une fabuleuse audace, qui s'en allaient en barque aux mers les plus sauvages harponner la baleine, faisaient nombre de veuves. Ils se jetèrent en masse dans les colonies d'Henri IV, l'empire du Canada, laissant leurs femmes à Dieu ou au Diable. Quant aux enfants, ces marins, fort honnêtes et probes, y auraient songé davantage, s'ils en eussent été sûrs. Mais, au retour de leurs absences, ils calculaient, comptaient les mois, et ne trouvaient jamais leur compte.

Les femmes, très jolies, très hardies, imaginatives, passaient le jour, assises aux cimetières sur les tombes, à jaser du sabbat, en attendant qu'elles y allassent le soir. C'était leur rage et leur furie.

Nature les fait sorcières : ce sont les filles de la mer et de l'illusion. Elles nagent comme des poissons, jouent dans les flots. Leur maître naturel est le Prince de l'air, roi des vents et des rêves, celui qui gonflait la sibylle et lui soufflait l'avenir.

Leur juge qui les brûle est pourtant charmé d'elles : « Quand on les voit, dit-il, passer, les cheveux au vent et sur les épaules, elles vont, dans cette belle chevelure, si parées et si bien armées, que, le soleil y passant comme à travers une nuée, l'éclat en est violent et forme d'ardents éclairs... De là, la fascination de leurs yeux, dangereux en amour autant qu'en sortilège. »

Ce Bordelais, aimable magistrat, le premier type de ces juges mondains qui ont égayé la robe au dix-septième siècle, joue du luth dans les entr'actes, et fait même danser les sorcières avant de les faire brûler. Il écrit bien ; il est beaucoup plus clair que tous les autres. Et cependant on démêle chez lui une cause nouvelle d'obscurité, inhérente à l'époque. C'est que, dans un si grand nombre de sorcières, que le juge ne peut brûler toutes, la plupart sentent finement qu'il sera indulgent pour celles qui entreront le mieux dans sa pensée et dans sa passion. Quelle passion? D'abord, une passion populaire, l'amour du merveilleux horrible, le plaisir d'avoir peur, et aussi, s'il faut le dire, l'amusement des choses indécentes. Ajoutez une affaire de vanité : plus ces femmes habiles montrent le Diable terrible et furieux, plus le juge est flatté de dompter un tel adversaire. Il se drape dans sa victoire, trône dans sa sottise, triomphe de ce fou bavardage.

La plus belle pièce, en ce genre, est le procès-verbal espagnol de l'auto-da-fé de Logroño (9 novembre 1610), qu'on lit dans Llorente. Lancre, qui le cite avec jalousie et voudrait le déprécier, avoue le charme infini de la fête, la splendeur du spectacle, l'effet profond de la musique. Sur un échafaud étaient les brûlées, en petit nombre, et sur un autre, la foule des relâchées. L'héroïne repentante, dont on lut la confession, a tout osé. Rien de plus fou. Au Sabbat, on mange des enfants en hachis, et, pour second plat, des corps de sorciers déterrés. Les crapauds dansent, parlent, se plaignent amoureusement de leurs maîtresses, les font gronder par le Diable. Celui-ci reconduit poliment les sorcières en les éclairant avec le bras d'un enfant mort sans baptême, etc.

La sorcellerie, chez nos Basques, avait l'aspect

moins fantastique. Il semble que le Sabbat n'y fût alors qu'une grande fête où tous, les nobles même, allaient pour l'amusement. Au premier rang y figuraient des personnes voilées, masquées, que quelques-uns croyaient des princes. « On n'y voyait autrefois, dit Lancre, que des idiots des Landes. Aujourd'hui, on y voit des gens de qualité. » Satan, pour fêter ces notabilités locales, créait parfois en ce cas un *évêque du Sabbat*. C'est le titre que reçut de lui le jeune seigneur Lancinena, avec qui le Diable en personne voulut bien ouvrir la danse.

Si bien appuyées, les sorcières régnaient. Elles exerçaient sur le pays une terreur d'imagination incroyable. Nombre de personnes se croyaient leurs victimes, et réellement devenaient gravement malades. Beaucoup étaient frappées d'épilepsie et aboyaient comme des chiens. La seule petite ville d'Acqs comptait jusqu'à quarante de ces malheureux aboyeurs. Une dépendance effrayante les liait à la sorcière, si bien qu'une dame appelée comme témoin, aux approches de la sorcière qu'elle ne voyait même pas, se mit à aboyer furieusement, et sans pouvoir s'arrêter.

Ceux à qui l'on attribuait une si terrible puissance étaient maîtres. Personne n'eût osé leur fermer sa porte. Un magistrat même, l'assesseur criminel de Bayonne, laissa faire le Sabbat chez lui. Le seigneur de Saint-Pé, Urtubi, fut obligé de faire la fête dans son château. Mais sa tête en fut ébranlée au point qu'il s'imagina qu'une sorcière lui suçait le sang. La peur lui donnant du courage, avec un autre seigneur, il se rendit à Bordeaux, s'adressa au Parlement, qui obtint du roi que deux de ses membres, MM. d'Espagnet et de Lancre, seraient commis pour juger les sorciers du pays basque. Commission absolue, sans appel, qui procéda avec une vigueur inouïe, jugea en quatre mois soixante ou quatre-vingts sorcières, et en examina cinq cents, également marquées du signe du Diable, mais qui ne figurèrent au procès que comme témoins (mai-août 1609).

Ce n'était pas une chose sans péril pour deux hommes et quelques soldats d'aller procéder ainsi au milieu d'une population violente, de tête fort exaltée, d'une foule de femmes de marins, hardies et sauvages. L'autre danger, c'étaient les prêtres, dont plusieurs étaient sorciers, et que les commissaires laïques devaient juger, malgré la vive opposition du clergé.

Quand les juges arrivèrent, beaucoup de gens se sauvèrent aux montagnes. D'autres hardiment restèrent, disant que c'étaient les juges qui seraient brûlés. Les sorcières s'effrayaient si peu, qu'à l'audience elles s'endormaient du sommeil sabbatique, et assuraient au réveil avoir joui, au tribunal même, des béatitudes de Satan. Plusieurs dirent : « Nous ne souffrons que de ne pouvoir lui témoigner que nous brûlons de souffrir pour lui. »

Celles que l'on interrogeait disaient ne pouvoir parler. Satan obstruait leur gosier, et leur montait à la gorge.

Le plus jeune des commissaires, Lancre, qui écrit

cette histoire, était un homme du monde. Les sorcières entrevirent qu'avec un pareil homme il y avait des moyens de salut. La ligue fut rompue. Une mendiante de dix-sept ans, la Murgui (Margarita), qui avait trouvé lucratif de se faire sorcière, et qui, presque enfant, menait et offrait des enfants au Diable, se mit avec sa compagne (une Lisalda de même âge) à dénoncer toutes les autres. Elle dit tout, écrivit tout, avec la vivacité, la violence, l'emphase espagnole, avec cent détails impudiques, vrais ou faux. Elle effraya, amusa, empauma les juges, les mena comme des idiots. Ils confièrent à cette fille corrompue, légère, enragée, la charge terrible de chercher sur le corps des filles et garçons l'endroit où Satan aurait mis sa marque. Cet endroit se reconnaissait à ce qu'il était insensible, et qu'on pouvait impunément y enfoncer des aiguilles. Un chirurgien martyrisait les vieilles, elle les jeunes, qu'on appelait comme témoins, mais qui, si elle les disait marquées, pouvaient être accusées. Chose odieuse que cette fille effrontée, devenue maîtresse absolue du sort de ces infortunées, allât leur enfonçant l'aiguille, et pût à volonté désigner ces corps sanglants à la mort!

Elle avait pris un tel empire sur Lancre, qu'elle lui fait croire que, pendant qu'il dort à Saint-Pé, dans son hôtel, entouré de ses serviteurs et de son escorte, le Diable est entré la nuit dans sa chambre, qu'il y a dit la Messe noire, que les sorcières ont été jusque sous ses rideaux pour l'empoisonner, mais qu'elles l'ont trouvé bien gardé de Dieu. La Messe noire a été servie par la dame de Lancinena, à qui Satan a fait l'amour dans la chambre même du juge. On entrevoit le but probable de ce misérable conte : la mendiante en veut à la dame, qui était jolie, et qui eût pu, sans cette calomnie, prendre aussi quelque ascendant sur le galant commissaire.

Lancre et son confrère, effrayés, avancèrent, n'osant reculer. Ils firent planter leurs potences royales sur les places même où Satan avait tenu le Sabbat. Cela effraya, on les sentit forts et armés du bras du roi. Les dénonciations plurent comme grêle. Toutes les femmes, à la queue, vinrent s'accuser l'une l'autre. Puis on fit venir les enfants, pour leur faire dénoncer les mères. Lancre juge, dans sa gravité, qu'un témoin de huit ans est bon, suffisant et respectable.

M. d'Espagnet ne pouvait donner qu'un moment à cette affaire, devant se rendre bientôt aux États de Béarn. Lancre, poussé à son insu par la violence des jeunes révélatrices qui seraient restées en péril si elles n'eussent fait brûler les vieilles, mena le procès au galop, bride abattue. Un nombre suffisant de sorcières furent adjugées au bûcher. Se voyant perdues, elles avaient fini par parler aussi, dénoncer. Quand on amena les premières au feu, il y eut une scène horrible. Le bourreau, l'huissier, les sergents, se crurent à leur dernier jour. La foule s'acharna aux charrettes, pour forcer ces malheureuses de rétracter leurs accusations. Des hommes leur mirent le poignard à la gorge ; elles faillirent périr sous les ongles de leurs compagnes furieuses.

La justice s'en tira pourtant à son honneur. Et alors les commissaires passèrent au plus difficile, au jugement de huit prêtres qu'ils avaient en main. Les révélations des filles avaient mis ceux-ci à jour. Lancre parle de leurs mœurs comme un homme qui sait tout d'original. Il leur reproche non seulement leurs galants exercices aux nuits du Sabbat, mais surtout leurs sacristines, bénédictes ou marguillères. Il répète même des contes : que les prêtres ont envoyé les maris à Terre-Neuve, et rapporté du Japon les diables qui leur livrent les femmes.

Le clergé était fort ému. L'évêque de Bayonne aurait voulu résister. Ne l'osant, il s'absenta, et désigna son vicaire général pour assister au jugement. Heureusement le Diable secourut les accusés mieux que l'évêque. Comme il ouvre toutes les portes, il se trouva, un matin, que cinq des huit échappèrent. Les commissaires, sans perdre de temps, brûlèrent les trois qui restaient.

Cela vers août 1609. Les inquisiteurs espagnols qui faisaient à Logroño leur procès n'arrivèrent à l'auto-da-fé qu'au 8 novembre 1610. Ils avaient eu bien plus d'embarras que les nôtres, vu le nombre immense, épouvantable, des accusés. Comment brûler tout un peuple? Ils consultèrent le pape et les plus grands docteurs d'Espagne. La reculade fut décidée. Il fut entendu qu'on ne brûlerait que les obstinés, ceux qui persisteraient à nier, et que ceux qui avoueraient seraient relâchés. C'est la méthode qui déjà sauvait tous les prêtres dans les procès de libertinage.

On se contentait de leur aveu, et d'une petite pénitence. (Voy. Llorente.)

L'Inquisition, exterminatrice pour les hérétiques, cruelle pour les Maures et les Juifs, l'était bien moins pour les sorciers. Ceux-ci, bergers en grand nombre, n'étaient nullement en lutte avec l'Église. Les jouissances fort basses, parfois bestiales, des gardeurs de chèvres, inquiétaient peu les ennemis de la liberté de penser.

Le livre de Lancre a été écrit surtout en vue de montrer combien la justice de France, laïque et parlementaire, est meilleure que la justice de prêtres. Il est écrit légèrement et au courant de la plume, fort gai. On y sent la joie d'un homme qui s'est tiré à son honneur d'un grand danger. Joie gasconne et vaniteuse. Il raconte orgueilleusement qu'au Sabbat qui suivit la première exécution des sorcières, leurs enfants vinrent en faire des plaintes à Satan. Il répondit que leurs mères n'étaient pas brûlées, mais vivantes, heureuses. Du fond de la nuée, les enfants crurent en effet entendre les voix des mères, qui se disaient en pleine béatitude. Cependant Satan avait eu peur. Il s'absenta quatre Sabbats, se substituant un diablotin de nulle importance. Il ne reparut qu'au 22 juillet. Lorsque les sorciers lui demandèrent la cause de son absence, il dit : « J'ai été plaider votre cause contre Janicot (Petit-Jean, il nomme ainsi Jésus). J'ai gagné l'affaire. Et celles qui sont encore en prison ne seront pas brûlées. »

Le grand menteur fut démenti. Et le magistrat

vainqueur assure qu'à la dernière qu'on brûla on vit une nuée de crapauds sortir de sa tête. Le peuple se rua sur eux à coups de pierres, si bien qu'elle fut plus lapidée que brûlée. Mais, avec tout cet assaut, ils ne vinrent pas à bout d'un crapaud noir, qui échappa aux flammes, aux bâtons, aux pierres, et se sauva, comme un démon qu'il était, en lieu où on ne sut jamais le trouver.

V

SATAN SE FAIT ECCLÉSIASTIQUE (1610)

Quelle que soit l'apparence de fanatisme satanique que gardent encore les sorcières, il ressort du récit de Lancre et autres du dix-septième siècle que le Sabbat alors est surtout une affaire d'argent. Elles lèvent des contributions presque forcées, font payer un droit de présence, tirent une amende des absents. A Bruxelles et en Picardie, elles payent, sur un tarif fixe, celui qui amène un membre nouveau à la confrérie.

Aux pays basques, nul mystère. Il y a des assemblées de douze mille âmes, et des personnes de toutes classes, riches et pauvres, prêtres, gentilshommes. Satan, lui-même gentilhomme, par-dessus ses trois cornes, porte un chapeau, comme un Monsieur. Il a trouvé trop dur son vieux siège, la pierre druidique ; il s'est donné un bon fauteuil doré. Est-ce à dire qu'il vieillit? Plus ingambe que dans sa jeunesse, il fait l'espiègle, cabriole, saute du fond d'une grande cruche ; il officie les pieds en l'air, la tête en bas.

Il veut que tout se passe très honorablement, et fait des frais de mise en scène. Outre les flammes ordinaires, jaunes, rouges, bleues, qui amusent la vue, montrent, cachent de fuyantes ombres, il délecte l'oreille d'une étrange musique, « surtout de certaines clochettes qui chatouillent » les nerfs à la manière des vibrations pénétrantes de l'harmonica. Pour comble de magnificence, Satan fait apporter de la vaisselle d'argent. Il n'est pas jusqu'à ses crapauds qui n'affectent des prétentions ; ils deviennent élégants, et, comme de petits seigneurs, vont habillés de velours vert.

L'aspect, en général, est d'un grand champ de foire, d'un vaste bal masqué, à déguisements fort transparents. Satan, qui sait son monde, ouvre le bal avec l'évêque du Sabbat, ou le roi et la reine. Dignités constituées pour flatter les gros personnages, riches ou nobles, qui honorent l'assemblée de leur présence.

Ce n'est plus là la sombre fête de révolte, sinistre orgie des serfs, des *Jacques*, communiant la nuit dans l'amour, et le jour dans la mort. La violente ronde du sabbat n'est plus l'unique danse. On y joint les danses moresques, vives ou languissantes, amoureuses, obscènes, où des filles, dressées à cela, comme la Murgui, la Lisalda, simulaient, paradaient les choses les plus provocantes. Ces danses étaient, dit-on, l'irrésistible attrait qui, chez les Basques, précipitait au Sabbat tout le monde féminin, femmes, filles, veuves (celles-ci en grand nombre).

Sans ces amusements et le repas, on s'expliquerait

peu cette fureur du sabbat. C'est l'amour sans l'amour. La fête était expressément celle de la stérilité. Boguet l'établit à merveille.

Lancre varie dans un passage pour éloigner les femmes et leur faire craindre d'être enceintes. Mais généralement plus sincère, il est d'accord avec Boguet. Le cruel et sale examen qu'il fait même du corps des sorcières dit très bien qu'il les croit stériles, et que l'amour stérile, passif, est le fond du Sabbat.

Cela eût dû bien assombrir la fête, si les hommes avaient eu du cœur.

Les folles qui y venaient danser, manger, elles étaient victimes au total. Elles se résignaient, ne désirant que de ne pas revenir enceintes. Elles portaient, il est vrai, bien plus que l'homme, le poids de la misère. Sprenger nous dit le triste cri qui déjà, de son temps, échappait dans l'amour : « Le fruit en soit au Diable ! » Or, en ce temps-là (1500), on vivait pour deux sous par jour, et en ce temps-ci (1600), sous Henri IV, on vit à peine avec vingt sous. Dans tout ce siècle, va croissant le désir, le besoin de la stérilité.

Cette triste réserve, cette crainte de l'amour partagé, eût rendu le Sabbat froid, ennuyeux, si les habiles directrices n'en eussent augmenté le burlesque, ne l'eussent égayé d'intermèdes risibles. Ainsi le début du Sabbat, cette scène antique, grossièrement naïve, la fécondation simulée de la sorcière par Satan (jadis par Priape), était suivi d'un autre jeu, un *lavabo*, une froide purification (pour glacer et stériliser), qu'elle recevait non sans grimaces de frisson, d'horripilation. Comédie à la Pourceaugnac[1], où la sorcière se substituait ordinairement une agréable figure, la reine du Sabbat, jeune et jolie mariée.

Une facétie non moins choquante était celle de la noire hostie, la *rave noire*, dont on faisait mille sales plaisanteries dès l'Antiquité, de la Grèce, où on l'infligeait à l'homme-femme, au jeune efféminé qui courait les femmes d'autrui. Satan la découpait en rondelettes qu'il avalait gravement.

La finale était, selon Lancre (sans doute selon les deux effrontées qui lui font croire tout), une chose bien étonnante dans des assemblées si nombreuses. On y eût généralisé publiquement, affiché l'inceste, la vieille condition satanique pour produire la sorcière, à savoir, que la mère conçût de son fils. Chose fort inutile alors où la sorcellerie est héréditaire dans des familles régulières et complètes. Peut-être on en faisait la comédie, celle d'une grotesque Sémiramis, d'un Ninus imbécile.

Ce qui peut-être était plus sérieux, une comédie probablement réelle, et qui indique fortement la présence d'une haute société libertine, c'était une mystification odieuse, barbare.

On tâchait d'attirer quelque imprudent mari que l'on grisait du funeste breuvage (datura, belladone), de sorte qu'*enchanté* il perdît le mouvement, la voix,

---

1. L'instrument décrit autorise ce mot. Dans Boguet, p. 69, il est froid, dur, très mince, long d'un peu plus d'un doigt (visiblement une canule). Dans Lancre, 224, 225, 226, il est mieux entendu, risque moins de blesser; il est long d'une aulne et sinueux, une partie est métallique, une autre souple, etc. C'est déjà le clysoir.

mais non la faculté de voir. Sa femme, autrement *enchantée* de breuvages érotiques, tristement absente d'elle-même, apparaissait dans un déplorable état de nature, se laissant patiemment caresser sous les yeux indignés de celui qui n'en pouvait mais.

Son désespoir visible, ses efforts inutiles pour délier sa langue, dénouer ses membres immobiles, ses muettes fureurs, ses roulements d'yeux, donnaient aux regardants un cruel plaisir, analogue, du reste, à celui de telles comédies de Molière. Celle-ci était poignante de réalité, et elle pouvait être poussée aux dernières hontes. Hontes stériles, il est vrai, comme le Sabbat l'était toujours, et le lendemain bien obscurcies dans le souvenir des deux victimes dégrisées. Mais ceux qui avaient vu, agi, oubliaient-ils?

Ces actes punissables sentent déjà l'aristocratie. Ils ne rappellent en rien l'antique fraternité des serfs, le primitif Sabbat, impie, souillé sans doute, mais libre et sans surprise, où tout était voulu et consenti.

Visiblement Satan, de tout temps corrompu, va se gâtant encore. Il devient un Satan poli, rusé, douceâtre, d'autant plus perfide et immonde. Quelle chose nouvelle, étrange, au Sabbat, que son accord avec les prêtres? Qu'est-ce que ce curé qui amène sa *Bénédicte*, sa sacristine, qui tripote des choses d'église, dit le matin la Messe blanche, la nuit la Messe noire? Satan, dit Lancre, lui recommande de faire l'amour à ses filles spirituelles, de corrompre ses pénitentes. Innocent magistrat! Il a l'air d'ignorer que depuis un siècle déjà Satan a compris, exploité les bénéfices de l'Église. Il s'est fait directeur. Ou, si vous l'aimez mieux, le directeur s'est fait Satan.

Rappelez-vous donc, mon cher Lancre, les procès qui commencent dès 1491, et qui peut-être contribuent à rendre tolérant le Parlement de Paris. Il ne brûle plus guère Satan, n'y voyant plus qu'un masque.

Nombre de nonnes cèdent à sa ruse nouvelle d'emprunter le visage d'un confesseur aimé. Exemple cette Jeanne Pothierre, religieuse du Quesnoy, mûre, de quarante-cinq ans, mais, hélas! trop sensible. Elle déclare ses feux à son *pater*, qui n'a garde de l'écouter, et fuit à Falempin, à quelques lieues de là. Le diable, qui ne dort jamais, comprend son avantage, et la voyant (dit l'annaliste) « piquée d'épines de Vénus, il prit subtilement la forme dudit Père, et, chaque nuit revenu au couvent, il réussit près d'elle, la trompant tellement qu'elle déclare y avoir été prise, de compte fait, quatre cent trente-quatre fois [1]... » On eut grande pitié de son repentir, et elle fut subitement dispensée de rougir, car on bâtit une bonne fosse murée près de là, au château de Selles, où elle mourut en quelques jours, mais d'une très bonne mort catholique... Quoi de plus touchant?... Mais tout ceci n'est rien en présence de la belle affaire de Gauffridi, qui a lieu à Marseille pendant que Lancre instrumente à Bayonne.

Le Parlement de Provence n'eut rien à envier aux

---

[1]. Massée, *Chronique du monde* (1540), et les chroniqueurs du Hainaut, Vinchant, etc.

succès du Parlement de Bordeaux. La juridiction laïque saisit de nouveau l'occasion d'un procès de sorcellerie pour se faire la réformatrice des mœurs ecclésiastiques. Elle jeta un regard sévère dans le monde fermé des couvents. Rare occasion. Il y fallut un concours singulier de circonstances, des jalousies furieuses, des vengeances de prêtre à prêtre. Sans ces passions indiscrètes, que nous verrons plus tard encore éclater de moments en moments, nous n'aurions nulle connaissance de la destinée réelle de ce grand peuple de femmes qui meurt dans ces tristes maisons, pas un mot de ce qui se passe derrière ces grilles et ces grands murs que le confesseur franchit seul.

Le prêtre basque que Lancre montre si léger, si mondain, allant, l'épée au côté, danser la nuit au Sabbat, où il conduit sa sacristine, n'était pas un exemple à craindre. Ce n'était pas celui-là que l'Inquisition d'Espagne prenait tant de peine à couvrir, et pour qui ce corps si sévère se montrait si indulgent. On entrevoit fort bien chez Lancre, au milieu de ses réticences, qu'il y a encore *autre chose*. Et les États-généraux de 1614, quand ils disent qu'il ne faut pas que le prêtre juge le prêtre, pensent aussi à *autre chose*. C'est précisément ce mystère qui se trouve déchiré par le Parlement de Provence. Le directeur de religieuses, maître d'elles, et disposant de leur corps et de leur âme, les ensorcelant : voilà ce qui apparut au procès de Gauffridi, plus tard aux affaires terribles de Loudun et de Louviers, dans celles que Llorente, que Ricci et autres nous ont fait connaître.

La tactique fut la même pour atténuer le scandale, désorienter le public, l'occuper de la forme en cachant le fond. Au procès d'un prêtre sorcier, on mit en saillie le sorcier, et l'on escamota le prêtre, de manière à tout rejeter sur les arts magiques et faire oublier la fascination naturelle d'un homme maître d'un troupeau de femmes qui lui sont abandonnées.

Il n'y avait aucun moyen d'étouffer la première affaire. Elle avait éclaté en pleine Provence, dans ce pays de lumière où le soleil perce tout à jour. Le théâtre principal fut non seulement Aix et Marseille, mais le lieu célèbre de la Sainte-Baume, pèlerinage fréquenté où une foule de curieux vinrent de toute la France assister au duel à mort de deux religieuses possédées et de leurs démons. Les Dominicains, qui entamèrent la chose comme inquisiteurs, s'y compromirent fort par l'éclat qu'ils lui donnèrent, par leur partialité pour telle de ces religieuses. Quelque soin que le Parlement mît ensuite à brusquer la conclusion, ces moines eurent grand besoin de s'expliquer et de l'excuser. De là le livre important du moine Michaëlis, mêlé de vérités, de fables, où il érige Gauffridi, le prêtre qu'il fit brûler, en *Prince des magiciens*, non seulement de France, mais d'Espagne, d'Allemagne, d'Angleterre et de Turquie, de toute la terre habitée.

Gauffridi semble avoir été un homme agréable et de mérite. Né aux montagnes de Provence, il avait beaucoup voyagé dans les Pays-Bas et dans l'Orient. Il avait la meilleure réputation à Marseille, où il était prêtre à l'église des Acoules. Son évêque en faisait cas, et les dames les plus dévotes le préféraient pour confesseur. Il avait, dit-on, un don singulier pour se faire aimer de toutes. Néanmoins il aurait gardé une bonne réputation si une dame noble de Provence, aveugle et passionnée, qu'il avait déjà corrompue, n'eût poussé l'infatuation jusqu'à lui confier (peut-être pour son éducation religieuse) une charmante enfant de douze ans, Madeleine de La Palud, blonde et d'un caractère doux. Gauffridi y perdit l'esprit, et ne respecta pas l'âge ni la sainte ignorance, l'abandon de son élève.

Elle grandit cependant, et la jeune demoiselle noble s'aperçut de son malheur, de cet amour inférieur et sans espoir de mariage. Gauffridi, pour la retenir, dit qu'il pouvait l'épouser devant le Diable, s'il ne le pouvait devant Dieu. Il caressa son orgueil en lui disant qu'il était le *Prince des magiciens*, et qu'elle en deviendrait la reine. Il lui mit au doigt un anneau d'argent, marqué de caractères magiques. La mena-t-il au Sabbat ou lui fit-il croire qu'elle y avait été, en la troublant par des breuvages, des fascinations magnétiques? Ce qui est sûr, c'est que l'enfant, tiraillée entre deux croyances, pleine d'agitation et de peur, fut dès lors par moments folle, et certains accès la jetaient dans l'épilepsie. Sa peur était d'être enlevée vivante par le Diable. Elle n'osa plus rester dans la maison de son père, et se réfugia au couvent des Ursulines de Marseille.

VI

GAUFFRIDI (1610)

L'ordre des Ursulines semblait le plus calme des ordres, le moins déraisonnable. Elles n'étaient pas oisives, s'occupant un peu à élever des petites filles. La réaction catholique, qui avait commencé avec une haute ambition espagnole d'extase, impossible alors, qui avait follement bâti force couvents de Carmélites, Feuillantines et Capucines, s'était vue bientôt au bout de ses forces. Les filles qu'on murait là si durement pour s'en délivrer mouraient tout de suite, et, par ces morts si promptes, accusaient horriblement l'inhumanité des familles. Ce qui les tuait, ce n'étaient pas les mortifications, mais l'ennui et le désespoir. Après le premier moment de ferveur la terrible maladie des cloîtres (décrite dès le cinquième siècle par Cassien), l'ennui pesant, l'ennui mélancolique des *après-midi*, l'ennui tendre qui égare en d'indéfinissables langueurs, les minait rapidement. D'autres étaient comme furieuses ; le sang trop fort les étouffait.

Une religieuse, pour mourir décemment sans laisser trop de remords à ses proches, doit y mettre environ dix ans (c'est la vie moyenne de cloître). Il fallut donc en rabattre, et des hommes de bon sens et d'expérience sentirent que, pour les prolonger, il fallait les occuper quelque peu, ne pas les tenir trop seules. Saint François de Sales fonda les Visitandines, qui devaient, deux à deux, visiter les malades. César de Bus et Romillion, qui avaient créé les Prêtres de la doctrine (en rapport avec l'Oratoire), fondèrent ce qu'on eût pû appeler les filles de la Doctrine, les Ursulines, religieuses enseignantes, que ces prêtres dirigeaient. Le tout sous la haute inspection des évêques, et peu, très peu monastique ; elles n'étaient pas cloîtrées encore. Les Visitandines sortaient ; les Ursulines recevaient (au moins les parents des élèves). Les unes et les autres étaient en rapport avec le monde, sous des directeurs estimés. L'écueil de tout cela, c'était la médiocrité. Quoique les Oratoriens et Doctrinaires aient eu des gens de grand mérite, l'esprit général de l'ordre était systématiquement moyen, modéré, attentif à ne pas prendre un vol trop haut. Le fondateur des Ursulines, Romillion, était un homme d'âge, un protestant converti, qui avait tout traversé, et était revenu de tout. Il croyait ses jeunes Provençales déjà aussi sages, et comptait tenir ses petites ouailles dans les maigres pâturages d'une religion oratorienne, monotone et raisonnable. C'est par là que l'ennui rentrait. Un matin, tout échappa.

Le montagnard provençal, le voyageur, le mystique, l'homme de trouble et de passion, Gauffridi, qui venait là comme directeur de Madeleine, eut une bien autre action. Elles sentirent une puissance, et, sans doute par les échappées de la jeune folle amoureuse, elles surent que ce n'était rien moins qu'une puissance diabolique. Toutes sont saisies de peur, et plus d'une aussi d'amour. Les imaginations s'exaltent; les têtes tournent. En voilà cinq ou six qui pleurent, qui crient et qui hurlent, qui se sentent saisies du démon.

Si les Ursulines eussent été cloîtrées, murées, Gauffridi, leur seul directeur, eût pu les mettre d'accord de manière ou d'autre. Il aurait pu arriver, comme au cloître du Quesnoy en 1491, que le Diable, qui prend volontiers la figure de celui qu'on aime, se fût constitué, sous la figure de Gauffridi, amant commun des religieuses. Ou bien, comme dans ces cloîtres espagnols dont parle Llorente, il leur eût persuadé que le prêtre sacre de prêtrise celles à qui il fait l'amour, et que le péché avec lui est une sanctification. Opinion répandue en France, et à Paris même, où ces maîtresses de prêtres étaient dites « les consacrées ». (L'Estoile, édit. Michaud, p. 561.)

Gauffridi, maître de toutes, s'en tint-il à Madeleine? Ne passa-t-il pas de l'amour au libertinage? On ne sait. L'arrêt indique une religieuse qu'on ne montra pas au procès, mais qui reparaît à la fin, comme s'étant donnée au Diable et à lui.

Les Ursulines étaient une maison toute à jour, où chacun venait, voyait. Elles étaient sous la garde de leurs Doctrinaires, honnêtes, et d'ailleurs jaloux. Le fondateur même était là, indigné et désespéré. Quel malheur pour l'ordre naissant, qui, à ce moment même, prospérait, s'étendait partout en France! Sa prétention était la sagesse, le bon sens, le calme. Et tout à coup, il délire! Romillion eût voulu étouffer la chose. Il fit secrètement exorciser ces filles par un de ses prêtres. Mais les diables ne tenaient compte d'exorcistes doctrinaires. Celui de la petite blonde, diable noble, qui était Belzébuth, démon de l'orgueil, ne daigna desserrer les dents.

Il y avait, parmi ces possédées, une fille, particulièrement adoptée de Romillion, fille de vingt à vingt-cinq ans, fort cultivée et nourrie dans la controverse, née protestante, mais qui, n'ayant ni père ni mère, était tombée aux mains du Père, comme elle, protestant converti. Son nom de Louise Copeau semble roturier. C'était, comme il parut trop, une fille d'un prodigieux esprit, d'une passion enragée. Ajoutez-y une épouvantable force. Elle soutint trois mois, outre son orage infernal, une lutte désespérée qui eût tué l'homme le plus fort en huit jours.

Elle dit qu'elle avait trois diables : Verrine, bon diable catholique, léger, un des démons de l'air ; Léviathan, mauvais diable, raisonneur et protestant ; enfin un autre qu'elle avoue être celui de l'impureté. Mais elle en oublie un, le démon de la jalousie.

Elle haïssait cruellement la petite, la blonde, la préférée, l'orgueilleuse demoiselle noble. Celle-ci, dans ses accès, avait dit qu'elle avait été au Sabbat, et qu'elle y avait été reine, et qu'on l'y avait adorée, et qu'elle s'y était livrée, mais au Prince...
— Quel prince? — Louis Gauffridi, le Prince des magiciens.

Cette Louise, à qui une telle révélation avait

enfoncé un poignard, était trop furieuse pour en douter. Folle, elle crut la folle, afin de la perdre. Son démon fut soutenu de tous les démons des jalouses. Toutes crièrent que Gauffridi était bien le roi des sorciers. Le bruit se répandait partout qu'on avait fait une grande capture, un prêtre, roi des magiciens, le Prince de la magie pour tous les pays. Tel fut l'affreux diadème de fer et de feu que ces démons femelles lui enfoncèrent au front.

Tout le monde perdit la tête, et le vieux Romillion même. Soit haine de Gauffridi, soit peur de l'Inquisition, il sortit l'affaire des mains de l'évêque, et mena ses deux possédées, Louise et Madeleine, au couvent de la Sainte-Baume, dont le prieur dominicain était le Père Michaëlis, inquisiteur du pape en terre papale d'Avignon et qui prétendait l'être pour toute la Provence. Il s'agissait uniquement d'exorcismes. Mais, comme les deux filles devaient accuser Gauffridi, celui-ci allait par là le faire tomber aux mains de l'Inquisition.

Michaëlis devait prêcher l'Avent à Aix, devant le Parlement. Il sentit combien cette affaire dramatique le relèverait. Il la saisit avec l'empressement de nos avocats de Cours d'assises quand il leur vient un meurtre dramatique ou quelque cas curieux de conversation criminelle.

Le beau, dans ce genre d'affaires, c'était de mener le drame pendant l'Avent, Noël et le carême et de ne brûler qu'à la Semaine-Sainte, la veille du grand moment de Pâques. Michaëlis se réserva pour le dernier acte, et confia le gros de la besogne à un Dominicain flamand qu'il avait, le docteur Dompt, qui venait de Louvain, qui avait déjà exorcisé, était ferré en ces sottises.

Ce que le Flamand d'ailleurs avait à faire de mieux, c'était de ne rien faire. On lui donnait en Louise un auxiliaire terrible, trois fois plus zélé que l'Inquisition, d'une inextinguible fureur, d'une brûlante éloquence, bizarre, baroque parfois, mais à faire frémir, une vraie torche infernale.

La chose fut réduite à un duel entre les deux diables, entre Louise et Madeleine, par-devant le peuple.

Des simples qui venaient là au pèlerinage de la Sainte-Baume, un bon orfèvre par exemple et un drapier, gens de Troyes en Champagne, étaient ravis de voir le démon de Louise battre si cruellement les démons et fustiger les magiciens. Ils en pleuraient de joie, et s'en allaient en remerciant Dieu.

Spectacle bien terrible cependant (même dans la lourde réaction des procès-verbaux du Flamand) de voir ce combat inégal; cette fille, plus âgée et si forte, robuste Provençale, vraie race des cailloux de la Crau, chaque jour lapider, assommer, écraser cette victime, jeune et presque enfant, déjà suppliciée par son mal, perdue d'amour et de honte, dans les crises de l'épilepsie...

Le volume du Flamand, avec l'addition de Michaëlis, en tout quatre cents pages, est un court extrait des invectives, injures et menaces que cette fille vomit cinq mois, et de ses sermons aussi, car elle prêchait sur toutes choses, sur les sacrements, sur la vue prochaine de l'Antéchrist, sur la fragilité des femmes, etc., etc. De là, au nom de ses Diables, elle revenait à la fureur, et deux fois par jour reprenait l'exécution de la petite, sans respirer, sans suspendre une minute l'affreux torrent, à moins que l'autre, éperdue, « un pied en enfer », dit-elle elle-même, ne tombât en convulsion, et ne frappât les dalles de ses genoux, de son corps, de sa tête, évanouie.

Louise est bien au quart folle, il faut l'avouer ; nulle fourberie n'eût suffi à tenir cette longue gageure. Mais sa jalousie lui donne, sur chaque endroit où elle peut crever le cœur à la patiente et y faire entrer l'aiguille, une horrible lucidité.

C'est le renversement de toute chose. Cette Louise, possédée du Diable, communie tant qu'elle veut. Elle gourmande les personnes de la plus haute autorité. La vénérable Catherine de France, la première des Ursulines, vient voir cette merveille, l'interroge, et tout d'abord la surprend en flagrant délit d'erreur, de sottise. L'autre, impudente, en est quitte pour dire, au nom de son Diable : « Le Diable est le père du mensonge. »

Un minime, homme de sens, qui est là, relève ce mot, et lui dit : « Alors tu mens. » Et aux exorcistes : « Que ne faites-vous taire cette femme ? » Il leur cite l'histoire d'une Marthe, une fausse possédée de Paris. — Pour réponse, on la fait communier devant lui. Le Diable communiant, le Diable recevant le corps de Dieu !... Le pauvre homme est stupéfait... Il s'humilie devant l'Inquisition. Il a trop forte partie, ne dit plus un mot.

Un des moyens de Louise, c'est de terrifier l'assistance, disant : « Je vois des magiciens... » Chacun tremble pour soi-même.

Victorieuse, de la Sainte-Baume, elle frappe jusqu'à Marseille. Son exorcisme flamand, réduit à l'étrange rôle de secrétaire et confident du Diable, écrit sous sa dictée cinq lettres :

Aux Capucins de Marseille pour qu'ils somment Gauffridi de se convertir ; — aux mêmes Capucins pour qu'ils arrêtent Gauffridi, le garrottent avec une étole et le tiennent prisonnier dans telle maison qu'elle indique ; — plusieurs lettres aux modérés, à Catherine de France, aux Prêtres de la Doctrine, qui eux-mêmes se déclaraient contre elle. — Enfin, cette femme effrénée, débordée, insulte sa propre supérieure : « Vous m'avez dit au départ d'être humble et obéissante... Je vous rends votre conseil. »

Verrine, le diable de Louise, démon de l'air et du vent, lui soufflait des paroles folles, légères et d'orgueil insensé, blessant amis et ennemis, l'Inquisition même. Un jour elle se mit à rire de Michaëlis, qui se morfondait, à Aix à prêcher dans le désert, tandis que tout le monde venait l'écouter à la Sainte-Baume. « Tu prêches, ô Michaëlis, tu dis vrai, mais avances peu... Et Louise, sans étudier, a atteint, compris le sommaire de la perfection. »

Cette joie sauvage lui venait surtout d'avoir brisé Madeleine. Un mot y avait fait plus que cent sermons. Mot barbare : « Tu seras brûlée ! » (17 décembre.) La petite fille, éperdue, dit dès lors tout ce qu'elle voulait et la soutint bassement.

Elle s'humilia devant tous, demanda pardon à sa mère, à son supérieur Romillion, à l'assistance, à Louise. Si nous en croyons celle-ci, la peureuse la prit à part, la pria d'avoir pitié d'elle, de ne pas trop la châtier.

L'autre, tendre comme un roc, clémente comme un écueil, sentit qu'elle était à elle, pour en faire ce qu'elle voudrait. Elle la prit, l'enveloppa, l'étourdit et lui ôta le peu qui lui restait d'âme. Second ensorcellement, mais à l'envers de Gauffridi, une *possession* par la terreur. La créature anéantie marchant sous la verge et le fouet, on la poussa jour par jour dans cette voie d'exquise douleur d'accuser, d'assassiner celui qu'elle aimait encore.

Si Madeleine avait résisté, Gauffridi eût échappé. Tout le monde était contre Louise.

Michaëlis même, à Aix, éclipsé par elle dans ses prédications, traité d'elle si légèrement, eût tout arrêté plutôt que d'en laisser l'honneur à cette fille.

Marseille défendait Gauffridi, étant effrayée de voir l'Inquisition d'Avignon pousser jusqu'à elle, et chez elle prendre un Marseillais.

L'évêque surtout et le chapitre défendaient leur prêtre. Ils soutenaient qu'il n'y avait rien en tout cela qu'une jalousie de confesseurs, la haine ordinaire des moines contre les prêtres séculiers.

Les Doctrinaires auraient voulu tout finir. Ils étaient désolés du bruit. Plusieurs en eurent tant de chagrin qu'ils étaient près de tout laisser et de quitter leur maison.

Les dames étaient indignées, surtout Mme Libertat, la dame du chef des royalistes, qui avait rendu Marseille au roi. Toutes pleuraient pour Gauffridi et disaient que le démon seul pouvait attaquer cet agneau de Dieu.

Les Capucins, à qui Louise si impérieusement ordonnait de le prendre au corps, étaient (comme tous les ordres de Saint-François) ennemis des Dominicains. Ils furent jaloux du relief que ceux-ci tiraient de leur possédée. La vie errante d'ailleurs qui mettait les Capucins en rapports continuels avec les femmes leur faisait souvent des affaires de mœurs. Ils n'aimaient pas qu'on se mît à regarder de si près la vie des ecclésiastiques. Ils prirent parti pour Gauffridi. Les possédés n'étaient pas chose si rare qu'on ne pût s'en procurer ; ils en eurent un à point nommé. Son diable, sous l'influence du cordon de Saint-François, dit tout le contraire du diable de Saint-Dominique, il dit, et ils écrivirent en son nom : « Que Gauffridi n'était nullement magicien, qu'on ne pouvait l'arrêter. »

On ne s'attendait pas à cela, à la Sainte-Baume. Louise parut interdite. Elle trouva à dire seulement qu'apparemment les Capucins n'avaient pas fait jurer à leur diable de dire vrai. Pauvre réponse qui fut pourtant appuyée par la tremblante Madeleine.

Celle-ci comme un chien battu et qui craint de l'être encore, était capable de tout, même de mordre et de déchirer. C'est par elle qu'en cette crise Louise horriblement mordit.

Elle-même dit seulement que l'évêque, sans le savoir, offensait Dieu. Elle cria « contre les sorciers de Marseille », sans nommer personne. Mais le mot cruel et fatal, elle le fit dire par Madeleine. Une femme qui depuis deux ans avait perdu son enfant fut désignée par celle-ci comme l'ayant étranglé. La femme, craignant les tortures, s'enfuit ou se tint cachée. Son mari, son père en larmes, vinrent à la Sainte-Baume, sans doute pour fléchir les inquisiteurs. Mais Madeleine n'eût jamais osé se dédire; elle répéta l'accusation.

Qui était en sûreté? Personne. Du moment que le Diable était pris pour vengeur de Dieu, du moment qu'on écrivait sous sa dictée les noms de ceux qui pouvaient passer par les flammes, chacun eut de nuit et de jour le cauchemar affreux du bûcher.

Marseille, contre une telle audace de l'Inquisition papale, eût dû s'appuyer du Parlement d'Aix. Malheureusement elle savait qu'elle n'était pas aimée à Aix. Celle-ci, la petite ville officielle de magistrature et de noblesse, a toujours été jalouse de l'opulente splendeur de Marseille, cette reine du Midi. Ce fut tout au contraire l'adversaire de Marseille, l'inquisiteur papal, qui, pour prévenir l'appel de Gauffridi au Parlement, y eut recours le premier. C'était un corps très fanatique dont les grosses têtes étaient des nobles enrichis dans l'autre siècle au massacre des Vaudois. Comme juges laïques, d'ailleurs, ils furent ravis de voir un inquisiteur du pape créer un tel précédent, avouer que, dans l'affaire d'un prêtre, dans une affaire de sortilège, l'Inquisition ne pouvait procéder que pour l'instruction préparatoire. C'était comme une démission que donnaient les inquisiteurs de toutes leurs vieilles prétentions. Un côté flatteur aussi où mordirent ceux d'Aix, comme avaient fait ceux de Bordeaux, c'étaient qu'eux laïques, ils fussent érigés par l'Église elle-même en censeurs et réformateurs des mœurs ecclésiastiques.

Dans cette affaire, où tout devait être étrange et

miraculeux, ce ne fut pas la moindre merveille de voir un démon si furieux devenir tout à coup flatteur pour le Parlement, politique et diplomate. Louise charma les gens du roi par un éloge du feu roi. Henri IV (qui l'aurait cru?) fut canonisé par le Diable. un matin, sans à-propos, il éclata en éloges « de ce pieux et saint roi qui venait de monter au ciel ».

Un tel accord des deux anciens ennemis, le Parlement et l'Inquisition, celle-ci désormais sûre du bras séculier, des soldats et du bourreau, une commission parlementaire envoyée à la Sainte-Baume pour examiner les possédées, écouter leurs dépositions, leurs accusations, et dresser des listes, c'était chose vraiment effrayante. Louise, sans ménagement, désigna les Capucins, défenseurs de Gauffridi, et annonça « qu'ils seraient punis *temporellement* » dans leur corps et dans leur chair.

Les pauvres Pères furent brisés. Leur diable ne souffla plus mot. Ils allèrent trouver l'évêque et lui dirent qu'en effet on ne pouvait guère refuser de représenter Gauffridi à la Sainte-Baume, et de faire acte d'obéissance ; mais qu'après cela l'évêque et le chapitre le réclameraient, le replaceraient sous la protection de la justice épiscopale.

On avait calculé aussi sans doute que la vue de cet homme aimé allait fort troubler les deux filles, que la terrible Louise elle-même serait ébranlée des réclamations de son cœur.

Ce cœur, en effet, s'éveilla à l'approche du coupable ; la furieuse semble avoir eu un moment d'attendrissement. Je ne connais rien de plus brûlant que sa prière pour que Dieu sauve celui qu'elle a poussé à la mort : « Grand Dieu, je vous offre tous les sacrifices qui ont été offerts depuis l'origine du monde et le seront jusqu'à la fin... le tout pour Louis ! Je vous offre tous les pleurs des saints, toutes les extases des anges... le tout pour Louis ! Je voudrais qu'il y eût plus d'âmes encore pour que l'oblation fût plus grande... le tout pour Louis ! *Pater de cœlis Deus, misere Ludovici! Fili redemptor mundi Deus, miserere Ludovici!...* » etc.

Vaine pitié! funeste d'ailleurs!... Ce qu'elle eût voulu, c'était que l'accusé *ne s'endurcît pas*, qu'il s'avouât coupable. Auquel cas il était sûr d'être brûlé, dans notre jurisprudence.

Elle-même, du reste, était finie, elle ne pouvait plus rien. L'inquisiteur Michaëlis, humilié de n'avoir vaincu que par elle, irrité contre son exorciste flamand, qui s'était tellement subordonné à elle et avait laissé voir à tous les secrets ressorts de la tragédie, Michaëlis venait justement pour briser Louise, sauver Madeleine et la lui substituer, s'il se pouvait, dans ce drame populaire. Ceci n'était pas maladroit et témoigne d'une certaine entente de la scène. L'hiver et l'Avent avaient été remplis par la terrible sibylle, la bacchante furieuse. Dans une saison plus douce, dans un printemps de Provence, au Carême, aurait figuré un personnage plus touchant, un démon tout féminin dans une enfant malade et dans une blonde timide. La petite demoiselle appartenant à une famille distinguée, la noblesse s'y intéressait, et le Parlement de Provence.

Michaëlis, loin d'écouter son Flamand, l'homme de Louise, lorsqu'il voulut entrer au petit conseil des parlementaires, lui ferma la porte. Un Capucin, venu aussi, au premier mot de Louise, cria : « Silence, diable maudit! »

Gauffridi cependant était arrivé à la Sainte-Baume, où il faisait triste figure. Homme d'esprit, mais faible et coupable, il ne pressentait que trop la fin d'une pareille tragédie populaire, et, dans sa cruelle catastrophe, il se voyait abandonné, trahi de l'enfant qu'il aimait. Il s'abandonna lui-même, et, quand on le mit en face de Louise, elle apparut comme un juge, un de ces vieux juges d'Église, cruels et subtils scolastiques. Elle lui posa les questions de doctrine, et à tout il répondait *oui*, lui accordant même les choses les plus contestables, par exemple, « que le Diable peut être cru en justice sur sa parole et son serment ».

Cela ne dura que huit jours (du 1er au 8 janvier). Le clergé de Marseille le réclama. Ses amis les Capucins dirent avoir visité sa chambre et n'avoir rien trouvé de magique. Quatre chanoines de Marseille vinrent d'autorité le prendre et le ramenèrent chez lui.

Gauffridi était bien bas. Mais ses adversaires n'étaient pas bien haut. Même les deux inquisiteurs, Michaëlis et le Flamand, étaient honteusement en discorde. La partialité du second pour Louise, du premier pour Madeleine, dépassa les paroles même, et l'on en vint aux voies de fait. Ce chaos d'accusations, de sermons, de révélations, que le Diable avait dictées par la bouche de Louise, le Flamand, qui l'avait écrit, soutenait que tout cela était parole de Dieu, et craignait qu'on n'y touchât. Il avouait une grande défiance de son chef

Michaëlis, craignant que, dans l'intérêt de Madeleine, il n'altérât ces papiers de manière à perdre Louise. Il les défendit tant qu'il put, s'enferma dans sa chambre, et soutint un siège. Michaëlis, qui avait les parlementaires pour lui, ne put prendre le manuscrit qu'au nom du roi et en enfonçant la porte.

Louise, qui n'avait peur de rien, voulait au roi opposer le pape. Le Flamand porta appel contre son chef Michaëlis à Avignon, au légat. Mais la prudente cour papale fut effrayée du scandale de voir un inquisiteur accuser un inquisiteur. Elle n'appuya pas le Flamand, qui n'eut plus qu'à se soumettre. Michaëlis, pour le faire taire, lui restitua les papiers.

Ceux de Michaëlis, qui forment un second procès-verbal assez plat et nullement comparable à l'autre, ne sont remplis que de Madeleine. On lui fait de la musique pour essayer de la calmer. On note très soigneusement si elle mange ou ne mange pas. On s'occupe trop d'elle en vérité, et souvent de façon peu édifiante. On lui adresse des questions étranges sur le magicien, sur les places de son corps qui pouvaient avoir la marque du Diable. Elle-même fut examinée. Quoiqu'elle dût l'être à Aix par les médecins et chirurgiens du Parlement (p. 70), Michaëlis, par excès de zèle, la visita à la Sainte-Baume, et il spécifie ses observations (p. 69). Point de matrone appelée. Les juges, laïques et moines, ici réconciliés et n'ayant pas à craindre leur surveillance mutuelle, se passèrent apparemment ce mépris des formalités.

Ils avaient un juge en Louise. Cette fille hardie stigmatisa ces indécences au fer chaud : « Ceux qu'engloutit le Déluge n'avaient pas tant fait que ceux-ci!... Sodome, rien de pareil n'a jamais été dit de toi!... »

Elle dit aussi : « Madeleine est livrée à l'impureté ! » C'était, en effet, le plus triste. La pauvre folle, par une joie aveugle de vivre, de n'être pas brûlée, ou par un sentiment confus que c'était elle maintenant qui avait action sur les juges, chanta, dansa par moments avec une liberté honteuse, impudique et provocante. Le prêtre de la Doctrine, le vieux Romillion, en rougit pour son Ursuline. Choqué de voir ces hommes admirer ses longs cheveux, il dit qu'il fallait les couper, lui ôter cette vanité.

Elle était obéissante et douce dans ses bons moments, et on aurait bien voulu en faire une Louise. Mais ses diables étaient vaniteux, amoureux, non éloquents et furieux, comme ceux de l'autre. Quand on voulut les faire prêcher, ils ne dirent que des pauvretés. Michaëlis fut obligé de jouer la pièce tout seul. Comme inquisiteur en chef, tenant à dépasser de loin son subordonné Flamand, il assura avoir déjà tiré de ce petit corps une armée de six mille six cent soixante diables ; il n'en restait qu'une centaine. Pour mieux convaincre le public, il lui fit rejeter le charme ou sortilège qu'elle avait avalé, disait-il, et le lui tira de la bouche dans une matière gluante. Qui eût refusé de se rendre à cela? L'assistance demeura stupéfaite et convaincue.

Madeleine était en bonne voie de salut. L'obstacle était elle-même. Elle disait à chaque instant des choses imprudentes qui pouvaient irriter la jalousie de ses juges et leur faire perdre patience. Elle avouait que tout objet lui représentait Gauffridi, qu'elle le voyait toujours. Elle ne cachait pas ses songes érotiques. « Cette nuit, disait-elle, j'étais au Sabbat. Les magiciens adoraient ma statue toute dorée. Chacun d'eux, pour l'honorer, lui offrait du sang, qu'ils tiraient de leurs mains avec des lancettes. *Lui*, il était là, à genoux, la corde au cou, me priant de revenir à lui et de ne pas le trahir... Je résistais... Alors il dit : « Y a-t-il quelqu'un ici « qui veuille mourir pour elle ? — Moi, dit un jeune « homme », et le magicien l'immola. »

Dans un autre moment, elle le voyait qui lui demandait seulement un seul de ses beaux cheveux blonds. « Et, comme je refusais, il dit : La moitié « au moins d'un cheveu ».

Elle assurait cependant qu'elle résistait toujours. Mais un jour, la porte se trouvant ouverte, voilà notre convertie qui courait à toutes jambes pour rejoindre Gauffridi.

On la reprit, au moins le corps. Mais l'âme ? Michaëlis ne savait comment la reprendre. Il avisa heureusement son anneau magique. Il le tira, le coupa, le détruisit, le brûla. Supposant aussi que l'obstination de cette personne si douce venait des sorciers invisibles qui s'introduisaient dans la chambre, il y mit un homme d'armes, bien solide, avec une épée, qui frappait de tous les côtés, et taillait les invisibles en pièces.

Mais la meileure médecine pour convertir Madeleine, ce fut la mort de Gauffridi. Le 5 février, l'inquisiteur alla prêcher le Carême à Aix, vit les juges et les anima. Le Parlement, docile à son impulsion, envoya prendre à Marseille l'imprudent, qui, se voyant si bien appuyé de l'évêque, du chapitre, des Capucins, de tout le monde, avait cru qu'on n'oserait.

Madeleine d'un côté, Gauffridi de l'autre, arrivèrent à Aix. Elle était si agitée, qu'on fut contraint de la lier. Son trouble était épouvantable, et l'on n'était plus sûr de rien. On avisa un moyen bien hardi avec cette enfant si malade, une de ces peurs qui jettent une femme dans les convulsions et parfois donnent la mort. Un vicaire général de l'archevêché dit qu'il y avait en ce palais un noir et étroit charnier, ce qu'on appelle en Espagne un *pourrissoir* (comme on en voit à l'Escurial). Anciennement on y avait mis se consommer d'anciens ossements de morts inconnus. Dans cet antre sépulcral, on introduisit la fille tremblante. On l'exorcisa en lui appliquant au visage ces froids ossements. Elle ne mourut pas d'horreur, mais elle fut dès lors à discrétion, et l'on eut ce qu'on voulait, la mort de la conscience, l'extermination de ce qui restait de sens moral et de volonté.

Elle devint un instrument souple, à faire tout ce qu'on voulait, flatteuse, cherchant à deviner ce qui plairait à ses maîtres. Un lui montra des huguenots, et elle les injuria. On la mit devant Gauffridi, et elle lui dit par cœur les griefs d'accusation, mieux que n'eussent fait les gens du roi. Cela ne l'empêchait pas de japper en furieuse quand on la menait à l'église, d'ameuter le peuple contre Gauffridi en faisant blasphémer son diable au nom du magicien. Belzébuth disait par sa bouche : « Je renonce à Dieu, au nom de Gauffridi, je renonce à Dieu », etc. Et au moment de l'élévation : « Retombe sur moi le sang du Juste, de la part de Gauffridi ! »

Horrible communauté. Ce diable à deux damnait l'un par les paroles de l'autre ; tout ce qu'il disait par Madeleine, on l'imputait à Gauffridi. Et la foule épouvantée avait hâte de voir brûler le blasphémateur muet dont l'impiété rugissait par la voix de cette fille.

Les exorcistes lui firent cette cruelle question, à laquelle ils eussent eux-mêmes pu répondre bien mieux qu'elle : « Pourquoi, Belzébuth, parles-tu si mal de ton grand ami ? » — Elle répondit ces mots affreux : « S'il y a des traîtres entre les hommes, pourquoi pas entre les démons ? Quand je me sens avec Gauffridi, je suis à lui pour faire tout ce qu'il voudra. Et quand vous me contraignez, je le trahis et m'en moque. »

Elle ne soutint pas pourtant cette exécrable risée. Quoique le démon de la peur et de la servilité semblât l'avoir toute envahie, il y eut place encore pour le désespoir. Elle ne pouvait plus prendre le moindre aliment. Et ces gens qui depuis cinq mois l'exterminaient d'exorcismes et prétendaient l'avoir allégée de six mille ou sept mille diables, sont obligés de convenir qu'elle ne voulait plus que mourir et cherchait avidement tous les moyens de suicide. Le courage seul lui manquait. Une fois, elle se piqua avec une lancette, mais n'eut pas la force d'appuyer. Une fois, elle saisit un couteau, et, quand on le lui ôta, elle tâcha de s'étrangler. Elle s'enfonçait des aiguilles, enfin essaya follement de se faire entrer dans la tête une longue épingle par l'oreille.

Que devenait Gauffridi ? L'inquisiteur, si long sur les deux filles, n'en dit presque rien. Il passe comme sur le feu. Le peu qu'il dit est bien étrange. Il conte qu'on lui banda les yeux, pendant qu'avec des aiguilles on cherchait sur tout son corps la place insensible qui devait être la marque du Diable. Quand on lui ôta le bandeau, il apprit avec étonnement et horreur que, par trois fois, on avait enfoncé l'aiguille sans qu'il la sentît ; donc il était trois fois marqué du signe d'Enfer.. Et l'inquisiteur ajouta : « Si nous étions en Avignon, cet homme serait brûlé demain. »

Il se sentit perdu, et ne se défendit plus. Il regarda seulement si quelques ennemis des Dominicains ne pourraient lui sauver la vie. Il dit vouloir se confesser aux Oratoriens. Mais ce nouvel ordre, qu'on aurait pu appeler le juste milieu du catholicisme, était trop froid et trop sage pour prendre en main une telle affaire, si avancée d'ailleurs et désespérée.

Alors il se retourna vers les moines Mendiants, se confessa aux Capucins, avoua tout et plus que la vérité, pour acheter la vie par la honte. En Espagne, il aurait été *relaxé* certainement, sauf une pénitence dans quelque couvent. Mais nos parlements étaient plus sévères ; ils tenaient à constater la pureté supérieure de la juridiction laïque. Les

Capucins, eux-mêmes peu rassurés sur l'article des mœurs, n'étaient pas gens à attirer la foudre sur eux. Ils enveloppaient Gauffridi, le gardaient, le consolaient jour et nuit, mais seulement pour qu'il s'avouât magicien, et que, la magie restant le grand chef d'accusation, on pût laisser au second plan la séduction d'un directeur, qui compromettait le clergé.

Donc ses amis, les Capucins, par obsession, caresses et tendresses, tirent de lui l'aveu mortel, qui, disaient-ils, sauvait son âme, mais qui bien certainement livrait son corps au bûcher.

L'homme étant perdu, fini, on en finit avec les filles, qu'on ne devait pas brûler. Ce fut une facétie. Dans une grande assemblée du clergé et du Parlement, on fit venir Madeleine, et, parlant à elle, on somma son diable, Belzébuth, de vider les lieux, sinon de donner ses oppositions. Il n'eut garde de le faire, et partit honteusement.

Puis on fit venir Louise, avec son diable Verrine. Mais avant de chasser un esprit si ami de l'Église, les moines régalèrent les parlementaires, novices en ces choses, du savoir-faire de ce diable, en lui faisant exécuter une curieuse pantomime. « Comment font les Séraphins, les Chérubins, les Trônes, devant Dieu ? — Chose difficile, dit Louise, ils n'ont pas de corps. » Mais, comme on répéta l'ordre, elle fit effort pour obéir, imitant le vol des uns, le brûlant désir des autres, et enfin l'adoration, en se courbant devant les juges, prosternée et la tête en bas. On vit cette fameuse Louise, si fière et si indomptée, s'humilier, baiser le pavé, et, les bras étendus, s'y appliquer de tout son long.

Singulière exhibition, frivole, indécente, par laquelle on lui fit expier son terrible succès populaire. Elle gagna encore l'assemblée par un cruel coup de poignard qu'elle frappa sur Gauffridi, qui était là garrotté : « Maintenant, lui dit-on, où est Belzébuth, le diable sorti de Madeleine ? — Je le vois distinctement à l'oreille de Gauffridi. »

Est-ce assez de honte et d'horreurs? Resterait à savoir ce que cet infortuné dit à la question. On lui donna l'ordinaire et l'extraordinaire. Tout ce qu'il y dut révéler éclairerait sans nul doute la curieuse histoire des couvents de femmes. Les parlementaires recueillaient avidement ces choses-là, comme armés qui pouvaient servir, mais ils les tenaient « sous le secret de la cour ».

L'inquisiteur Michaëlis, fort attaqué dans le public pour tant d'animosité qui ressemblait fort à la jalousie, fut appelé par son ordre, qui s'assemblait à Paris, et ne vit pas le supplice de Gauffridi, brûlé vif à Aix quatre jours après (30 avril 1611).

La réputation des Dominicains, entamée par ce procès, ne fut pas fort relevée par une autre affaire de *possession* qu'ils arrangèrent à Beauvais (novembre) de manière à se donner tous les honneurs de la guerre, et qu'ils imprimèrent à Paris. Comme on avait reproché surtout au diable de Louise de ne pas parler latin, la nouvelle possédée, Denise Lacaille, en jargonnait quelques mots. Ils en firent grand bruit, la montrèrent souvent en procession, la promenèrent même de Beauvais à Notre-Dame de Liesse. Mais l'affaire resta assez froide. Ce pèlerinage picard n'eut pas l'effet dramatique, les terreurs de la Sainte-Baume. Cette Lacaille, avec son latin, n'eut pas la brûlante éloquence de la Provençale, ni sa fougue, ni sa fureur. Le tout n'aboutit à rien qu'à amuser les huguenots.

Qu'advint-il des deux rivales, de Madeleine et de Louise ? La première, du moins son ombre, fut tenue en terre papale, de peur qu'on ne la fît parler sur cette funèbre affaire. On ne la montrait en public que comme exemple de pénitence. On la menait couper avec de pauvres femmes du bois qu'on vendait pour aumônes. Ses parents, humiliés d'elle, l'avaient répudiée et abandonnée.

Pour Louise, elle avait dit pendant le procès : « Je ne m'en glorifierai pas... Le procès fini, j'en mourrai ! » Mais cela n'arriva point. Elle ne mourut pas ; elle tua encore. Le diable meurtrier qui était en elle était plus furieux que jamais. Elle se mit à déclarer aux inquisiteurs par noms, prénoms et surnoms, tous ceux qu'elle imaginait affiliés à la magie, entre autres une pauvre fille, nommée Honorée, « aveugle des deux yeux », qui fut brûlée vive.

« Prions Dieu, dit en finissant le Père Michaëlis, que le tout soit à sa gloire et à celle de son Église. »

VII

LES POSSÉDÉES DE LOUDUN. — URBAIN GRANDIER (1632-1634)

Dans les *Mémoires d'État* qu'avait écrits le fameux Père Joseph, qu'on ne connaît que par extraits, et que l'on a sans doute prudemment supprimés comme trop instructifs, ce bon Père expliquait qu'en 1633 il avait eu le bonheur de découvrir une hérésie, une hérésie immense, où trempaient un nombre infini de confesseurs et de directeurs.

Les capucins, légion admirable des gardiens de l'Église, bons chiens du saint troupeau, avaient flairé, surpris non pas dans les déserts, mais en pleine France, au centre, à Chartres, en Picardie, partout, un terrible gibier, les *alumbrados* de l'Espagne (illuminés ou quiétistes), qui, trop persécutés là-bas, s'étaient réfugiés chez nous, et qui, dans le monde des femmes, surtout dans les couvents, glissaient le doux poison qu'on appela plus tard du nom de Molinos.

La merveille, c'était qu'on n'eût pas su plus tôt

la chose. Elle ne pouvait guère être cachée, étant si étendue. Les capucins juraient qu'en la Picardie seule (pays où les filles sont faibles et le sang plus chaud qu'au Midi) cette folie de l'amour mystique avait soixante mille professeurs. Tout le clergé en était-il? tous les confesseurs, directeurs? Il faut sans doute entendre qu'aux directeurs officiels nombre de laïques s'adjoignirent, brûlant du même zèle pour le salut des âmes féminines. Un de ceux-ci qui éclata plus tard avec talent, audace, est l'auteur des *Délices spirituelles*, Desmarets de Saint-Sorlin.

On ne peut comprendre la toute-puissance du directeur sur les religieuses, cent fois plus maître alors qu'il ne le fut dans les temps antérieurs, si l'on ne se rappelle les circonstances nouvelles.

La réforme du Concile de Trente, pour la clôture des monastères, fort peu suivie sous Henri IV, où les religieuses recevaient le beau monde, donnaient des bals, dansaient, etc., cette réforme commença sérieusement sous Louis XIII. Le cardinal de La Rochefoucauld, ou plutôt les Jésuites qui le menaient, exigèrent une grande décence extérieure. Est-ce à dire que l'on n'entrât plus aux couvents? Un seul homme y entrait chaque jour, et non seulement dans la maison, mais à volonté dans chaque cellule (on le voit dans plusieurs affaires, surtout par David, à Louviers). Cette réforme, cette clôture, ferma la porte au monde, aux rivaux incommodes, donna le tête-à-tête au directeur, et l'influence unique.

Qu'en résulterait-il? Les spéculatifs en feront un problème, non les hommes pratiques, non les médecins. Dès le seizième siècle, le médecin Wyer nous l'explique par des histoires fort claires. Il cite dans son livre IV nombre de religieuses qui devinrent furieuses d'amour. Et, dans son livre III, il parle d'un prêtre espagnol estimé qui, à Rome, entré par hasard dans un couvent de nonnes, en sortit fou, disant qu'épouses de Jésus, elles étaient les siennes, celles du prêtre, vicaire de Jésus. Il faisait dire des messes pour que Dieu lui donnât la grâce d'épouser bientôt ce couvent [1].

Si cette visite passagère eut cet effet, on peut comprendre quel dut être l'état du directeur des monastères de femmes quand il fut seul chez elles, et profita de la clôture, put passer le jour avec elles, recevoir à chaque heure la dangereuse confidence de leurs langueurs, de leurs faiblesses.

Les sens ne sont pas tout dans l'état de ces filles. Il faut compter surtout l'ennui, le besoin absolu de varier l'existence, de sortir d'une vie monotone par quelque écart ou quelque rêve. Que de choses nouvelles à cette époque! Les voyages, les Indes, la découverte de la terre! l'imprimerie! les romans surtout!... Quand tout cela roule au dehors, agite les esprits, comment croire qu'on supportera la pesante uniformité de la vie monastique, l'ennui des

---

1. Wyer, liv. III, ch. VII, d'après Grillandus.

longs offices, sans assaisonnement que de quelque sermon nasillard?

Les laïques même, au milieu de tant de distractions, veulent, exigent de leurs confesseurs l'absolution de l'inconstance.

Le prêtre est entraîné, forcé de proche en proche. Une littérature immense, variée, érudite, se fait de la càsuistique, de l'art de tout permettre. Littérature très progressive, où l'indulgence de la veille paraîtrait sévérité le lendemain.

La casuistique fut pour le monde, la mystique pour les couvents.

L'anéantissement de la personne et la mort de la volonté, c'est le grand principe mystique. Desmarets nous en donne très bien la vraie portée morale. Les dévoués, dit-il, immolés en eux et anéantis, n'existent plus qu'en Dieu. *Dès lors ils ne peuvent mal faire.* La partie supérieure est tellement divine qu'elle ne sait plus ce que fait l'autre[1].

On devait croire que le zélé Joseph, qui avait poussé si haut le cri d'alarme contre ces corrupteurs,

---

[1]. Doctrine très ancienne qui reparaît souvent dans le Moyen-âge. Au dix-septième siècle, elle est commune dans les couvents de France et d'Espagne, nulle part plus claire et plus naïve que dans les leçons d'un ange normand à une religieuse (Affaire de Louviers). — L'ange enseigne à la nonne premièrement « le mépris du corps et l'indifférence à la chair. Jésus l'a tellement méprisée, qu'il l'a exposée nue à la flagellation, et laissé voir à tous... » — Il lui enseigne « l'abandon de l'âme et de la volonté, la sainte, la docile, la toute passive obéissance. Exemple : la Sainte Vierge, qui ne se défia pas de

ne s'en tiendrait pas là, qu'il y aurait une grande et lumineuse enquête ; que ce peuple innombrable, qui, dans une seule province, comptait soixante mille docteurs, serait connu, examiné de près. Mais non, ils disparaissent, et l'on n'en a pas de nouvelles. Quelques-uns, dit-on, furent emprisonnés. Mais nul procès, un silence profond. Selon toute apparence, Richelieu se soucia peu d'approfondir la chose. Sa tendresse pour les capucins ne l'aveugla pas au point de les suivre dans une affaire qui eût mis dans leurs mains l'inquisition sur tous les confesseurs.

En général, le moine jalousait, haïssait le clergé séculier. Maître absolu des femmes espagnoles, il était peu goûté de nos Françaises pour sa malpropreté ; elles allaient plutôt au prêtre, ou au jésuite, confesseur amphibie, demi-moine et demi-mondain. Si Richelieu avait lâché la meute des capucins, récollets, carmes, dominicains, etc., qui eût été en sûreté dans le clergé? Personne. Quel directeur, quel prêtre, même honnête, n'avait usé et abusé du doux langage des quiétistes près de ses pénitentes?

Richelieu se garda de troubler le clergé lorsque déjà il préparait l'assemblée générale où il demanda un don pour la guerre. Un procès fut permis aux moines, un seul, contre un curé, mais contre un curé magicien, ce qui permettait d'embrouiller les choses

---

Gabriel, mais obéit, conçut. » — Courait-elle un risque? Non. Car un esprit ne peut causer aucune impureté. Tout au contraire, il purifie. » — A Louviers, cette belle doctrine fleurit dès 1623, professée par un directeur âgé, autorisé, David. Le fonds de son enseignement était « de faire mourir le péché par le péché », pour mieux rentrer en innocence. Ainsi firent nos premiers parents. Esprit de Bosroger (capucin). *La Piété affligée*, 1645; p. 167, 171, 173, 174, 181, 189, 190, 196.

(comme en l'affaire de Gauffridi), de sorte qu'aucun confesseur, aucun directeur, ne s'y reconnût, et que chacun, en sécurité pleine, pût toujours dire : « Ce n'est pas moi. »

Grâce à ces soins tout prévoyants, une certaine obscurité reste en effet sur l'affaire de Grandier[1]. Son historien, le capucin Tranquille, prouve à merveille qu'il fut sorcier, bien plus un diable, et il est nommé dans le procès (comme on aurait dit d'Astaroth) *Grandier des Dominations*. Tout au contraire, Ménage est près de le ranger parmi les grands hommes accusés de magie, dans les martyrs de la libre pensée.

Pour voir un peu plus clair, il ne faut pas prendre Grandier à part, mais lui garder sa place dans la trilogie diabolique du temps, dont il ne fut qu'un second acte, l'éclairer par le premier acte qu'on a vu en Provence dans l'affaire terrible de la Sainte-Baume, où périt Gauffridi, l'éclairer par le troisième acte, par l'affaire de Louviers, qui copia Loudun (comme Loudun avait copié), et qui eut à son tour un Gauffridi et un Urbain Grandier.

Les trois affaires sont unes et identiques. Toujours

---

1. L'*Histoire des diables de Loudun*, du protestant Aubin, est un livre sérieux, solide, et confirmé par les *Procès-verbaux* mêmes de Laubardemont. Celui du capucin Tranquille est une pièce grotesque. La *Procédure* est à notre grande Bibliothèque de Paris. M. Figuier a donné de toute l'affaire un long et excellent récit (*Histoire du merveilleux*). — Je suis, comme on va voir, contre les brûleurs, mais nullement pour le brûlé. Il est ridicule d'en faire un martyre, en haine de Richelieu. C'était un fat, vaniteux, libertin, qui méritait non le bûcher, mais la prison perpétuelle.

le prêtre libertin, toujours le moine jaloux et la nonne furieuse par qui on fait parler le Diable, et le prêtre brûlé à la fin..

Voilà ce qui fait la lumière dans ces affaires et qui permet d'y mieux voir que dans la fange obscure des monastères d'Espagne et d'Italie. Les religieuses de ces pays de paresse méridionale étaient étonnamment passives, subissaient la vie de sérail, et pis encore [1].

Nos Françaises, au contraire, d'une personnalité forte, vive, exigeante, furent terribles de jalousie et terribles de haine, vrais diables (et sans figure), partant indiscrètes, bruyantes, accusatrices. Leurs révélations furent très claires, et si claires vers la fin que tout le monde en eut honte, et qu'en trente ans, en trois affaires, la chose, commencée par l'horreur, s'éteignit dans la platitude, sous les sifflets et le dégoût.

Ce n'était pas à Loudun, en plein Poitou, parmi les huguenots, sous leurs yeux et leurs railleries, dans la ville même où ils tenaient leurs grands synodes nationaux, qu'on eût attendu une affaire scandaleuse pour les catholiques. Mais justement ceux-ci, dans les vieilles villes protestantes, vivaient comme en pays conquis, avec une liberté très grande, pensant non sans raison que des gens souvent massacrés, tout récemment vaincus, ne diraient mot. La Loudun catholique (magistrats, prêtres, moines, un peu de noblesse et quelques artisans) vivaient à part de l'autre, en vraie colonie conquérante. La colonie

---

1. Voy. Del Rio, Llorente, Ricci, etc.

se divisa, comme on pouvait le deviner, par l'opposition du prêtre et du moine.

Le moine, nombreux et altier, comme missionnaire convertisseur, tenait le haut du pavé contre les protestants, et confessait les dames catholiques, lorsque, de Bordeaux, arriva un jeune curé, élève des Jésuites, lettré et agréable, écrivant bien et parlant mieux. Il éclata en chaire, et bientôt dans le monde. Il était Manceau de naissance et disputeur, mais méridional d'éducation, de facilité bordelaise, hâbleur, léger comme un Gascon. En peu de temps, il sut brouiller à fond toute la petite ville, ayant les femmes pour lui, les hommes contre (du moins presque tous). Il devint magnifique, insolent et insupportable, ne respectant plus rien. Il criblait de sarcasmes les carmes, déblatérait en chaire contre les moines en général. On s'étouffait à ses sermons. Majestueux et fastueux, ce personnage apparaissait dans les rues de Loudun comme un Père de l'Église, tandis que la nuit, moins bruyant, il glissait aux allées ou par les portes de derrière.

Toutes lui furent à discrétion. La femme de l'avocat du roi fut sensible pour lui, mais plus encore la fille du procureur royal, qui en eut un enfant. Ce n'était pas assez. Ce conquérant, maître des dames, poussant toujours son avantage, en venait aux religieuses.

Il y avait partout alors des Ursulines, sœurs vouées à l'éducation, missionnaires femelles en pays protestant, qui caressaient, charmaient les mères, attiraient les petites filles. Celles de Loudun étaient un petit couvent de demoiselles nobles et pauvres. Pauvre couvent lui-même ; en les fondant, on ne leur donna guère que la maison, ancien collège huguenot. La supérieure, dame de bonne noblesse et bien apparentée, brûlait d'élever son couvent, de l'amplifier, de l'enrichir et de le faire connaître. Elle aurait pris Grandier peut-être, l'homme à la mode, si déjà elle n'eût eu pour directeur un prêtre qui avait de bien autres racines dans le pays, étant proche parent des deux principaux magistrats. Le chanoine Mignon, comme on l'appelait, tenait la supérieure. Elle et lui en confession (les dames supérieures confessaient les religieuses), tous deux apprirent avec fureur que les jeunes nonnes ne rêvaient que de ce Grandier dont on parlait tant.

Donc, le directeur menacé, le mari trompé, le père outragé (trois affronts en même famille), unirent leurs jalousies et jurèrent la perte de Grandier. Pour réussir, il suffisait de le laisser aller. Il se perdait assez lui-même. Une affaire éclata qui fit un bruit à faire presque écrouler la ville.

Les religieuses, en cette vieille maison huguenote où on les avait mises, n'étaient pas rassurées. Leurs pensionnaires, enfants de la ville, et peut-être aussi de jeunes nonnes, avaient trouvé plaisant d'épouvanter les autres en jouant aux revenants, aux fantômes, aux apparitions. Il n'y avait pas trop d'ordre en ce mélange de petites filles riches que l'on gâtait. Elles couraient la nuit les corridors. Si bien qu'elles s'épouvantèrent elles-mêmes. Quelques-unes en étaient malades, ou malades d'esprit. Mais ces peurs, ces illusions, se mêlant aux scandales de ville dont on leur parlait trop le jour, le revenant des nuits, ce fut Grandier. Plusieurs dirent l'avoir vu, senti la nuit près d'elles, audacieux, vainqueur, et s'être réveillées trop tard. Était-ce illusion ? Étaient-ce plaisanteries de novices ? Était-ce Grandier qui avait acheté la portière ou risqué l'escalade ! On n'a jamais pu l'éclaircir.

Les trois dès lors crurent le tenir. Ils suscitèrent d'abord dans les petites gens qu'ils protégeaient deux bonnes âmes qui déclarèrent ne pouvoir plus garder pour leur curé un débauché, un sorcier, un démon, un esprit fort, qui, à l'église, « pliait un genou et non deux » ; enfin qui se moquait des règles, et donnait des dispenses contre les droits de l'évêque. — Accusation habile qui mettait contre lui l'évêque de Poitiers, défenseur naturel du prêtre, et livrait celui-ci à la rage des moines.

Tout cela monté avec génie, il faut l'avouer. En le faisant accuser par deux pauvres, on trouva très utile de le bâtonner par un noble. En ce temps de duel, l'homme impunément bâtonné perdait dans le public, il baissait chez les femmes. Grandier sentit la profondeur du coup. Comme en tout il aimait l'éclat, il alla au roi même, se jeta à ses genoux, demanda vengeance pour sa robe de prêtre. Il l'aurait eue d'un roi dévot ; mais il se trouva là des gens qui dirent au roi que c'était affaire d'amour et fureur de maris trompés.

Au tribunal ecclésiastique de Poitiers, Grandier fut

condamné à pénitence et à être banni de Loudun, donc déshonoré comme prêtre. Mais le tribunal civil reprit la chose et le trouva innocent. Il eut encore pour lui l'autorité ecclésiastique dont relevait Poitiers, l'archevêque de Bordeaux, Sourdis. Ce prélat belliqueux, amiral et brave marin, autant et plus que prêtre, ne fit que hausser les épaules au récit de ces peccadilles. Il innocenta le curé, mais en même temps lui conseilla sagement d'aller vivre partout, excepté à Loudun.

C'est ce que l'orgueilleux n'eut garde de faire. Il voulut jouir du triomphe sur le terrain de la bataille et parader devant les dames. Il rentra dans Loudun au grand jour, à grand bruit; toutes le regardaient des fenêtres; il marchait tenant un laurier.

Non content de cette folie, il menaçait, voulait réparation. Ses adversaires, ainsi poussés, à leur tour en péril, se rappelèrent l'affaire de Gauffridi, où le Diable, le père du mensonge, honorablement réhabilité, avait été accepté en justice comme un bon témoin véridique, croyable pour l'Église et croyable pour les gens du roi. Désespérés, ils invoquèrent un diable et ils l'eurent à commandement. Il parut chez les Ursulines.

Chose hasardeuse. Mais que de gens intéressés au succès! La supérieure voyait son couvent, pauvre, obscur, attirer bientôt les yeux de la cour, des provinces, de toute la terre. Les moines y voyaient leur victoire sur leurs rivaux, les prêtres. Ils retrouvaient ces combats populaires livrés au Diable en l'autre siècle, souvent (comme à Soissons) devant la porte des églises, la terreur et la joie du peuple à voir triompher le bon Dieu, l'aveu tiré du Diable « que Dieu est dans le Sacrement », l'humiliation des huguenots convaincus par le démon même.

Dans cette comédie tragique, l'exorciste réprésentait Dieu, ou tout au moins c'était l'archange terrassant le dragon. Il descendait des échafauds épuisé, ruisselant de sueur, mais triomphant, porté dans les bras de la foule, béni des bonnes femmes qui en pleuraient de joie.

Voilà pourquoi il fallait toujours un peu de sorcellerie dans les procès. On ne s'intéressait qu'au Diable. On ne pouvait pas toujours le voir sortir du corps en crapaud noir (comme à Bordeaux en 1610). Mais on était du moins dédommagé par une grande, une superbe mise en scène. L'âpre désert de Madeleine, l'horreur de la Sainte-Baume, dans l'affaire de Provence, firent une bonne partie du succès. Loudun eut pour lui le tapage et la bacchanale furieuse d'une grande armée d'exorcistes divisés en plusieurs églises. Enfin Louviers, que nous verrons, pour raviver un peu ce genre usé, imagina des scènes de nuit où les diables en religieuses, à la lueur des torches, creusaient, tiraient des fosses les charmes qu'on y avait cachés.

L'affaire de Loudun commença par la supérieure et par une sœur converse à elle. Elles eurent des convulsions, jargonnèrent diaboliquement. D'autres nonnes les imitèrent, une surtout, hardie, reprit le rôle de la Louise de Marseille, le même diable Léviathan, le démon supérieur de chicane et d'accusation.

Toute la petite ville entre en branle. Les moines de toutes couleurs s'emparent des nonnes, les divisent, les exorcisent par trois, par quatre. Ils se partagent les églises. Les capucins à eux seuls en occupent deux. La foule y court, toutes les femmes, et, dans cet auditoire effrayé, palpitant, plus d'une crie qu'elle sent aussi des diables. Six filles de la ville sont possédées. Et le simple récit de ces choses effroyables fait deux possédées à Chinon.

On en parla partout, à Paris, à la cour. Notre reine espagnole, imaginative et dévote, envoie son aumônier; bien plus, lord Montaigu, l'ancien papiste, son fidèle serviteur, qui vit tout et crut tout, rapporta tout au pape. Miracle constaté. Il avait vu les plaies d'une nonne, les stigmates marqués par le Diable sur les mains de la supérieure.

Qu'en dit le roi de France? Toute sa dévotion était tournée au Diable, à l'enfer, à la crainte. On dit que Richelieu fut charmé de l'y entretenir. J'en doute; les diables étaient essentiellement espagnols et du parti d'Espagne; s'ils parlaient politique, c'eût été contre Richelieu, Peut-être en eut-il peur. Il leur rendit hommage, et envoya sa nièce pour témoigner intérêt à la chose.

La cour croyait. Mais Loudun même ne croyait pas. Ses diables, pauvres imitateurs des démons de Marseille, répétaient le matin ce qu'on leur apprenait le soir d'après le manuel connu du Père Michaëlis. Ils n'auraient su que dire si des exorcismes secrets, répétition soignée de la farce du jour, ne les eussent chaque nuit préparés et stylés à figurer devant le peuple.

Un ferme magistrat, le bailli de la ville, éclata, vint lui-même trouver les fourbes, les menaça, les dénonça. Ce fut aussi le jugement tacite de l'archevêque de Bordeaux, auquel Grandier en appelait. Il envoya un règlement pour diriger du moins les exorcistes, finir leur arbitraire ; de plus, son chirurgien, qui visita les filles, ne les trouva point possédées, ni folles, ni *malades*. Qu'étaient-elles ? Fourbes à coup sûr.

Ainsi continue dans le siècle ce beau duel du médecin contre le Diable, de la science et de la lumière contre le ténébreux mensonge. Nous l'avons vu commencer par Agrippa, Wyer. Certain docteur Duncan continua bravement à Loudun, et sans crainte imprima que cette affaire n'était que ridicule.

Le Démon, qu'on dit si rebelle, eut peur, se tut, perdit la voix. Mais les passions étaient trop animées pour que la chose en restât là. Le flot remonta pour Grandier avec une telle force, que les assaillis devinrent assaillants. Un parent des accusateurs, un apothicaire, fut pris à partie par une riche demoiselle de la ville qu'il disait être maîtresse du curé. Comme calomniateur, il fut condamné à l'amende honorable.

La supérieure était perdue. On eût aisément constaté ce que vit plus tard un témoin, que ses stigmates étaient une peinture, rafraîchie tous les jours. Mais elle était parente d'un conseiller du roi, Laubardemont, qui la sauva. Il était justement chargé de raser les forts de Loudun. Il se fit donner une commission pour faire juger Grandier. On fit entendre au cardinal que l'accusé était curé et ami de la *Cordonnière de Loudun,* un des nombreux agents de Marie de Médicis, qu'il s'était fait le secrétaire de sa paroissienne, et, sous son nom, avait écrit un ignoble pamphlet.

Du reste, Richelieu eût voulu être magnanime et mépriser la chose, qu'il l'eût pu difficilement. Les capucins, le Père Joseph, spéculaient là-dessus. Richelieu lui aurait donné une belle prise contre lui près du roi s'il n'eût montré du zèle. Certain M. Quillet, qui avait observé sérieusement, alla voir Richelieu et l'avertit. Mais celui-ci craignit de l'écouter, et le regarda de si mauvais œil que le donneur d'avis jugea prudent de se sauver en Italie.

Laubardemont arrive le 6 décembre 1633. Avec lui la terreur. Pouvoir illimité. C'est le roi en personne. Toute la force du royaume, une horrible massue, pour écraser une mouche.

Les magistrats furent indignés, le lieutenant civil avertit Grandier qu'il l'arrêterait le lendemain. Il n'en tint compte et se fit arrêter. Enlevé à l'instant, sans forme de procès, mis aux cachots d'Angers. Puis ramené, jeté où? dans la maison et la chambre d'un de ses ennemis qui en fait murer les fenêtres, pour qu'il étouffe. L'exécrable examen qu'on fait sur le corps du sorcier en lui enfonçant des aiguilles pour trouver la marque du Diable est fait par les mains mêmes de ses accusateurs, qui prennent sur lui d'avance leur vengeance préalable, l'avant-goût du supplice !

On le traîne aux églises, en face de ces filles, à qui Laubardemont a rendu la parole. Il trouve des bacchantes que l'apothicaire condamné saoulait de ses breuvages, les jetant en de telles furies, qu'un jour Grandier fut près de périr sous leurs ongles.

Ne pouvant imiter l'éloquence de la possédée de Marseille, elles suppléaient par le cynisme. Spectacle hideux ! des filles, abusant des prétendus diables pour lâcher devant le public la bonde à la furie des sens ! C'est justement ce qui grossissait l'auditoire. On venait ouïr là, de la bouche des femmes, ce qu'aucune n'osa dire jamais.

Le ridicule, ainsi que l'odieux, allaient croissant. le peu qu'on leur soufflait de latin, elles le disaient tout de travers. Le public trouvait que les diables n'avaient pas fait leur *quatrième*. Les capucins, sans se déconcerter, dirent que, si ces démons étaient faibles en latin, ils parlaient à merveille l'iroquois, le topinambour.

La farce ignoble, vue de soixante lieues, de Saint-Germain, du Louvre, apparaissait miraculeuse, effrayante et terrible. La cour admirait et tremblait. Richelieu (sans doute pour plaire) fit une chose lâche. Il fit payer les exorcistes, payer les religieuses.

Une si haute faveur exalta la cabale et la rendit tout à fait folle. Après les paroles insensées vinrent les actes honteux. Les exorcistes, sous prétexte de la fatigue des nonnes, les firent promener hors de la ville, les promenèrent eux-mêmes. Et l'une d'elles en revint enceinte. L'apparence du moins était telle. Au cinquième ou sixième mois, tout disparut, et le démon qui était en elle avoua la malice qu'il avait eue de calomnier la pauvre religieuse par cette illusion de grossesse. C'est l'historien de Louviers qui nous apprend cette histoire de Loudun[1].

On assure que le Père Joseph vint secrètement, mais vit l'affaire perdue, et s'en tira sans bruit. Les Jésuites vinrent aussi, exorcisèrent, firent peu de chose, flairèrent l'opinion, se dérobèrent aussi.

Mais les moines, les capucins, étaient si engagés, qu'il ne leur restait plus qu'à se sauver par la terreur. Ils tendirent des pièges perfides au courageux bailli, à la baillive, voulant les faire périr, éteindre la future réaction de la justice. Enfin ils pressèrent la commission d'expédier Grandier. Les choses ne pouvaient plus aller. Les nonnes mêmes leur échappaient. Après cette terrible orgie de fureurs sensuelles et des cris impudiques pour faire couler le sang humain, deux ou trois défaillirent, se prirent en dégoût, en horreur : elles se vomissaient elles-mêmes. Malgré le sort affreux qu'elles avaient à attendre, si elles parlaient, malgré la certitude de finir dans une basse-fosse[2], elles dirent dans l'église qu'elles étaient damnées, qu'elles avaient joué le Diable, que Grandier était innocent.

1. Esprit de Bosroger, p. 135.
2. C'était l'usage encore; voir Mabillon.

Elles se perdirent, mais n'arrêtèrent rien. Une réclamation générale de la ville au roi n'arrêta rien. On condamna Grandier à être brûlé (18 août 1634). Telle était la rage de ses ennemis, qu'avant le bûcher ils exigèrent, pour la seconde fois, qu'on lui plantât partout l'aiguille pour chercher la marque du Diable. Un des juges eût voulu qu'on lui arrachât même les ongles, mais le chirurgien refusa.

On craignait l'échafaud, les dernières paroles du patient. Comme on avait trouvé dans ses papiers un écrit contre le célibat des prêtres, ceux qui le disaient sorcier le croyaient eux-mêmes esprit fort. On se souvenait des paroles hardies que les martyrs de la libre pensée avaient lancées contre leurs juges, on se rappelait le mot suprême de Jordano Bruno, la bravade de Vanini. On composa avec Grandier. On lui dit que, s'il était sage, on lui sauverait la flamme, qu'on l'étranglerait préalablement. Le faible prêtre, homme de chair, donna encore ceci à la chair, et promit de ne point parler. Il ne dit rien sur le chemin et rien sur l'échafaud. Quand on le vit bien lié au poteau, toute chose prête, et le feu disposé pour l'envelopper brusquement de flamme et de fumée, un moine, son propre confesseur, sans attendre le bourreau, mit le feu au bûcher. Le patient, engagé, n'eut que le temps de dire : « Ah! vous m'avez trompé! » Mais les tourbillons s'élevèrent et la fournaise de douleurs... On n'entendit plus que des cris.

Richelieu, dans ses *Mémoires*, parle peu de cette affaire et avec une honte visible. Il fait entendre qu'il suivit les rapports qui lui vinrent, la voix de l'opinion. Il n'en avait pas moins, en soudoyant les exorcistes, en lâchant la bride aux capucins, en les laissant triompher par la France, encouragé, tenté la fourberie. Gauffridi, renouvelé par Grandier, va reparaître encore plus sale, dans l'affaire de Louviers.

C'est justement en 1634 que les diables, chassés de Poitou, passent en Normandie, copiant, recopiant leurs sottises de la Sainte-Baume, sans invention et sans talent, sans imagination. Le furieux Léviathan de Provence, contrefait à Loudun, perd son aiguillon du Midi, et ne se tire d'affaire qu'en faisant parler couramment aux vierges les langues de Sodome. Hélas! tout à l'heure, à Louviers, il perd son audace même; il prend la pesanteur du Nord, et devient un pauvre d'esprit.

VIII

POSSÉDÉES DE LOUVIERS. — MADELEINE BAVENT (1633-1647)

Si Richelieu n'eût refusé l'enquête que demandait le Père Joseph contre les directeurs *illuminés*, on aurait d'étranges lumières sur l'intérieur des cloîtres, la vie des religieuses. Au défaut, l'histoire de Louviers, beaucoup plus instructive que celles d'Aix et de Loudun, nous montre que le directeur, quoiqu'il eût dans l'*illuminisme* un nouveau moyen de corruption, n'en employait pas moins les vieilles fraudes de sorcellerie, d'apparitions diaboliques, angéliques, etc.[1].

1. Il était trop facile de tromper celles qui désiraient l'être. Le célibat était alors plus difficile qu'au Moyen-âge, les jeûnes, les saignées monastiques ayant diminué. Beaucoup mouraient de cette vie cruellement inactive et de pléthore nerveuse. Elles ne cachaient guère leur martyre, le disaient à leurs sœurs, à leur confesseur, à la Vierge. Chose touchante, bien plus que ridicule, et digne de pitié. On lit dans un registre d'une inquisition d'Italie cet aveu d'une religieuse; elle disait innocemment à la Madone : « De grâce, Sainte Vierge, donnez-moi quelqu'un avec qui je puisse pécher » (dans Lasteyrie, *Confession*, p. 205). Embarras réel pour le directeur, qui, quel que fût son âge, était en péril. On sait l'histoire d'un certain couvent russe : un homme qui y entra

Des trois directeurs successifs du couvent de Louviers, en trente ans, le premier, David, est *illuminé* et molinosiste (avant Molinos); le second, Picart, agit *par le Diable* et comme sorcier; le troisième, Boulé, sous la figure d'ange.

Voici le livre capital sur cette affaire :

Histoire de Magdelaine Bavent, religieuse de Louviers, avec son interrogatoire, etc., 1652, in-quarto, Rouen[1]. — La date de ce livre explique la parfaite liberté avec laquelle il fut écrit. Pendant la Fronde, un prêtre courageux, un oratorien, ayant trouvé aux prisons de Rouen cette religieuse, osa écrire sous sa dictée l'histoire de sa vie.

Madeleine, née à Rouen en 1607, fut orpheline à neuf ans. A douze, on la mit en apprentissage chez une lingère. Le confesseur de la maison, un franciscain, y était le maître absolu; cette lingère, faisant des vêtements de religieuses, dépendait de l'Église. Le moine faisait croire aux apprenties (enivrées sans doute par la belladone et autres breuvages

---

n'en sortit pas vivant. Chez les nôtres, le directeur entrait et devait entrer tous les jours. Elles croyaient communément qu'un saint ne peut que sanctifier, et qu'un être pur purifie. Le peuple les appelait en riant les *sanctifiées*. (L'Estoile.) Cette croyance était fort sérieuse dans les cloîtres. (Voy. le capucin Esprit de Bosroger, ch. xi, p. 156.)

1. Je ne connais aucun livre plus important, plus terrible, plus digne d'être réimprimé (*Bibl. imp.*, Z, ancien 1016). C'est l'histoire la plus forte en ce genre. — La *Piété affligée*, du capucin Esprit de Bosroger, est un livre immortel dans les annales de la bêtise humaine. J'en ai tiré, au chapitre précédent, des choses surprenantes qui pouvaient le faire brûler; mais je me suis gardé de copier les libertés amoureuses que l'ange Gabriel y prend avec la Vierge, ses baisers de colombe, etc. — Les deux admirables pamphlets du vaillant chirurgien Yvelin sont à la Bibliothèque de Sainte-Geneviève. L'*Examen* et l'*Apologie* se trouvent dans un volume relié et mal intitulé: *Éloges de Richelieu* (Lettre X, 550). L'*Apologie* s'y trouve en double au volume Z, 899.

de sorciers) qu'il les menait au sabbat et les mariait au diable Dagon. Il en possédait trois, et Madeleine, à quatorze ans, fut la quatrième.

Elle était fort dévote, surtout à saint François. Un monastère de Saint-François venait d'être fondé à Louviers par une dame de Rouen, veuve du procureur Hennequin, pendu pour escroquerie. La dame voulait que cette œuvre aidât au salut de son mari. Elle consulta là-dessus un saint homme, le vieux prêtre David, qui dirigea la nouvelle fondation. Aux portes de la ville, dans les bois qui l'entourent, ce couvent, pauvre et sombre, né d'une si tragique origine, semblait un lieu d'austérité. David était connu par un livre bizarre et violent contre les abus qui salissaient les cloîtres, le *Fouet des paillards*[1]. Toutefois, cet homme si sévère avait des idées fort étranges de la pureté. Il était *adamite*, prêchait la nudité qu'Adam eut dans son innocence. Dociles à ses leçons, les religieuses du cloître de Louviers, pour dompter et humilier les novices, les rompre à l'obéissance, exigeaient (en été sans doute) que ces jeunes Èves revinssent à l'état de la mère commune. On les exerçait ainsi dans certains jardins réservés et à la chapelle même. Madeleine, qui, à seize ans, avait obtenu d'être reçue comme novice, était trop fière (trop pure alors peut-être) pour subir cette vie étrange. Elle déplut et fut grondée pour avoir, à la communion, essayé de cacher son sein avec la nappe de l'autel.

Elle ne dévoilait pas plus volontiers son âme, ne

---

1. Voy. Floquet, *Parl. de Normandie*, t. V, p. 636.

se confessait pas à la supérieure (p. 42), chose ordinaire dans dans les couvents et que les abbesses aimaient fort. Elle se confiait plutôt au vieux David, qui la sépara des autres. Lui-même se confiait à elle dans ses maladies. Il ne lui cacha point sa doctrine intérieure, celle du couvent, l'illuminisme : « Le corps ne peut souiller l'âme. Il faut, par le péché qui rend humble et guérit de l'orgueil, tuer le péché », etc. Les religieuses, imbues de ces doctrines, les pratiquant sans bruit entre elles, effrayèrent Madeleine de leur dépravation (p. 41 et *passim*). Elle s'en éloigna, resta à part, dehors, obtint de devenir tourière.

Elle avait dix-huit ans lorsque David mourut. Son grand âge ne lui avait guère permis d'aller loin avec Madeleine. Mais le curé Picart, son successeur, la poursuivit avec furie. A la confession il ne lui parlait que d'amour. Il la fit sacristine, pour la voir seule à la chapelle. Il ne lui plaisait pas. Mais les religieuses lui défendaient tout autre confesseur, craignant qu'elle ne divulguât leurs petits mystères. Cela la livrait à Picart. Il l'attaqua malade, elle était presque mourante ; et il l'attaqua par la peur, lui faisant croire que David lui avait transmis des formules diaboliques. Il l'attaqua enfin par la pitié, en faisant le malade lui-même, la priant de venir chez lui. Dès lors il en fut maître, et il paraît qu'il lui troubla l'esprit des breuvages du sabbat. Elle en eut les illusions, crut y être enlevée avec lui, être autel et victime. Ce qui n'était que trop vrai.

Mais Picart ne s'en tint pas aux plaisirs stériles du sabbat. Il brava le scandale et la rendit enceinte.

Les religieuses, dont il savait les mœurs, le redoutaient. Elles dépendaient aussi de lui par l'intérêt. Son crédit, son activité, les aumônes et les dons qu'il attirait de toutes parts, avaient enrichi leur couvent. Il leur bâtissait une grande église. On a vu par l'affaire de Loudun quelles étaient l'ambition, les rivalités de ces maisons, la jalousie avec laquelle elles voulaient se surpasser l'une l'autre. Picart, par la confiance des personnes riches, se trouvait élevé au rôle de bienfaiteur et second fondateur du couvent. « Mon cœur, disait-il à Madeleine, c'est moi qui bâtis cette superbe église. Après ma mort, tu verras des merveilles... N'y consens-tu pas ? »

Ce seigneur ne se gênait guère. Il paya pour elle une dot, et de sœur laie qu'elle était, il la fit religieuse, pour que, n'étant plus tourière, et vivant à l'intérieur, elle pût commodément accoucher ou avorter. Avec certaines drogues, certaines connaissances, les couvents étaient dispensés d'appeler les médecins. Madeleine (*Interrog.*, p. 13) dit qu'elle accoucha plusieurs fois. Elle ne dit point ce que devinrent les nouveau-nés.

Picart, déjà âgé, craignait la légèreté de Madeleine, qu'elle ne convolât un matin à quelque autre confesseur à qui elle dirait ses remords. Il prit un moyen exécrable pour se l'attacher sans retour. Il exigea d'elle un testament où elle promettait *de mourir quand il mourrait, et d'être où il serait.* Grande terreur pour ce pauvre esprit. Devait-il, avec lui, l'entraîner dans sa fosse? Devait-il la mettre en enfer? Elle se crut à jamais perdue. Devenue sa propriété, son âme damnée, il en usait et abusait pour toutes choses. Il la prostituait dans un sabbat à quatre, avec son vicaire Boullé et une autre femme. Il se servait d'elle pour gagner les autres religieuses par un charme magique. Une hostie, trempée du sang de Madeleine, enterrée au jardin, devait leur troubler les sens et l'esprit.

C'était justement l'année où Urbain Grandier fut brûlé. On ne parlait par toute la France que des diables de Loudun. Le pénitencier d'Évreux, qui avait été un des acteurs de cette scène, en rapportait en Normandie les terribles récits. Madeleine se sentit possédée, battue des diables; un chat aux yeux de feu la poursuivait d'amour. Peu à peu, d'autres religieuses, par un mouvement contagieux, éprouvèrent des agitations bizarres, surnaturelles. Madeleine avait demandé secours à un capucin, puis à l'évêque d'Évreux. La supérieure, qui ne put l'ignorer, ne le regrettait pas, voyant la gloire et la richesse qu'une semblable affaire avait données au couvent de Loudun. Mais, pendant six années, l'évêque fit la sourde oreille, craignant sans doute Richelieu, qui essayait alors une réforme des cloîtres.

— Il voulait finir ces scandales. Ce ne fut guère qu'au moment de sa mort et de la mort de Louis XIII, dans la débâcle qui suivit, sous la reine et sous

Mazarin, que les prêtres se remirent aux œuvres surnaturelles, reprirent la guerre avec le diable. Picart était mort, et l'on craignait moins une affaire où cet homme dangereux eût pu en accuser bien d'autres. Pour combattre les visions de Madeleine, on chercha, on trouva une visionnaire. On fit entrer au couvent une certaine sœur Anne de la Nativité, sanguine et hystérique, au besoin furieuse et demi-folle, jusqu'à croire ses propres mensonges. Le duel fut organisé comme entre dogues. Elles se lardaient de calomnies. Anne voyait le Diable tout nu à côté de Madeleine. Madeleine jurait qu'elle avait vu Anne au sabbat, avec la supérieure, la mère vicaire et la mère des novices. Rien de nouveau, du reste. C'était un réchauffé des deux grands procès d'Aix et de Loudun. Elles avaient et suivaient les relations imprimées. Nul esprit, nulle invention.

L'accusatrice Anne et son diable Léviathan avaient l'appui du pénitencier d'Évreux, un des acteurs principaux de Loudun. Sur son avis, l'évêque d'Évreux ordonne de déterrer Picart, pour que son corps, éloigné du couvent, en éloigne les diables. Madeleine, condamnée sans être entendue, doit être dégradée, visitée, pour trouver sur elle la marque diabolique. On lui arrache le voile et la robe; la voilà nue, misérable jouet d'une indigne curiosité, qui eût voulu fouiller jusqu'à son sang pour pouvoir la brûler. Les religieuses ne se remirent à personne de cette cruelle visite qui était déjà un supplice. Ces vierges, converties en matrones, vérifièrent si elle était grosse, la rasèrent partout, et de leurs aiguilles piquées, plantées dans la chair palpitante, recherchèrent s'il y avait une place insensible, comme doit être le signe du Diable. Partout elles trouvèrent la douleur ; si elles n'eurent le bonheur de la prouver sorcière, du moins elles jouirent des larmes et des cris.

Mais la sœur Anne ne se tint pas contente ; sur la déclaration de son diable, l'évêque condamna Madeleine, que la visite justifiait, à un éternel *in-pace*. Son départ, disait-on, calmerait le couvent. Il n'en fut pas ainsi. Le diable sévit encore plus ; une vingtaine de religieuses criaient, prophétisaient, se débattaient.

Ce spectacle attirait la foule curieuse de Rouen, et de Paris même. Un jeune chirurgien de Paris, Yvelin, qui déjà avait vu la farce de Loudun, vint voir celle de Louviers. Il avait amené avec lui un magistrat fort clairvoyant, conseiller des Aides à Rouen. Ils y mirent une attention persévérante, s'établirent à Louviers, étudièrent pendant dix-sept jours.

Du premier jour, ils virent le compérage. Une conversation qu'ils avaient eue avec le pénitencier d'Évreux, en entrant à la ville, leur fut redite (comme chose révélée) par le diable de la sœur Anne. Chaque fois, ils vinrent avec la foule au jardin du couvent. La mise en scène était fort saisissante. Les ombres de la nuit, les torches, les lumières vacillantes et fumeuses, produisaient des effets qu'on n'avait pas eus à Loudun. La méthode était simple, du reste ; une des possédées disait : « On trouvera un charme à tel point du jardin. » On creusait, et on le trouvait. Par malheur, l'ami d'Yvelin, le magistrat sceptique, ne bougeait des côtés de l'actrice principale, la sœur Anne. Au bord même d'un trou que l'on venait d'ouvrir, il serre sa main, et, la rouvrant, y trouve le charme (un petit fil noir) qu'elle allait jeter dans la terre.

Les exorcistes, pénitenciers, prêtres et capucins, qui étaient là, furent couverts de confusion. L'intrépide Yvelin, de son autorité, commença une enquête et vit le fond du fond. Sur cinquante-deux religieuses, il y en avait, dit-il, six *possédées* qui eussent mérité correction. Dix-sept autres, les *charmées*, étaient des victimes, un troupeau de filles agitées du mal des cloîtres. Il le formule avec précision ; elles sont réglées, mais hystériques, gonflées d'orages à la matrice, lunatiques surtout, et dévoyées d'esprit. La contagion nerveuse les a perdues. La première chose à faire est de les séparer.

Il examine ensuite avec une verve voltairienne les signes auxquels les prêtres reconnaissent le caractère surnaturel des possédées. *Elles prédisent*, d'accord, mais ce qui n'arrive pas. Elles traduisent, d'accord, mais ne comprennent pas (exemple : *ex parte Virginis*, veut le départ de la Vierge). *Elles savent le grec* devant le peuple de Louviers, mais ne le parlent plus devant les docteurs de Paris. *Elles font des sauts, des tours*, les plus faciles, montent à un gros tronc d'arbre où monterait un enfant de trois ans. Bref, ce qu'elles font de terrible et vraiment *contre la nature*, c'est de dire des choses sales, qu'un homme ne dirait jamais.

Le chirurgien rendait grand service à l'humanité en leur ôtant le masque. Car on poussait la chose; on allait faire d'autres victimes. Outre les charmes, on trouvait des papiers qu'on attribuait à David ou à Picart, sur lesquels telle ou telle personne était nommée sorcière, désignée à la mort. Chacun tremblait d'être nommé. De proche en proche gagnait la terreur ecclésiastique.

C'était déjà le temps pourri de Mazarin, le début de la faible Anne d'Autriche. Plus d'ordre, plus de gouvernement. « Il n'y avait plus qu'un mot dans la langue : *La reine est si bonne.* » Cette bonté donnait au clergé une chance pour dominer. L'autorité laïque étant enterrée avec Richelieu, évêques, prêtres et moines allaient régner. L'audace impie du magistrat et d'Yvelin compromettait ce doux espoir. Des voix gémissantes vinrent à la bonne reine, non celles des victimes, mais celles des fripons pris en flagrant délit. On s'en alla pleurer à la cour pour la religion outragée.

Yvelin n'attendait pas ce coup; il se croyait solide en cour, ayant depuis dix ans un titre de chirurgien de la reine. Avant qu'il ne revînt de Louviers à Paris, on obtint de la faiblesse d'Anne d'Autriche d'autres experts, ceux qu'on voulait, un vieux sot en enfance, un Diafoirus de Rouen et son neveu, deux clients du clergé. Ils ne manquèrent pas de trouver que l'affaire de Louviers était surnaturelle, au-dessus de tout art humain.

Tout autre qu'Yvelin se fût découragé. Ceux de Rouen qui étaient médecins, traitaient de haut en bas ce chirurgien, ce barbier, ce frater. La cour ne le soutenait pas. Il s'obstina dans une brochure qui restera. Il accepte ce grand duel de la science contre le clergé, déclare (comme Wyer au seizième siècle) « que le vrai juge en ces choses n'est pas le prêtre, mais l'homme de science ». A grand'peine, il trouva quelqu'un qui osât imprimer, mais personne qui voulût vendre. Alors, ce jeune homme héroïque se fit en plein soleil distributeur du petit livre. Il se posta au lieu le plus passager de Paris, au Pont-Neuf, aux pieds d'Henri IV, donna son factum aux passants. On trouvait à la fin le procès-verbal de la honteuse fraude, le magistrat prenant dans la main des diables femelles la pièce sans réplique qui constatait leur infamie.

Revenons à la misérable Madeleine. Le pénitencier d'Évreux, son ennemi, qui l'avait fait piquer (en marquant la place aux aiguilles! p. 67), l'emportait, comme sa proie, au fond de l'*in-pace* épiscopal de cette ville. Sous une galerie souterraine plongeait une cave, sous la cave une basse-fosse où la créature humaine fut mise dans les ténèbres humides. Ses terribles compagnes, comptant qu'elle allait crever là, n'avaient pas même eu la charité de lui donner un peu de linge pour panser son ulcère (p. 45). Elle en souffrait et de douleur et de malpropreté, couchée dans son ordure. La nuit perpétuelle était troublée d'un va-et-vient inquiétant de rats voraces, redoutés aux prisons, sujets à manger des nez, des oreilles.

Mais l'horreur de tout cela n'égalait pas encore

celle que lui donnait son tyran, le pénitencier. Il venait chaque jour dans la cave au-dessus, parler au trou de l'*in-pace*, menacer, commander, et la confesser malgré elle, lui faire dire ceci et cela contre d'autres personnes. Elle ne mangeait plus. Il craignit qu'elle n'expirât, la tira un moment de l'*in-pace*, la mit dans la cave supérieure. Puis, furieux du factum d'Yvelin, il la remit dans son égout d'en bas.

La lumière entrevue, un peu d'espoir saisi, et perdu tout à coup, cela combla son désespoir. L'ulcère s'était fermé, et elle avait plus de force. Elle fut prise au cœur d'un furieux désir de la mort. Elle avalait des araignées, vomissait seulement, n'en mourait pas. Elle pila du verre, l'avala. En vain. Ayant trouvé un méchant fer coupant, elle travailla à se couper la gorge, ne put. Puis, prit un endroit mou, le ventre, et s'enfonça le fer dans les entrailles. Quatre heures durant, elle poussa, tourna, saigna. Rien ne lui réussit. Cette plaie même se ferma bientôt. Pour comble, la vie si odieuse lui revenait plus forte. La mort du cœur n'y faisait rien.

Elle redevint une femme, hélas! et désirable encore, une tentation pour ses geôliers, valet brutaux de l'évêché, qui, malgré l'horreur de ce lieu, l'infection et l'état de la malheureuse, venaient se jouer d'elle, se croyaient tout permis sur la sorcière. Un ange la secourut, dit-elle. Elle se défendit et des hommes et des rats. Mais elle ne se défendit pas d'elle-même. La prison déprave l'esprit. Elle rêvait le Diable, l'appelait à la visiter, implorait le retour des joies honteuses, atroces, dont il la navrait à

Louviers. Il ne daignait plus revenir. La puissance des songes était finie en elle, les sens dépravés, mais éteints. D'autant plus revint-elle au désir du suicide. Un geôlier lui avait donné une drogue pour détruire les rats du cachot. Elle allait l'avaler, un ange l'arrêta (un ange ou un démon?) qui la réservait pour le crime.

Tombée dès lors à l'état le plus vil, à un indicible néant de lâcheté, de servilité, elle signa des listes interminables de crimes qu'elle n'avait pas faits. Valait-elle la peine qu'on la brûlât? Plusieurs y renonçaient. L'implacable pénitencier seul y pensait encore. Il offrit de l'argent à un sorcier d'Évreux qu'on tenait en prison s'il voulait témoigner pour faire mourir Madeleine (p. 68).

Mais on pouvait désormais se servir d'elle pour un bien autre usage, en faire un faux témoin, un instrument de calomnie. Toutes les fois qu'on voulait perdre un homme, on la traînait à Louviers, à Évreux. Ombre maudite d'une morte qui ne vivait plus que pour faire des morts. On l'amena ainsi pour tuer de sa langue un pauvre homme, nommé Duval. Le pénitencier lui dicta, elle répéta docilement; il lui dit à quel signe elle reconnaîtrait Duval qu'elle n'avait jamais vu. Elle le reconnut et dit l'avoir vu au sabbat. Par elle, il fut brûlé!

Elle avoue cet horrible crime, et frémit de penser qu'elle en répondra devant Dieu. Elle tomba dans un tel mépris, qu'on ne daigna plus la garder. Les portes restaient grandes ouvertes; parfois elle en avait les clés. Où aurait-elle été, devenue un objet d'horreur? Le monde, dès lors, la repoussait;

la vomissait ; son seul monde était son cachot.

Sous l'anarchie de Mazarin et de sa bonne dame, les parlements restaient l'unique autorité. Celui de Rouen, jusque-là le plus favorable au clergé, s'indigna cependant de l'arrogance avec laquelle il procédait, régnait, brûlait. Une simple décision d'évêque avait fait déterrer Picart, jeter à la voirie. Maintenant on passait au vicaire Boullé, et on lui faisait son procès. Le Parlement écouta la plainte des parents de Picart, et condamna l'évêque d'Évreux à le replacer à ses frais au tombeau de Louviers. Il fit venir Boullé, se chargea du procès, et à cette occasion tira enfin d'Évreux la misérable Madeleine, et la prit aussi à Rouen.

On craignait fort qu'il ne fit compromettre et le chirurgien Yvelin et le magistrat qui avait pris en flagrant délit la fraude des religieuses. On courut à Paris. Le fripon Mazarin protégea les fripons ; toute l'affaire fut appelée au Conseil du roi, tribunal indulgent qui n'avait point d'yeux, point d'oreilles, et dont la charge était d'enterrer, d'étouffer, de faire la nuit en toute chose de justice.

En même temps, des prêtres doucereux, aux cachots de Rouen, consolèrent Madeleine, la confessèrent, lui enjoignirent pour pénitence de demander pardon à ses persécutrices, les religieuses de Louviers. Dès lors, quoi qu'il advînt, on ne put plus faire témoigner contre elles Madeleine ainsi liée. Triomphe du clergé. Le capucin Esprit de Bosroger, un des fourbes exorcistes, a chanté ce triomphe dans sa *Piété affligée*, burlesque monument de sottise où il accuse, sans s'en apercevoir, les gens qu'il croit défendre. On a vu un peu plus haut (dans une note) le beau texte du capucin où il donne pour leçons des anges les maximes honteuses qui eussent effrayé Molinos.

La Fronde fut, je l'ai dit, une révolution d'honnêteté. Les sots n'ont vu que la forme, le ridicule; le fond, très grave, fut une réaction morale. En août 1647, au premier souffle libre, le Parlement passa outre, trancha le nœud. Il ordonna : 1° qu'on détruisit la Sodome de Louviers, que les filles dispersées fussent remises à leurs parents ; 2° que désormais les évêques de la province envoyassent quatre fois par an des confesseurs extraordinaires aux maisons de religieuses pour rechercher si ces abus immondes ne se renouvelaient point.

Cependant il fallait une consolation au clergé. On lui donna les os de Picart à brûler, et le corps vivant de Boullé, qui, ayant fait amende honorable à la cathédrale, fut traîné sur la claie au Marché aux poissons, où il fut dévoré des flammes (21 août 1647). Madeleine, ou plutôt son cadavre, resta aux prisons de Rouen.

IX

SATAN TRIOMPHE AU XVIIe SIÈCLE

La Fronde est un Voltaire. L'esprit voltairien, aussi vieux que la France, mais longtemps contenu, éclate en politique et bientôt en religion. Le grand roi veut en vain imposer un sérieux solennel. Le rire continue en dessous.

Mais n'est-ce donc que rire et risée? Point du tout, c'est l'avènement de la Raison. Par Keppler, Galilée, par Descartes et Newton, s'établit triomphalement le dogme raisonnable, la foi à l'*immutabilité des lois de la Nature*. Le miracle n'ose plus paraître, ou, quand il l'ose, il est sifflé.

Pour parler mieux encore, les fantasques miracles du caprice ayant disparu, apparaît le grand miracle universel et d'autant plus divin qu'il est plus régulier.

C'est la grande Révolte qui décidément a vaincu. Vous la reconnaissez dans les formes hardies de ces premières explosions, dans l'ironie de Galilée, dans le doute absolu dont part Descartes pour commencer sa construction. Le Moyen-âge eût dit : « C'est l'esprit du *Malin*. »

Victoire non négative pourtant, mais fort affirmative et de ferme fondation. L'*esprit de la Nature et les sciences de la Nature*, ces proscrits du vieux temps, rentrent irrésistibles. C'est la Réalité, la Substance elle-même qui vient chasser les vaines ombres.

On avait follement dit : « Le grand Pan est mort. » Puis, voyant qu'il vivait, on l'avait fait un Dieu du mal ; à travers le chaos, on pouvait s'y tromper. Mais le voici qui vit, et qui vit harmonique dans la sublime fixité des lois qui dirigent l'étoile et qui non moins dirigent le mystère profond de la vie.

On peut dire de ce temps deux choses qui ne sont point contradictoires : l'esprit de Satan a vaincu, mais c'est fait de la sorcellerie.

Toute thaumaturgie, diabolique ou sacrée, est bien malade alors. Sorciers, théologiens, sont également impuissants. Ils sont à l'état d'empiriques, implorant en vain d'un hasard surnaturel et du caprice de la Grâce les merveilles que la science ne demande qu'à la Nature, à la Raison.

Les jansénistes, si zélés, n'obtiennent en tout ce siècle qu'un tout petit miracle ridicule. Moins heureux encore les jésuites, si puissants et si riches, ne peuvent à aucun prix s'en procurer. et se contentent des visions d'une fille hystérique, sœur Marie Alacoque, énormément sanguine, qui ne voyait que sang. Devant une telle impuissance, la magie, la sorcellerie pourront se consoler.

Notez qu'en cette décadence de la foi au surnaturel, l'un suit l'autre. Ils étaient liés dans l'imagination, dans la terreur du Moyen-âge. Ils sont liés encore dans le rire et dans le dédain. Quand Molière se moqua du Diable et « des chaudières bouillantes », le clergé s'émut fort; il sentit que la foi au Paradis baissait d'autant.

Un gouvernement tout laïque, celui du grand Colbert (qui fut longtemps le vrai roi), ne cache pas son mépris de ces vieilles questions. Il vide les prisons des sorciers qu'y entassait encore le Parlement de Rouen, *défend aux tribunaux d'admettre l'accusation de sorcellerie* (1672). Ce Parlement réclame et fait très bien entendre qu'en niant la sorcellerie, on compromet bien d'autres choses. En doutant des mystères d'en bas, on ébranle dans beaucoup d'âmes la croyance aux mystères d'en haut.

Le Sabbat disparaît. Et pourquoi? C'est qu'il est partout. Il entre dans les mœurs. Ses pratiques sont la vie commune.

On disait du Sabbat : « Jamais femme n'en revint enceinte. » On reprochait au Diable, à la sorcière, d'être l'ennemi de la génération, de détester la vie, d'aimer la mort et le néant, etc. Et il se trouve justement qu'au pieux dix-septième siècle, où la socière expire[1], l'amour de la stérilité et la peur d'engendrer sont la maladie générale.

Si Satan lit, il a sujet de rire en lisant les casuistes ses continuateurs. Y a-t-il pourtant quelque différence? Oui. Satan, dans des temps effroyables, fut prévoyant pour l'affamé; il eut pitié du pauvre. Mais ceux-ci ont pitié du riche. Le riche, avec ses vices, son luxe, sa vie de cour, est un nécessiteux, un misérable, un mendiant. Il vient en confession, humblement, menaçant, extorquer du docteur une autorisation de pécher en conscience. Un jour quelqu'un fera (si on en a le courage) la surprenante histoire des lâchetés du casuiste qui veut garder son pénitent, des expédients honteux où il descend. De Navarro à Escobar, un marchandage étrange se fait aux dépens de l'épouse, et on dispute encore un peu. Mais ce n'est pas assez. Le casuiste est vaincu, lâche tout. De Zoccoli à Liguori (1670-1770), il ne défend plus la nature.

Le Diable, au Sabbat, comme on sait, eut deux visages, l'un d'en haut, menaçant, et l'autre au dos, burlesque. Aujourd'hui qu'il n'en a que faire, il donnera ce dernier généreusement au casuiste.

Ce qui doit amuser Satan, c'est que ses fidèles se trouvent alors chez les honnêtes gens, les ménages

1. Je ne prends pas la Voisin pour sorcière, ni pour sabbat la contrefaçon qu'elle en faisait pour amuser des grands seigneurs blasés, Luxembourg et Vendôme, son disciple, et les effrontées Mazarines. Des prêtres scélérats, associés à la Voisin, leur disaient secrètement la Messe noire, et plus obscène certainement qu'elle n'avait pu être jadis devant tout un peuple. Dans une misérable victime, autel vivant, on piloriait la nature. Une femme livrée à la risée! horreur!... jouet bien moins des hommes encore que de la cruauté des femmes, d'une Bouillon, insolente, effrénée, ou de la noire Olympe, profonde en crimes et docteur en poisons (1681).

sérieux qui se gouvernent par l'Église[1]. La mondaine, qui relève sa maison par la grande ressource du temps, l'adultère lucratif, se rit de la prudence et suit la nature hardiment. La famille dévote ne suit que son Jésuite. Pour conserver, concentrer la fortune, pour laisser un fils riche, elle entre aux voies obliques de la spiritualité nouvelle. Dans l'ombre et le secret, la plus fière, au prie-Dieu, s'ignore, s'oublie, s'absente, suit la leçon de Molinos : « Nous sommes ici bas pour souffrir ! Mais la pieuse indifférence, à la longue, adoucit, endort. On obtient un néant. — La mort ? Pas tout à fait. Sans se mêler, ni répondre des choses, on en a l'écho, vague et doux. C'est comme un hasard de la Grâce, suave et pénétrante, nulle part plus qu'aux abaissements où s'éclipse la volonté. »

Exquises profondeurs... Pauvre Satan ! que tu es dépassé ! Humilie-toi, admire, et reconnais tes fils.

Les médecins, qui bien plus encore sont ses fils légitimes, qui naquirent de l'empirisme populaire qu'on appelait sorcellerie, eux ses héritiers préférés à qui il a laissé son plus haut patrimoine, ne s'en

---

[1]. La stérilité va toujours croissant dans le dix-septième siècle, spécialement dans les familles rangées, réglées à la stricte mesure du confessionnal. Prenez même les jansénistes. Suivez les Arnauld ; voici leur décroissance : d'abord vingt enfants, quinze enfants ; puis cinq ! et enfin plus d'enfant. Cette race énergique (et mêlée aux vaillants Colbert) finit-elle par énervation ? Non. Elle s'est resserrée peu à peu pour faire un aîné riche, un grand seigneur et un ministre. Elle y arrive et meurt de son ambitieuse prudence, certainement autorisée.

souviennent pas assez. Ils sont ingrats pour la sorcière qui les a préparés.

Ils font plus. A ce roi déchu, à leur père et auteur, ils infligent certains coups de fouet... *Tu quoque, fili mi!...* Ils donnent contre lui des armes cruelles aux rieurs.

Déjà ceux du seizième siècle se moquaient de l'Esprit, qui de tout temps, des sibylles aux sorcières, agita et gonfla la femme. Ils soutenaient qu'il n'est ni diable, ni Dieu, mais, comme disait le Moyen-âge : « le Prince de l'air ». Satan ne serait qu'une maladie !

La *possession* ne serait qu'un effet de la vie captive, assise, sèche et tendue, des cloîtres. Les six mille cinq cents diables de la petite Madeleine de Gauffridi, les légions qui se battaient dans le corps des nonnes exaspérées de Loudun, de Louviers, ces docteurs les appellent des orages physiques. « Si Éole fait trembler la terre, dit Yvelin, pourquoi pas le corps d'une fille ! » Le chirurgien de la Cadière (qu'on va voir tout à l'heure) dit froidement : « Rien autre chose qu'une suffocation de matrice. »

Étrange déchéance ! L'effroi du Moyen-âge vaincu, mis en déroute devant les plus simples remèdes, les exorcismes à la Molière, fuirait et s'évanouirait ?

C'est trop réduire la question. Satan est autre chose. Les médecins n'en voient ni le haut, ni le bas, — ni sa haute Révolte dans la science, — ni les étranges compromis d'intrigue dévote et d'impureté qu'il fait vers 1700, unissant Priape et Tartufe.....

On croit connaître le dix-huitième siècle, et l'on n'a jamais vu une chose essentielle qui le caractérise.

Plus sa surface, ses couches supérieures, furent civilisées, éclairées, inondées de lumière, plus hermétiquement se ferma au-dessous la vaste région du monde ecclésiastique, du couvent, des femmes crédules, maladives et prêtes à tout croire. En attendant Cagliostro, Mesmer et les magnétiseurs qui viendront vers la fin du siècle, nombre de prêtres exploitent la défunte sorcellerie. Ils ne parlent que d'ensorcellements, en répandent la peur, et se chargent de chasser les diables par des exorcismes indécents. Plusieurs font les sorciers, sachant bien qu'ils y risquent peu, qu'on ne brûlera plus désormais. Ils se sentent gardés par la douceur du temps, par la tolérance que prêchent leurs ennemis les philosophes, par la légèreté des grands rieurs, qui croient tout fini, si l'on rit. Or, c'est justement parce qu'on rit que ces ténébreux machinistes vont leur chemin et craignent peu. L'esprit nouveau, c'est celui du Régent, sceptique et débonnaire. Il éclate aux *Lettres persanes,* il éclate partout dans le tout-puissant journaliste qui remplit le siècle, Voltaire. Si le sang humain coule, tout son cœur se soulève. Pour tout le reste, il rit. Peu à peu la maxime du public mondain paraît être : « Ne rien punir, et rire de tout. »

La tolérance permet au cardinal Tencin d'être publiquement le mari de sa sœur. La tolérance assure les maîtres des couvents dans une possession paisible des religieuses, jusqu'à déclarer les grossesses, constater légalement les naissances[1]. La tolérance excuse le Père Apollinaire, pris dans un honteux exorcisme[2]. Cauvrigny, le galant Jésuite, idole des couvents de province, n'expie ses aventures que par un rappel à Paris, c'est-à-dire un avancement.

Autre ne fut la punition du fameux jésuite Girard : il mérita la corde, et fut comblé d'honneur, mourut en odeur de sainteté. C'est l'affaire la plus curieuse du siècle. Elle fait toucher au doigt la méthode du temps, le mélange grossier des machines les plus opposées. Les suavités dangereuses du *Cantiques des cantiques* étaient, comme toujours, la préface. On continuait par Marie Alacoque, par le mariage des cœurs sanglants, assaisonné des morbides douceurs de Molinos. Girard y ajouta le souffle diabolique et les terreurs de l'ensorcellement. Il fut le diable et il fut l'exorciste. Enfin, chose terrible, l'infortunée qu'il immola barbarement, loin d'obtenir justice, fut poursuivie à mort. Elle disparut, probablement; enfermée par lettre de cachet, et plongée vivante au sépulcre.

---

1. Exemple. Le noble chapitre des chanoines de Pignan, qui avait l'honneur d'être représenté aux états de Provence, ne tenait pas moins fièrement à la possession publique des religieuses du pays. Ils étaient seize chanoines. La prévôté, en une seule année, reçut des nonnes seize déclarations de grossesse. (*Histoire manuscrite de Besse*, par M. Renoux, communiquée par M. Th.) Cette publicité avait cela de bon que le crime monastique, l'infanticide dut être moins commun. Les religieuses, soumises à ce qu'elles considéraient comme une charge de leur état, au prix d'une petite honte, étaient humaines et bonnes mères. Elles sauvaient du moins leurs enfants. Celles de Pignan les mettaient en nourrice chez les paysans, qui les adoptaient, s'en servaient, les élevaient avec les leurs. Ainsi nombre d'agriculteurs sont connus aujourd'hui même pour enfants de la noblesse ecclésiastique de Provence.

2. Garinet, 314.

X

LE PÈRE GIRARD ET LA CADIÈRE (1730)

Les Jésuites avaient du malheur. Étant si bien à Versailles, maîtres à la cour, ils n'avaient pas le moindre crédit du côté de Dieu. Pas le plus petit miracle. Les jansénistes abondaient du moins en touchantes légendes. Nombre infini de créatures malades, d'infirmes, de boiteux, de paralytiques, trouvaient au tombeau du diacre Pâris un moment de guérison. Ce malheureux peuple écrasé par une suite effroyable de fléaux (le grand Roi, premier fléau, puis la Régence, le Système qui firent tant de mendiants), ce peuple venait demander son salut à un pauvre homme de bien, un vertueux imbécile, un saint, malgré ses ridicules. Et pourquoi rire après tout? Sa vie est bien plus touchante encore que risible. Il ne faut pas s'étonner si ces bonnes gens, émus, au tombeau de leur bienfaiteur, oubliaient tout à coup leurs maux. La guérison ne durait guère ; n'importe, le miracle avait eu lieu, celui de la dévotion, du bon cœur, de la reconnaissance. Plus tard, la friponnerie se mêla à tout cela; mais alors (1728) ces étranges scènes populaires étaient très pures.

Les jésuites auraient tout donné pour avoir le moindre de ces miracles qu'ils niaient. Ils travaillaient depuis près de cinquante ans à orner de fables et de petits contes leur légende du Sacré-Cœur, l'histoire de Marie Alacoque. Depuis vingt-cinq ou trente ans, ils avaient tâché de faire croire que leur confrère, Jacques II, non content de guérir les écrouelles (en qualité de roi de France), après sa mort s'amusait à faire parler les muets, faire marcher droit les boiteux, redresser les louches. Les guéris louchaient encore plus. Quant aux muets, il se trouva, par malheur, que celle qui jouait ce rôle était une coquine avérée, prise en flagrant délit de vol. Elle courait les provinces; et, à toutes les chapelles de saints renommés, elle était guérie par miracle et recevait les aumônes; puis recommençait ailleurs.

Pour se procurer des miracles, le Midi vaut mieux. Il y a des femmes nerveuses, de facile exaltation, propres à faire des somnambules, des miraculées, des stigmatisées, etc.

Les Jésuites avaient à Marseille un évêque à eux, Belzunce, homme de cœur et de courage, illustre depuis la fameuse peste, mais crédule et fort borné; sous l'abri duquel on pouvait hasarder beaucoup. Ils avaient mis près de lui un Jésuite franc-comtois, qui ne manquait pas d'esprit; qui, avec une apparence austère, n'en prêchait pas moins agréablement dans le genre fleuri, un peu mondain, qu'aiment les dames. Vrai Jésuite qui pouvait réussir de deux manières, ou par l'intrigue féminine, ou par le *santissimo*. Girard n'avait pour lui ni l'âge ni la figure; c'était un homme de quarante-sept ans, grand, sec, qui semblait exténué; il avait l'oreille un peu dure, l'air sale et crachait partout (pages 50, 69, 254)[1]. Il avait enseigné longtemps, jusqu'à l'âge de trente-sept ans, et gardait certains goûts de collége. Depuis dix ans, c'est-à-dire depuis la grande peste, il était confesseur de religieuses. Il y avait réussi et avait obtenu sur elles un assez grand ascendant en leur imposant ce qui lui semblait le plus contraire au tempérament de ces Provençales, les doctrines et les disciplines de la mort mystique, la passiveté absolue, l'oubli parfait de soi-même. Le terrible événement avait aplati les courages, énervé les cœurs, amollis d'une certaine langueur morbide. Les Carmélites de Marseille, sous la conduite de Girard, allaient loin dans ce mysticisme, à leur tête une certaine sœur Rémusat, qui passait pour sainte.

Les Jésuites, malgré ce succès, ou peut-être pour ce succès même, éloignèrent Girard de Marseille; ils voulurent l'employer à relever leur maison de Toulon. Elle en avait grand besoin. Le magnifique établissement de Colbert, le *séminaire des aumôniers de la marine*, avait été confié aux jésuites pour

---

[1]. Dans une affaire si discutée, je cite constamment, et surtout un volume in-folio : *Procédure du Père Girard et de la Cadière*. Aix, 1733. Pour ne pas multiplier les notes, j'indique seulement dans mon texte la page de ce volume.

décrasser ces jeunes aumôniers de la direction des Lazaristes, sous laquelle ils étaient presque partout. Mais les deux Jésuites qu'on y avait mis étaient peu capables. L'un était un sot, l'autre (le Père Sabatier), un homme singulièrement emporté, malgré son âge. Il avait l'insolence de notre ancienne marine, ne daignait garder aucune mesure. On lui reprochait à Toulon, non d'avoir une maîtresse, ni même une femme mariée, mais de l'avoir insolemment, outrageusement, de manière à désespérer le mari. Il voulait que celui-ci, surtout, connût bien sa honte, sentît toutes les piqûres. Les choses furent poussées si loin que le pauvre homme en mourut[1].

Du reste, les rivaux des jésuites offraient encore plus de scandale. Les Observantins, qui dirigeaient les Clarisses (ou Claristes) d'Ollioules, avaient publiquement des religieuses pour maîtresses, et cela ne suffisant pas, ils ne respectaient pas même les petites pensionnaires. Le Père gardien, un Aubany, en avait violé une de treize ans; poursuivi par les parents, il s'était sauvé à Marseille.

Girard, nommé directeur du *séminaire des aumôniers*, allait, par son austérité apparente, par sa dextérité réelle, rendre l'ascendant aux Jésuites sur des moines tellement compromis, sur des prêtres de paroisse peu instruits et fort vulgaires.

En ce pays où l'homme est brusque, souvent âpre d'accent, d'extérieur, les femmes apprécient fort la douce gravité des hommes du Nord; elles leur savent

---

1. Bibliothèque de la ville de Toulon, *Pièces et chansons manuscrites*, un volume in-folio, très curieux.

gré de parler la langue aristocratique, officielle, le français.

Girard, arrivant à Toulon, devait connaître parfaitement le terrain d'avance. Il avait là déjà à lui une certaine Guiol, qui venait parfois à Marseille, où elle avait une fille carmélite. Cette Guiol, femme d'un petit menuisier, se mit entièrement à sa disposition, autant et plus qu'il ne voulait ; elle était fort mûre, de son âge (quarante-sept ans), extrêmement véhémente, corrompue et bonne à tout, prête à lui rendre des services de toute sorte, quoi qu'il fît, quoi qu'il fût, un scélérat ou un saint.

Cette Guiol, outre sa fille carmélite de Marseille, en avait une qui était sœur converse aux Ursulines de Toulon. Les Ursulines, religieuses enseignantes, étaient partout comme un centre ; leur parloir, fréquenté des mères, était un intermédiaire entre le cloître et le monde. Chez elles, et par elles, sans doute, Girard vit les dames de la ville, entre autres une de quarante ans, non mariée, Mlle Gravier, fille d'un ancien entrepreneur des travaux du roi à l'Arsenal. Cette dame avait comme une ombre qui ne la quittait pas, la Reboul, sa cousine, fille d'un patron de barque, qui était sa seule héritière, et qui, quoiqu'à peu près du même âge (trente-cinq ans), prétendait bien hériter. Près d'elles, se formait peu à peu un petit cénacle d'admiratrices de Girard, qui devinrent ses pénitentes. Des jeunes filles y étaient parfois introduites, comme Mlle Cadière, fille d'un marchand, une couturière, la Laugier, la Batarelle, fille d'un batelier. On y faisait de pieuses lectures et parfois de petits goûters. Mais rien n'intéressait plus que certaines lettres où l'on comptait les miracles et les extases de sœur Rémusat, encore vivante (elle mourut en février 1730). Quelle gloire pour le Père Girard qui l'avait menée si haut! On lisait cela, on pleurait, on criait d'admiration. Si l'on n'avait encore d'extases, on n'était pas loin d'en avoir. Et la Reboul, pour plaire à sa parente, se mettait déjà parfois dans un état singulier par le procédé connu de s'étouffer tout doucement et de se pincer le nez[1].

De ces femmes et filles, la moins légère certainement était Mlle Catherine Cadière, délicate et maladive personne de dix-sept ans, tout occupée de dévotion et de charité, d'un visage mortifié, qui semblait indiquer que, quoique bien jeune, elle avait plus qu'aucune autre ressenti les grands malheurs du temps, ceux de la Provence et de Toulon. Cela s'explique assez. Elle était née dans l'affreuse famine de 1709, et, au moment où une fille devient vraie fille, elle eut le terrible spectacle de la grande Peste. Elle semblait marquée de ces deux événements, un peu hors de la vie, et déjà de l'autre côté.

La triste fleur était tout à fait de Toulon, de ce Toulon d'alors. Pour la comprendre, il faut bien se rappeler ce qu'est, ce qu'était cette ville.

Toulon est un passage, un lieu d'embarquement, l'entrée d'un port immense et d'un gigantesque arsenal. Voilà ce qui saisit le voyageur et l'empêche de voir Toulon même. Il y a pourtant là une ville, une

---

1. Voy. le *Procès*, et Svift, *Mécanisme de l'enthousiasme*.

vieille cité. Elle contient deux peuples différents, le fonctionnaire étranger, et le vrai Toulonnais, celui-ci peu ami de l'autre, enviant l'employé et souvent révolté par les grands airs de la Marine. Tout cela concentré dans les rues ténébreuses d'une ville étranglée alors de l'étroite ceinture des fortifications. L'originalité de la petite ville noire, c'est de se trouver justement entre deux océans de lumière, le merveilleux miroir de la rade et le majestueux amphithéâtre de ses montagnes chauves d'un gris éblouissant et qui vous aveuglent à midi. D'autant plus sombres paraissent les rues. Celles qui ne vont pas droit au port et n'en tirent pas quelque lumière, sont à toute heure profondément obscures. Des allées sales et de petits marchands, des boutiques mal garnies, invisibles à qui vient du jour, c'est l'aspect général. L'intérieur forme un labyrinthe de ruelles, où l'on trouve beaucoup d'églises, de vieux couvents, devenus casernes. De forts ruisseaux, chargés et salis des eaux ménagères, courent en torrents. L'air y circule peu, et l'on est étonné, sous un climat si sec, d'y trouver tant d'humidité.

En face du nouveau théâtre, une ruelle appelée *la rue de l'Hôpital* va de la rue Royale, assez étroite, à l'étroite rue des Canonniers (Saint-Sébastien). On dirait une impasse. Le soleil cependant y jette un regard à midi, mais il trouve le lieu si triste qu'à l'instant même il passe et rend à la ruelle son ombre obscure.

Entre ces noires maisons, la plus petite était celle du sieur Cadière, regrattier, ou revendeur. On n'entrait que par la boutique, et il y avait une chambre à chaque étage. Les Cadière étaient gens honnêtes, dévots, et Mᵐᵉ Cadière un miroir de perfection. Ces bonnes gens n'étaient pas absolument pauvres. Non seulement la petite maison était à eux, mais, comme la plupart des bourgeois de Toulon, ils avaient une *bastide*. C'est une masure le plus souvent, un petit clos pierreux qui donne un peu de vin. Au temps de la grande marine, sous Colbert et son fils, le prodigieux mouvement du port profitait à la ville. L'argent de la France arrivait là. Tant de grands seigneurs qui passaient, traînaient après eux leurs maisons, leurs nombreux domestiques, un peuple gaspillard, qui derrière lui laissait beaucoup. Tout cela finit brusquement. Ce mouvement artificiel cessa; on ne pouvait plus même payer les ouvriers de l'Arsenal; les vaisseaux délabrés restaient non réparés, et l'on finit par en vendre le bois[1].

Toulon sentit fort bien le contre-coup de tout cela. Au siège de 1707, il semblait quasi mort. Mais que fut-ce dans la terrible année de 1709, le 93 de Louis XIV! quand tous les fléaux à la fois, cruel hiver, famine, épidémie, semblaient vouloir raser la France! — Les arbres de Provence, eux-mêmes, ne furent pas épargnés. Les communications cessèrent. Les routes se couvraient de mendiants, d'affamés! Toulon tremblait, entouré de brigands qui coupaient toutes les routes.

Mᵐᵉ Cadière, pour comble, en cette année cruelle, était enceinte. Elle avait trois garçons. L'aîné restait à la boutique, aidait son père. Le second était

---

1. Voy. une très bonne dissertation manuscrite de M. Brun.

aux Prêcheurs et devait se faire moine dominicain (jacobin, comme on disait). Le troisième étudiait pour être prêtre au séminaire des Jésuites. Les époux voulaient une fille ; madame demandait à Dieu une sainte. Elle passa ses neuf mois en prière, jeûnant ou ne mangeant que du pain de seigle. Elle eut une fille. Catherine. L'enfant était très délicate, et, comme ses frères, un peu malsaine. L'humidité de la maison sans air, la faible nourriture d'une mère si économe et plus que sobre, y contribuaient. Les frères avaient des glandes qui s'ouvraient quelquefois ; et la petite en eut dans les premières années. Sans être tout à fait malade, elle avait les grâces souffrantes des enfants maladifs. Elle grandit sans s'affermir. A l'âge où les autres ont la force, la joie de la vie ascendante, elle disait déjà : « J'ai peu à vivre. »

Elle eut la petite vérole, et en resta un peu marquée. On ne sait si elle fut belle. Ce qui est sûr, c'est qu'elle était gentille, ayant tous les charmants contrastes des jeunes Provençales et leur double nature. Vive et rêveuse, gaie et mélancolique, une bonne petite dévote, avec d'innocentes échappées. Entre les longs offices, si on la menait à la bastide avec les filles de son âge, elle ne faisait difficulté de faire comme elles, de chanter ou danser, en se passant au cou le tambourin. Mais ces jours étaient rares. Le plus souvent, son grand plaisir était de monter au plus haut de la maison (p. 24), de se trouver plus près du ciel, de voir un peu de jour, d'apercevoir peut-être un petit coin de mer, ou quelque pointe aiguë de la vaste thébaïde des montagnes. Elles étaient sérieuses dès lors, mais un peu moins sinistres, moins déboisées, moins chauves, avec une robe clairsemée d'arbousiers, de mélèzes.

Cette morte ville de Toulon, au moment de la peste, comptait vingt-six mille habitants. Énorme masse resserrée sur un point. Et encore, de ce point, ôtez une ceinture de grands couvents adossés aux remparts, minimes, oratoriens, jésuites, capucins, récollets, ursulines, visitandines, bernardines, Refuge, Bon-Pasteur, et, tout au centre, le couvent énorme des dominicains. Ajoutez les églises paroissiales, presbytères, évêché, etc. Le clergé occupait tout, le peuple rien pour ainsi dire[1].

On devine combien, sur un foyer si concentré, le fléau âprement mordit. Le bon cœur de Toulon lui fut fatal aussi. Elle reçut magnanimement des échappés de Marseille. Ils purent bien amener la peste, autant que des ballots de laine auxquels on attribue l'introduction du fléau. Les notables effrayés allaient fuir, se disperser dans les campagnes. Le premier des consuls, M. d'Antrechaus, cœur héroïque, les retint, leur dit sévèrement : « Et le peuple, que va-t-il devenir, messieurs, dans cette ville dénuée, si les riches emportent leurs bourses? » Il les retint et força tout le monde de rester. On attribuait les horreurs de Marseille aux communications entre habitants. D'Antrechaus essaya d'un système tout contraire. Ce fut d'isoler, d'enfermer les Toulonnais chez eux. Deux hôpitaux immenses

---

1. Voy. le livre de M. d'Antrechaus et l'excellente brochure de M. Gustave Lambert.

furent créés et dans la rade et aux montagnes. Tout ce qui n'y allait pas, dut rester chez soi sous peine de mort. D'Antrechaus, pendant sept grands mois, soutint cette gageure qu'on eût crue impossible, de garder, de nourrir à domicile, une population de vingt-six mille âmes. Pour ce temps, Toulon fut un sépulcre. Nul mouvement que celui du matin, de la distribution du pain de porte en porte, puis de l'enlèvement des morts. Les médecins périrent la plupart, les magistrats périrent, sauf d'Antrechaus. Les enterreurs périrent. Les déserteurs condamnés les remplaçaient, mais avec une brutalité précipitée et furieuse. Les corps, du quatrième étage, étaient, la tête en bas, jetés au tombereau. Une mère venait de perdre sa fille, jeune enfant. Elle eut horreur de voir ce pauvre petit corps précipité ainsi, et, à force d'argent, elle obtint qu'on la descendit. Dans le trajet, l'enfant revient, se ranime. On la remonte; elle survit. Si bien qu'elle fut l'aïeule de notre savant M. Brun, auteur de l'excellente histoire du port.

La pauvre petite Cadière avait justement l'âge de cette morte qui survécut, douze ans, l'âge si vulnérable pour ce sexe. La fermeture générale des églises, la suppression des fêtes (de Noël! si gai à Toulon), tout cela pour l'enfant était la fin du monde. Il semble qu'elle n'en soit jamais bien revenue. Toulon non plus ne se releva point. Elle garda l'aspect d'un désert. Tout était ruiné, en deuil, veuf, orphelin, beaucoup désespérés. Au milieu, une grande ombre, d'Antrechaus, qui avait vu tout mourir, ses fils, frères et collègues, et qui s'était glorieusement ruiné, à ce point qu'il lui fallut manger chez ses voisins ; les pauvres se disputaient l'honneur de le nourrir.

La petite dit à sa mère qu'elle ne porterait jamais plus ce qu'elle avait de beaux habits, et il fallut les vendre. Elle ne voulait plus que servir les malades ; elle entraînait toujours sa mère à l'hôpital qui était au bout de leur rue. Une petite voisine de quatorze ans, la Laugier, avait perdu son père, vivait avec sa mère fort misérablement. Catherine y allait sans cesse et y portait sa nourriture, des vêtements, tout ce qu'elle pouvait. Elle demanda à ses parents qu'on payât pour la Laugier les frais d'apprentissage chez une couturière, et tel était son ascendant, qu'ils ne refusèrent pas cette grosse dépense. Sa piété, son charmant petit cœur la rendaient toute-puissante. Sa charité était passionnée ; elle ne donnait pas seulement ; elle aimait. Elle eût voulu que cette Laugier fût parfaite. Elle l'avait volontiers près d'elle, la couchait souvent avec elle. Toutes deux avaient été reçues dans les *filles de Sainte-Thérèse*, un tiers-ordre que les carmes avaient organisé. Mlle Cadière en était l'exemple, et, à treize ans, elle semblait une carmélite accomplie. Elle avait emprunté d'une visitandine des livres de mysticité qu'elle dévorait. La Laugier, à quinze ans, faisait un grand contraste ; elle ne voulait rien faire, rien que manger et être belle. Elle l'était, et pour cela on l'avait fait sacristine de la chapelle de Sainte-Thérèse. Occasion de grandes privautés avec les prêtres ; aussi, quand sa conduite lui mérita d'être chassée de la congrégation, une autre autorité, un vicaire général, s'emporta jusqu'à dire que, si elle l'était, on interdirait la chapelle (p. 36-37).

Toutes deux elles avaient le tempérament du pays, l'extrême agitation nerveuse, et dès l'enfance, ce qu'on appelait des *vapeurs de mère* (de matrice). Mais le résultat était opposé; fort charnel chez la Laugier, gourmande, fainéante, violente ; tout cérébral chez la pure et douce Catherine, qui, par suite de ses maladies ou de sa vive imagination qui absorbait tout en elle, n'avait aucune idée du sexe. « A vingt ans, elle en avait sept. » Elle ne songeait à rien qu'à prier et donner, ne voulait point se marier. Au mot de mariage elle pleurait, comme si on lui eût proposé de quitter Dieu.

On lui avait prêté la vie de sa patronne, sainte Catherine de Gênes, et elle avait acheté le *Château de l'âme* de sainte Thérèse. Peu de confesseurs la suivaient dans cet essor mystique. Ceux qui parlaient gauchement de ces choses lui faisaient mal. Elle ne put garder ni le confesseur de sa mère, prêtre de la cathédrale, ni un carme, ni le vieux jésuite Sabatier. A seize ans, elle avait un prêtre de Saint-Louis, de haute spiritualité. Elle passait des jours à l'église, tellement que sa mère, alors veuve, qui avait besoin d'elle, toute dévote qu'elle était, la punissait à son retour. Ce n'était pas sa faute. Elle s'oubliait dans ses extases. Les filles de son âge la tenaient tellement pour sainte, que parfois, à la messe, elles crurent voir l'hostie, attirée par la force d'amour qu'elle exerçait, voler à elle et d'elle-même se placer dans sa bouche.

Ses deux jeunes frères étaient disposés fort diversement pour Girard. L'aîné, chez les Prêcheurs, avait pour le Jésuite l'antipathie naturelle de l'ordre de Saint-Dominique. L'autre, qui, pour être prêtre, étudiait chez les Jésuites, regardait Girard comme un saint, un grand homme ; il en avait fait son héros. Elle aimait ce jeune frère, comme elle, maladif. Ce qu'il disait sans cesse de Girard dut agir. Un jour, elle le rencontra dans la rue ; elle le vit si grave, mais si bon et si doux qu'une voix intérieure lui dit *Ecce homo* (le voici, l'homme qui doit te conduire). Le samedi, elle alla se confesser à lui, et il lui dit : « Mademoiselle, je vous attendais. » Elle fut surprise et émue, ne songea nullement que son frère eût pu l'avertir, mais pensa que la voix mystérieuse lui avait parlé aussi, et que tous deux partageaient cette communion céleste des avertissement d'en haut (p. 81, 383).

Six mois d'été se passèrent sans que Girard, qui la confessait le samedi, fît un pas vers elle. Le scandale du vieux Sabatier l'avertissait assez. Il eût été de sa prudence de s'en tenir au plus obscur attachement, à la Guiol, il est vrai, bien mûre, mais ardente et diable incarné.

C'est la Cadière qui s'avança vers lui innocemment. Son frère, l'étourdi Jacobin, s'était avisé de prêter à une dame et de faire courir dans la ville une satire intitulée : *La Morale des Jésuites*. Ils en furent bientôt avertis. Sabatier jure qu'il va écrire en cour, obtenir une lettre de cachet pour enfermer le Jacobin. Sa sœur se trouble, s'effraye ; elle va, les larmes aux yeux, implorer le Père Girard, le prier d'intervenir. Peu après, quand elle y retourne, il lui dit :

« Rassurez-vous ; votre frère n'a rien à craindre, j'ai arrangé son affaire. » Elle fut tout attendrie. Girard sentit son avantage. Un homme si puissant, ami du roi, ami de Dieu, et qui venait de se montrer si bon !, quoi de plus fort sur un jeune cœur? Il s'aventura, et lui dit (toutefois dans sa langue équivoque) : « Remettez-vous à moi, abandonnez-vous tout entière. » Elle ne rougit point, et avec sa pureté d'ange elle dit : « Oui », n'entendant rien, sinon l'avoir pour directeur unique.

Quelles étaient ses idées sur elle ? En ferait-il une maîtresse ou un instrument de charlatanisme ? Girard flotta sans doute, mais je crois qu'il penchait vers la dernière idée. Il avait à choisir, pouvait trouver des plaisirs sans périls. Mais Mlle Cadière était sous une mère pieuse. Elle vivait avec sa famille, un frère marié et les deux qui étaient d'Église, dans une maison très étroite, dont la boutique de l'aîné était la seule entrée. Elle n'allait guère qu'à l'église. Quelle que fût sa simplicité, elle sentait d'instinct les choses impures, les maisons dangereuses. Les pénitentes des Jésuites se réunissaient volontiers au haut d'une maison, faisaient des mangeries, des folies, criaient en provençal : « Vivent les *jésuitons!* » Une voisine que ce bruit dérangeait, vint, les vit couchées sur le ventre (5b), chantant et mangeant des beignets (le tout, dit-on, payé par l'argent des aumônes). La Cadière y fut invitée, mais elle en eut dégoût et n'y retourna point.

On ne pouvait l'attaquer que par l'âme. Girard semblait n'en vouloir qu'à l'âme seule. Qu'elle obéît, acceptât les doctrines de passiveté qu'il avait enseignées à Marseille, c'était, ce semble, son seul but. Il crut que les exemples y feraient plus que les préceptes. La Guiol, son âme damnée, fut chargée de conduire la jeune sainte dans cette ville, où la Cadière avait une amie d'enfance, une carmélite, fille de la Guiol. La rusée, pour lui inspirer confiance, prétendait, elle aussi, avoir des extases. Elle la repaissait de contes ridicules. Elle lui disait, par exemple, qu'ayant trouvé à sa cave qu'un tonneau de vin s'était gâté, elle se mit en prière et qu'à l'instant le vin redevint bon. Une autre fois, elle s'était sentie entrer une couronne d'épines, mais les anges pour la consoler avaient servi un bon dîner, qu'elle mangeait avec le Père Girard.

La Cadière obtint de sa mère qu'elle pût aller à Marseille avec cette bonne Guiol, et Mme Cadière paya la dépense. C'était au mois le plus brûlant de la brûlante contrée, en août (1729), quand toute la campagne tarie n'offre à l'œil qu'un âpre miroir de rocs et de cailloux. Le faible cerveau desséché de la jeune malade, sous la fatigue du voyage, reçut d'autant mieux la funeste impression de ces mortes de couvent. Le vrai type du genre était cette sœur Rémusat, déjà à l'état de cadavre (et qui réellement mourut). La Cadière admira une si haute perfection. Sa compagne perfide la tenta de l'idée orgueilleuse d'en faire autant, et de lui succéder.

Pendant ce court voyage, Girard, resté dans le brûlant étouffement de Toulon, avait fort tristement baissé. Il allait fréquemment chez cette petite Laugier qui croyait aussi avoir des extases, la *consolait* (si bien que tout à l'heure elle est enceinte !). Lorsque Mlle Cadière lui revint ailée, exaltée, lui, au contraire, charnel, tout livré au plaisir, lui « jeta un souffle d'amour » (p. 6, 383). Elle en fut embrasée, mais (on le voit) à sa manière, pure, sainte et généreuse, voulant l'empêcher de tomber, s'y dévouant jusqu'à mourir pour lui (septembre 1729).

Un des dons de sa sainteté, c'est qu'elle voyait au fond des cœurs. Il lui était arrivé parfois de connaître la vie secrète, les mœurs de ses confesseurs, de les avertir de leurs fautes, ce que plusieurs, étonnés, atterrés, avaient pris humblement. Un jour de cet été, voyant entrer chez elle La Guiol, elle lui dit tout à coup : « Ah ! méchante, qu'avez-vous fait ? » — « Et elle avait raison, dit plus tard La Guiol elle-même. Je venais de faire une mauvaise action. » — Laquelle ? Probablement de livrer la Laugier. On est tenté de le croire, quand on la voit l'année suivante vouloir livrer la Batarelle.

La Laugier, qui souvent couchait chez la Cadière, pouvait fort bien lui avoir confié son bonheur et l'amour du saint, ses paternelles caresses. Dure épreuve pour la Cadière et grande agitation d'esprit. D'une part, elle savait à fond la maxime de Girard : Qu'en un saint tout acte est saint. Mais d'autre part, son honnêteté naturelle, toute son éducation antérieure, l'obligeaient à croire qu'une tendresse excessive pour la créature était toujours un péché mortel. Cette perplexité douloureuse entre deux doctrines acheva la pauvre fille, lui donna d'horribles tempêtes, et elle se crut *obsédée* du démon.

Là parut encore son bon cœur. Sans humilier

Girard, elle lui dit qu'elle avait la vision d'une âme tourmentée d'impureté et de péché mortel, qu'elle se sentait le besoin de sauver cette âme, d'offrir au Diable victime pour victime, d'accepter l'*obsession* et de se livrer à sa place. Il ne le lui défendit pas, lui permit d'être *obsédée*, mais pour un an seulement (novembre 1729).

Elle savait, comme toute la ville, les scandaleuses amours du vieux Père Sabatier, insolent, furieux, nullement prudent comme Girard. Elle voyait le mépris où les jésuites (qu'elle croyait le soutien de l'Église) ne pouvaient manquer de tomber. Elle dit un jour à Girard : « J'ai eu une vision : une mer sombre, un vaisseau plein d'âmes, battu de l'orage des pensées impures, et sur le vaisseau deux Jésuites. J'ai dit au Rédempteur que je voyais au ciel : « Seigneur! sau-
« vez-les, noyez-moi... Je prends sur moi tout le
« naufrage. » Et le bon Dieu me l'accorda. »

Jamais, dans le cours du procès et lorsque Girard, devenu son cruel ennemi, poursuivit sa mort, elle ne revint là-dessus. Jamais elle n'expliqua ces deux paraboles de sens si transparent. Elle eut cette noblesse de n'en pas dire un mot. Elle s'était dévouée. A quoi? sans doute à la damnation. Voudra-t-on dire que, par orgueil, se croyant impassible et morte, elle défiait l'impureté que le démon infligeait à l'homme de Dieu. Mais il est très certain qu'elle ne savait rien précisément des choses sensuelles; qu'en ce mystère elle ne prévoyait rien que douleurs, tortures du démon. Girard était bien froid, et bien indigne de tout cela. Au lieu d'être attendri, il se joua de sa crédulité par une ignoble fraude. Il lui glissa dans sa cassette un papier où Dieu lui disait que, pour elle, effectivement il sauverait le vaisseau. Mais il se garda d'y laisser cette pièce ridicule ; en la lisant et relisant, elle aurait pu s'apercevoir qu'elle était fabriquée. L'ange qui apporta le papier, un jour après le remporta.

Avec la même indélicatesse, Girard, la voyant agitée et incapable de prier, lui permit légèrement de communier tant qu'elle voudrait, tous les jours, dans différentes églises. Elle n'en fut que plus mal. Déjà pleine du démon, elle logeait ensemble les deux ennemis. A force égale, ils se battaient en elle. Elle croyait éclater et crever. Elle tombait, s'évanouissait, et restait ainsi plusieurs heures. En décembre, elle ne sortit plus guère, même de son lit.

Girard eut un trop bon prétexte pour la voir. Il fut prudent, s'y faisant toujours conduire par le petit frère, du moins jusqu'à la porte. La chambre de la malade était au haut de la maison. La mère restait à la boutique discrètement. Il était seul, tant qu'il voulait, et, s'il voulait, tournait la clé. Elle était alors très malade. Il la traitait comme un enfant ; il l'avançait un peu sur le devant du lit, lui tenait la tête, la baisait paternellement. Tout cela reçu avec respect, tendresse, reconnaissance.

Très pure, elle était très sensible. A tel contact léger qu'une autre n'eût pas remarqué, elle perdait connaissance ; un frôlement près du sein suffisait. Girard en fit l'expérience, et cela lui donna de mauvaises pensées. Il la jetait à volonté dans ce sommeil, et elle ne songeait nullement à s'en défendre, ayant toute confiance en lui, inquiète seulement, un peu honteuse de prendre avec un tel homme tant de liberté et de lui faire perdre un temps si précieux. Il y restait longtemps. On pouvait prévoir ce qui arriva. La pauvre jeune fille, toute malade qu'elle fut, n'en porta pas moins à la tête de Girard un invincible enivrement. Une fois, en s'éveillant, elle se trouva dans une posture très ridiculement indécente ; une autre, elle le surprit qui la caressait. Elle rougit, gémit, se plaignit. Mais il lui dit impudemment : « Je suis votre maître, votre Dieu... Vous devez tout souffrir au nom de l'obéissance. » Vers Noël, à la grande fête, il perdit la dernière réserve. Au réveil, elle s'écria : « Mon Dieu ! que j'ai souffert ! » — « Je le crois, pauvre enfant ! » dit-il d'un ton compatissant. Depuis, elle se plaignit moins, mais ne s'expliquait pas ce qu'elle éprouvait dans le sommeil (p. 5, 12, etc.).

Girard comprenait mieux, mais non sans terreur, ce qu'il avait fait. En janvier, février, un signe trop certain l'avertit de la grossesse. Pour comble d'embarras, la Laugier aussi se trouva enceinte. Ces parties de dévotes, ces mangeries, arrosées indiscrètement du petit vin du pays, avaient eu pour premier effet l'exaltation naturelle chez une race inflammable, l'extase contagieuse. Chez les rusées, tout était contrefait. Mais chez cette jeune Laugier, sanguine et véhémente, l'extase fut réelle. Elle eut, dans sa chambrette, de vrais délires, des défaillances, surtout quand Girard y venait. Elle fut grosse un peu plus tard que la Cadière, sans doute aux fêtes des Rois (p. 37, 114).

Péril très grand. Elles n'étaient pas dans un

désert, ni au fond d'un couvent, intéressé à étouffer la chose, mais, pour ainsi dire, en pleine rue. La Laugier au milieu des voisines curieuses, la Cadière dans sa famille. Son frère, le Jacobin, commençait à trouver mauvais que Girard lui fît de si longues visites. Un jour, il osa rester près d'elle, quand Girard y vint, comme pour la garder. Girard, hardiment, le mit hors de la chambre, et la mère, indignée, chassa son fils de la maison.

Cela tournait vers un éclat. Nul doute que ce jeune homme, si durement traité, chassé de chez lui, gonflé de colère, n'allât crier aux Prêcheurs, et que ceux-ci, saisissant une si belle occasion, ne courussent répéter la chose, et en dessous n'ameutassent toute la ville contre le Jésuite. Il prit un étrange parti, de faire face par un coup hardi et de se sauver par le crime. Le libertin devint un scélérat.

Il connaissait bien sa victime. Il avait vu la trace des scrofules qu'elle avait eues enfant. Cela ne ferme pas nettement comme une blessure. La peau y reste rosée, mince et faible. Elle en avait eu aux pieds. Et elle en avait aussi dans un endroit délicat, dangereux, sous le sein. Il eut l'idée diabolique de lui renouveler ces plaies, de les donner pour des stigmates, tels qu'en ont obtenus du ciel saint François et d'autres saints, qui, cherchant l'*imitation* et la *conformité* complète avec le Crucifié, portaient et la marque des clous et le coup de lance au côté. Les Jésuites étaient désolés de n'avoir rien à opposer aux miracles des jansénistes. Girard était sûr de les charmer par un miracle inattendu. Il ne pouvait manquer d'être soutenu par les siens, par leur maison de Toulon. L'un, le vieux Sabatier, était prêt à croire tout ; il avait été jadis le confesseur de la Cadière, et la chose lui eût fait honneur. Un autre, le Père Grignet, était un béat imbécile, qui verrait tout ce qu'on voudrait. Si les carmes ou d'autres s'avisaient d'avoir des doutes, on les ferait avertir de si haut, qu'ils croiraient prudent de se taire. Même le jacobin Cadière, jusque-là ennemi et jaloux, trouverait son compte à revenir, à croire une chose qui ferait la famille si glorieuse et lui le frère d'une sainte.

« Mais, dira-t-on, la chose n'était-elle pas naturelle ? On a des exemples innombrables, bien constatés, de vraies stigmatisées [1]. »

Le contraire est probable. Quand elle s'aperçut de la chose, elle fut honteuse et désolée, craignant de déplaire à Girard par ce retour de petits maux d'enfance. Elle alla vite chez une voisine, une Mme Truc, une femme qui se mêlait de médecine, et lui acheta (comme pour un jeune frère) un onguent qui lui brûlait les plaies.

Pour faire ces plaies, comment le cruel s'y prit il ? Enfonça-t-il les ongles ? usa-t-il d'un petit couteau, que toujours il portait sur lui ? Ou bien attira-t-il le sang la première fois, comme il le fit plus tard, par une forte succion ? Elle n'avait pas sa connaissance, mais bien sa sensibilité ; nul doute qu'à travers le sommeil elle n'ait senti la douleur.

Elle eût cru faire un grand péché, si elle n'eût

1. Voy. surtout A. Maury, *Magie*.

tout dit à Girard. Quelque crainte qu'elle eût de déplaire et de dégoûter, elle dit la chose. Il vit, et il joua sa comédie, lui reprocha de vouloir guérir et de s'opposer à Dieu. Ce sont les célestes stigmates. Il se met à genoux, baise les plaies des pieds. Elle se signe, s'humilie, elle fait difficulté de croire. Girard insiste, la gronde, lui fait découvrir le côté, admire la plaie. « Et moi aussi je l'ai, dit-il, mais intérieure. »

La voilà obligée de croire qu'elle est un miracle vivant. Ce qui aidait à lui faire accepter une chose si étonnante, c'est qu'à ce moment la sœur Rémusat venait de mourir. Elle l'avait vue dans la gloire, et son cœur porté par les anges. Qui lui succéderait sur la terre ? Qui hériterait des dons sublimes qu'elle avait eus, des faveurs célestes dont elle était comblée ? Girard lui offrit la succession et la corrompit par l'orgueil.

Dès lors, elle changea. Elle sanctifia vaniteusement tout ce qu'elle sentait des mouvements de nature. Les dégoûts, les tressaillements de la femme enceinte auxquels elle ne comprenait rien, elle les mit sur le compte des violences intérieures de l'Esprit. Au premier jour de carême, étant à table avec ses parents, elle voit tout à coup le Seigneur. « Je veux te conduire au Désert, dit-il, t'associer aux excès d'amour de la sainte Quarantaine, t'associer à mes douleurs... » Elle frémit, elle a horreur de ce qu'il faudra souffrir. Mais seule elle peut se donner pour tout un monde de pécheurs. Elle a des visions sanglantes. Elle ne voit que du sang. Elle aperçoit Jésus comme un crible de sang. Elle-même crachait le sang, et elle en perdait encore d'autre façon. Mais en même temps sa nature semblait changée. A mesure qu'elle souffrait, elle devenait amoureuse. Le vingtième jour du carême, elle voit son nom uni à celui de Girard. L'orgueil alors exalté, stimulé du sens nouveau qui lui venait, l'orgueil lui fait comprendre le *domaine spécial* que Marie (la femme) a sur Dieu. Elle sent *combien l'ange est inférieur au saint, à la moindre sainte*. — Elle voit le palais de la gloire, et se confond avec l'Agneau!... Pour comble d'illusion, elle se sent soulevée de terre, monter en l'air à plusieurs pieds. Elle peut à peine le croire, mais une personne respectée, Mlle Gravier, le lui assure. Chacun vient, admire, adore. Girard amène son collègue Grignet, qui s'agenouille et pleure de joie.

N'osant y aller tous les jours, Girard la faisait venir souvent à l'église des Jésuites. Elle s'y traînait à une heure, après les offices, pendant le dîner. Personne alors dans l'église. Il s'y livrait devant l'autel, devant la croix, à des transports que le sacrilège rendait plus ardents. N'y avait-elle aucun scrupule ? pouvait-elle bien s'y tromper ? Il semble que sa conscience, au milieu d'une exaltation sincère encore et non jouée, s'étourdissait pourtant déjà, s'obscurcissait. Sous les stigmates sanglants, ces faveurs cruelles de l'Époux céleste, elle commençait à sentir d'étranges dédommagements. Heureuse de ses défaillances, elle y trouvait, disait-elle, des peines d'infinie douceur et je ne sais quel flot de la Grâce « jusqu'au consentement parfait ». (P. 425, in-douze.)

Elle fut d'abord étonnée et inquiète de ces choses

nouvelles. Elle en parla à la Guiol, qui sourit, lui dit qu'elle était bien sotte, que ce n'était rien, et cyniquement elle ajouta qu'elle en éprouvait tout autant.

Ainsi ces perfides commères aidaient de leur mieux à corrompre une fille très honnête, et chez qui les sens retardés ne s'éveillaient qu'à grand'peine sous l'obsession odieuse d'une autorité sacrée.

Deux choses attendrissent dans ces rêveries : l'une, c'est le pur idéal qu'elle se faisait de l'union fidèle, croyant voir le nom de Girard et le sien unis à jamais au *Livre de vie*. L'autre chose touchante, c'est sa bonté qui éclate parmi les folies, son charmant cœur d'enfant. Au jour des Rameaux, en voyant la joyeuse table de famille, elle pleura trois heures de suite de songer « qu'au même jour personne n'invita Jésus à dîner ».

Pendant presque tout le carême, elle ne put presque pas manger; elle rejetait le peu qu'elle prenait. Aux quinze derniers jours, elle jeûna entièrement, et arriva au dernier degré de faiblesse. Qui pourrait croire que Girard, sur cette mourante qui n'avait plus que le souffle, exerça de nouveaux sévices ? Il avait empêché ses plaies de se fermer. Il lui en vint une nouvelle au flanc droit. Et enfin au Vendredi-Saint, pour l'achèvement de sa cruelle comédie, il lui fit porter une couronne de fil de fer, qui, lui entrant dans le front, lui faisait couler sur le visage des gouttes de sang. Tout cela sans trop de mystère. Il lui coupa d'abord ses longs cheveux, les emporta. Il commanda la couronne chez un certain Bitard, marchand du port, qui faisait des cages. Elle n'apparaissait pas aux visiteurs avec cette couronne; on n'en voyait que les effets, les gouttes de sang, la face sanglante. On y imprimait des serviettes, on en tirait des *Véroniques*, que Girard emportait pour les donner sans doute à des personnes de piété.

La mère se trouva malgré elle complice de la jonglerie. Mais elle redoutait Girard. Elle commençait à voir qu'il était capable de tout, et quelqu'un de bien confident (très probablement la Guiol) lui avait dit que, si elle disait un mot, sa fille ne vivrait pas vingt-quatre heures.

Pour la Cadière, elle ne mentit jamais là-dessus. Dans le récit qu'elle a dicté de ce carême, elle dit expressément que c'est une couronne à pointes qui, enfoncée dans sa tête, la faisait saigner.

Elle ne cacha pas non plus l'origine des petites croix qu'elle donnait à ses visiteurs. Sur un modèle fourni par Girard, elle les commanda à un de ses parents, charpentier de l'Arsenal.

Elle fut, le Vendredi-Saint, vingt-quatre heures dans une défaillance qu'on appelait une extase, livrée aux soins de Girard, soins énervants, meurtriers. Elle avait trois mois de grossesse. Il voyait déjà la sainte, la martyre, la miraculée, la transfigurée, qui commençait à s'arrondir. Il désirait et redoutait la solution violente d'un avortement. Il le provoquait en lui donnant tous les jours de dangereux breuvages, des poudres rougeâtres..

Il l'aurait mieux aimée morte; cela l'aurait tiré d'affaire. Du moins, il aurait voulu l'éloigner de chez sa mère, la cacher dans un couvent. Il connaissait ces maisons, et savait, comme Picart (voir plus haut l'*Affaire de Louviers*) avec quelle adresse, quelle discrétion, on y couvre ces sortes de choses. Il voulait l'envoyer ou aux chartreuses de Prémole, ou à Sainte-Claire d'Ollioules. Il en parla même le Vendredi-Saint. Mais elle paraissait si faible, qu'on n'osait la tirer de son lit. Enfin, quatre jours après Pâques, Girard étant dans sa chambre, elle eut un besoin douloureux et perdit d'un coup une forte masse qui semblait du sang coagulé. Il prit le vase, regarda attentivement à la fenêtre. Mais elle, qui ne soupçonnait nul mal à cela, elle appela la servante, lui donna le vase à vider. « Quelle imprudence ! » Ce cri échappa à Girard, et sottement il le répéta (p. 54, 388, etc.).

On n'a pas autant de détails sur l'avortement de la Laugier. Elle s'était aperçue de sa grossesse dans le même carême. Elle y avait eu d'étranges convulsions, des commencements de stigmates assez ridicules ; l'un était un coup de ciseau qu'elle s'était donné dans son travail de couturière, l'autre une dartre vive au côté (p. 38). Ses extases tout à coup tournèrent en désespoir impie. Elle crachait sur le crucifix. Elle criait contre Girard : « Où est-il, ce diable de Père qui m'a mise dans cet état ? Il n'était pas difficile d'abuser une fille de vingt-deux ans !... Où est-il ? Il me laisse là. Qu'il vienne ! » Les femmes qui l'entouraient étaient elles-mêmes des maîtresses de Girard. Elles allaient le chercher, et il n'osait pas venir affronter les emportements de la fille enceinte.

Ces commères, intéressées à diminuer le bruit, purent, sans lui, trouver un moyen de tout finir sans éclat.

Girard était-il sorcier, comme on le soutint plus tard? On aurait bien pu le croire en voyant combien aisément, sans être ni jeune ni beau, il avait fasciné tant de femmes. Mais le plus étrange, ce fut, après s'être tellement compromis, de maîtriser l'opinion. Il parut un moment avoir ensorcelé la ville elle-même.

En réalité, on savait les Jésuites puissants; personne ne voulait entrer en lutte avec eux. Même on ne croyait pas sûr d'en parler mal à voix basse. La masse ecclésiastique était surtout de petits moines d'ordres mendiants sans relations puissantes ni hautes protections. Les carmes même, fort jaloux et blessés d'avoir perdu la Cadière, les carmes se turent. Son frère, le jeune Jacobin, prêché par une mère tremblante, revint aux ménagements politiques, se rapprocha de Girard, enfin se donna à lui autant que le dernier frère, au point de lui prêter son aide dans une étrange manœuvre qui pouvait faire croire que Girard avait le don de prophétie.

S'il avait à craindre quelque faible opposition, c'était de la personne même qu'il semblait avoir le plus subjuguée. La Cadière, encore soumise, donnait pourtant de légers signes d'une indépendance prochaine qui devait se révéler. Le 30 avril, dans une partie de campagne que Girard organisa galamment, et où il envoya, avec la Guiol, son troupeau de jeunes dévotes, la Cadière tomba en grande rêverie. Ce beau moment du printemps, si charmant dans ce pays, éleva son cœur à Dieu. Elle dit, avec un sentiment de véritable piété : « Vous seul, Seigneur !... Je ne veux que vous seul !... Vos anges ne me suffisent pas. » Puis une d'elles, fille fort gaie, ayant, à la provençale, pendu à son cou un petit tambourin, la Cadière fit comme les autres, sauta, dansa, se mit un tapis en écharpe, fit la bohémienne, s'étourdit par cent folies.

Elle était fort agitée. En mai, elle obtint de sa mère de faire un voyage à la Sainte-Baume, à l'église de la Madeleine, la grande sainte des filles pénitentes. Girard ne la laissa aller que sous l'escorte de deux surveillantes fidèles, la Guiol et la Reboul. Mais en route, quoique par moments elle eût encore des extases, elle se montra lasse d'être l'instrument passif du violent Esprit (infernal ou divin) qui la troublait. Le terme annuel de *l'obsession* n'était pas éloigné. N'avait-elle pas gagné sa liberté ? Une fois sortie de la sombre et fascinante Toulon, replacée dans le grand air, dans la nature, sous le soleil, la captive reprit son âme, résista à l'âme étrangère, osa être elle-même, vouloir. Les deux espionnes de Girard en furent fort mal édifiées. Au retour de ce court voyage (du 17 au 22 mai), elles l'avertirent du changement. Il s'en convainquit par lui-même. Elle résista à l'extase, ne voulant plus, ce semblait, obéir qu'à la raison.

Il avait cru la tenir, et par la fascination, et par l'autorité sacrée, enfin par la possession et l'habitude charnelle. Il ne tenait rien. La jeune âme qui, après tout avait été moins conquise que surprise (traîtreusement), revenait à sa nature. Il fut blessé. De son métier de pédant, de la tyrannie des enfants, châtiés à volonté, de celle des religieuses, non moins dépendantes, il lui restait un fonds dur de domination jalouse. Il résolut de ressaisir la Cadière en punissant cette première petite révolte, si l'on peut nommer ainsi le timide essor de l'âme comprimée qui se relève.

Le 22 mai, lorsque, selon son usage, elle se confessa à lui, il refusa de l'absoudre, disant qu'elle était si coupable qu'il devait lui infliger le lendemain une grande, très grande pénitence.

Quelle serait-elle? Le jeûne? Mais elle était déjà affaiblie et exténuée. Les longues prières, autre pénitence, n'étaient pas dans les habitudes du directeur quiétiste; il les défendait. Restait le châtiment corporel, la discipline. C'était la punition d'usage universel, prodiguée dans les couvents autant que dans les collèges. Moyen simple et abrégé de rapide exécution qui, aux temps simples et rudes, s'appliquait dans l'église même. On voit, dans les fabliaux, naïves peintures des mœurs, que le prêtre, ayant confessé le mari et la femme, sans façon, sur la place même, derrière le confessionnal, leur donnait la discipline. Les écoliers, les moines, les religieuses, n'étaient pas punis autrement[1].

---

1. Le grand dauphin était fouetté cruellement. Le jeune Boufflers (*de quinze ans*) mourut de douleur de l'avoir été (Saint-Simon). La prieure de l'Abbaye-aux-Bois, menacée par son supérieur « *de châtiment afflictif* », réclama auprès du roi; elle fut, pour l'honneur du couvent, dispensée de la honte publique, mais remise au supérieur, et sans doute la punition fut reçue à petit bruit. — De plus en plus, on sentait ce qu'elle avait de dangereux, d'immoral. L'effroi, la honte, amenaient de tristes supplications et d'indignes traités. On ne l'avait que trop vu dans le grand procès qui, sous l'empereur Joseph, dévoila l'intérieur des collèges des Jésuites, qui plus tard fut réimprimé sous Joseph II et de nos jours.

Girard savait que celle-ci, nullement habituée à la honte, très pudique (n'ayant rien subi qu'à son insu dans le sommeil) souffrirait extrêmement d'un châtiment indécent, en serait brisée, perdrait tout ce qu'elle avait de ressort. Elle devait être mortifiée plus encore peut-être qu'une autre, pâtir (s'il faut l'avouer) en sa vanité de femme. Elle avait tant souffert, tant jeûné ! Puis était venu l'avortement. Son corps, délicat de lui-même, semblait n'être plus qu'une ombre. D'autant plus certainement elle craignait de rien laisser voir de sa pauvre personne, maigrie, détruite, endolorie. Elle avait les jambes enflées, et telle petite infirmité qui ne pouvait que l'humilier extrêmement.

Nous n'avons pas le courage de raconter ce qui suivit. On peut le lire dans ses trois dépositions si naïves, si manifestement sincères, où, déposant sans serment, elle se fait un devoir de déclarer même les choses que son intérêt lui commandait de cacher, même celles dont on put abuser contre elle le plus cruellement.

La première déposition faite à l'improviste devant le juge ecclésiastique qu'on envoya pour la surprendre. Ce sont, on le sent partout, les mots sortis d'un jeune cœur qui parle comme devant Dieu.

La seconde devant le roi, je veux dire devant le magistrat qui le représentait, le lieutenant civil et criminel de Toulon.

La dernière enfin devant la grande chambre du Parlement d'Aix. (P. 5, 12, 384 du *Procès*, in-folio.)

Notez que toutes les trois, admirablement concordantes, sont imprimées à Aix sous les yeux de ses ennemis, dans un volume où l'on veut (je l'établirai plus tard) atténuer les torts de Girard, fixer l'attention du lecteur sur tout ce qui peut être défavorable à la Cadière. Et cependant l'éditeur n'a pas pu se dispenser de donner ces dépositions accablantes pour celui qu'il favorise.

Inconséquence monstrueuse. Il effraya la pauvre fille, puis brusquement abusa indignement, barbarement de sa terreur[1].

L'amour n'est point du tout ici la circonstance atténuante. Loin de là. Il ne l'aimait plus. C'est ce qui fait le plus d'horreur. On a vu ses cruels breuvages, et l'on va voir son abandon. Il lui en voulait de valoir mieux que ces femmes avilies. Il lui en voulait de l'avoir tenté (si innocemment), compromis. Mais surtout il ne lui pardonnait pas de garder une âme. Il ne voulait que la dompter, mais accueillait avec espoir le mot qu'elle disait souvent : « Je le sens, je ne vivrai pas. » Libertinage scélérat ! Il donnait de honteux baisers à ce pauvre corps brisé qu'il eût voulu voir mourir !

Comment lui expliqua-t-il ces contradictions choquantes de caresses et de cruauté ? Les donna-t-il pour des preuves de patience et d'obéissance ? ou bien passa-t-il hardiment au vrai fonds de Molinos : « Que c'est à force de péchés qu'on fait mourir le péché ? » Prit-elle cela au sérieux ? et ne comprit-elle pas que ces semblants de justice, d'expiation, de pénitence, n'étaient que libertinage ?

1. On a mis ceci en grec, en le falsifiant deux fois, à la page 6 et à la page 389, afin de diminuer le crime de Girard. La version la plus exacte ici est celle de sa déposition devant le lieutenant criminel de Toulon (p. 12), etc.

Elle ne voulait pas le savoir, dans l'étrange débâcle morale qu'elle eut après ce 23 mai, en juin, sous l'influence de la molle et chaude saison. Elle subissait son maître, ayant peur un peu de lui, et d'un étrange amour d'esclave, continuant cette comédie de recevoir chaque jour de petites pénitences. Girard la ménageait si peu qu'il ne lui cachait pas même ses rapports avec d'autres femmes. Il voulait la mettre au couvent. Elle était, en attendant, son jouet; elle le voyait, laissait faire. Faible et affaiblie encore par ses hontes énervantes; de plus en plus mélancolique, elle tenait peu à la vie, et répétait ces paroles (nullement tristes pour Girard) : « Je le sens, je mourrai bientôt. »

XI

LA CADIÈRE AU COUVENT (1730).

L'abbesse du couvent d'Ollioules était jeune pour une abbesse ; elle n'avait que trente-huit ans. Elle ne manquait pas d'esprit. Elle était vive, soudaine à aimer ou à haïr, emportée du cœur ou des sens, ayant fort peu le tact et la mesure que demande le gouvernement d'une telle maison.

Cette maison vivait de deux ressources. D'une part, elle avait de Toulon deux ou trois religieuses de familles consulaires qui, apportant de bonnes dots, faisaient ce qu'elles voulaient. Elles vivaient avec les moines observantins, qui dirigeaient le couvent. D'autre part, ces moines, qui avaient leur ordre répandu à Marseille et partout, procuraient de petites pensionnaires et des novices qui payaient ; contact fâcheux, dangereux pour les enfants. On l'a vu par l'affaire d'Aubany.

Point de clôture sérieuse. Peu d'ordre intérieur. Dans les brûlantes nuits d'été de ce climat africain (plus pesant) plus exigeant aux gorges étouffées d'Ollioules), religieuses et novices allaient, venaient fort librement. Ce qu'on a vu à Loudun en 1630 existait à Ollioules, tout de même, en 1730. La masse des religieuses (douze à peu près sur les quinze que comptait la maison), un peu délaissée des moines qui préféraient les hautes dames, étaient de pauvres créatures ennuyées, déshéritées; elles n'avaient de consolations que les causeries, les enfantillages, certaines intimités entre elles et avec les novices.

L'abbesse craignait que la Cadière ne vît trop bien tout cela. Elle fit difficulté pour la recevoir. Puis, brusquement, elle prit son parti en sens tout contraire. Dans une lettre charmante, plus flatteuse que ne pouvait l'attendre une petite fille d'une telle dame, elle exprima l'espoir qu'elle quitterait la direction de Girard. Ce n'était pas pour la transmettre à ses observantins qui en étaient peu capables. Elle avait l'idée piquante, hardie, de la prendre elle-même et de diriger la Cadière.

Elle était fort vaniteuse. Elle comptait s'approprier cette merveille, la conquérir aisément, se sentant plus agréable qu'un vieux directeur Jésuite. Elle eût exploité la jeune sainte au profit de sa maison.

Elle lui fit l'honneur insigne de la recevoir au seuil, sur la porte de la rue. Elle la baisa, s'en empara, la mena chez elle dans sa belle chambre d'abbesse et lui dit qu'elle la partagerait avec elle. Elle fut enchantée de sa modestie, de sa grâce maladive, d'une certaine étrangeté, mystérieuse, attendrissante. Elle avait souffert extrêmement de ce court trajet. L'abbesse voulut la coucher, et la mettre dans son propre lit. Elle lui dit qu'elle l'aimait, tant qu'elle voulait le lui faire partager, coucher ensemble comme sœurs.

Pour son plan, c'était peut-être plus qu'il ne fallait, c'était trop. Il eût suffit que la sainte logeât chez elle. Par cette faiblesse singulière de la coucher avec elle, elle lui donnait trop l'air d'une petite favorite. Une telle privauté, fort à la mode entre les dames, était chose défendue dans les couvents, furtive, et dont une supérieure ne devait pas donner l'exemple.

La dame fut pourtant étonnée de l'hésitation de la jeune fille. Elle ne venait pas sans doute uniquement de sa pudeur ou de son humilité. Encore moins certainement de la personne de la dame, relativement plus jeune que la pauvre Cadière, dans une fleur de vie, de santé, qu'elle eût voulu communiquer à sa petite malade. Elle insista tendrement.

Pour faire oublier Girard, elle comptait beaucoup sur l'effet de cet enveloppement de toutes les heures. C'était la manie des abbesses, leur plus chère prétention, de confesser leurs religieuses (ce que permet sainte Thérèse). Cela se fut fait de soi-même dans ce doux arrangement. La jeune fille n'aurait dit aux confesseurs que le menu, eût gardé le fond de son cœur pour la personne unique. Le soir, la nuit, sur l'oreiller, caressée par la curieuse, elle aurait laissé échapper maint secret, les siens, ceux des autres.

Elle ne put se dégager d'abord d'un si vif enlacement. Elle coucha avec l'abbesse. Celle-ci croyait bien la tenir. Et doublement, par des moyens contraires, et comme sainte et comme femme, j'entends comme fille nerveuse, sensible, et, par faiblesse, peut-être sensuelle. Elle faisait écrire sa légende, ses paroles, tout ce qui lui échappait. D'autre part elle recueillait les plus humbles détails de sa vie physique, en envoyait le bulletin à Toulon. Elle en aurait fait son idole, sa mignonne poupée. Sur une pente si glissante, l'entraînement, sans doute, alla vite. La jeune fille eut scrupule et comme peur. Elle fit un grand effort, dont sa langueur l'eût fait croire incapable. Elle demanda humblement de quitter ce nid de colombes, ce trop doux lit, cette délicatesse, d'avoir la vie commune des novices ou pensionnaires.

Grande surprise. Mortification. L'abbesse se crut dédaignée, se dépita contre l'ingrate et ne lui pardonna jamais.

La Cadière trouva dans les autres un excellent accueil. La maîtresse des novices, Mme de Lescot, une religieuse parisienne, fine et bonne, valait mieux que l'abbesse. Elle semble avoir compris ce qu'elle était, une pauvre victime du sort, un jeune cœur plein de Dieu, mais cruellement marqué de fatalités excentriques qui devaient la précipiter à la honte, à quelque fin sinistre. Elle ne fut occupée que de la garder, de la préserver de ses imprudences; d'interpréter, d'excuser ce qui pouvait être en elle de moins excusable.

Sauf les deux ou trois nobles dames qui vivaient avec les moines et goûtaient peu les hautes mysticités, toutes l'aimèrent et la prirent pour un ange du ciel. Leur sensibilité, peu occupée, se concentra sur elle et n'eut plus d'autre objet. Elles la trouvaient non seulement pieuse et surnaturellement dévote, mais bonne enfant, bon cœur, gentille et amusante. On ne s'ennuyait plus. Elle les occupait, les édifiait de ses songes, de contes vrais, je veux dire sincères, toujours mêlés de pure tendresse. Elle disait : « Je vais la nuit partout, jusqu'en Amérique. Je laisse partout des lettres pour dire qu'on se convertisse. Cette nuit, j'irai vous trouver, quand même vous vous enfermeriez. Nous irons ensemble dans le Sacré-Cœur. »

Miracle. Toutes, à minuit, recevaient, disaient-elles, la charmante visite. Elles croyaient sentir la Cadière qui les embrassait, les faisait entrer dans le Cœur de Jésus (p. 81, 89, 93). Elles avaient bien peur et étaient heureuses. La plus tendre et la plus crédule était une Marseillaise, la sœur Raimbaud, qui eut ce bonheur, quinze fois en trois mois, c'est-à-dire à peu près tous les six jours.

Pur effet d'imagination. Ce qui le prouve, c'est qu'au même moment la Cadière était chez toutes à la fois. L'abbesse cependant fut blessée, d'abord étant jalouse et se croyant seule exceptée, ensuite sentant bien que, toute perdue qu'elle fût dans ses rêves, elle n'apprendrait que trop par tant d'amies intimes les scandales de la maison.

Ils n'étaient guère cachés. Mais, comme rien ne pouvait venir à la Cadière que par la voie illuminative, elle crut les savoir par révélation. Sa bonté éclata. Elle eut grande compassion de Dieu qu'on outrageait ainsi. Et, cette fois encore, elle se figura qu'elle devait payer pour les autres, épargner aux pécheurs les châtiments mérités en épuisant elle-même ce que la fureur des démons peut infliger de plus cruel.

Tout cela fondit sur elle le 25 juin, jour de la Saint-Jean. Elle était le soir avec les sœurs au noviciat. Elle tomba à la renverse, se tordit, cria, perdit connaissance. Au réveil, les novices l'entouraient, attendaient, curieuses de ce qu'elle allait dire. Mais la maîtresse, Mme Lescot, devina ce qu'elle dirait, sentit qu'elle allait se perdre. Elle l'enleva, la mena tout droit à sa chambre, où elle se trouva toute écorchée et sa chemise sanglante.

Comment Girard lui manquait-il au milieu de ces combats intérieurs et extérieurs? Elle ne pouvait le comprendre. Elle avait besoin de soutien. Et il ne venait pas, tout au plus au parloir, rarement et pour un moment.

Elle lui écrit le 28 juin (par ses frères, car elle lisait, mais elle savait à peine écrire). Elle l'appelle de la manière la plus vive, la plus pressante. Et il répond par un ajournement. Il doit prêcher à Hyères, il a mal à la gorge, etc.

Chose inattendue, ce fut l'abbesse même qui le fit venir. Sans doute elle était inquiète de ce que la Cadière avait découvert de l'intérieur du couvent. Sûre qu'elle en parlerait à Girard, elle voulut la prévenir. Elle écrivit au Jésuite un billet le plus flatteur et le plus tendre (3 juillet, p. 327), le priant que, quand il viendrait, il la visitât d'abord, voulant être, en grand secret, son élève, son disciple, comme le fut de Jésus l'humble Nicodème. « Je pourrai à peu de bruit faire de grands progrès à la vertu, sous votre direction, à la faveur de la *sainte liberté que me procure mon poste. Le prétexte de notre prétendante* me servira de couvert et de moyen (p. 327). »

Démarche étonnante et légère, qui montre dans l'abbesse une tête peu saine. N'ayant pas réussi à supplanter Girard auprès de la Cadière, elle entreprenait de supplanter la Cadière auprès de Girard. Elle s'avançait, sans préface et brusquement. Elle tranchait, en grande dame, agréable encore, et bien sûre d'être prise au mot, allant jusqu'à parler de la *liberté* qu'elle avait!

Elle était partie, dans cette fausse démarche, de l'idée juste que Girard ne se souciait plus guère de la Cadière. Mais elle aurait pu deviner qu'il avait à Toulon d'autres embarras. Il était inquiet d'une affaire où il ne s'agissait plus d'une petite fille, mais d'une dame mûre, aisée, bien posée, la plus sage de ses pénitentes, Mlle Gravier. Ses quarante ans ne la défendirent pas. Il ne voulut pas au bercail une brebis indépendante. Un matin, elle fut surprise, bien mortifiée, de se trouver enceinte, et se plaignit fort (juillet, p. 395).

Girard, préoccupé de cette nouvelle aventure, vit froidement les avances si inattendues de l'abbesse. Il craignit qu'elles ne fussent un piège des observantins. Il résolut d'être prudent, vit l'abbesse, déjà embarrassée de sa démarche imprudente, vit ensuite la Cadière, mais seulement à la chapelle, où il la confessa.

Celle-ci fut blessée sans doute de ce peu d'empressement. Et en effet cette conduite était étrange, d'extrême inconséquence. Il la troublait par des lettres légères, galantes, de petites menaces badines qu'on aurait pu dire amoureuses. (*Dépos. Lescot*, et page 335). Et puis il ne daignait la voir autrement qu'en public.

Dans un billet du soir même, elle s'en venge assez finement, en lui disant qu'au moment où il lui a donné l'absolution, elle s'est sentie merveilleusement détachée et d'elle-même *et de toute créature.*

C'est ce qu'aurait voulu Girard. Ses trames étaient fort embrouillées, et la Cadière était de trop. Il fut ravi de sa lettre, bien loin d'en être piqué, lui prêcha le *détachemeut*. Il insinuait en même temps combien il avait besoin de prudence. Il avait reçu, disait-il, une lettre où on l'avertissait sévèrement de ses fautes. Cependant, comme il partait le jeudi 6 pour Marseille, il la verrait en passant (p. 329, 4 juillet 1730).

Elle attendit. Point de Girard. Son agitation fut extrême. Le flux monta; ce fut comme une mer, une tempête. Elle le dit à sa chère Raimbaud, qui ne voulut pas la quitter, coucha avec elle (p. 73) contre les règlements, sauf à dire qu'elle y était venue le matin. C'était la nuit du 6 juillet, de chaleur concentrée, pesante, en ce four étroit d'Ollioules. A quatre ou cinq heures, la voyant se débattre dans de vives souffrances, elle « crut qu'elle avait des coliques, chercha du feu à la cuisine ». Pendant son absence, la Cadière avait pris un moyen extrême qui sans doute ne pouvait manquer de faire arriver Girard à l'instant. Soit qu'elle ait rouvert de ses ongles les plaies de la tête, soit qu'elle ait pu s'enfoncer la couronne à pointes de fer, elle se mit tout en sang. Il lui coulait sur le visage en grosses gouttes. Sous cette douleur, elle était transfigurée et ses yeux étincelaient.

Cela ne dura pas moins de deux heures. Les religieuses accoururent pour la voir dans cet état, admirèrent. Elles voulaient faire entrer leurs observantins; la Cadière les en empêcha.

L'abbesse se serait bien gardée d'avertir Girard pour la voir dans cet état pathétique, où elle était trop touchante. La bonne Mme Lescot lui donna cette consolation et fit avertir le Père. Il vint, mais au lieu de monter, en vrai jongleur, il eut lui-même une extase à la chapelle, y resta une heure prosterné à deux genoux devant le Saint-Sacrement (p. 95). Enfin, il monte, trouve toutes les religieuses autour de la Cadière. On lui conte qu'elle avait paru un moment comme si elle était à la messe, qu'elle semblait remuer les lèvres pour recevoir l'hostie. « Qui peut le savoir mieux que moi! dit le fourbe. Un ange m'avait averti. J'ai dit la messe, et je l'ai communiée de Toulon. » Elles furent renversées du miracle, à ce point que l'une d'elles en resta deux jours malade. Girard s'adressant alors à la Cadière avec une indigne légèreté : « Ah! ah! petite gourmande, vous me volez donc moitié de ma part? »

On se retire avec respect; on les laisse. Le voici

en face de la victime sanglante, pâle, affaiblie, d'autant plus agitée. Tout homme aurait été ému. Quel aveu plus naïf, plus violent de sa dépendance, du besoin absolu qu'elle avait de le voir? Cet aveu, exprimé par le sang, les blessures, plus qu'aucune parole, devait aller au cœur. C'était un abaissement Mais qui n'en aurait eu pitié ? Elle avait donc un moment de nature, cette innocente personne ? Dans sa vie courte et malheureuse, la pauvre jeune sainte, si étrangère aux sens, avait donc une heure de faiblesse? Ce qu'il avait eu d'elle à son insu, qu'était-ce? Peu ou rien. Avec l'âme, la volonté, il allait avoir tout.

La Cadière est fort brève, comme on peut croire, sur tout cela. Dans sa déposition, elle dit pudiquement qu'elle perdit connaissance et ne sut trop ce qui se passa. Dans un aveu à son amie la dame Allemand (p. 178), sans se plaindre de rien, elle fait tout comprendre,

En retour d'un si grand élan de cœur, d'une si charmante impatience, que fit Girard? Il la gronda. Cette flamme qui eût gagné tout autre, l'eût embrasé, le refroidit. Son âme de tyran ne voulait que des mortes, purs jouets de sa volonté. Et celle-ci, par cette forte initiative, l'avait forcé de venir. L'écolière entraînait le maître. L'irritable pédant traita cela comme il eût fait d'une révolte de collège. Ses sévérités libertines, sa froideur égoïste dans un plaisir cruel, flétrirent l'infortunée, qui n'en eut rien que le remords.

Chose non moins choquante. Le sang versé pour lui n'eut d'autre effet que de lui sembler bon à exploiter pour son intérêt propre. Dans cette entrevue, la dernière peut-être, il voulut s'assurer la pauvre créature au moins pour la discrétion, de sorte qu'abandonnée de lui elle se crût encore à lui. Il demanda s'il serait moins favorisé que le couvent qui avait vu le miracle. Elle se fit saigner devant lui. L'eau dont il lava ce sang, il en but et lui en fit boire[1], et il crut avoir lié son âme par cette odieuse communion.

Cela dura deux ou trois heures, et il était près de midi. L'abbesse était scandalisée. Elle prit le parti de venir elle-même avec le dîner, et de faire ouvrir la porte. Girard prit du thé ; comme c'était vendredi, il faisait croire qu'il jeûnait, s'étant sans doute bien muni à Toulon. La Cadière demanda du café. La sœur converse, qui était à la cuisine, s'en étonnait dans un tel jour (p. 86). Mais, sans ce fortifiant, elle aurait défailli. Il la remit un peu, et elle retint Girard encore. Il resta avec elle (il est vrai, non plus enfermé, jusqu'à quatre heures, voulant effacer la triste impression de sa conduite du matin. A force de mensonges d'amitié, de paternité, il raffermit un peu la mobile créature, lui rendit la sérénité. Elle le conduisit au départ, et, marchant derrière, elle fit, en véritable enfant, deux ou trois petits sauts de joie. Il dit sèchement : « Petite folle ! » (P. 89).

Elle paya cruellement sa faiblesse. Le soir même, à neuf heures, elle eut une vision terrible, et on

---

1. C'était l'usage des reîtres, des soldats du Nord, de se faire frères par la communion du sang. (Voy. mes *Origines du droit.*)

l'entendit crier : « O mon Dieu, éloignez-vous... Retirez-vous de moi ! » Le 8 au matin, à la messe, elle n'attendit pas la communion (s'en jugeant sans doute indigne), et se sauva dans sa chambre. Grand scandale. Mais elle était si aimée, qu'une religieuse qui courut après elle, par un compatissant mensonge, jura qu'elle avait vu Jésus qui la communiait de sa main.

Mme Lescot, finement, habilement, écrivit en légende, comme éjaculations mystiques, pieux soupirs, dévotes larmes, tout ce qui s'arrachait de ce cœur déchiré. Il y eut, chose bien rare, une conspiration de tendresse entre des femmes pour couvrir une femme. Rien ne parle plus en faveur de la pauvre Cadière et de ses dons charmants. En un mois, elle était déjà comme l'enfant de toutes. Quoi qu'elle fît, on la défendait. Innocente *quand même*, on n'y voyait qu'une victime des assauts du démon. Une bonne forte femme du peuple, fille du serrurier d'Ollioules et tourière du couvent, la Matherone, ayant vu certaines libertés indécentes de Girard, n'en disait pas moins : « Ça ne fait rien; c'est une sainte. » Dans un moment où il parlait de la retirer du couvent, elle s'écria : « Nous ôter mademoiselle Cadière !... Mais je ferai faire une porte de fer pour l'empêcher de sortir ! » (P. 47, 48, 50.)

Ses frères, qui venaient chaque jour, effrayés de la situation et du parti que l'abbesse et ses moines pouvaient en tirer, osèrent aller au-devant, et dans une lettre ostensible, écrite à Girard au nom de la Cadière, rappelèrent la révélation qu'elle avait eue le 25 juin sur les mœurs des observantins, lui disant

« qu'il était temps d'accomplir sur cette affaire les desseins de Dieu » (p. 330), — sans doute de demander qu'on fît une enquête, d'accuser les accusateurs.

Audace excessive, imprudente. La Cadière presque mourante était bien loin de ces idées. Ses amies imaginèrent que celui qui avait fait le trouble, ferait le calme peut-être. Elles prièrent Girard de venir la confesser. Ce fut une scène terrible. Elle fit au confessionnal des cris, des lamentations, qu'on entendait à trente pas. Les curieuses avaient beau jeu d'écouter, et n'y manquaient pas. Girard était au supplice. Il disait, répétait en vain : « Calmez-vous, mademoiselle ! » (P. 95.) — Il avait beau l'absoudre. Elle ne s'absolvait pas. Le 12, elle eut sous le cœur une douleur si aiguë qu'elle crut que ses côtes éclataient. Le 14, elle semblait à la mort, et on appela sa mère. Elle reçut le viatique. Le lendemain, « elle fit une amende honorable, la plus touchante, la plus expressive qui se soit jamais entendue. Nous fondions en larmes. » (P. 330-331.) Le 20, elle eut une sorte d'agonie, qui perçait le cœur. Puis, tout à coup, par un revirement heureux et qui la sauva, elle eut une vision très douce. Elle vit la pécheresse Madeleine pardonnée, ravie dans la gloire, tenant dans le ciel la place que Lucifer avait perdue. (P. 332.)

Cependant Girard ne pouvait assurer sa discrétion qu'en la corrompant davantage, étouffant ses remords. Parfois, il venait (au parloir), l'embrassait fort imprudemment. Mais plus souvent encore, il lui envoyait ses dévotes. La Guiol et autres venaient l'accabler de caresses et d'embrassades, et quand elle se confiait, pleurait, elles souriaient, disaient que tout cela c'étaient les libertés divines, qu'elles aussi en avaient leur part et qu'elles étaient de même. Elles lui vantaient les douceurs d'une telle union entre femmes. Girard ne désapprouvait pas qu'elles se confiassent entre elles et missent en commun les plus honteux secrets. Il était si habitué à cette dépravation, et la trouvait si naturelle qu'il parla à la Cadière de la grossesse de Mlle Gravier. Il voulait qu'elle l'invitât à venir à Ollioules, calmât son irritation, lui persuadât que cette grossesse pouvait être une illusion du Diable qu'on saurait dissiper (p. 395).

Ces enseignements immondes ne gagnaient rien sur la Cadière. Ils devaient indigner ses frères qui ne les ignoraient pas. Les lettres qu'ils écrivent en son nom sont bien singulières. Enragés au fond, ulcérés, regardant Girard comme un scélérat, mais obligés de faire parler leur sœur avec une tendresse respectueuse, ils ont pourtant des échappées où on entrevoit leur fureur.

Pour les lettres de Girard, ce sont des morceaux travaillés, écrits visiblement pour le procès qui peut venir. Nous parlerons de la seule qu'il n'ait pas eue en main pour la falsifier. Elle est du 22 juillet. Elle est aigre-douce, galante, d'un homme imprudent, léger. En voici le sens :

« L'évêque est arrivé ce matin à Toulon et ira voir la Cadière... On concertera ce qu'on peut faire et dire. Si le grand vicaire et le *Père Sabatier* vont la voir et demandent à voir (ses plaies), elle dira qu'on lui a défendu d'agir, de parler.

« J'ai une grande faim de vous revoir et de *tout voir*. Vous savez que je ne demande que *mon bien*.

Et il y a longtemps que je n'ai rien *vu qu'à demi* (il veut dire, à la grille du parloir). Je vous fatiguerai? Eh bien! ne me fatiguez-vous pas aussi? » etc.

Lettre étrange en tous les sens. Il se défie à la fois et de l'évêque, et du Jésuite même, de son collègue, le vieux Sabatier. C'est au fond la lettre d'un coupable inquiet. Il sait bien qu'elle a en mains ses lettres, ses papiers, enfin de quoi le perdre.

Les deux jeunes gens répondent au nom de leur sœur par une lettre vive, la seule qui ait un accent vrai. Ils répondent ligne par ligne, sans outrage, mais avec une âpreté souvent ironique où l'on sent l'indignation contenue. Leur sœur y promet de lui obéir, *de ne rien dire à l'évêque ni au Jésuite*. Elle le félicite d'avoir « tant de courage, pour exhorter les autres à souffrir ». Elle relève, lui renvoie sa choquante galanterie, mais d'une manière choquante (on sent là une main d'homme, la main des deux étourdis).

Le surlendemain ils allèrent lui dire qu'elle voulait sur-le-champ sortir du couvent. Il en fut très effrayé. Il pensa que les papiers allaient échapper avec elle. Sa terreur fut si profonde qu'elle lui ôtait l'esprit. Il faiblit jusqu'à aller pleurer au parloir d'Ollioules, se mit à genoux devant elle, demanda si elle aurait le courage de le quitter (p. 7). Cela toucha la pauvre fille, qui lui dit *non*, s'avança et se laissa embrasser. Et le Judas ne voulait rien que la tromper, et gagner quelques jours, le temps de se faire appuyer d'en haut.

Le 29, tout est changé. La Cadière reste à Ollioules, lui demande excuse, lui promet soumission (p. 339). Il est trop visible que celui-ci a fait agir de puissantes influences, que dès le 29 on a reçu des menaces (peut-être d'Aix, et plus tard de Paris). Les gros bonnets des Jésuites ont écrit, et de Versailles les protecteurs de cour.

Que feraient les frères dans cette lutte? Ils consultèrent sans doute leurs chefs, qui durent les avertir de ne pas trop attaquer dans Girard *le confesseur* libertin; c'eût été déplaire à tout le clergé dont la confession est le cher trésor. Il fallait, au contraire, l'isoler du clergé en constatant sa doctrine singulière, montrer en lui *le quiétiste*. Avec cela seul, on pouvait le mener loin. En 1698, on avait brûlé pour quiétisme un curé des environs de Dijon. Ils imaginèrent de faire (en apparence sous la dictée de leur sœur, étrangère à ce projet), un mémoire où le quiétisme de Girard, exalté et glorifié, serait constaté, réellement dénoncé. Ce fut le récit des visions qu'elle avait eues dans le carême. Le nom de Girard y est déjà au ciel. Elle le voit, uni à son nom, au *Livre de vie*.

Ils n'osèrent porter ce mémoire à l'évêque. Mais ils se le firent voler par leur ami, son jeune aumônier, le petit Camerle. L'évêque lut, et dans la ville il en courut des copies. Le 21 août, Girard se trouvant à l'évêché, le prélat lui dit en riant : « Eh! bien, mon Père, voilà donc votre nom au *Livre de vie.* »

Il fut accablé, se crut perdu, écrivit à la Cadière des reproches amers. Il demanda de nouveau avec larmes ses papiers. La Cadière fut bien étonnée, lui jura que ce mémoire n'était jamais sorti des mains de ses frères. Mais, dès qu'elle sut que c'était faux, son désespoir n'eut plus de bornes (p. 163.) Les plus cruelles douleurs de l'âme et du corps l'assaillirent. Elle crut un moment se dissoudre. Elle devint quasi folle. « J'eus un tel désir de souffrance ! Je saisis la discipline deux fois, et si violemment que j'en tirai du sang abondamment. » (P. 362.) Dans ce terrible égarement qui montre et sa faible tête et la sensibilité infinie de sa conscience, la Guiol l'acheva en lui dépeignant Girard comme un homme à peu près mort. Elle porta au dernier degré sa compassion. (P. 361.)

Elle allait lâcher les papiers. Il était pourtant trop visible que seuls ils la défendaient, la gardaient, prouvaient son innocence et les artifices dont elle avait été victime. Les rendre, c'était risquer que l'on changeât les rôles, qu'on ne lui imputât d'avoir séduit un saint, qu'enfin tout l'odieux ne fût de son côté.

Mais, s'il fallait périr ou perdre Girard, elle aimait mieux de beaucoup le premier parti. Un démon (la Guiol sans doute), la tenta justement par là, par l'étrange sublimité de ce sacrifice. Elle lui écrivit que Dieu voulait d'elle un sacrifice sanglant (p. 28). Elle put lui citer les saints qui, accusés, ne se justifiaient pas, s'accusaient eux-mêmes, mouraient comme des agneaux. La Cadière suivit cet exemple. Quand on accusait Girard devant elle, elle le justifiait, disant : « Il dit vrai, et j'ai menti. » (P. 32.)

Elle eût pu rendre seulement les lettres de Girard, mais, dans cette grande échappée de cœur, elle ne marchanda pas; elle lui donna encore les minutes des siennes. Il eut à la fois et ces minutes écrites par le Jacobin et les copies que l'autre frère faisait et lui envoyait. Dès lors il ne craignait rien. Nul contrôle possible. Il put en ôter, en remettre, détruire, biffer, falsifier. Son travail de faussaire était parfaitement libre, et il a bien travaillé. De quatre-vingts lettres il en reste seize, et encore elles semblent des pièces laborieuses, fabriquées après coup.

Girard, ayant tout en mains, pouvait rire de ses ennemis. A eux désormais de craindre. L'évêque, homme du grand monde, savait trop bien son Versailles et le crédit des Jésuites pour ne pas les ménager. Il crut même politique de lui faire une petite réparation pour son malicieux reproche relatif au *Livre de vie*, et lui dit gracieusement qu'il voulait tenir un enfant de sa famille sur les fonts de baptême.

Les évêques de Toulon avaient toujours été des grands seigneurs. Leur liste offre tous les premiers noms de Provence, Baux, Glandèves, Nicolaï, Forbin, Forbin d'Oppède, et de fameux noms d'Italie, Fiesque, Trivulce, La Rovère. De 1712 à 1737, sous la Régence et Fleury, l'évêque était un La Tour du Pin. Il était fort riche, ayant aussi en Languedoc les abbayes d'Aniane et de Saint-Guilhem du Désert. Il s'était bien conduit, dit-on, dans la peste de 1721. Du reste, il ne résidait guère, menait une vie toute mondaine, ne disait jamais la messe, passait pour plus que galant.

Il vint à Toulon en juillet, et, quoique Girard l'eût détourné d'aller à Ollioules et de visiter la Cadière, il en eut pourtant la curiosité. Il la vit dans un de ses bons moments. Elle lui plut, lui sembla une bonne petite sainte, et il lui crut si bien des lumières supérieures, qu'il eut la légèreté de lui parler de ses affaires, d'intérêts, d'avenir, la consultant comme il eût fait d'une diseuse de bonne aventure.

Il hésitait cependant, malgré les prières des frères, pour la faire sortir d'Ollioules et pour l'ôter à Girard. On trouva moyen de le décider. On fit courir à Toulon le bruit que la jeune fille avait manifesté le désir de fuir au désert, comme son modèle sainte Thérèse l'avait entrepris à douze ans. C'était Girard, disait-on, qui lui mettait cela en tête pour l'enlever un matin, la mettre hors du diocèse dont elle faisait la gloire, faire cadeau de ce trésor à quelque couvent éloigné où les jésuites, en ayant le monopole exclusif, exploiteraient ses miracles, ses visions, sa gentillesse de jeune sainte populaire. L'évêque se sentit fort blessé. Il signifia à l'abbesse de ne remettre Mlle Cadière qu'à sa mère elle-même, qui devait bientôt la faire sortir du couvent, la mener dans une bastide qui était à la famille.

Pour ne pas choquer Girard, on fit écrire par la Cadière que, si ce changement le gênait, il pouvait s'adjoindre et lui donner un second confesseur. Il comprit et aima mieux désarmer la jalousie en abandonnant la Cadière. Il se désista (15 septembre) par un billet fort prudent, humble, piteux, où il tâchait de la laisser amie et douce pour lui. « Si j'ai fait des fautes à votre égard, vous vous souviendrez pourtant toujours que j'avais bonne volonté de vous aider... Je suis et serai toujours tout à vous dans le Sacré-Cœur de Jésus. »

L'évêque cependant n'était pas rassuré. Il pensait que les trois Jésuites Girard, Sabatier et Grignet voulaient l'endormir, et un matin, avec quelque ordre de Paris, lui voler la petite fille. Il prit le parti décisif, 17 septembre, d'envoyer sa voiture (une voiture légère et mondaine, qu'on appelait *phaéton*), et de la faire mener tout près, à la bastide de sa mère.

Pour la calmer, la garder, la mettre en bon chemin, il lui chercha un confesseur, et s'adressa d'abord à un carme qui l'avait confessée avant Girard. Mais celui-ci, homme âgé, n'accepta pas. D'autres aussi probablement reculèrent. L'évêque dut prendre un étranger, arrivé depuis trois mois du Comtat, le Père Nicolas, prieur des carmes déchaussés. C'était un homme de quarante ans, homme de tête et de courage, très ferme et même obstiné. Il se montra fort digne de cette confiance en la refusant. Ce n'était pas les Jésuites qu'il craignait, mais la fille même. Il n'en augurait rien de bon, pensait que l'ange pouvait être un ange de ténèbres, et craignait que le Malin, sous une douce figure de fille, ne fît ses coups plus malignement.

Il ne put la voir sans se rassurer un peu. Elle lui parut toute simple, heureuse d'avoir enfin un homme sûr, solide et qui pût l'appuyer. Elle avait beaucoup souffert d'être tenue par Girard dans une vacillation constante. Du premier jour, elle parla plus qu'elle n'avait fait depuis un mois, conta sa vie, ses souffrances, ses dévotions, ses visions. La nuit même ne l'arrêta pas, chaude nuit du milieu de septembre. Tout était ouvert dans la chambre, les trois portes, outre les fenêtres. Elle continua presque jusqu'à l'aube, près de ses frères qui dormaient. Elle reprit le lendemain sous la tonnelle de vigne, parlant à ravir de Dieu, des plus hauts mystères. Le carme était stupéfait, se demandait si le Diable pouvait si bien louer Dieu.

Son innocence était visible. Elle semblait bonne fille, obéissante, douce comme un agneau, folâtre comme un jeune chien. Elle voulut jouer aux boules (jeu ordinaire dans les bastides), et il ne refusa pas de jouer aussi.

Si un esprit était en elle, on ne pouvait dire du moins que ce fût un esprit de mensonge. En l'observant de près, longtemps, on n'en pouvait douter, ses plaies réellement saignaient par moments. Il se garda bien d'en faire, comme Girard, d'impudiques vérifications. Il se contenta de voir celle du pied. Il ne vit que trop ses extases. Une vive chaleur lui prenait tout à coup au cœur, circulait partout. Elle ne se connaissait plus, entrait dans dans des convulsions, disait des choses insensées.

Le carme comprit très bien qu'en elle il y avait deux personnes, la jeune fille et le démon. La première était honnête, et même très neuve de cœur, ignorante, quoi qu'on lui eût fait, comprenant peu les choses même qui l'avaient si fort troublée. Avant sa confession, quand elle parla des baisers de Girard, le carme lui dit rudement : « Ce sont de très grands péchés. — O mon Dieu! dit-elle en pleurant, je suis donc perdue, car il m'a fait bien d'autres choses. »

L'évêque venait la voir. La bastide était pour lui un but de promenade. A ses interrogations, elle répondit naïvement, dit au moins le commencement. L'évêque fut bien en colère, mortifié, indigné. Sans doute il devina le reste. Il ne tint à rien qu'il ne fît un grand éclat contre Girard. Sans regarder au danger d'une lutte avec les Jésuites, il entra tout à fait dans les idées du carme, admit qu'elle était ensorcelée, donc *que Girard était sorcier*. Il voulait à l'instant même l'interdire solennellement, le perdre, le déshonorer. La Cadière pria pour celui qui lui avait fait tant de tort, ne voulut pas être vengée. Elle se mit à genoux devant l'évêque, le conjura de l'épargner, de ne point parler de ces tristes choses. Avec une touchante humilité, elle dit : « Il me suffit d'être éclairée maintenant, de savoir que j'étais dans le péché. » (P. 127.) Son frère le jacobin se joignit à elle, prévoyant tous les dangers d'une telle guerre et doutant que l'évêque y fût bien ferme.

Elle avait moins d'agitation. La saison avait changé. L'été brûlant était fini. La nature enfin faisait grâce. C'était l'aimable mois d'octobre. L'évêque eut la vive jouissance qu'elle fût délivrée par lui. La jeune fille, n'étant plus dans l'étouffement d'Ollioules, sans rapports avec Girard, bien gardée par sa famille, par l'honnête et brave moine, enfin sous la protection de l'évêque, qui plaignait peu ses démarches et la couvrait de sa constante protection, elle devint tout à fait calme. Comme l'herbe qui en octobre revient par de petites pluies, elle se releva, refleurit.

Pendant sept semaines environ, elle paraissait fort sage. L'évêque en fut si ravi qu'il eût voulu que le carme, aidé de la Cadière, agît auprès des autres pénitentes de Girard, les ramenât à la raison. Elles durent venir à la bastide ; on peut juger combien à contre-cœur et de mauvaise grâce. En réalité, il y avait une étrange inconvenance à faire comparaître ces femmes devant la protégée de l'évêque, si jeune et à peine remise de son délire extatique.

La situation se trouva aigrie, ridicule. Il y eut deux partis en présence, les femmes de Girard, celles de l'évêque. Du côté de celui-ci, la dame Allemand et sa fille, attachées à la Cadière. De l'autre côté, les rebelles, la Guiol en tête. L'évêque négocia avec celle-ci pour obtenir qu'elle entrât en rapport avec le carme et lui menât ses amies. Il lui envoya son greffier, puis un procureur, ancien amant de la Guiol. Tout cela n'opérant pas, l'évêque prit le dernier parti, ce fut de les convoquer toutes à l'évêché. Là, elles nièrent généralement ces extases, ces stigmates, dont elles s'étaient vantées. L'une sans doute, la Guiol, effrontée et malicieuse, l'étonna bien plus encore en lui offrant de montrer sur-le-champ qu'elles n'avaient rien sur tout le corps. On l'avait cru assez léger pour tomber dans ce piège. Mais il le démêla fort bien, refusa, remercia celles qui, aux dépens de leur pudeur, lui eussent fait imiter Girard, et fait rire toute la ville.

L'évêque n'avait pas de bonheur. D'une part, ces audacieuses se moquaient de lui. Et d'autre part, son succès près de la Cadière s'était démenti. A peine rentrée dans le sombre Toulon, dans son étroite ruelle de l'Hôpital, elle était retombée. Elle était précisément dans les milieux dangereux et sinistres où commença sa maladie, au champ même de la bataille que se livraient les deux partis. Les Jésuites, à qui chacun voyait la cour pour arrière-garde, avaient pour eux les politiques, les prudents, les *sages*. Le carme n'avait que l'évêque, n'était pas même soutenu de ses confrères, ni des curés. Il se ménagea une arme. Le 8 novembre il tira de la Cadière une autorisation écrite de révéler au besoin sa confession.

Acte audacieux, intrépide, qui fit frémir Girard. Il n'avait pas grand courage, et il eût été perdu, si sa cause n'eût été celle des Jésuites. Il se blottit au fond de leur maison. Mais son collègue Sabatier, vieillard sanguin, colérique, alla droit à l'évêché. Il entra chez le prélat, portant comme Popilius, dans sa robe, la paix ou la guerre. Il le mit au pied du mur, lui fit comprendre qu'un procès avec les Jésuites, c'était pour le perdre à jamais lui-même, qu'il resterait évêque de Toulon à perpétuité, ne serait jamais archevêque. Bien plus, avec la liberté d'un apôtre fort à Versailles, il lui dit que si cette affaire révélait les mœurs d'un Jésuite, elle n'éclairerait pas moins les mœurs d'un évêque. Une lettre, visiblement combinée par Girard (p. 334), ferait croire que les Jésuites se tenaient prêts en dessous à lancer contre le prélat de terribles récriminations, déclarant sa vie, « non seulement indigne de l'épiscopat, mais *abominable* ». Le perfide et sournois Girard, le Sabatier apoplectique, gonflé de rage et de venin, auraient poussé la calomnie. Ils n'auraient pas manqué de dire que tout cela se faisait pour une fille, que si Girard l'avait soignée malade, l'évêque l'avait eue bien portante. Quel trouble qu'un tel scandale dans la vie si bien arrangée de ce grand seigneur mondain! C'eût été une chevalerie trop comique de faire la guerre pour venger la virginité d'une petite folle infirme, et de se brouiller pour elle avec tous les honnêtes gens! Le cardinal de Bonzi mourut de chagrin à Toulouse, mais au moins pour une belle dame, la noble marquise de Ganges. Ici l'évêque risquait de se perdre, d'être écrasé sous la honte et le ridicule, pour cette fille d'un revendeur de la rue de l'Hôpital!

Ces menaces de Sabatier firent d'autant plus d'impression que déjà l'évêque de lui-même tenait moins à la Cadière. Il ne lui savait pas bon gré d'être redevenue malade, d'avoir démenti son succès, de lui donner tort par sa rechute. Il lui en voulait de n'être pas guérie. Il se dit que Sabatier avait raison, qu'il serait bien bon de se compromettre. Le changement fut subit. Ce fut comme un coup de la Grâce. Il vit tout à coup la lumière, comme saint Paul au chemin de Damas, et se convertit aux Jésuites.

Sabatier ne le lâcha pas. Il lui présenta du papier, et lui fit écrire, signer l'interdiction du carme, son agent près de la Cadière; plus, celle de son frère le jacobin (10 novembre 1730).

XII

LE PROCÈS DE LA CADIÈRE (1730-1731)

On peut juger ce que fut ce coup épouvantable pour la famille Cadière. Les attaques de la malade devinrent fréquentes et terribles. Chose cruelle, ce fut comme une épidémie chez ses intimes amies. Sa voisine, la dame Allemand, qui avait aussi des extases, mais qui jusque-là les croyait de Dieu, tomba en effroi et sentit l'Enfer. Cette bonne dame de (cinquante ans) se souvint qu'en effet elle avait eu souvent des pensées impures ; elle se crut livrée au Diable, ne vit que diables chez elle, et quoique gardée par sa fille, elle se sauva du logis, demanda asile aux Cadière. La maison devint dès lors inhabitable, le commerce impossible ; l'aîné Cadière furieux invectivait contre Girard, criait : « Ce sera Gauffridi... Lui aussi, il sera brûlé ! » Et le jacobin ajoutait : « Nous y mangerions plutôt tout le bien de la famille. »

Dans la nuit du 17 au 18 novembre, la Cadière

hurla, étouffa. On crut qu'elle allait mourir. L'aîné Cadière, le marchand, qui perdait la tête, appela par les fenêtres, criant aux voisins : « Au secours ! Le Diable étrangle ma sœur! » Ils accouraient presque en chemise. Les médecins et chirurgiens qualifiant son état *une suffocation de la matrice*, voulurent lui mettre des ventouses. Pendant qu'on les allait chercher, ils parvinrent à lui desserrer les dents et lui firent avaler une goutte d'eau-de-vie, ce qui la rappela à elle-même. Cependant les médecins de l'âme arrivaient aussi à la file, un vieux prêtre, confesseur de la mère Cadière, puis des curés de Toulon. Tant de bruit, de cris, l'arrivée de ces prêtres en grand costume, l'appareil de l'exorcisme, avait rempli la rue de monde ; les arrivants demandaient : « Qu'y a-t-il ? — C'est la Cadière, ensorcelée par Girard. » On peut juger de la pitié, de l'indignation du peuple.

Les Jésuites, très effrayés, mais voulant renvoyer l'effroi, firent alors une chose barbare. Ils retournèrent chez l'évêque, ordonnèrent et exigèrent qu'on poursuivît la Cadière, qu'on l'attaquât le jour même, — que cette pauvre fille, sur le lit où elle râlait tout à l'heure, après cette horrible crise, reçût à l'improviste une descente de justice...

Sabatier ne lâcha pas l'évêque que celui-ci n'eût fait appeler son juge, son official, le vicaire général Larmedieu, et son promoteur (ou procureur épiscopal), Esprit Reybaud, et qu'il ne leur eût dit de procéder sur l'heure.

C'était impossible, illégal, en Droit canonique. *Il fallait un informé préalable* sur les faits, avant d'aller interroger. — Autre difficulté : le juge ecclésiastique n'avait droit de faire une telle descente *que pour un refus de sacrement*. Les deux légistes d'Église durent faire cette objection. Sabatier n'écouta rien. Si les choses traînaient ainsi dans la froide légalité, il manquait son coup de terreur.

Larmedieu, ou Larme-Dieu, sous ce nom touchant, était un juge complaisant, ami du clergé. Ce n'était pas un de ces rudes magistrats qui vont tout droit devant eux, comme d'aveugles sangliers, dans le grand chemin de la loi, sans voir, distinguer les personnes. Il avait eu de grands égards dans l'affaire d'Aubany, le gardien d'Ollioules. Il avait poursuivi assez lentement pour qu'Aubany se sauvât. Puis, quand il le sut à Marseille, comme si Marseille eût été loin de France, *ultima Thule* ou la *Terra incognita* des anciens géographes, il ne bougea plus. Ici, ce fut tout autre chose : ce juge paralytique pour l'affaire d'Aubany eut des ailes pour la Cadière, et les ailes de la foudre. Il était neuf heures du matin lorsque les habitants de la ruelle virent avec curiosité arriver chez les Cadière une fort belle procession, messire Larmedieu en tête, et le promoteur de la cour épiscopale, honorablement escortés de deux vicaires de la paroisse, docteurs en théologie. On envahit la maison. On interpella la malade. On lui fit faire serment de dire vrai contre elle-même, serment de se diffamer en disant à la justice ce qui était de conscience et de confession.

Elle pouvait se dispenser de répondre, nulle formalité n'ayant été observée. Mais elle ne disputa pas. Elle jura, ce qui était se désarmer, se livrer. Car, étant liée une fois par le serment, elle dit tout, même les choses honteuses et ridicules dont l'aveu est si cruel pour une fille.

Le procès-verbal de Larmedieu et son premier interrogatoire indiquent un plan bien arrêté entre lui et les Jésuites. C'était de montrer Girard comme la dupe et la victime des fourberies de la Cadière. Un homme de cinquante ans, docteur, professeur, directeur de religieuses, qui cependant est resté si innocent et si crédule, qu'il a suffi pour l'attraper d'une petite fille, d'un enfant! La rusée, la dévergondée, l'a trompé sur ses visions, mais non entraîné dans ses égarements. Furieuse, elle s'en est vengée en lui prêtant toute infamie que pouvait lui suggérer une imagination de Messaline.

Bien loin que l'interrogatoire confirme rien de tout cela, ce qu'il a de très touchant, c'est la douceur de la victime. Visiblement elle n'accuse que contrainte et forcée par le serment qu'elle a prêté. Elle est douce pour ses ennemis, même pour la perfide Guiol, qui (dit son frère) la livra, qui fit tout pour la corrompre, qui en dernier lieu la perdit, en lui faisant rendre les papiers qui eussent fait sa sauvegarde.

Les Cadière furent épouvantés de la naïveté de leur sœur. Dans son respect pour le serment, elle s'était livrée sans réserve, hélas! avilie pour toujours, chansonnée dès lors et moquée des ennemis mêmes des Jésuites, et des sots rieurs libertins.

Puisque la chose était faite, ils voulurent du moins qu'elle fût exacte, que le procès-verbal des prêtres pût être contrôlé par un acte plus sérieux. D'accusée qu'elle semblait être, ils la firent accusatrice, prirent la position offensive, obtinrent du magistrat royal, le lieutenant civil et criminel, Marteli Chantard, qu'il vînt recevoir sa déposition. Dans cet acte, net et court, se trouve clairement établi le fait de *séduction;* plus, les *reproches* qu'elle faisait à Girard pour ses caresses lascives, dont il ne faisait que rire ; plus, le conseil qu'il lui donne de *se laisser obséder du démon;* plus, la *succion* par laquelle le fourbe entretenait ses plaies, etc.

L'homme du roi, le lieutenant, devait retenir l'affaire à son tribunal. Car le juge ecclésiastique, dans sa précipitation, n'ayant pas rempli les formalités du droit ecclésiastique, avait fait un acte nul. Mais le magistrat laïque n'eut pas ce courage. Il se laissa atteler à l'information cléricale, subit Larmedieu pour associé, et même alla siéger, écouter les témoins au tribunal de l'évêché. Le greffier de l'évêché écrivait (et non le greffier du lieutenant du roi). Écrivait-il exactement? On aurait droit d'en douter quand on voit que ce greffier ecclésiastique menaçait les témoins, et chaque soir allait montrer leurs dépositions aux Jésuites [1].

Les deux vicaires de la paroisse de la Cadière, que l'on entendit d'abord, déposèrent sèchement, sans faveur pour elle, mais nullement contre elle, nullement pour les Jésuites (24 novembre). Ceux-ci virent que tout allait manquer. Ils perdirent toute pudeur, et, au risque d'indigner le peuple, résolurent de briser tout. Ils tirèrent ordre de l'évêque pour emprisonner la Cadière et les principaux témoins qu'elle

---

1. Page 80 de l'in-folio, et tome Ier de l'in-douze, page 33.

voulait faire entendre. C'étaient les dames Allemand et la Batarelle. Celle-ci fut mise au *Refuge*, couvent-prison, ces dames dans une maison de force, le *Bon-Pasteur*, où l'on jetait les folles et les sales coureuses en correction. La Cadière (26 novembre), tirée de son lit, fut donnée aux ursulines, pénitentes de Girard, qui la couchèrent proprement sur de la paille pourrie.

Alors, la terreur établie, on put entendre les témoins, deux d'abord (28 novembre), deux respectables et choisis. L'un était cette Guiol, connue pour fournir des femmes à Girard ; langue adroite et acérée, qui fut chargée de lancer le premier dard et d'ouvrir la plaie de la calomnie. L'autre était la Laugier, la petite couturière que la Cadière nourrissait et dont elle avait payé l'apprentissage. Étant enceinte de Girard, cette Laugier avait crié contre lui ; elle lava ici cette faute en se moquant de la Cadière, salissant sa bienfaitrice, mais cela maladroitement, en dévergondée qu'elle était, lui prêtant des mots effrontés, très contraires à ses habitudes. Puis vinrent Mlle Gravier et sa cousine, la Reboul, enfin toutes les *girardines*, comme on les appelait dans Toulon.

Mais on ne pouvait si bien faire que, par moments, la lumière n'éclatât. La femme d'un procureur, dans la maison de laquelle s'assemblaient les *girardines*, dit brutalement qu'on ne pouvait y tenir, qu'elles troublaient toute la maison ; elle conta leurs rires bruyants, leurs mangeries payées des collectes que l'on faisait pour les pauvres, etc. (p. 55).

On craignait extrêmement que les religieuses ne

se déclarassent pour la Cadière. Le greffier de l'évêché alla leur dire (comme de la part de l'évêque) qu'on châtierait celles qui parleraient mal. Pour agir plus fortement encore, on fit revenir de Marseille leur galant Père Aubany, qui avait ascendant sur elles. On arrangea son affaire du viol de la petite fille. On fit entendre aux parents que la justice ne ferait rien. On estima l'honneur de l'enfant à huit cents livres, qu'on paya pour Aubany. Donc il revint plein de zèle, tout Jésuite, dans son troupeau d'Ollioules. Pauvre troupeau qui trembla quand ce bon Père Aubany se dit chargé de les avertir que, si elles n'étaient pas sages, « *elles auraient la question* ». (*Procès*, in-douze, t. II, p. 191).

Avec tout cela, on ne tira pas ce qu'on voulait des quinze religieuses. Deux ou trois à peine étaient pour Girard, et toutes articulèrent des faits, surtout pour le 7 juillet, qui directement l'accablaient.

Les Jésuites désespérés prirent un parti héroïque pour s'assurer des témoins. Ils s'établirent à poste fixe dans une salle de passage qui menait au tribunal. Là ils les arrêtaient, les pratiquaient, les menaçaient, et, s'ils étaient contre Girard, ils les empêchaient d'entrer, et par force impudemment les mettaient à la porte (in-douze, t. I, p. 44).

Ainsi le juge d'Église et le lieutenant du roi n'étaient plus que des mannequins entre les mains des Jésuites. Toute la ville le voyait, frémissait. En décembre, janvier, février, la famille des Cadière formula et répandit une plainte pour déni de justice et subornation de témoins. Les Jésuites eux-mêmes sentirent que la place n'était plus tenable. Ils appelèrent le secours *d'en haut*. Le meilleur paraissait être un simple arrêt du Grand-Conseil qui eût tout appelé à lui et tout étouffé (comme fit Mazarin pour l'affaire de Louviers). Mais le chancelier était d'Aguesseau ; les Jésuites ne désiraient pas que l'affaire allât à Paris. Ils la retinrent en province. Ils firent décider par le roi (16 janvier 1731) que le Parlement de Provence, où ils avaient beaucoup d'amis, jugeât sur l'information que deux de ses conseillers feraient à Toulon.

Un laïque, M. Faucon, et un conseiller d'Église, M. de Charleval, vinrent en effet, et tout droit descendirent chez les Jésuites (p. 407). Ces commissaires impétueux cachèrent si peu leur violente et cruelle partialité qu'ils lancèrent à la Cadière un ajournement personnel, comme on faisait à l'accusé, tandis que Girard fut poliment appelé, laissé libre ; il continuait de dire la messe et de confesser. Et la plaignante était sous les verroux dans les mains de ses ennemis, chez les dévotes de Girard, à la merci de toute cruauté.

La réception des bonnes ursulines avait été celle qu'elles eussent faite si elles avaient été chargées de la faire mourir. Elles lui avaient donné pour chambre la loge d'une religieuse folle qui salissait tout. Elle coucha dans la paille de cette folle, dans cette odeur épouvantable. A grand'peine le lendemain ses parents purent-ils introduire une couverture et un matelas. On lui donna pour garde et garde-malade l'âme damnée de Girard, une converse, qui était fille de cette même Guiol qui l'avait livrée, fille très digne de sa mère, capable de choses sinistres, dangereuse à sa pudeur et peut-être à sa vie même. On la tint à la pénitence la plus cruelle pour elle, celle de ne pouvoir se confesser ni communier. Elle retombait malade dès qu'elle ne communiait pas. Son furieux ennemi, Sabatier le Jésuite, vint dans cette loge, et, chose bizarre, nouvelle, il entreprit de la gagner, de la *tenter par l'hostie !* On marchanda. Donnant donnant : pour communier, il fallait qu'elle s'avouât calomniatrice, indigne de la communion. Elle l'aurait peut-être fait par excès d'humilité. Mais, en se perdant, elle aurait aussi perdu et le carme et ses frères.

Réduit aux arts pharisaïques, on interprétait ses paroles. Ce qu'elle disait au sens mystique, on feignait de le comprendre dans la réalité matérielle.

Elle montrait, pour se démêler de tous ces pièges, ce qu'on eût le moins attendu, une grande présence d'esprit (voir surtout p. 391).

Le plus perfide, combiné pour lui ôter l'intérêt du public, mettre contre elle les rieurs, ce fut de lui faire un amant. On prétendit qu'elle avait proposé à un jeune drôle de partir avec elle, de courir le monde.

Les grands seigneurs d'alors qui aimaient à se faire servir par des enfants, des petits pages, prenaient volontiers les plus gentils des fils de leurs paysans. Ainsi avait fait l'évêque du petit garçon d'un de ses fermiers. Il le débarbouilla. Puis, quand ce favori grandit, pour qu'il eût meilleure apparence, il le tonsura, lui donna figure d'abbé, titre d'aumônier, à vingt ans. Ce fut M. l'abbé Camerle. Élevé dans la valetaille et fait à tout faire, il fut, comme sont souvent les petits campagnards, décrassés à demi, un rustre niais et finaud. Il vit bien que le prélat, dès son arrivée à Toulon, était curieux de la Cadière, peu favorable à Girard. Il pensa plaire et amuser, en se faisant à Ollioules espion de leurs rapports suspects. Mais, dès que l'évêque changea, eut peur des Jésuites, Camerle, avec le même zèle, servit activement Girard et l'aida contre la Cadière.

Il vint, comme un autre Joseph, dire que Mlle Cadière (comme la femme de Putiphar) l'avait tenté, essayé d'ébranler sa vertu. Si cela avait été vrai, si elle lui eût fait tant d'honneur que de faiblir un peu pour lui, il n'en eût été que plus lâche de l'en punir d'abuser d'un mot étourdi. Mais une telle éducation de page et de séminariste ne donne ni honneur ni l'amour des femmes.

Elle se démêla vivement et très bien, le couvrit de honte. Les deux indignes commissaires du Parlement la voyaient répondre d'une manière si victorieuse, qu'ils abrégèrent les confrontations, lui retranchèrent ses témoins. De soixante-huit qu'elle appelait, ils n'en firent venir que trente-huit (in-douze, t. I, p. 62). N'observant ni les délais ni les formes de justice, ils précipitèrent la confrontation. Avec tout cela, ils ne gagnaient rien. Le 25 et le 26 février encore, sans varier, elle répéta ses dépositions accablantes.

Ils étaient si furieux, qu'ils regrettaient de n'avoir pas à Toulon le bourreau et la question « pour la faire un peu chanter ». C'était l'*ultima ratio*. Les parlements, dans tout ce siècle, en usèrent. J'ai sous les yeux un véhément éloge de la torture [1], écrit en 1780 par un savant parlementaire, devenu membre du Grand-Conseil, dédié au Roi (Louis XVI), et couronné d'une flatteuse approbation de Sa Sainteté, Pie VI.

Mais, au défaut de la torture qui l'eût fait chanter, on la fit parler par un moyen meilleur encore. Le 27 février, de bonne heure, la sœur converse qui lui servait de geôlière, la fille de la Guiol, lui apporte un verre de vin. Elle s'étonne; elle n'a pas soif; elle ne boit jamais de vin le matin, et encore moins de vin pur. La converse, rude et forte domestique, comme on en a dans les couvents pour dompter les indociles, les folles, ou punir les enfants, enveloppe de son insistance menaçante la faible malade. Elle ne veut boire, mais elle boit. Et on la force de tout boire, le fond même, qu'elle trouve désagréable et salé (p. 243-247).

Quel était ce choquant breuvage ? On a vu, à l'époque de l'avortement, combien l'ancien directeur de religieuses était expert aux remèdes. Ici le vin pur eût suffi sur une malade débile. Il eût suffi pour l'enivrer, pour en tirer le même jour quelques paroles bégayées, que le greffier eût rédigées en forme de démenti complet. Mais une drogue fut surajoutée (peut-être l'herbe aux sorcières, qui trouble plusieurs jours) pour prolonger cet état et pouvoir disposer d'elle par des actes qui l'empêcheraient de rétracter le démenti.

Nous avons la déposition qu'elle fit, le 27 février.

---

[1]. Muyart de Vouglans, à la suite de ses *Loix criminelles*, in-folio, 1780.

Changement subit et complet! apologie de Girard! Les commissaires (chose étrange) ne remarquent pas une si brusque variation. Le spectacle singulier, honteux, d'une jeune fille ivre, ne les étonne pas, ne les met pas en garde. On lui fait dire que Girard ne l'a jamais touchée, qu'elle n'a jamais eu ni plaisir ni douleur, que tout ce qu'elle a senti tient à une infirmité. C'est le carme, ce sont ses frères qui lui ont fait raconter comme actes réels ce qui n'a été que songe. Non contente de blanchir Girard, elle noircit les siens, les accable et leur met la corde au cou.

Ce qui est merveilleux, c'est la clarté, la netteté de cette déposition. On y sent la main du greffier habile. Une chose étonne pourtant, c'est qu'étant en si beau chemin, on n'ait pas continué. On l'interroge un seul jour, le 27. Rien le 28. Rien du 1er au 6 mars

Le 27 probablement, sous l'influence du vin, elle put parler encore, dire quelques mots qu'on arrangea. Mais le 28, le poison ayant eu tout son effet, elle dut être en stupeur complète ou dans un indécent délire (comme celui du Sabbat), et il fut impossible de la montrer. Une fois d'ailleurs que sa tête fut absolument troublée, on put aisément lui donner d'autres breuvages, sans qu'elle en eût ni conscience ni souvenir.

C'est ici, je n'en fais pas doute, dans les six jours, du 28 février au 5 ou 6 mars, que se place un fait singulier, qui ne peut avoir eu lieu ni avant ni après. Fait tellement répugnant, si triste pour la pauvre Cadière qu'il est indiqué en trois lignes, sans

42

que ni elle ni son frère aient le cœur d'en dire davantage (p. 247 de l'in-folio, lignes 10-13). Ils n'en auraient parlé jamais si les frères poursuivis eux-mêmes n'avaient vu qu'on en voulait à leur propre vie.

Girard alla voir la Cadière ! prit sur elle encore d'insolentes, d'impudiques libertés !

Cela eut lieu, disent le frère et la sœur, *depuis que l'affaire est en justice*. Mais, du 26 novembre au 26 février, Girard fut intimidé, humilié, toujours battu dans la guerre de témoins qu'il faisait à la Cadière. Encore moins osa-t-il la voir, depuis le 10 mars, le jour où elle revint à elle, et sortit du couvent où il la tenait. Il ne la vit qu'en ces cinq jours où il était encore maître d'elle, et où l'infortunée, sous l'influence du poison, n'était plus elle-même.

Si la mère Guiol avait jadis livré la Cadière, la fille Guiol put la livrer encore. Girard, qui avait alors gagné la partie par le démenti qu'elle se donnait à elle-même, osa venir dans sa prison, la voir dans l'état où il l'avait mise, hébétée ou désespérée, abandonnée du ciel et de la terre, et s'il lui restait quelque lucidité, livrée à l'horrible douleur d'avoir, par sa déposition, assassiné les siens. Elle était perdue, et c'était fini. Mais l'autre procès commençait contre ses frères et le courageux carme. Le remords pouvait la tenter de fléchir Girard, d'obtenir qu'il ne les poursuivît pas, et surtout qu'on ne la mît pas à la question.

L'état de la prisonnière était déplorable et demandait grâce. De petites infirmités attachées à une vie toujours assise, la faisaient souffrir beaucoup. Par suite de ses convulsions, elle avait une descente, par moments fort douloureuse (p. 343). Ce qui prouve que Girard n'était pas fortuitement criminel, mais un pervers, un scélérat, c'est qu'il ne vit de tout cela que la facilité d'assurer son avantage. Il crut que, s'il en usait, avilie à ses propres yeux, elle ne se relèverait jamais, ne reprendrait pas le cœur et le courage pour démentir son démenti. Il la haïssait alors, et pourtant, avec un badinage libertin et odieux, il parla de cette descente, et il eut l'indignité, voyant la pauvre personne sans défense, d'y porter la main (p. 249). Son frère l'assure et l'affirme, mais brièvement, avec honte, sans pousser plus loin ce sujet. Elle-même attestée sur ce fait, elle dit en trois lettres : « Oui. »

. Hélas! son âme était absente, et lui revenait lentement. C'est le 6 mars qu'elle devait être confrontée, confirmer tout, perdre ses frères sans retour. Elle ne pouvait parler, étouffait. Les charitables commissaires lui dirent que la torture était là à côté, lui expliquèrent les coins qui lui serreraient les os, les chevalets, les pointes de fer. Elle était si faible de corps que le courage lui manqua. Elle endura d'être en face de son cruel maître, qui put rire et triompher, l'ayant avilie du corps, mais bien plus, de la conscience! la faisant meurtrière des siens!

On ne perdit pas de temps pour profiter de sa faiblesse. A l'instant, on s'adressa au Parlement d'Aix, et on en obtint que le carme et les deux frères seraient désormais inculpés, qu'ils auraient leur procès à part, de sorte qu'après que la Cadière serait condamnée, punie, on en viendrait à eux, et on les pousserait à outrance.

Le 10 mars, on la traîna des ursulines de Toulon à Sainte-Claire d'Ollioules. Girard n'était pas sûr d'elle. Il obtint qu'elle serait menée, comme on eût fait d'un redoutable brigand de cette route mal famée, entre les soldats de la maréchaussée. Il demanda qu'à Sainte-Claire elle fût bien enfermée à clé. Les dames furent touchées jusqu'aux larmes de voir arriver entre les épées leur pauvre malade qui ne pouvait se traîner. Tout le monde en avait pitié. Il se trouva deux vaillants hommes, M. Aubin, procureur, et M. Claret, notaire, qui firent pour elle les actes où elle rétractait sa rétractation, pièces terribles où elle dit les menaces des commissaires et de la supérieure des ursulines, surtout le fait du vin empoisonné qu'on la força de prendre (10-16 mars 1731, p. 243-248).

En même temps, ces hommes intrépides rédigèrent et adressèrent à Paris, à la chancellerie, ce qu'on nommait l'appel comme d'abus, dévoilant l'informe et coupable procédure, les violations obstinées de la loi, qu'avaient commises effrontément : 1° l'official et le lieutenant; 2° les commissaires. Le chancelier d'Aguesseau se montra très mou, très faible. Il laissa subsister cette immonde procédure, laissa aller l'affaire au Parlement d'Aix, tellement suspect! après le déshonneur dont ses deux membres venaient de se couvrir.

Donc, ils ressaisirent la victime, et, d'Ollioules, la firent traîner à Aix, toujours par la maréchaussée. On couchait alors à moitié chemin dans un cabaret. Et là, le brigadier expliqua qu'en vertu de ses ordres, il coucherait dans la chambre de la jeune fille. On avait fait semblant de croire que la malade qui ne pouvait marcher, fuirait, sauterait par la fenêtre. Infâme combinaison. La remettre à la chasteté de nos soldats des dragonnades ! Quelle joie eût-ce été, quelle risée, si elle fût arrivée enceinte ? Heureusement, sa mère s'était présentée au départ, avait suivi, bon gré, mal gré, et on n'avait pas osé l'éloigner à coups de crosse. Elle resta dans la chambre, veilla (toutes deux debout), et elle protégea son enfant (in-douze, t. I, p. 52).

Elle était adressée aux ursulines d'Aix, qui devaient la garder et en avaient ordre du roi. La supérieure prétendit n'avoir pas encore reçu l'ordre. On vit là combien sont féroces les femmes, une fois passionnées, n'ayant plus nature de femmes. Elle la tint quatre heures à la porte, dans la rue, en exhibition (t. IV de l'in-douze, p. 404). On eut le temps d'aller chercher *le peuple*, les gens des Jésuites, *les bons ouvriers* du clergé, pour huer, siffler, les enfants au besoin pour lapider. C'étaient quatre heures de pilori. Cependant, tout ce qu'il y avait de passants désintéressés demandaient si les ursulines avaient ordre de laisser tuer cette fille. On peut juger si ces bonnes sœurs furent de tendres geôlières pour la prisonnière malade.

Le terrain avait été admirablement préparé. Un vigoureux concert de magistrats jésuites et de dames intrigantes avait organisé l'intimidation. Nul avocat ne voulut se perdre en défendant une fille si diffamée. Nul ne voulut avaler les couleuvres que réservaient ses geôlières à celui qui chaque jour affronterait leur parloir, pour s'entendre avec la Cadière. La défense revenait, dans ce cas, au syndic du bureau d'Aix, M. Chaudon. Il ne déclina pas ce dur devoir. Cependant, assez inquiet, il eût voulu un arrangement. Les Jésuites refusèrent. Alors il se montra ce qu'il était, un homme d'immuable honnêteté, d'admirable courage. Il exposa, en savant légiste, la monstruosité des procédures. C'était se brouiller pour jamais avec le Parlement, tout autant qu'avec les Jésuites. Il posa nettement l'inceste spirituel du confesseur, mais, par pudeur, ne spécifia pas jusqu'où avait été le libertinage. Il s'interdit aussi de parler des *girardines*, des dévotes enceintes, chose connue parfaitement, mais dont personne n'eût voulu témoigner. Enfin, il fit à Girard la meilleure cause possible, en l'attaquant *comme sorcier*. On rit. On se moqua de l'avocat. Il entreprit de prouver l'existence du démon par une suite de textes sacrés, à partir des Évangiles. Et l'on rit encore plus fort.

On avait fort adroitement défiguré l'affaire en faisant de l'honnête carme un amant de la Cadière, et le fabricateur d'un grand complot de calomnies contre Girard et les Jésuites. Dès lors, la foule des oisifs, les mondains étourdis, rieurs ou philosphes, s'amusaient des uns et des autres, parfaitement impartiaux entre les carmes et les Jésuites, ravis de voir les moines se faire la guerre entre eux. Ceux que bientôt on dira *voltairiens* sont même plus favorables aux Jésuites, polis et gens du monde, qu'aux anciens ordres mendiants.

Ainsi l'affaire va s'embrouillant. Les plaisanteries

pleuvent, mais encore plus sur la victime. Affaire de galanterie, dit-on. On n'y voit qu'un amusement. Pas un étudiant, un clerc, qui ne fasse sa chanson sur Girard et son écolière, qui ne réchauffe les vieilles plaisanteries provençales sur Madeleine (de l'affaire Gauffridi), ses six mille diablotins, la peur qu'ils ont du fouet, les miracles de la discipline qui fit fuir ceux de la Cadière. (*Ms. de la Bibl. de Toulon.*)

Sur ce point spécial, les amis de Girard le blanchissaient fort aisément. Il avait agi dans son droit de directeur et selon l'usage ordinaire. La verge est l'attribut de la paternité. Il avait agi pour sa pénitente, « pour le remède de son âme ». On battait les démoniaques, on battait les aliénés, d'autres malades encore. C'était le grand moyen de chasser l'ennemi, quel qu'il fût, démon ou maladie. Point de vue fort populaire. Un brave ouvrier de Toulon, témoin du triste état de la Cadière, avait dit que le seul remède, pour la pauvre malade, était le nerf de bœuf.

Girard, si bien soutenu, n'avait que faire d'avoir raison. Il n'en prend pas la peine. Sa défense est charmante de légèreté. Il ne daigne pas même s'accorder avec ses dépositions. Il dément ses propres témoins. Il semble plaisanter et dit du ton hardi d'un grand seigneur de la Régence, que, s'il s'est enfermé avec elle, comme on l'en accuse, « ce n'est arrivé que neuf fois ».

« Et pourquoi l'a-t-il fait, le bon Père, disaient ses amis, sinon pour observer, juger, approfondir ce qu'il en fallait croire? C'est le devoir d'un directeur en pareil cas. Lisez la *Vie* de la grande sainte

Catherine de Gênes. Le soir, son confesseur se cachait, restait dans sa chambre, pour voir les prodiges qu'elle faisait et la surprendre en miracle flagrant.

« Mais le malheur était ici que l'Enfer, qui ne dort jamais, avait tendu un piège à cet agneau de Dieu, avait vomi, lancé, ce drac femelle, ce monstre dévorant, maniaque et démoniaque, pour l'engloutir, le perdre au torrent de la calomnie. »

C'est un usage antique et excellent d'étouffer au berceau les monstres. Mais pourquoi pas plus tard aussi? Le charitable avis des dames de Girard, c'était d'y employer au plus vite le fer et le feu. « Qu'elle périsse ! » disaient les dévotes. Beaucoup de grandes dames voulaient aussi qu'elle fût châtiée, trouvant exorbitant que la créature eût osé porter plainte, mettre en cause un tel homme qui lui avait fait trop d'honneur.

Il y avait au Parlement quelques obstinés jansénistes, mais ennemis des Jésuites plus que favorables à la fille. Et qu'ils devaient être abattus, découragés, voyant contre eux tout à la fois et la redoutable Société, et Versailles, la cour, le cardinal-ministre, enfin les salons d'Aix. Seraient-ils plus vaillants que le chef de la justice, le chancelier d'Aguesseau qui avait tellement molli? Le procureur général n'hésita pas; lui, chargé d'accuser Girard, il se déclara son ami, lui donna ses conseils pour répondre à l'accusation.

Il ne s'agissait que d'une chose, de savoir par quelle réparation, quelle expiation solennelle, quel châtiment exemplaire la plaignante, devenue accusée, satisferait à Girard, à la Compagnie de Jésus. Les Jésuites, quelle que fût leur débonnaireté, avouaient que, dans l'intérêt de la religion, un *exemple* serait utile pour avertir un peu et les convulsionnaires jansénistes et les écrivailleurs philosophes qui commençaient à pulluler.

Par deux points, on pouvait accrocher la Cadière, lui jeter le harpon :

1° *Elle avait calomnié.* — Mais nulle loi ne punit la calomnie de mort. Pour aller jusque-là, il fallait chercher un peu loin, dire : « Le vieux texte romain *De famosis libellis* prononce la mort contre ceux qui ont fait des libelles injurieux aux Empereurs ou *à la religion* de l'Empire. Les Jésuites sont la religion. Donc un mémoire contre un Jésuite mérite le dernier supplice.

2° *On avait une prise meilleure encore.* — Au début du procès, le juge épiscopal, le prudent Larmedieu, lui avait demandé si elle n'avait pas *deviné* les secrets de plusieurs personnes, et elle avait dit oui. Donc on pouvait lui imputer la qualité mentionnée au formulaire des procès de sorcellerie, *Devineresse et abuseresse.* Cela seul méritait le feu, en tout droit ecclésiastique. On pouvait même très bien la qualifier *sorcière*, d'après l'aveu des dames d'Ollioules ; que la nuit, à la même heure, elle était dans plusieurs cellules à la fois, qu'elle pesait doucement sur elles, etc. Leur engouement, leur tendresse subite si surprenante, avaient bien l'air d'un ensorcellement.

Qui empêchait de la brûler? On brûle encore partout au dix-huitième siècle. L'Espagne, sous un seul règne, celui de Philippe V, brûle seize cents personnes, et elle brûle encore une sorcière en 1782. L'Allemagne, une, en 1751 ; la Suisse, une aussi, en 1781. Rome brûle toujours, il est vrai sournoisement, dans les fours et dans les caves de l'Inquisition [1].

« Mais la France, du moins, sans doute, est plus humaine ? » — Elle est inconséquente. En 1718, on brûle un sorcier à Bordeaux [2]. En 1724 et 1726, on allume le bûcher en Grève, pour les délits qui, à Versailles, passaient pour des jeux d'écoliers. Les gardiens de l'enfant royal, Monsieur le Duc, Fleury, indulgents à la cour, sont terribles à la ville. Un ânier et un noble, un M. des Chauffours, sont brûlés vifs. L'avènement du cardinal-ministre ne peut être mieux célébré que par une réforme des mœurs, par l'exemple sévère qu'on fait des corrupteurs publics. — Rien de plus à propos que d'en faire un terrible et solennel sur cette fille infernale, qui a tellement attenté à l'innocence de Girard.

Voilà ce qu'il fallait pour bien laver ce Père. Il fallait établir que (même eût-il méfait, imité des Chauffours) *il avait été le jouet d'un enchantement.* Les actes n'étaient que trop clairs. Aux termes du droit canonique, et d'après ces arrêtés récents,

---

1. Ce détail nous est transmis par un consulteur du Saint-Office encore vivant.

2. Je ne parle pas des exécutions que le peuple faisait lui-même. Il y a un siècle, dans un village de Provence, une vieille à qui un propriétaire refusait l'aumône, s'emporta et dit : « Tu mourras demain ! » Il fut frappé, mourut. Tout le village (non pas les pauvres seuls, mais les plus *honnêtes* gens), la foule saisit la vieille, la mit sur un tas de sarments. Elle y fut brûlée vive. Le Parlement fit semblant d'informer, mais ne punit pas. Aujourd'hui encore les gens de ce village sont appelés *brûle-femme* (brulo-fenno).

quelqu'un devait être brûlé. Des cinq magistrats du parquet, deux seulement auraient brûlé Girard. Trois étaient contre la Cadière. On composa. Les trois qui avaient la majorité n'exigèrent pas la flamme, épargnèrent le spectacle long et terrible du bûcher, se contentèrent de la mort simple.

Au nom des cinq, il fut conclu et proposé au Parlement : « Que la Cadière, préalablement mise à la question ordinaire et extraordinaire, fût ensuite ramenée à Toulon, et, sur la place des Prêcheurs, *pendue et étranglée.* »

Ce fut un coup terrible. Il y eut un prodigieux revirement d'opinion. Les mondains, les rieurs, ne rirent plus; ils frémirent Leur légèreté n'allait pas jusqu'à glisser sur une chose si épouvantable. Ils trouvaient fort bon qu'une fille eût été séduite, abusée, déshonorée, et qu'elle eût été un jouet, et qu'elle mourût de douleur, de délire ; à la bonne heure, ils ne s'en mêlaient pas. Mais, quand il s'agit d'un supplice, quand l'image leur vint de la triste victime, la corde au cou, étranglée au poteau! les cœurs se soulevèrent. De tous côtés monta ce cri : « On ne l'avait pas vu depuis l'origine du monde, ce renversement scélérat : la loi du rapt appliquée à l'envers, la fille condamnée pour avoir été subornée, le séducteur étranglant la victime! »

Chose imprévue en cette ville d'Aix (toute de juges, de prêtres, de beau monde), tout à coup il se trouve un peuple, un violent mouvement populaire. En masse, en corps serré, une foule d'hommes de toute classe, d'un élan, marche aux ursulines. On fait paraître la Cadière et sa mère. On crie : « Rassurez-vous, mademoiselle. Nous sommes là... Ne craignez rien. »

Le grand dix-huitième siècle, que justement Hegel a nommé le *règne de l'esprit*, est bien plus grand encore comme *règne de l'humanité*. Des dames distinguées, comme la petite-fille de Mme de Sévigné, la charmante Mme de Simiane, s'emparèrent de la jeune fille et la réfugièrent dans leur sein. Chose plus belle encore (et si touchante), les dames jansénistes, de pureté sauvage, si difficiles entre elles, et d'excessive autorité, immolèrent la Loi à la Grâce dans cette grande circonstance, jetèrent les bras au cou de la pauvre enfant menacée, la purifièrent de leur baiser au front, la rebaptisèrent de leurs larmes.

Si la Provence est violente, elle est d'autant plus admirable en ces moments, violente de générosité et d'une véritable grandeur. On en vit quelque chose aux premiers triomphes de Mirabeau, quand il eut à Marseille autour de lui un million d'hommes. Ici, déjà, ce fut une grande scène révolutionnaire, un soulèvement immense contre le sot gouvernement d'alors, et les Jésuites, protégés de Fleury. Soulèvement unanime pour l'humanité, la pitié, pour la défense d'une femme, d'une enfant, si barbarement immolée. Les Jésuites imaginèrent bien d'organiser dans la canaille à eux, dans leurs clients, leurs mendiants, un je ne sais quel peuple qu'ils armaient de *clochettes* et de bâtons pour faire reculer les *cadières*. On surnomma ainsi les deux partis. Le dernier, c'était tout le monde. Marseille se leva tout entière pour porter en triomphe le fils de l'avocat

Chaudon. Toulon alla si loin pour sa pauvre compatriote, qu'on y voulait brûler la maison des Jésuites.

Le plus touchant de tous les témoignages vint à la Cadière d'Ollioules. Une simple pensionnaire, Mlle Agnès, toute jeune et timide qu'elle fût, suivit l'élan de son cœur, se jeta dans cette mêlée de pamphlets, écrivit, imprima l'apologie de la Cadière.

Ce grand et profond mouvement agit dans le Parlement même. Les ennemis des Jésuites en furent tout à coup relevés, raffermis, jusqu'à braver les menaces d'en haut, le crédit des Jésuites, la foudre de Versailles que pouvait leur lancer Fleury[1].

Les amis même de Girard, voyant leur nombre diminuer, leur phalange s'éclaircir, désiraient le jugement. Il eut lieu le 11 octobre 1731.

Personne n'osa reprendre, en présence du peuple, les conclusions féroces du parquet pour faire étrangler la Cadière. Douze conseillers immolèrent leur honneur, dirent Girard innocent. Des douze autres, quelques jansénistes le condamnaient au feu, comme sorcier; et trois ou quatre, plus raisonnables, le condamnaient à mort, comme scélérat. Douze étant contre douze, le président Lebret allait départager la cour. Il jugea pour Girard. Acquitté de l'accusation

---

1. Une anecdote grotesque symbolise, exprime à merveille l'état du Parlement. Le rapporteur lisait son travail, ses appréciations du procès de sorcellerie, de la part que le diable pouvait avoir en cette affaire. Il se fait un grand bruit. Un homme noir tombe par la cheminée... Tous se sauvent, effrayés, moins le seul rapporteur, qui, embarrassé dans sa robe, ne peut bouger... L'homme s'excuse. C'est tout bonnement un ramoneur qui s'est trompé de cheminée. (Papon, IV, 430.) — On peut dire qu'en effet une terreur, celle du peuple, du démon populaire, fixa le Parlement, comme ce juge engagé par sa robe.

de sorcellerie et de ce qui eût entraîné la mort, on le renvoya, comme prêtre et confesseur, pour le procès ecclésiastique, à l'official de Toulon, à son intime ami, Larmedieu.

Le grand monde, les indifférents, furent satisfaits. Et l'on a fait si peu d'attention à cet arrêt qu'aujourd'hui encore M. Fabre dit, M. Méry répète, « que tous les deux furent *acquittés* ». Chose extrêmement inexacte. La Cadière fut traitée comme calomniatrice, condamnée à voir ses mémoires et défenses lacérés et brûlés par la main du bourreau.

Et il y avait encore un terrible sous-entendu. La Cadière étant marquée ainsi, flétrie pour calomnie, les Jésuites devaient pousser, continuer sous terre et suivre leur succès auprès du cardinal Fleury, appeler sur elle les punitions secrètes et arbitraires. La ville d'Aix le comprit ainsi. Elle sentit que le Parlement ne la renvoyait pas, mais la *livrait* plutôt. De là une terrible fureur contre le président Lebret, tellement menacé qu'il demanda qu'on fît venir le régiment de Flandre.

Girard fuyait dans une chaise fermée. On le découvrit, et il eût été tué s'il ne se fût sauvé dans l'église des Jésuites, où le coquin se mit à dire la messe. Il échappa et retourna à Dôle, honoré, glorifié de la Société. Il y mourut en 1733, *en odeur de sainteté*. Le courtisan Lebret mourut en 1735.

Le cardinal Fleury fit tout ce qui plut aux Jésuites. A Aix, à Toulon, à Marseille, il exila, bannit, emprisonna. Toulon surtout était coupable d'avoir porté l'effigie de Girard aux portes de ses *girardines* et d'avoir promené le sacro-saint tricorne des Jésuites.

La Cadière aurait dû, aux termes de l'arrêt, pouvoir y retourner, être remise à sa mère. Mais j'ose dire qu'on ne permit jamais qu'elle revînt sur ce brûlant théâtre de sa ville natale, si hautement déclarée pour elle. Qu'en fit-on ? Jusqu'ici personne n'a pu le savoir.

Si le seul crime de s'être intéressé à elle méritait la prison, on ne peut douter qu'elle n'ait été bientôt emprisonnée elle-même ; que les Jésuites n'aient eu aisément de Versailles une lettre de cachet pour enfermer la pauvre fille, pour étouffer, ensevelir avec elle une affaire si triste pour eux. On aura attendu sans doute que le public fût distrait, pensât à autre chose. Puis la griffe l'aura ressaisie, plongée, perdue dans quelque couvent ignoré, éteinte dans un *in-pace*.

Elle n'avait que vingt et un ans au moment de l'arrêt, et elle avait toujours espéré de vivre peu. Que Dieu lui en ait fait la grâce[1] !

---

1. La persécution a continué, et par la publication altérée des documents, et jusque dans les historiens d'aujourd'hui Même le *Procès* (in-folio, 1733), notre principale source, est suivi d'une table habilement combinée contre la Cadière A son article, on trouve indiqué de suite et au complt (comme faits prouvés) tout ce qui a été dit contre elle ; mais on n'indique pas sa rétractation de ce que le poison lui a fait dire. Au mot *Girard*, presque rien ; on vous renvoie, pour ses actes, à une foule d'articles qu'on n'aura pas la patience de chercher. — Dans la reliure de certains exemplaires, on a eu soin de placer devant le *Procès*, pour servir de contre-poison, des apologies de Girard, etc. — Voltaire est bien léger sur cette affaire ; il se moque des uns et des autres, surtout des jansénistes. — Les historiens de nos jours, qui certainement n'ont pas lu le *Procès*, MM. Cabasse, Fabre, Méry, se croient *impartiaux*, et ils accablent la victime.

ÉPILOGUE

Une femme de génie, dans un fort bel élan de cœur, croit voir les deux Esprits dont la lutte fit le Moyen-âge, qui se reconnaissent enfin, se rapprochent, se réunissent. En se regardant de plus près, ils découvrent un peu tard qu'ils ont des traits de parenté. Que serait-ce si c'étaient des frères, et si ce vieux combat n'était rien qu'un malentendu? Le cœur parle et ils s'attendrissent. Le fier proscrit, le doux persécuteur, oublient tout, ils s'élancent, se jettent dans les bras l'un de l'autre. (Consuelo.)

Aimable idée de femme. D'autres aussi ont eu le même rêve. Mon suave Montanelli en fit un beau poème. Eh! qui n'accueillerait la charmante espérance de voir le combat d'ici-bas s'apaiser et finir dans ce touchant embrassement?

Qu'en pense le sage Merlin? Au miroir de son lac dont lui seul sait la profondeur, qu'a-t-il vu? Que dit-il dans la colossale épopée qu'il a donnée en 1860? Que Satan, s'il désarme, ne le fera qu'au jour du Jugement. Alors, pacifiés, côte à côte, tous deux dormiront dans la mort commune.

Il n'est pas difficile sans doute, en les faussant, d'arriver à un compromis. L'énervation des longues luttes, en affaiblissant tout, permet certains mélanges. On a vu au dernier chapitre deux ombres pactiser de bon accord dans le mensonge : l'ombre de Satan, l'ombre de Jésus, se rendant de petits services, le Diable ami de Loyola, l'obsession dévote et la possession diabolique allant de front, l'Enfer attendri dans le Sacré-Cœur.

Ce temps est doux, et l'on se hait bien moins. On ne hait guère que ses amis. J'ai vu des méthodistes admirer les Jésuites. J'ai vu ceux que l'Église dans tout le Moyen-âge appelle les fils de Satan, légistes ou médecins, pactiser prudemment avec le vieil esprit vaincu.

Mais laissons ces semblants. Ceux qui sérieusement proposent à Satan de s'arranger, de faire la paix, ont-ils bien réfléchi?

L'obstacle n'est pas la rancune. Les morts sont morts. Ces millions de victimes, Albigeois, Vaudois, Protestants, Maures, Juifs, Indiens de l'Amérique, dorment en paix. L'universel martyr du Moyen-âge, la Sorcière ne dit rien. Sa cendre est au vent.

Mais savez-vous ce qui proteste, ce qui solidement sépare les deux esprits, les empêche de se rapprocher? C'est une réalité énorme qui s'est faite depuis cinq cents ans. C'est l'œuvre gigantesque que l'Église a maudite, le prodigieux édifice des sciences et des institutions modernes, qu'elle excommunia pierre par pierre, mais que chaque anathème grandit, augmenta d'un étage. Nommez-moi une science qui n'ait été révolte.

Il n'est qu'un seul moyen de concilier les deux esprits et de mêler les deux Églises. C'est de démolir la nouvelle, celle qui, dès son principe, fut déclarée coupable, condamnée. Détruisons, si nous le pouvons, toutes les sciences de la nature, l'Observatoire, le Muséum et le Jardin des Plantes, l'École de Médecine, toute bibliothèque moderne. Brûlons nos lois, nos codes. Revenons au Droit canonique.

Ces nouveautés, toutes, ont été Satan. Nul progrès qui ne fût son crime

C'est ce coupable logicien qui, sans respect pour le droit clérical, conserva et refit celui des philosophes et des juristes, fondée sur la croyance impie du Libre arbitre.

C'est ce dangereux magicien qui, pendant qu'on discute sur le sexe des anges et autres sublimes questions, s'acharnait aux réalités, créait la chimie, la physique, les mathématiques. Oui, les mathématiques. Il fallut les reprendre; ce fut une révolte. Car on était brûlé pour dire que trois font trois.

La médecine, surtout, c'est le vrai satanisme, une révolte contre la maladie, le fléau mérité de Dieu. Manifeste péché d'arrêter l'âme en chemin vers le ciel, de la replonger dans la vie!

Comment expier tout cela? Comment supprimer, faire crouler cet entassement de révoltes, qui aujourd'hui fait toute la vie moderne? Pour reprendre le chemin des anges, Satan détruira-t-il cette œuvre? Elle pose sur trois pierres éternelles : la Raison, le Droit, la Nature.

L'esprit nouveau est tellement vainqueur, qu'il oublie ses combats, daigne à peine aujourd'hui se souvenir de sa victoire.

Il n'était pas inutile de lui rappeler la misère de ses premiers commencements, les formes humbles et grossières, barbares, cruellement comiques, qu'il eut sous la persécution, quand une femme, l'infortunée Sorcière, lui donna son essor populaire dans la science. Bien plus hardie que l'hérétique, le raisonneur demi-chrétien, le savant qui gardait un pied dans le cercle sacré, elle en échappa vivement, et sur le libre sol, de rudes pierres sauvages tenta de se faire un autel.

Elle a péri, devait périr. Comment? Surtout par le progrès des sciences même qu'elle a commencées, par le médecin, par le naturaliste, pour qui elle avait travaillé.

La Sorcière a péri pour toujours, mais non pas la Fée. Elle reparaîtra sous cette forme qui est immortelle.

La femme, aux derniers siècles occupée d'affaires d'hommes, a perdu en revanche son vrai rôle : celui de la *médication*, de la *consolation*, celui de la Fée qui guérit.

C'est son vrai sacerdoce. Et il lui appartient, quoi qu'en ait dit l'Église.

Avec ses délicats organes, son amour du plus fin détail, un sens si tendre de la vie, elle est appelée à en devenir la pénétrante confidente en toute science d'observation. Avec son cœur et sa pitié, sa divination de bonté, elle va d'elle-même à la médication. Entre les malades et l'enfant il est fort peu de différence. A tous les deux il faut la femme.

Elle rentrera dans les sciences et y rapportera la douceur et l'humanité, comme un sourire de la nature.

L'Anti-Nature pâlit, et le jour n'est pas loin où son heureuse éclipse fera pour le monde une aurore.

Les dieux passent, et non Dieu. Au contraire, plus ils passent, et plus il apparaît. Il est comme un phare à éclipse, mais qui à chaque fois revient plus lumineux.

C'est un grand signe de le voir en pleine discussion, et dans les journaux même. On commence à sentir que toutes les questions tiennent à la question fondamentale et souveraine (l'éducation, l'état, l'enfant, la femme). Tel est Dieu, tel le monde.

Cela dit que les temps sont mûrs.

Elle est si près, cette aube religieuse, qu'à chaque instant je croyais la voir poindre dans le désert où j'ai fini ce livre.

Qu'il était lumineux, âpre et beau mon désert! J'avais mon lit posé sur un roc de la grande rade de Toulon, dans une humble villa, entre les aloès et les cyprès, les cactus, les roses sauvages. Devant moi ce bassin immense de mer étincelante ; derrière, le chauve amphithéâtre où s'assoiraient à l'aise les États-généraux du monde.

Ce lieu, tout africain, a des éclairs d'acier, qui, le jour, éblouissent. Mais aux matins d'hiver, en décembre surtout, c'était plein d'un mystère divin. Je me levais juste à six heures, quand le coup de canon de l'Arsenal donne le signal du travail. De six à sept, j'avais un moment admirable. La scintillation vive (oserai-je dire acérée?) des étoiles faisait honte à la lune, et résistait à l'aube. Avant qu'elle parût, puis pendant le combat des deux lumières, la transparence prodigieuse de l'air permettait de voir et d'entendre à des distances incroyables. Je distinguais tout à deux lieues. Les moindres accidents des montagnes lointaines, arbre, rocher, maison, pli de terrain, tout se révélait dans la plus fine précision. J'avais des sens de plus, je me trouvais un autre être, dégagé, ailé, affranchi. Moment limpide, austère, si pur!... Je me disais: « Mais quoi! Est-ce que je serais homme encore? »

Un bleuâtre indéfinissable (que l'aube rosée respectait, n'osait teinter), un éther sacré, un esprit, faisait toute nature esprit.

On sentait pourtant un progrès, de lents et de doux changements. Une grande merveille allait venir, éclater et éclipser tout. On la laissait venir, on ne la pressait pas. La transfiguration prochaine, les ravissements espérés de la lumière, n'ôtaient rien au charme profond d'être encore dans la *nuit divine*, d'être à demi caché, sans se bien démêler du prodigieux enchantement... Viens, Soleil! On t'adore d'avance, mais tout en profitant de ce dernier moment de rêve...

Il va poindre... Attendons dans l'espoir, le recueillement.

ÉCLAIRCISSEMENTS

I

Classification géographique de la Sorcellerie. — Mon ténébreux sujet est comme la mer. Celui qui y plonge souvent, apprend à y voir. Le besoin crée des sens. Témoin le singulier poisson dont parle Forbes (*Pertica astrolabus*), qui, vivant au plus bas et près du fond, s'est créé un œil admirable pour saisir, concentrer les lueurs qui descendent jusque-là. La sorcellerie, au premier regard, avait pour moi l'unité de la nuit. Peu à peu, je l'ai vue multiple et très diverse. En France, de province à province, grandes sont déjà les différences. En Lorraine, près de l'Allemagne, elle semble plus lourde et plus sombre; elle n'aime que les bêtes noires. Au pays basque, Satan est vif, espiègle, prestidigitateur. Au centre de la France, il est bon compagnon; les oiseaux envolés qu'il lâche, semblent l'aimable augure et le vœu de la liberté. — Sortons de la France; entre les peuples et les races diverses, les variétés, les contrastes sont bien autrement forts.

Personne, que je sache, n'avait bien vu cela. — Pourquoi? L'imagination, une vaine poésie puérile, brouillait, confondait tout. *On s'amusait* à ce sujet terrible qui n'est que larmes et sang. Moi, je l'ai pris à cœur. J'ai laissé les mirages, les fumées fantastiques, les vagues brouillards où l'on se complaisait. Le vrai sens de la vie vibre aux diversités vivantes, les rend sensibles et les fait voir. Il distingue, il caractérise. Dès que ce ne sont plus des ombres et des contes, mais des êtres humains, vivants, souffrants, ils diffèrent, ils se classent.

La science peu à peu creusera cela. En voici l'idée générale. Écartons d'abord les extrêmes de l'équateur, du pôle, les nègres, les Lapons.— Écartons les sauvages de l'Amérique, etc. L'Europe seule a eu l'idée nette du Diable, a cherché et voulu, adoré le mal absolu (ou du moins ce qu'on croyait tel).

1° En Allemagne, le Diable est fort. Les mines et les forêts lui vont. Mais, en y regardant, on le voit mêlé, dominé, par les restes et les échos de la mythologie du Nord Chez les tribus gothiques, par exemple, en opposition à la douce Ilolda, se crée la farouche *Unholda* (J. Grimm, 554); le Diable est femme. Il a un énorme cortège d'esprits, de gnomes, etc. Il est industriel, travaille, est constructeur, maçon, métallurgiste, alchimiste, etc.

2° En Angleterre, le culte du Diable est secondaire, étant mêlé et dominé par certains esprits du foyer, certaines mauvaises bêtes domestiques par qui la femme aigre et colère fait des malices, des vengeances (Thomas Wright, I, 177). Chose curieuse, chez ce peuple où *goddam* est le jurement national (au quinzième siècle, *Procès de Jeanne d'Arc*, et sans doute plus anciennement), on veut bien être damné de Dieu, mais sans se vendre au Diable. L'âme anglaise se garde tant qu'elle peut. Il n'y a guère de *pacte* exprès, solennel. Point de grand Sabbat (Wright, I, 281). « La vermine des petits esprits », souvent en chiens ou chats, souvent invisibles et blottis dans les paquets de laine, dans certaine bouteille que la femme connaît seule, attendent l'occasion de mal faire. Leur maîtresse les appelle de noms baroques, tyffin, pyggin, calicot, etc. Elle les cède, les vend quelquefois. Ces êtres équivoques, quoi qu'on puisse en penser, lui suffisent, retiennent sa méchanceté dans leur bassesse. Elle a peu affaire du Diable, s'élève moins à cet idéal.

Autre raison qui empêche le Diable de progresser en Angleterre. C'est qu'on fait avec lui peu, très peu de façons. On pend la sorcière, on l'étrangle avant de la brûler. Ainsi expédiée, elle n'a pas l'horrible poésie que le bûcher, que l'exorcisme, que l'anathème des conciles, lui donnent sur le continent. Le Diable n'a pas là sa riche littérature de moines. Il ne prend pas l'essor. Pour grandir, il lui faut la culture ecclésiastique.

3° C'est en France, selon moi, et au quatorzième siècle seulement, que s'est trouvée la pure adoration du Diable. M. Wright s'accorde avec moi pour le temps et le lieu. Seulement, il dit : « En France *et en Italie.* » Je ne vois pas pourtant chez les Italiens (Barthole, 1357 ; Spina, 1458; Grillandus, 1524, etc.), je ne vois pas le Sabbat dans sa forme la plus terrible, la Messe noire, le défi solennel à Jésus. J'en doute même pour l'Espagne. Sur la frontière, au pays basque, on adorait impartialement Jésus le jour, Satan la nuit. Il y avait plus de liberté folle que de haine et de fureur. Les pays de lumière, l'Espagne et l'Italie, ont été vraisemblablement moins loin dans les religions de ténèbres, moins loin dans le désespoir. Le peuple y vit de peu, est fait à la misère. La nature du Midi aplanit bien des choses. L'imagination prime tout. En Espagne, le mirage singulier des plaines salées, la sauvage poésie du chevrier, du bouc, etc. En Italie, tels désirs hystériques, par exemple, des *altérées*, qui passent sous la porte ou par la serrure pour boire le sang des petits enfants. Folie et fantasmagorie, tout comme aux rêves sombres du Harz et de la Forêt Noire.

Tout est plus clair, ce semble, en France. L'hérésie des sorcières, comme on disait, semble s'y produire normalement, après les grandes persécutions, comme hérésie suprême. Chaque secte persécutée qui tombe à *l'état nocturne*, à la vie dangereuse de société secrète, gravite vers le culte du Diable, et peu à peu s'approche du terrible idéal (qui n'est atteint qu'en 1300). Déjà après l'an 1000 (Voy. Guérard, *Cartul. de Chartres*), commence contre les hérétiques d'Orléans l'accusation qu'on renouvellera toujours sur l'orgie de nuit et le reste. Accusation mêlée de faux, de vrai, mais qui produit de plus en plus son effet, en réduisant les proscrits, les suspects, aux assemblées de nuit. Même *les Purs* (Cathares ou Albigeois), après leur horrible ruine du treizième siècle, tombant au désespoir, passent en foule à la sorcellerie, adorent l'Anti-Jésus. Il en est ainsi des Vaudois. Chrétiens innocents au douzième siècle (comme le reconnaît Walter Mapes), ils finiront par devenir sorciers, à ce point qu'au quinzième *vaudoiserie* est synonyme de sorcellerie.

En France, la sorcière ne me paraît pas être, autant qu'ailleurs, le fruit de l'imagination, de l'hystérie, etc. Une partie considérable, et la majorité peut-être, de cette classe infortunée est sortie de nos cruelles révolutions religieuses.

L'histoire du culte diabolique et de la sorcellerie tirera de nouvelles lumières de celle de l'hérésie qui l'engendrait. J'attends impatiemment le grand livre des Albigeois qui va paraître. M. Peyrat a retrouvé ce monde perdu dans un dépôt sacré, fidèle et bien gardé, la tradition des familles. Découverte imprévue! Il est retrouvé l'*in-pace* où tout un peuple fut scellé, l'immense souterrain dont un homme du treizième siècle disait : « Ils ont fait tant de fosses, de caves, de cachots, d'oubliettes, qu'il n'y eut plus assez de pierres aux Pyrénées. »

II

Page 328 de l'INTRODUCTION. — *Registres originaux de l'Inquisition.* — J'avais l'espoir d'en trouver un à la Bibliothèque impériale. Le n° 5954 (*lat.*) est intitulé en effet *Inquisitio*. Mais ce n'est qu'une *enquête* faite par ordre de saint Louis en 1261, lorsqu'il vit que l'horrible régime établi par sa mère et le légat dans sa minorité, faisait du midi un désert. Il le regrette et dit : « *Licet in regni nostri primordiis ad terrorem durius scripserimus*, etc. » Nul adoucissement pour les hérétiques, mais seulement pour les veuves ou enfants de ceux qui sont *bien morts*. — On n'a encore publié que deux des vrais registres de l'Inquisition (à la suite de Limburch). Ce sont des registres de Toulouse, qui vont de 1307 à 1326. Magi en a extrait deux autres (*Acad. de Toulouse*, 1790, in-quarto, t. IV, p. 19). Lamothe-Langon a extrait ceux de Carcassonne (*Hist. de l'Inquis. en France*, t. III), Llorente ceux de l'Espagne. — Ces registres mystérieux étaient à Toulouse (et sans doute partout) enfermés dans des sacs pendus très haut aux murs, de plus cousus des deux côtés, de sorte qu'on ne pouvait rien lire sans découdre tout. Ils nous donnent un spécimen précieux, instructif pour toutes les inquisitions de l'Europe. Car la procédure était partout exactement la même (Voy. *Directorium Eymerici*, 1358). — Ce qui frappe dans ces registres, ce n'est pas seulement le grand nombre des suppliciés, c'est celui des *emmurés*, qu'on mettait dans une petite loge de pierre (*camerula*), ou dans une basse-fosse *in-pace*, au pain et à l'eau. C'est aussi le nombre infini des *crozats*, qui portaient la croix rouge devant et derrière. C'étaient les mieux traités ; on les laissait provisoirement chez eux.¹ Seulement, ils devaient le dimanche, après la messe, aller se faire fouetter par leurs curés (Règlement de 1326, *Archives de Carcassonne*, dans L.-Langon, III, 191). — Le plus cruel, pour les femmes surtout, c'est que le petit peuple, les enfants, s'en moquaient outrageusement. Ils pouvaient, sans cause nouvelle, être repris et *emmurés*. Leurs fils et petits-fils étaient suspects et très facilement *emmurés*.

Tout est hérésie au treizième siècle ; tout est magie au quatorzième. Le passage est facile. Dans la grossière théorie du temps, l'hérésie diffère peu de la possession diabolique ; toute croyance mauvaise, comme tout péché, est un démon qu'on chasse par la torture ou le fouet. Car les démons sont fort sensibles (Michel Psellus). On prescrit aux *crozats*, aux suspects d'hérésie de fuir tout sortilège (D. Vaissette, Lang.). — Ce passage de l'hérésie à la magie est un progrès dans la terreur, où le juge doit trouver son compte. Aux procès d'hérésie (procès d'hommes pour la plupart), il a des assistants. Mais pour ceux de magie, de sorcellerie, presque toujours procès de femmes, il a le droit d'être seul, tête à tête avec l'accusée.

Notez que sous ce titre terrible de sorcellerie, on comprend peu à peu toutes les petites superstitions, vieille poésie du foyer et des champs, le follet, le lutin, la fée. Mais quelle femme sera innocente? La plus dévote croyait à tout cela. En se couchant, avant sa prière à la Vierge, elle laissait du lait pour son follet. La fillette, la bonne femme donnait le soir aux fées un petit feu de joie, le jour à la sainte un bouquet.

Quoi! pour cela elle est sorcière! La voilà devant l'homme noir. Il lui pose les questions (*les mêmes, toujours les mêmes*, celles qu'on fit à toute société secrète, aux Albigeois, aux templiers, n'importe). Qu'elle y songe, le bourreau est là ; tout prêts, sous la voûte à côté, l'estrapade, le chevalet, les brodequins à vis, les coins de fer. Elle s'évanouit de peur, ne sait plus ce qu'elle dit : « Ce n'est pas moi... Je ne le ferai plus... C'est ma mère, ma sœur, ma cousine qui m'a forcée, traînée... Que faire? Je la craignais, j'allais malgré moi et tremblante » (*Trepidabat ; sororia sua Guilelma trahebat et metu faciebat multa*). (*Reg. Tolos.*, 1307, p. 10, ap. Limburch.)

Peu résistaient. En 1329, une Jeanne périt pour avoir refusé de dénoncer son père (*Reg. de Carcassonne*, L.-Langon, 3, 202). Mais avec ces rebelles on essayait d'autres moyens. Une mère et ses trois filles avaient résisté aux tortures. L'inquisiteur s'empare de la seconde, lui fait l'amour, la rassure tellement qu'elle dit tout, trahit sa mère, ses sœurs (Limburch, Lamothe-Langon). Et toutes à la fois sont brûlées !

Ce qui brisait plus que la torture même, c'était l'horreur de l'*in-pace*. Les femmes se mouraient de peur d'être scellées dans ce petit trou noir. A Paris, on put voir le spectacle public d'une loge à chien dans la cour des *Filles repenties*, où l'on tenait la dame d'Escoman, murée (sauf une fente par où on lui jetait du pain), et couchée dans ses excréments. Parfois, on exploitait la peur jusqu'à l'épilepsie. Exemple : cette petite blonde, faible enfant de quinze ans, que Michaëlis dit lui-même avoir forcée de dénoncer, en la mettant dans un vieil ossuaire pour coucher sur les os des morts. En Espagne, le plus souvent l'*in-pace*, loin d'être un lieu de paix, avait une porte par laquelle on venait tous les jours à heure fixe travailler la victime, pour le bien de son âme, en la flagellant. Un moine condamné à l'*in-pace* prie et supplie qu'on lui donne plutôt la mort. (Llorente.)

Sur les auto-da-fé, voir dans Limburch ce qu'en disent les témoins occulaires. Voir surtout Dellon, qui lui-même porta le san-benito. (*Inquisition de Goa*, 1688.)

Dès le treizième, le quatorzième siècle, la terreur était si grande, qu'on voyait les personnes les plus haut placées quitter tout, rang, fortune, dès qu'elles étaient accusées, et s'enfuir. C'est ce que fit la dame Alice Kytcler, mère du sénéchal d'Irlande, poursuivie pour sorcellerie par un moine mendiant qu'on avait fait évêque (1324). Elle échappa. On brûla sa confidente. Le sénéchal fit amende honorable et resta dégradé. (T. Wright, *Proccedings against dame Alice*, etc., in-quarto. London, 1843.)

Tout cela s'organise de 1200 à 1300. C'est en 1233 que la mère de saint Louis fonde la grande prison des *Immuratz* de Toulouse. Qu'arrive-t-il? on se donne au Diable. La première mention du *Pacte* diabolique est de 1222. (César Heisterbach.) On ne reste pas hérétique, ou *demi*-chrétien. On devient satanique, *anti*-chrétien. La furieuse Ronde sabbatique apparaît en 1353 (*Procès de Toulouse*, dans L.-Langon, 3, 360), la veille de la Jacquerie.

III

Les deux premiers chapitres, résumés de mes Cours sur le Moyen-âge, expliquent *par l'état général de la Société* pourquoi l'humanité désespéra, — et les chapitres III, IV, V, expliquent *par l'état moral de l'âme* pourquoi la femme spécialement désespéra et fut amenée à se donner au Diable, et à devenir la Sorcière.

C'est seulement en 553 que l'Église a pris l'atroce résolution de damner les *esprits* ou *démons* (mots synonymes en grec), sans retour, sans repentir possible. Elle suivit en cela la violence africaine de saint Augustin, contre l'avis plus doux des Grecs, d'Origène et de l'Antiquité. (Haag, *Hist. des dogmes*, I, 80-83.) — Dès lors on étudie, on fixe le tempérament, la physiologie des Esprits. Ils ont et ils n'ont pas de corps, s'évanouissent en fumée, mais aiment la chaleur, craignent les coups, etc. Tout est parfaitement connu, convenu, en 1050 (Michel Psellus, *Énergie des esprits ou démons*). Ce byzantin en donne exactement la même idée que celle des légendes occidentales. (Voy. les textes nombreux dans la *Mythologie* de Grimm, les *Fées* de Maury, etc, etc.) — Ce n'est qu'au quatorzième siècle qu'on dit nettement que tous ces esprits sont des diables. — Le *Trilby* de Nodier, et la plupart des contes analogues sont manqués, parce qu'ils ne vont pas jusqu'au moment tragique où la petite femme voit dans le lutin l'infernal amant.

Dans les chapitres V-XII du livre Ier, et dès la page 379, j'ai essayé de retrouver *comment la femme put devenir Sorcière.* — Recherche délicate. — Nul de mes prédécesseurs ne s'en est enquis. Ils ne s'informent pas des degrés successifs par lesquels on arrivait à cette chose horrible. Leur Sorcière surgit tout à coup, comme du fond de la terre. Telle n'est pas la nature humaine. Cette recherche m'imposait le travail le plus difficile. Les textes antiques sont rares, et ceux qu'on trouve épars dans les livres bâtards de 1500, 1600, sont difficiles à distinguer. Quand on a retrouvé ces textes, comment les dater, dire: « Ceci est du douzième, ceci du treizième, du quatorzième? » Je ne m'y serais point hasardé, si je n'avais eu déjà pour moi une longue familiarité avec ces temps, mes études obstinées de Grimm, Ducange, etc., et mes *Origines du droit* (1837). Rien ne m'a plus servi. Dans ces formules, ces *Usages* si peu variables, dans la *Coutume* qu'on dirait éternelle, on prend pourtant le sens du temps. Autres siècles, autres formes. On apprend à les reconnaître, à leur fixer des dates morales. On distingue à merveille la sombre gravité antique du pédantesque bavardage des temps relativement récents. Si l'archéologue décide sur la forme de telle ogive qu'un monument est de tel temps, avec bien plus de certitude la psychologie historique peut montrer que tel fait moral est de tel siècle, et non d'un autre, que telle idée, telle passion, impossible aux temps plus anciens, impossible aux âges récents, fut exactement de tel âge. Critique moins sujette à l'erreur. Car les archéologues se sont parfois trompés sur telle ogive refaite habilement. Dans la chronologie des arts, certaines formes peuvent bien se refaire. Mais dans la vie morale, cela est impossible. La cruelle histoire du passé que je raconte ici, ne reproduira pas ses dogmes monstrueux, ses effroyables rêves. En bronze, en fer, ils sont fixés à leur place éternelle dans la fatalité du temps.

Maintenant voici mon péché où m'attend la critique. Dans cette analyse historique et morale de la création de la Sorcière jusqu'en 1300, plutôt que de traîner dans les explications prolixes, j'ai pris souvent un petit fil biographique et dramatique, la vie d'une même femme pendant trois cents ans. — Et cela (notez bien) dans six ou sept chapitres seulement. — Dans cette partie même, si courte, on sentira aisément combien tout est historique et fondé. Par exemple, si j'ai donné le mot *Tolède* comme le nom sacré de la capitale des magiciens, j'avais pour moi non seulement l'opinion fort grave de M. Soldan, non seulement le long passage de Lancre, mais des textes fort anciens. Gerbert, au onzième siècle, étudie la magie dans cette ville. Selon César d'Heisterbach, les étudiants de Bavière et de Souabe apprennent aussi la nécromancie à *Tolède*. C'est un maître de *Tolède* qui propage les crimes de sorcellerie que poursuit Conrad de Marbourg.

Toutefois les superstitions sarrasines, venues d'Espagne ou d'Orient (comme le dit Jacques de Vitry), n'eurent qu'une influence secondaire, ainsi que le vieux culte romain d'Hécate ou Dianom. Le grand cri de fureur qui est le vrai sens du Sabbat, nous révèle bien autre chose. Il y a là non seulement les souffrances matérielles, l'accent des vieilles misères, mais un abîme de douleur. Le fond de la souffrance morale n'est trouvé que vers saint Louis, Philippe-le-Bel, spécialement en certaines classes qui, plus que l'ancien serf, sentaient, souffraient. Tels durent être surtout les *bons paysans*, notables vilains, les *serfs maires* de villages, que j'ai vus déjà au douzième siècle, et qui, au quatorzième, sous la fiscalité nouvelle, responsables (comme les *curiales* antiques), sont doublement martyrs du roi et des barons, écrasés d'avanies, enfin l'enfer vivant. De là ces désespoirs qui précipitent vers l'Esprit des trésors cachés, le diable de l'argent. Ajoutez la risée, l'outrage, qui plus encore peut-être font la Fiancée de Satan.

Un procès de Toulouse, qui donne en 1353 la première mention de la Ronde du Sabbat, me mettait justement le doigt sur la date précise. Quoi de plus naturel? La peste noire rase le globe et « tue le tiers du monde ». Le pape est dégradé. Les seigneurs battus, prisonniers, tirent leur rançon du serf et lui prennent jusqu'à la chemise. La grande épilepsie du temps commence, puis la guerre servile, la Jacquerie... On est si furieux qu'on danse.

IV

Chapitres IX et X. — *Satan médecin.* — *Philtres*, etc. — En lisant les très beaux ouvrages qu'on a fait de nos jours sur l'histoire des sciences, je suis étonné d'une chose : on semble croire que tout a été trouvé par les docteurs, ces demi-scolastiques, qui à chaque instant étaient arrêtés par leur robe, leurs dogmes, les déplorables habitudes d'esprit que leur donnait l'École. Et celles qui marchaient libres de ces chaînes, les sorcières n'auraient rien trouvé? Cela serait invraisemblable. Paracelse dit le contraire. Dans le peu qu'on sait de leurs recettes, il y a un bon sens singulier. Aujourd'hui encore, les solanées, tant employées par elles, sont considérées comme le remède spécial de la grande maladie qui menaça le monde au quatorzième siècle. J'ai été surpris de voir dans M. Coste (*Hist. du dével. des corps*, t. II, p. 53) que l'opinion de M. Paul Dubois sur les effets de l'eau glacée à un certain moment était exactement conforme à la pratique des sorcières au Sabbat. Voyez, au contraire, les sottes recettes des grands docteurs de ces temps-là, les effets merveilleux de l'urine de mule, etc. (Agrippa, *De occulta philosophia*, t. II, p. 24, éd. Lugduni, in-octavo).

Quant à leur médecine d'amour, leurs philtres, etc., on n'a pas remarqué combien les *pactes entre amants* ressemblaient aux *pactes entre amis* et frères d'armes. Les seconds dans Grimm (*Rechts Alterthümer*) et dans mes *Origines;* les premiers dans Calcagnini, Sprenger, Grillandus et tant d'autres auteurs, ont tout à fait le même caractère. C'est toujours ou la nature attestée et prise à témoin, ou l'emploi plus ou moins impie des sacrements, des choses de l'Église, ou le banquet commun, tel breuvage, tel pain ou gâteau qu'on partage. Ajoutez certaines communions, par le sang, par telle ou telle excrétion.

Mais, quelque intimes et personnelles qu'elles puissent paraître, la souveraine communion d'amour est toujours une *confarreatio*, le partage d'un pain qui a pris la vertu magique. Il devient tel, tantôt par la messe qu'on dit dessus (Grillandus, 316), tantôt par le contact, les émanations de l'objet aimé. Au soir d'une noce, pour éveiller l'amour, on sert le *pâté de l'épousée* (Thiers, *Superstitions*, IV, 548), et pour le réveiller chez celui que l'on a *noué*, elle lui fait manger certaine *pâte* qu'elle a préparée, etc.

V

Rapports de Satan avec la Jacquerie. — Le beau symbole des oiseaux envolés, délivrés par Satan, suffirait pour faire deviner que nos paysans de France y voyaient un esprit sauveur, libérateur. Mais tout cela fut étouffé de bonne heure dans des flots de sang. Sur le Rhin, la chose est plus claire. Là, les princes étant évêques, haïs à double titre, virent dans Satan un adversaire personnel. Malgré leur répugnance pour subir le joug de l'Inquisition romaine, ils l'acceptèrent dans l'imminent danger de la grande éruption de sorcellerie qui éclata à la fin du quinzième siècle. Au seizième, le mouvement change de formes et devient la *Guerre des paysans*. — Une belle tradition, contée par Walter Scott, nous montre qu'en Écosse la magie fut l'auxiliaire des résistances nationales. Une armée enchantée attend dans de vastes cavernes que sonne l'heure du combat. Un de ces gens de basses terres qui font commerce de chevaux, a vendu un cheval noir à un vieillard des montagnes. « Je te payerai, dit-il, mais à minuit sur le Lucken Have » (un pic de la chaîne d'Eildon). Il le paye, en effet, en monnaies fort anciennes ; puis lui dit : « Viens voir ma demeure. » Grand est l'étonnement du marchand quand il aperçoit dans une profondeur infinie des files de chevaux immobiles, près de chacun un guerrier immobile également. Le vieillard lui dit à voix basse : « Tous ils s'éveilleront à la bataille de Sheriffmoor. » Dans la caverne étaient suspendus une épée et un cor. « Avec ce cor, dit le vieillard, tu peux rompre tout l'enchantement. » L'autre, troublé et hors de lui, saisit le cor, en tire des sons... A l'instant, les chevaux hennissent, trépignent, secouent le harnais. Les guerriers se lèvent ; tout retentit d'un bruit de fer, d'armures. Le marchand se meurt de peur, et le cor lui tombe des mains... Tout disparaît... Une voix terrible, comme celle d'un géant, éclate, criant : « Malheur au lâche qui ne tire pas l'épée, avant de donner du cor. » — Grand avis national, et de profonde expérience, fort bon pour ces tribus sauvages qui faisaient toujours grand bruit avant d'être prêtes à agir, avertissaient l'ennemi. — L'indigne marchand fut porté par une trombe hors de la caverne, et quoi qu'il ait pu faire depuis, il n'en a jamais retrouvé l'entrée.

VI

Du dernier acte du Sabbat. — Lorsqu'on reviendra tout à fait de ce prodigieux rêve de presque deux mille ans, et qu'on jugera froidement la société chrétienne du Moyen-âge, on y remarquera une chose énorme, unique dans l'histoire du monde : c'est que 1° *l'adultère y est à l'état d'institution* régulière, reconnue, estimée, chantée, célébrée dans tous les monuments de la littérature noble et bourgeoise, tous les poèmes, tous les fabliaux, et que, 2° d'autre part l'*inceste* est l'état général des serfs, état parfaitement manifesté dans le Sabbat, qui est leur unique liberté, leur vraie vie, où ils se montrent ce qu'ils sont.

J'ai douté que l'inceste fût solennel, étalé publiquement, comme dit Lancre. Mais je ne doute pas de la chose même.

Inceste économique surtout, résultat de l'état misérable où l'on tenait les serfs. — Les femmes, travaillant moins, étaient considérées comme des bouches inutiles. Une suffisait à la famille. La naissance d'une fille était pleurée comme un malheur (Voy. mes *Origines*). On ne la soignait guère. Il devait en survivre peu. L'aîné des frères se mariait seul, et couvrait ce communisme d'un masque chrétien. Entre eux, parfaite entente et conjuration de stérilité. Voilà le fond de ce triste mystère, attesté par tant de témoins qui ne le comprennent pas.

L'un des plus graves, pour moi, c'est Boguet, sérieux, probe, consciencieux, qui, dans son pays écarté du Jura, dans sa montagne de Saint-Claude, a dû trouver les usages antiques mieux conservés, suivis fidèlement avec la ténacité routinière du paysan. Lui aussi, il affirme les deux grandes choses : 1° l'inceste, même celui de la mère et du fils; 2° le plaisir stérile et douloureux, la fécondité impossible.

Cela effraye, que des peuples entiers de femmes se soumissent à ce sacrilège. Je dis : des peuples. Ces sabbats étaient d'immenses assemblées (douze mille âmes dans un petit canton basque, voy. Lancre; six mille pour une bicoque, La Mirandole voy. Spina).

Grande et terrible révélation du peu d'influence morale qu'avait l'Église. On a cru qu'avec son latin, sa métaphysique byzantine, à peine comprise d'elle-même, elle christianisait le peuple. Et, dans le seul moment où il soit libre, où il puisse montrer ce qu'il est, il apparaît plus que païen. L'intérêt, le calcul, la concentration de famille, y font plus que tous ces vains enseignements. L'inceste du père et de la fille eût peu fait pour cela, et l'on en parle moins. Celui de la mère et du fils est spécialement recommandé par Satan. Pourquoi ? Parce que, dans ces races sauvages, le jeune travailleur, au premier éveil des sens, eût échappé à la famille, eût été perdu pour elle, au moment où il lui devenait précieux. On croyait l'y tenir, l'y fixer, au moins pour longtemps, par ce lien si fort : « Que sa mère se damnait pour lui. »

Mais comment consentait-elle à cela? Jugeons-en par les cas rares heureusement qui se voient aujourd'hui. Cela ne se trouve guère que dans l'extrême misère. Chose dure à dire : l'excès du malheur déprave. L'âme brisée se défend peu, est faible et molle. Les pauvres sauvages, dans leur vie si dénuée, gâtent extrêmement leurs enfants. Chez la veuve indigente, la femme abandonnée, l'enfant est maître de tout, et elle n'a pas la force, quand il grandit, de s'opposer à lui.

Combien plus dans le Moyen-âge! La femme y est écrasée de trois côtés. L'Église la tient au plus bas (elle est Ève et le péché même). A la maison, elle est battue; au sabbat, immolée; on sait comment. Au fond, elle n'est ni de Satan, ni de Jésus. Elle n'est rien, n'a rien. Elle mourrait sans son enfant. Mais il faut prendre garde de faire une créature si malheureuse; car, sous cette grêle de douleurs, ce qui n'est pas douleur, ce qui est douceur et tendresse, peut en revanche tourner en frénésie. Voilà l'horreur du Moyen-âge. Avec son air tout spirituel, il soulève des bas-fonds des choses incroyables qui y seraient restées : il va draguant, creusant les fangeux souterrains de l'âme.

Du reste, la pauvre créature étoufferait tout cela. Bien différente de la haute dame, elle ne peut pécher que par obéissance. Son mari le veut, et Satan le veut. Elle a peur, elle en pleure; on ne la consulte guère. Mais, si peu libre qu'elle soit, l'effet n'en est pas moins terrible pour la perversion des sens et de l'esprit. C'est l'enfer ici-bas. Elle reste effarée, demi-folle de remords et de passion. Le fils, si l'on a réussi, voit dans son père un ennemi. Un souffle parricide plane sur cette maison. On est épouvanté de ce que pouvait être une telle société, où la famille, tellement impure et déchirée, marchait morne et muette, avec un lourd masque de plomb, sous la verge d'une autorité imbécile qui se croyait maîtresse. Quel troupeau! Quelles brebis! Quels pasteurs idiots!... Ils avaient sous les yeux un monstre de malheur, de douleur, de péché. Spectacle inouï avant et après. Mais ils regardaient dans leurs livres, apprenaient, répétaient des mots! Des mots! des mots! c'est toute leur histoire. Ils furent au total *une langue*. Verbe et verbalité, c'est tout. Un nom leur restera : *Parole*.

VII

Littérature de sorcellerie. — C'est vers 1400 qu'elle commence. Ses livres sont de deux classes et de deux époques : 1° ceux des moines inquisiteurs du quinzième siècle; 2° ceux des juges laïques du temps d'Henri IV et de Louis XIII.

La grosse compilation de Lyon qu'on a faite et dédiée à l'inquisiteur Nitard, reproduit une foule de ces traités de moines. Je les ai comparés entre eux, et parfois aux anciennes éditions. Au fond, il y a très peu de chose. Ils se répètent fastidieusement. Le premier en date (d'environ 1440) est le pire des sots, un bel esprit allemand, le dominicain Nider. Dans son *Formicarius*, chaque chapitre commence par poser une ressemblance entre les fourmis et les hérétiques ou sorciers, les péchés capitaux, etc. Cela touche à l'idiotisme. Il explique parfaitement qu'on devait brûler Jeanne d'Arc. — Ce livre parut si joli que la plupart le copièrent; Sprenger surtout, le grand Sprenger, dont j'ai fait valoir les mérites. Mais qui pourrait tout dire? Quelle fécondité d'âneries! « *Femina* vient de *fe* et de *minus*. La femme a moins de foi que l'homme. » Et à deux pas de là : « Elle est en effet légère et crédule; elle incline toujours à croire. » — Salomon eut raison de dire : « La femme belle et folle est un anneau d'or au grouin d'un porc. Sa langue est douce comme l'huile, mais par en bas ce n'est qu'absinthe. » Au reste, comment s'étonner de tout cela? N'a-t-elle pas été faite d'une côte recourbée, c'est-à-dire « d'une côte qui est tortue, dirigée contre l'homme? »

Le *Marteau* de Sprenger est l'ouvrage capital, le type, que suivent généralement les autres manuels, les *Marteaux*, *Fouets*, *Fustigations*, que donnent ensuite les Spina, les Jacquier, les Castro, les Grillandus, etc. Celui-ci, Florentin, inquisiteur à Arezzo (1520), a des choses curieuses, sur les philtres, quelques histoires intéressantes. On y voit parfaitement qu'il y avait, outre le Sabbat réel, un Sabbat imaginaire où beaucoup de personnes effrayées croyaient assister, surtout des femmes somnambules qui se levaient la nuit, couraient les champs. Un jeune homme traversant la campagne à la première lueur de l'aube, et suivant un ruisseau, s'entend appeler d'une voix très douce, mais craintive et tremblante. Et il voit là un objet de pitié, une blanche figure de femme à peu près nue, sauf un petit caleçon. Honteuse, frissonnante, elle était blottie dans les ronces. Il reconnaît une voisine; elle le prie de la tirer de là. « Qu'y faisiez-vous? — Je cherchais mon âne. » — Il n'en croit rien, et alors elle fond en larmes. La pauvre femme, qui bien probablement dans son somnambulisme sortait du lit de son mari, se met à s'accuser. Le diable l'a menée au Sabbat; en la ramenant, il a entendu une cloche et l'a laissée tomber. Elle tâcha d'assurer sa discrétion en lui donnant un bonnet, des bottes et trois fromages. Malheureusement le sot ne put tenir sa langue; il se vanta de ce qu'il avait vu. Elle fut saisie. Grillandus, alors absent, ne put faire son procès, mais elle n'en fut pas moins brûlée. Il en parle avec complaisance et dit (le sensuel boucher) : « Elle était belle et assez grasse » (*pulchra et satis pinguis*).

De moine en moine, la boule de neige va toujours grossissant. Vers 1600, les compilateurs étant eux-mêmes compilés, augmentés par les derniers venus, on arrive à un livre énorme, les *Disquisitiones magicæ*, de l'Espagnol Del Rio. Dans son *Auto-da-fé de Logroño* (réimprimé par Lancre), il donne un Sabbat détaillé, curieux, mais l'un des plus fous que l'on puisse lire. Au banquet pour premier service, on mange des enfants en hachis. Au second, de la chair d'un sorcier déterré. Satan, qui sait son monde, reconduit les convives, tenant en guise de flambeau le bras d'un enfant mort sans baptême, etc.

Est-ce assez de sottises? Non. Le prix et la couronne appartient au dominicain Michaëlis (affaire Gauffridi, 1610). Son Sabbat est certainement de tous le plus invraisemblable. D'abord on se rassemble « au son du cor ». (Un bon moyen de se faire prendre.) Le Sabbat a lieu « tous les jours ». Chaque jour a son crime spécial, et aussi chaque classe de la hiérarchie. Ceux de la dernière classe, novices et pauvres diables, se font la main pour commencer, en tuant des petits enfants. Ceux de la haute classe, les gentilshommes magiciens, ont pour fonction de blasphémer, défier et injurier Dieu. Ils ne prennent pas la fatigue des maléfices et ensorcellements; ils les font par leurs valets et femmes de chambre, qui forment la classe intermédiaire entre les sorciers comme il faut et les sorciers manants, etc.

Dans d'autres descriptions du même temps, Satan observe les us des Universités et fait subir aux aspirants des examens sévères, s'assure de leur capacité, les inscrit sur ses registres, donne diplôme et patente. Parfois il exige une longue initiation préalable, un noviciat quasi monastique. Ou bien encore, conformément aux règles du compagnonnage et des corporations de métier, il impose l'apprentissage, la présentation du *chef-d'œuvre.*

VIII

Décadence, etc. — Une chose bien digne d'attention, c'est que l'Église, l'ennemie de Satan, loin de le vaincre, fait deux fois sa victoire. Après l'extermination des Albigeois au treizième siècle, *a-t-elle triomphé ? Au contraire.* Satan règne au quatorzième. — Après la Saint-Barthélemy et pendant les massacres de la Guerre de Trente-Ans, l'Église *triomphe-t-elle ? Au contraire.* Satan règne sous Louis XIII.

Tout l'objet de mon livre était de donner, non une histoire de la sorcellerie, mais une formule simple et forte de la vie de la sorcière, que mes savants devanciers obscurcissent par la science même et l'excès des détails. Ma force est de partir, *non du Diable, d'une creuse entité, mais d'une réalité vivante,* la Sorcière, réalité chaude et féconde. L'Église n'avait que les démons. Elle n'arrivait pas à Satan. C'est le rêve de la Sorcière.

J'ai essayé de résumer sa biographie de mille ans, ses âges successifs, sa chronologie. J'ai dit : 1° *comment elle se fait* par l'excès des misères ; comment la simple femme, servie par l'Esprit familier, transforme cet Esprit dans le progrès du désespoir, est obsédée, possédée, endiablée, l'enfante incessamment, se l'incorpore, enfin est une avec Satan. J'ai dit : 2° *comment la sorcière règne, mais se défait,* se détruit elle-même. La sorcière furieuse d'orgueil, de haine, devient, dans le succès, la sorcière fangeuse et maligne, qui guérit, mais salit, de plus en plus industrielle, factotum empirique, agent d'amour, d'avortement ; 3° elle disparaît de la scène, mais subsiste dans les campagnes. Ce qui reste en lumière par des procès célèbres, ce n'est plus la sorcière, mais l'*ensorcelée* (Aix, Loudun, Louviers, affaire de la Cadière, etc.).

Cette chronologie n'était pas encore bien arrêtée pour moi, quand j'essayai, dans mon *Histoire*, de restituer le Sabbat, en ses actes. Je me trompai sur le cinquième. La vraie sorcière originaire est un être isolé, une religieuse du diable, qui n'a ni amour ni famille. Même celles de la décadence n'aiment pas les hommes. Elles subissent le libertinage stérile, et en portent la trace (Lancre), mais elles n'ont de goûts personnels que ceux des religieuses et des prisonnières. Elles attirent des femmes faibles, crédules, qui se laissent mener à leurs petits repas secrets (Wyer, ch. 27). Les maris de ces femmes en sont jaloux, troublent ce beau mystère, battent les sorcières et leur infligent la punition qu'elles craignent le plus, qui est de devenir enceintes. — La sorcière ne conçoit guère que malgré elle, de l'outrage et de la risée. Mais si elle a un fils, c'est le point essentiel, dit-on, de la religion satanique qu'il devienne son mari. De là (dans les derniers temps) de hideuses familles et des générations de petits sorciers et sorcières, tous malins et méchants, sujets à battre ou dénoncer leur mère. Il y a dans Boguet une scène horrible de ce genre.

Ce qui est moins connu, mais bien infâme, c'est que les grands qui employaient ces races perverses pour leurs crimes personnels, les tenant toujours dépendantes, par la peur d'être livrées aux prêtres, en tiraient de gros revenus. (Sprenger, p. 174, éd. de Lyon.)

Pour la décadence de la sorcellerie et les dernières persécutions dont elle fut l'objet, je renvoie à deux livres excellents qu'on devrait traduire, ceux de MM. Soldan et Wright. — Pour ses rapports avec le magnétisme, le spiritisme, les tables tournantes, etc., on trouvera de riches détails dans la curieuse *Histoire du merveilleux*, par M. Figuier.

IX

J'ai parlé deux fois de Toulon. Jamais assez. Il m'a porté bonheur. Ce fut beaucoup pour moi d'achever cette sombre histoire dans le pays de la lumière. Nos travaux se ressentent de la contrée où ils furent accomplis. La nature travaille avec nous. C'est un devoir de rendre grâce à ce mystérieux compagnon, de remercier le *Genius loci*.

Au pied du fort Lamalgue qui domine invisible, j'occupais sur une pente assez âpre de lande et de roc une petite maison fort recueillie. Celui qui se bâtit cet ermitage, un médecin, y a écrit un livre original, *l'Agonie et la Mort*. Lui-même y est mort récemment. Tête ardente et cœur volcanique, il venait chaque jour de Toulon verser là ses troubles pensées. Elles y sont fortement marquées. Dans l'enclos, assez grand, de vignes et d'oliviers pour se fermer, s'isoler doublement, il a inscrit un jardin fort étroit, serré de murs, à l'africaine, avec un tout petit bassin. Il reste là présent par les plantes étrangères qu'il aimait, les marbres blancs chargés de caractères arabes qu'il sauva des tombeaux démolis à Alger. Ses cyprès de trente ans sont devenus géants, ses aloès, ses cactus énormes et redoutables. Le tout fort solitaire, point mou, mais très charmant. En hiver, partout l'églantier en fleur, partout le thym et les parfums amers.

Cette rade, on le sait, est la merveille du monde. Il y en a de plus grandes encore, mais aucune si belle, aucune si fièrement dessinée. Elle s'ouvre à la mer par une bouche de deux lieues, la resserrant par deux presqu'îles recourbées en pattes de crabe. Tout l'intérieur varié, accidenté de caps, de pics rocheux, de promontoirs aigus, landes, vignes, bouquets de pins. Un charme, une noblesse, une sévérité singulières.

Je ne découvrais pas le fond même de la rade, mais ses deux bras immenses : à droite, Tamaris (désormais immortel); à gauche, l'horizon fantastique de Gien, des *Iles d'or*, où le grand Rabelais aurait voulu mourir.

Derrière, sous le haut cirque des monts chauves, la gaieté et l'éclat du port, de ses eaux bleues, de ses vaisseaux qui vont, viennent, ce mouvement éternel, fait un piquant contraste. Les pavillons flottants, les banderoles, les rapides chaloupes, qui emmènent, ramènent les officiers, les amiraux, tout anime, intéresse. Chaque jour, à midi, allant à la ville, je montais de la mer au plus haut de mon fort, d'où l'immense panorama se développe, les montagnes depuis Hyères, la mer, la rade et, au milieu de la ville qui de là est charmante. Quelqu'un qui vit cela la première fois, disait : « La jolie femme que Toulon ! »

Quel aimable accueil j'y trouvai ! Quels amis empressés ! Les établissements publics, les trois bibliothèques, les cours qu'on fait sur les sciences, offrent des ressources nombreuses que ne soupçonne point le voyageur rapide , le passant qui vient s'embarquer. Pour moi, établi pour longtemps, et devenu vrai Toulonnais, ce qui m'était d'un intérêt constant c'était de comparer l'ancien et le nouveau Toulon. Heureux progrès des temps que nulle part je n'ai senti mieux. La triste affaire de la Cadière, dont le savant bibliothécaire de la ville me communiqua les monuments, mettait pour moi ce contraste en vive saillie.

Un bâtiment surtout, chaque jour, arrêtait mes regards *l'Hôpital de la marine*, ancien séminaire des Jésuites, fondé par Colbert pour les aumôniers de vaisseaux, et qui, dans la décadence de la marine, occupa de façon si odieuse l'attention publique.

On a bien fait de conserver un monument si instructif sur l'opposition des deux âges. Ce temps-là, d'ennui et de vide, d'immonde hypocrisie. Ce temps-ci, lumineux de vérité, ardent de travail, de recherche, de science, et de science ici toute charitable, tournée tout entière vers le soulagement, la consolation de la vie humaine!

Entrons-y maintenant : nous trouverons que la maison est quelque peu changée. Si les adversaires du présent disent que ses progrès sont du Diable, ils avoueront qu'apparemment le Diable a changé de moyens.

Son grimoire aujourd'hui est, au premier étage, une belle et respectable bibliothèque médicale, que ces jeunes chirurgiens, de leur argent et aux dépens de leurs plaisirs, augmentent incessamment. Moins de bals et moins de maîtresses. Plus de science, de fraternité.

Destructeur autrefois, créateur aujourd'hui, au laboratoire de chimie, le Diable travaille et prépare ce qui doit relever demain, guérir le pauvre matelot. Si le fer devient nécessaire, l'insensibilité que cherchaient les sorcières, et dont leurs narcotiques furent le premier essai, est donnée par la diablerie que Jackson a trouvée (1847).

Ces temps rêvèrent, voulurent. Celui-ci réalise. Son démon est un Prométhée. Au grand arsenal satanique, je veux dire au riche cabinet de physique qu'offre cet hôpital, je trouve effectués les songes, les vœux du Moyen-âge, ses délires les plus chimériques. — Pour traverser l'espace, il dit : « Je veux la force... »

Et voici la vapeur, qui tantôt est une aile, et tantôt le bras des Titans. — « Je veux la foudre... » On la met dans ta main, et docile, maniable. On la met en bouteille ; on l'augmente, on la diminue ; on lui soutire des étincelles ; on l'appelle, on la renvoie. — On ne chevauche plus, il est vrai, par les airs, au moyen d'un balai ; le démon Montgolfier a créé le ballon. — Enfin, le vœu sublime, le souverain désir de communiquer à distance, d'unir d'un pôle à l'autre les pensées et les cœurs, ce miracle se fait. Et plus encore, l'unité de la terre par un grand réseau électrique. L'humanité entière a, pour la première fois, de minute en minute, la conscience d'elle-même, une communion d'âme !... O divine magie !... Si Satan fait cela, il faut lui rendre hommage, dire qu'il pourrait bien être être un des aspects de Dieu.

SOURCES PRINCIPALES

Grœsse, *Bibliotheca Magiæ*, 1843.
Magie antique (textes réunis par Soldan, A. Maury, etc.).
Calcagnini, *Miscell., Magia amatoria antiqua*, 1544.
J. Grimm, *Mythologie allemande*.
Acta Sanctorum. — Acta SS. Ordinis S. Benedicti.
Michel Psellus, *Énergie des démons* (1050).
César d'Heisterbach, *Illustria miracula* (1220).
Registres de l'Inquisition (1307-1326), dans Limburch, et les extraits de Magi, Llorente, Lamothe-Langon, etc.
Directorium Eymerici, 1358.
Llorente, *Inquisition d'Espagne*.
Lamothe-Langon, *Inquisition de France*.
Manuels des moines inquisiteurs du quinzième et du seizième siècle : Nider, *Formicarius ;* Sprenger, *Malleus ;* C. Bernardus, *Lucerna ;* Spina, Grillandus, etc.
H. Corn. Agrippæ *Opera*, in-octavo, deux volumes. Lugduni.
Paracelsi *Opera*.
Wyer, *De Prestigiis dæmonum*, 1569.
Bodin, *Démonomanie*, 1580.
Remigius, *Demonolatria*, 1596.
Del Rio, *Disquisitiones magicæ*, 1599.
Boguet, *Discours des sorciers*, 1605, Lyon.
Leloyer, *Histoire des spectres*, 1605, Paris.
Lancre, *Inconstance*, 1612 ; *Incrédulité*, 1622.
Michaëlis, *Histoire d'une pénitente*, etc., 1613.

Tranquille, *Relation de Loudun,* 1634.
Histoire des diables de Loudun (par Aubin), 1716.
Histoire de Madeleine Bavent, de Louviers, 1652.
Examen de Louviers. Apologie de l'examen (par Yvelin), 1643.
Procès du Père Girard et de la Cadière. Aix, in-folio, 1833.
Pièces relatives à ce procès, cinq volumes in-douze. Aix, 1833.
Factum, chansons, relatifs, etc. Ms. de la Bibl. de Toulon.
Eug. Salverte, *Sciences occultes,* avec introduction de Littré.
A. Maury, *Les Fées,* 1843; *Magie,* 1860.
Soldan, *Histoire des procès de sorcellerie,* 1843.
Th. Wright, *Narratives of Sorcery,* 1851.
L. Figuier, *Histoire du merveilleux,* quatre volumes.
Ferdinand Denis, *Sciences occultes; Monde enchanté.*
Histoire des sciences au Moyen-âge, par Sprenger, Pouchet, Cuvier, Hœfer, etc.

FIN DE LA SORCIÈRE.

TABLE DES MATIÈRES

LÉGENDES DÉMOCRATIQUES DU NORD

POLOGNE ET RUSSIE.

KOSCIUSZKO

	Pages
I. A la Pologne	3
II. On ne tue pas une nation	8
III. Causes réelles de la ruine de la Pologne	16
IV. Sublime générosité de la Pologne	20
V. Génie prophétique et poétique de la Pologne. Sa légende récente.	25
VI. La Russie était inconnue jusqu'en 1847. — Elle est entièrement communiste	28
VII. Tout, dans la Russie, est illusion et mensonge	34
VIII. Politique mensongère de la Russie. Comment elle a dissous la Pologne	42
IX. Enfance et jeunesse de Kosciuszko (1746-1776)	47
X. Kosciusko en Amérique; — dictateur en Pologne (1777-1794).	54
XI. Résistance héroïque de Kosciuszko. Il succombe (1794)	64
XII. Captivité, exil, vieillesse et mort de Kosciuszko (1794-1817)	73
XIII. Ce qu'est devenue la Pologne après Kosciuszko. — On n'a pu détruire la Pologne	86
XIV. Comment on détruit la Russie	94
XV. Ce que la Pologne peut faire avant la Révolution	107

LES MARTYRS DE LA RUSSIE.

	Pages
I. Aux officiers russes	121
II.	132
III. Histoire de Catya, serve russe	140
IV. Le minotaure. — De l'armée comme supplice.	151
V. Sibérie	161
VI. Sibérie. — Les Supplices.	168
VII. Du terrorisme croissant de la Russie. — Martyre de Pestel et de Ryleïeff	180
VIII. De l'extermination de la Pologne	202
IX. Du tzar, comme pape et comme Dieu. — Persécutions religieuses	225
X. Du tzar, comme pape et comme Dieu. — On le propose pour pape universel.	233

PRINCIPAUTÉS DANUBIENNES.

MADAME ROSETTI (1848)

I. Le Danube	246
II. La Roumanie	249
III. La révolution valaque en 1848.	255
IV. La trahison.	259
V. Madame Rosetti poursuit et rejoint les prisonniers.	265
VI. L'évasion (octobre 1848).	272
VII. La fuite à travers trois peuples en armes. — Arrivée à Vienne.	277
VIII. Ce qu'est devenue la Roumanie. — Invasions périodiques de la Russie.	282

APPENDICE.

I. Langue et littérature.	289
II. Le Border et le combat des races	298
III. De l'histoire de la Roumanie et de sa destinée	305

LA SORCIÈRE

	Pages
Avis	319
Introduction	321
Pour un Sorcier, dix mille Sorcières	*Ib.*
La Sorcière fut l'unique médecin du peuple	323
Terrorisme du Moyen-âge	324
La Sorcière fut une création du désespoir	328
Elle créa Satan à son tour	331
Satan prince du monde, médecin, novateur	332
Son école (sorcière, berger, bourreau)	333
Sa décadence	334

LIVRE PREMIER.

I. La Mort des dieux	337
Le Christianisme crut que le monde allait mourir	338
Le monde des démons	341
La fiancée de Corinthe	343
II. Pourquoi le Moyen-age désespéra	347
Le peuple fait ses légendes	348
Mais on lui défend d'inventer	352
Le peuple défend le territoire	337
Mais on le fait serf	358
III. Le Petit démon du foyer	359
Communisme primitif de la *villa*	360
Le foyer indépendant	*id.*
La femme du serf	365
Sa fidélité aux anciens dieux	366
Le follet	368
IV. Tentations	371
Le serf invoque l'Esprit des trésors cachés	372
Les razzias féodales	375
La femme fait du follet un démon	379

TABLE DES MATIÈRES

	Pages
V. Possession	382
L'avènement de l'or en 1300	ibid.
La femme s'entend avec le démon de l'or	384
Immondes terreurs du Moyen-âge	387
La dame serve du village	393
Haine de la dame du château	395
VI. Le Pacte	398
La serve se donne au Diable	399
La lande et la Sorcière	402
VII. Le Roi des morts	405
Elle fait *revenir* les morts aimés	410
L'idée de Satan adoucie	411
VIII. Le Prince de la Nature	414
Le dégel du Moyen-âge	419
La sorcière évoque l'Orient	ibid.
Elle conçoit la Nature	421
IX. Satan médecin	423
Les maladies du Moyen-âge	ib.
La sorcière les guérit par des poisons	429
Les Consolantes. (ou Solanées)	ibid.
Elle commence à soigner les femmes	435
X. Charmes. — Philtres	437
Barbe-Bleue et Grisélidis	439
Le château implore la sorcière	442
Sa malice	ibid.
XI. La Communion de révolte. — Les Sabbats. — La Messe noire.	448
Les antiques Sabasies demi-païennes	449
La Messe noire, ses quatre actes	451
Acte Ier. L'introït, l'osclage, le banquet	455
Acte II. L'offrande, la femme autel et hostie	457
XII. L'Amour. — La Mort. — Satan s'évanouit	461
Acte III. L'amour des proches parents	462
Acte IV. La mort de Satan et de la Sorcière	469

TABLE DES MATIÈRES

LIVRE SECOND.

	Pages
I. La Sorcière de la décadence. — Satan multiplié.	471
Les sorcières et sorciers employés par les grands	475
La dame louve.	476
Le dernier des philtres	479
II. Le Marteau des Sorcières.	481
Satan maître du monde.	492
III. Cent ans de tolérance en France. — Réaction	497
L'Espagne commence quand la France fait halte.	498
Réaction. Nos légistes brûlent autant que les prêtres.	502
IV. Les Sorcières basques	504
Elles dirigent leur propre juge.	505
V. Satan se fait ecclésiastique.	514
Facéties du sabbat moderne.	516
VI. Gauffridi (1610).	523
Prêtres sorciers poursuivis par les moines.	ib.
Jalousies des religieuses.	526
VII. Les Possédées de Loudun. — Grandier (1632-1634).	546
Le curé beau diseur, sorcier	553
Furie maladive des nonnes	561
VIII. Possédées de Louviers. — Madeleine Bavent (1633-1647).	565
L'illuminisme. Le Diable quiétiste	ibid.
Duel du Diable et du médecin	572
IX. Satan triomphe au dix-septième siècle	580
X. Le Père Girard et la Cadière (1730)	588
XI. La Cadière au couvent (1730)	621
XII. Le Procès de la Cadière (1730-1731)	646
Épilogue	673
Peut-on réconcilier Satan et Jésus?.	674
La Sorcière a péri, mais la Fée renaîtra	676
Imminence de la rénovation religieuse	677

706   TABLE DES MATIÈRES

ÉCLAIRCISSEMENTS.

                                                                 Pages

    I. Classification géographique de la sorcellerie 679
   II. De l'Inquisition 682
  III. Méthode et critique 685
  IV. Satan médecin 687
   V. Des rapports de Satan avec la Jacquerie 688
  VI. Du dernier acte du Sabbat 689
 VII. Littérature de sorcellerie 692
VIII. Décadence, etc. 694
  IX. Du lieu où ce livre fut achevé 695

Sources principales 699

FIN DE LA TABLE DES MATIÈRES.

PARIS. — IMP. E. FLAMMARION, RUE RACINE, 26.

www.ingramcontent.com/pod-product-compliance
Lightning Source LLC
Chambersburg PA
CBHW061955300426
44117CB00010B/1351